Umfang der Berechtigungen und Verpflichtungen aus völkerrechtlichen Verträgen

Europäische Hochschulschriften
Publications Universitaires Européennes
European University Studies

Reihe II
Rechtswissenschaft

Série II Series II
Droit
Law

Bd./Vol. 3471

PETER LANG
Frankfurt am Main · Berlin · Bern · Bruxelles · New York · Oxford · Wien

Christiane A. Flemisch

Umfang der Berechtigungen und Verpflichtungen aus völkerrechtlichen Verträgen

Die Frage der unmittelbaren Anwendbarkeit, dargestellt am Beispiel des WTO-Übereinkommens

PETER LANG
Europäischer Verlag der Wissenschaften

Die Deutsche Bibliothek - CIP-Einheitsaufnahme

Flemisch, Christiane A.:

Umfang der Berechtigungen und Verpflichtungen aus völkerrechtlichen Verträgen : die Frage der unmittelbaren Anwendbarkeit, dargestellt am Beispiel des WTO-Übereinkommens / Christiane A. Flemisch. - Frankfurt am Main ; Berlin ; Bern ; Bruxelles ; New York ; Oxford ; Wien : Lang, 2002

(Europäische Hochschulschriften : Reihe 2, Rechtswissenschaft ; Bd. 3471)
Zugl.: Bayreuth, Univ., Diss., 2001
ISBN 3-631-39689-9

D 703
ISSN 0531-7312
ISBN 3-631-39689-9

www.peterlang.de

Meinen Eltern in Dankbarkeit

Vorwort

Diese Monographie lag der Rechts- und Wirtschaftswissenschaftlichen Fakultät der Universität Bayreuth im Sommersemester 2001 als Dissertation vor. Für die Zwecke der Veröffentlichung wurden kleinere redaktionelle Modifikationen vorgenommen, ohne jedoch den Inhalt der Arbeit zu verändern.

Es sei an dieser Stelle darauf hingewiesen, daß aufgrund der Aktualität des Themas und der Flut an einschlägigen Urteilen, Aufsätzen und Monographien zum Welthandelsrecht eine Monographie niemals zeitlichen Gleichschritt mit der Gesamtheit der Veröffentlichungen halten kann. So konnten die Urteile des EuGH (insbesondere das Urteil vom 14.12.2000 in der Rs. C-300/98 und C-392/98- Dior und das Urteil vom 02.05.2001 in der Rs. C-307/99- OGT Fruchthandelsges. mbH/ Hauptzollamt St. Annen) sowie Schriften aus jüngster Vergangenheit nicht mehr für den Druck berücksichtigt werden. Zu betonen ist allerdings, daß auch die jüngste Rechtsprechung des EuGH an der von der Verfasserin vertretenen Ansicht nichts ändert. Infolgedessen weist diese Arbeit mit der Zugrundelegung von Begriffsdefinitionen, aufgrund der Auseinandersetzung mit Rechtsprechung und Literatur und mittels ausführlicher Argumentation einen neuen Weg für das Verständnis des Verhältnisses zwischen Welthandelsrecht und gemeinschaftsrechtlicher bzw. nationaler Rechtsordnung.

Die Veröffentlichung gibt mir Gelegenheit, noch einmal in besonderer Weise meinen Dank an verschiedene Personen und Institutionen auszudrücken.

Danken möchte ich zunächst ganz besonders meinem Doktorvater, Herrn Professor Dr. Rudolf Streinz, Lehrstuhl für Öffentliches Recht, insbesondere Völker- und Europarecht an der Universität Bayreuth, der sich bereit erklärte, mich mit diesem Thema als Doktorandin anzunehmen. Zu danken habe ich ihm auch für die Betreuung während der Entstehungsphase.

Danken möchte ich ferner Herrn Privatdozenten Dr. Wolfgang Weiß, Universität Bayreuth, für Anregungen während der Bearbeitung und die äußerst zügige Erstellung des Zweitberichts.

Auch habe ich der Hanns-Seidel-Stiftung für das einjährige Promotionsstipendium zu danken.

Dank sei außerdem an das Institut für Europa- und Völkerrecht der Universität München und seine Mitarbeiter gesagt, insbesondere für die großzügige Nutzung seiner Bibliothek.

Dank zu sagen habe ich insbesondere meinen Eltern, meinen Freunden sowie allen anderen liebenswürdigen Menschen, die mich während der Entstehung des Werks begleitet haben.

Für wissenschaftliche Anregungen bin ich dankbar. Kontakt über E-Mail:
christiane.flemisch@t-online.de

München, im November 2001 Christiane A. Flemisch

Inhaltsverzeichnis

A. Einführung: Aktueller Hintergrund der Thematik

Wie dem juristischem Schrifttum und den Medien zu entnehmen ist, ist die Thematik des Umfangs der Berechtigungen und Verpflichtungen aus völkerrechtlichen Verträgen seit längerer Zeit hochaktuell. Insbesondere im Hinblick auf die welthandelsrechtlichen Abkommen erscheint eine Erörterung des Umfangs der Berechtigungen und Verpflichtungen aus diesen völkerrechtlichen Verträgen notwendig. Dies um so mehr, als die WTO und mit ihr die welthandelsrechtlichen Abkommen einen „Meilenstein im Wirtschaftsvölkerrecht„[1] darstellen, einen Meilenstein auf dem Wege zur Förderung der Demokratisierung des globalen Wirtschaftslebens. Diese Demokratisierung dient dem von der UN anerkannten Ziele der Förderung des Wirtschaftswachstums[2] und somit als Mittel zur Förderung des Weltfriedens[3]. Darüber hinaus ist die Präzisierung des Umfangs der Berechtigungen und Verpflichtungen aus völkerrechtlichen Verträgen im Rahmen der welthandelsrechtlichen Abkommen zugleich von eminenter Bedeutung für die Stärkung der Stellung des Individuums im völkerrechtlichen Gefüge, zumal das Individuum nicht nur im klassischen Sinne als Träger der Grundrechte angesehen werden sollte, sondern vielmehr als agierendes Subjekt im internationalen Wirtschaftsgefüge berücksichtigt werden sollte.

Ein Beispiel für die Bedeutung der Frage der Berechtigungen und Verpflichtungen aus völkerrechtlichen Verträgen, das nicht nur in der juristischen Fachwelt, sondern auch in den allgemeinen Medien für Schlagzeilen sorgte, ist der sog. „Bananenstreit“. Die SZ schreibt etwa: „Bananenstreit zwischen den USA und der EU eskaliert zum Handelskrieg“[4], „Vor einer neuen Runde im Bananenstreit“[5] oder „Bananen-Regatta“[6]. Der „Bananenstreit“ ist vielfach Gegenstand der Rechtsprechung[7] und der welthandelsrechtlichen Streitbeilegung[8]

---

1 Weber/ Moos, EuZW 1999, 229, zur Errichtung der Welthandelsorganisation.

2 Vgl. Art. 1 Zf. 3 Charta der Vereinten Nationen; vgl. auch Art. 55 Charta der Vereinten Nationen.

3 Vgl. Art. 1 Zf. 1 Charta der Vereinten Nationen.

4 SZ Nr. 269 vom 21./22.11.1998, S. 21.

5 SZ Nr. 98 vom 28.04.2000, S. 25.

6 SZ Nr. 234 vom 11.10.2000, S. 25.

7 Vgl. etwa: EuGH, Urteil vom 05.10.1994, Rs. C- 280/93, Slg. 1994, I-4973 ff- Bundesrepublik Deutschland/ Rat der Europäischen Union; EuGH, Urteil vom 14.10.1999, Rs. C-104/97 P, Slg. 1999, I-6983 ff- Atlanta AG/ Europäische Gemeinschaft (auch abgedruckt in: EuGRZ 1999, 567-575); EuGH, Urteil vom

sowie zahlreicher Veröffentlichungen im Schrifttum[9]. Hintergrund dieses Konflikts ist der Streit um die Mißachtung des Welthandelsrechts seitens der EG durch ihre Bananenmarkt-Verordnungen[10].

In diesem Zusammenhang stellen sich insbesondere die Frage nach dem Verhältnis zwischen Welthandelsrecht und europäischem Gemeinschaftsrecht sowie die Frage der unmittelbaren Anwendbarkeit bzw. der subjektiven Rechte und Pflichten. Die Antworten auf diese Fragen sind von um so größerer Bedeutung, als in Anbetracht der begrifflichen und dogmatischen Unklarheiten der Rechtsprechung und Literatur zu diesen Themenbereichen bisher keine klare Darstellung zum Umfang der Berechtigungen und Verpflichtungen aus völkerrechtlichen Verträgen, insbesondere aus den welthandelsrechtlichen Abkommen, existiert.

09.11.1995, Rs. C-465/93 und C-466/93, Slg. 1995, I-3761 ff und 1995, I-3799 ff- Atlanta Fruchthandelsgesellschaft mbH u.a. (I und II) gegen Bundesamt für Ernährung und Forstwirtschaft (Vorabentscheidungsersuchen des Verwaltungsgerichts Frankfurt am Main); EuGH, Urteil vom 10.03.1998, Verb. Rs. C-64/95 und C-365/95, Slg. 1998, I-1023 ff- T. Port GmbH & Co./ Hauptzollamt Hamburg-Jonas (Vorabentscheidungsersuchen des Finanzgerichts Hamburg).; EuGH, Urteil vom 10.03.1998, Rs. C-122/95, Slg. 1998, I-973 ff- Bundesrepublik Deutschland/ Rat der Europäischen Union; VG Frankfurt a.M., Beschluß vom 01.12.1993, EuZW 1994, 157 ff; BFH, Beschluß vom 09.01.1996, EuZW 1996, 126 ff; BVerfG, Beschluß vom 25.01.1995, EuR 1995, 91 ff (entspricht EuZW 1995, 126 ff); Hessischer Verwaltungsgerichtshof, Beschluß vom 23.12.1994, EuR 1995, 86 ff.

8 Vgl. etwa Endbericht des WTO-Panels im Bananenkonflikt, EuZW 1997, 569 ff ; WTO-Revisionsentscheidung im Bananenstreit, EuZW 1997, 722 ff; Bericht des WTO-Panels zum Bananenstreit, EuZW 1999, 431 ff.

9 Vgl. hierzu u.a.: Becker-Çelik, EG-Marktordnungsrecht im Konflikt mit den GATT-Vorschriften und deutschem Verfassungsrecht; Cascante/ Sander, Der Streit um die Bananenordnung; Jürgensen, RIW 1999, 241 ff; Kuschel, EuZW 1996, 645 ff; Kuschel, RIW 1998, 122 ff; Kuschel, EuZW 1999, 74 ff; Kuschel, EuZW 2000, 203 ff; McMahon, 32 JWT 4/1998, 101 ff; Meier, EuZW 1997, 566 ff; Meier, EuZW 1997, 719 ff; Meier, EuZW 1999, 428 ff; Pache, EuR 1995, 95 ff; Rabe, NJW 1996, 1320 ff; Schmid, NJW 1998, 190 ff; Weber, EuZW 1997, 165 ff; Weustenfeld, Die Bananenmarktordnung der EG und der Handel mit Drittstaaten.

10 Ursprünglicher Streitgegenstand war die Verordnung (EWG) Nr. 404/93 des Rates vom 13.02.1993 über die gemeinsame Marktorganisation für Bananen, ABlEG Nr. L 47/1 vom 25.02.1993.

B. Einleitende Bemerkungen zur Entstehung des Welthandelsrechts

Zunächst sollen einige einleitende Bemerkungen zur Entstehung des Welthandelsrechts zum besseren Verständnis vorangestellt werden:

I. Definition Welthandelsrecht

Unter Welthandelsrecht wird in dieser Arbeit ausschließlich das unter dem Dach der WTO zustande gekommene Recht bzw. das unter dem GATT ´47 geltende Recht verstanden.[11]

II. Kurzer historischer Rückblick zum GATT ´47

Um die Diskussion über das Verhältnis zwischen Welthandelsrecht und europäischem Gemeinschaftsrecht, insbesondere der unmittelbaren Anwendbarkeit des Welthandelsrechts, besser nachvollziehen zu können, ist es notwendig, an dieser Stelle zunächst einen historischen Rückblick vorzuschalten:[12]

---

11 Es sei an dieser Stelle angemerkt, daß die drei autoritativen Sprachen Englisch, Französisch und Spanisch sind (WTOÜ vorletzter Absatz im Rahmen der Schlußbestimmungen; Zf. 2 lit. c) i) GATT ´94- Einführender Text). Bei Angaben und Zitaten der welthandelsrechtlichen Vorschriften wird in dieser Arbeit dennoch, um den Lesefluß nicht zu unterbrechen, auf die deutsche Fassung verwiesen. Nur soweit erforderlich werden die autoritativen Texte zitiert.
Die in dieser Arbeit angeführten welthandelsrechtlichen Vorschriften werden nach folgenden Veröffentlichungen zitiert: der deutsche (gemäß Schlußerklärung des WTOÜ nicht verbindliche) Wortlaut nach: Benedek, Wolfgang, Die Welthandelsorganisation (WTO); alle Texte einschließlich GATT (1994), GATS, TRIPs; Textausgabe, München 1998 (vgl. auch BGBl. 1994 II, S. 1625 ff, identisch mit: ABl. 1994 Nr. L 336/3; Sartorius II, Loseblatt Nr. 50); der englische (verbindliche) Wortlaut (außer GATT ´47) nach: GATT Sekretariat (Hrsg.), The Results of the Uruguay Round of Multilateral Trade Negotiations. The Legal Texts, Genf 1994; der englische Wortlaut des GATT ´47 sowie der französische Wortlaut aller WTO-Abkommen nach der Internet-Veröffentlichung der WTO auf ihrer Homepage: http://www.wto.org .

12 Ausführlich zum historischen und wirtschaftlichen Hintergrund des GATT: Jackson (1989), S. 30 ff.

Nach dem Zweiten Weltkrieg wurde ein neues Weltwirtschaftssystem auf der Basis von internationalen Organisationen konzipiert. Die ursprünglich vorgesehene ITO (International Trade Organization, Internationale Handelsorganisation) scheiterte jedoch an der nicht ausreichenden Zahl der ratifizierenden Staaten, insbesondere am Widerstand der USA.[13] Parallel liefen Gespräche über ein Abkommen, das als Teil IV, Grundlagen der Handelspolitik, in die zu gründende ITO eingehen sollte[14]. Dieses Abkommen, das „General Agreement on Tariffs and Trade“ (GATT)[15], unterzeichneten am 30.10.1947 23 Staaten auf der Genfer Konferenz. Das GATT trat am 01.01.1948 auf der Grundlage des Protokolls über die vorläufige Anwendung des Allgemeinen Abkommens vom 30.10.1947 in Kraft. Nach dem endgültigen Scheitern der ITO blieb das GATT ´47 ein permanentes Provisorium. Es stellte weder eine Spezialorganisation noch eine internationale Organisation mit eigener Völkerrechtspersönlichkeit dar. Es diente aber als Ersatz für eine Spezialorganisation[16] und wurde daher als de-facto internationale Organisation bezeichnet.[17] Erst das WTO-Abkommen führte zur Errichtung einer internationalen Organisation mit Rechtspersönlichkeit (Art. VIII Abs. 1 WTOÜ).

Obwohl das GATT ´47 ein in sich unvollständiges Normensystem darstellte, leitete es wesentliche Entwicklungen im Welthandel ein.[18] Seine Bedeutung verdeutlicht die Tatsache, daß dieses Abkommen schon vor Inkrafttreten der Marrakesch-Akte fast den kompletten Welthandel erfaßte. So waren im April 1994 bereits über 120 Staaten Vertragspartei des GATT, darunter alle OECD-Mitgliedstaaten.[19] Außerdem hatte sich seit 1948 das Volumen des Welthandels mehr als verzehnfacht.[20]

III. Entwicklung vom GATT ´47 zur WTO

Das GATT ´47 blieb jedoch nicht über 40 Jahre statisch, sondern entwickelte sich fortlaufend weiter und konkretisierte sich, insbesondere im Rahmen der sog. GATT-Verhandlungsrunden.[21] Dabei traten einerseits weitere Staaten bei, ande-

---

13 Vgl. Jackson (1989), S. 33; Verdross/ Simma, § 361 (S. 212 f); Andersen/ Woyke, S. 14.

14 Benedek, S. 29; Berrisch, S. 6.

15 Das GATT geht auf eine Resolution des Wirtschafts- und Sozialrates der UN aus dem Jahre 1946 zurück, vgl. Ipsen, § 44 R. 33 (S. 612).

16 Vgl. Verdross/ Simma, § 302 (S. 181).

17 Dam, S. 335; vgl. auch Benedek, S. 249: „gewohnheitsrechtlich entstandene internationale Organisation“.

18 Meng, in: Müller-Graff (Hrsg.), S. 63.

19 Vgl. Meng, in: Müller-Graff (Hrsg.), S. 63 Fn. 4.

20 Meng, in: Müller-Graff (Hrsg.), S. 63 Fn. 4.

21 Vgl. die übersichtliche Darstellung der acht Verhandlungsrunden und ihrer wesentlichen Ergebnisse in: Senti/ Conlan, S. 16 f; vgl. hierzu auch Jackson (1989), S. 52-57.

rerseits wurden inhaltliche Verbesserungen erzielt. Die Globalisierung der Märkte[22] erforderte weitere Entwicklungen und Fortschritte. Außerdem waren im Laufe der Jahre zahlreiche Defizite und Unzulänglichkeiten des alten GATT-Systems zu Tage getreten.[23] So wurde im September 1986 in Punta del Este (Uruguay) die achte Welthandelsrunde eingeläutet. Nach fast achtjähriger Verhandlungsdauer wurde schließlich als Ergebnis dieser sog. Uruguay-Runde deren Schlußakte in Marrakesch (Marokko) am 15.04.1994 unterzeichnet. Das WTOÜ ist inklusive seiner Anhänge zum 01.01.1995 in Kraft getreten.

Mit dem WTOÜ erhält die Weltwirtschaft im Gegensatz zum bisherigen nur vorläufigen GATT eine verbindliche und endgültige Rechtsgrundlage.

IV. Verhältnis der WTO-Übereinkünfte zum GATT ´47

Das GATT ´94 stellt mit GATS[24] und TRIPs[25] eine der drei Säulen des WTO-Systems dar. Dabei ist darauf hinzuweisen, daß die WTO nicht Rechtsnachfolgerin des GATT ´47 ist und das GATT ´94[26] rechtlich nicht identisch ist mit dem GATT ´47[27]. Dies ergibt sich aus Art. II Abs. 4 WTOÜ. Außerdem wurde das GATT ´47 nicht zu einem bestimmten Stichtag durch die WTO ersetzt. Vielmehr waren beide Organisationen im Jahr 1995 wegen der anhängigen Streitfälle nebeneinander tätig.[28]

---

22 Vgl. etwa Gemperle, in: Gemperle/ Zeller/ Wartenweiler, S. 7[8], der darauf hinweist, daß spätestens seit den achtziger Jahren ein tiefgreifender Wandel in den internationalen Wirtschaftsbeziehungen zu beobachten ist: Aufgrund des technischen Fortschritts seien Kapital, Arbeit und Technologie „fortschreitend mobiler" geworden.

23 Um unnötige Wiederholungen zu vermeiden, wird bezüglich der Darstellung des alten GATT und des neuen WTO-Systems sowie ihrer wesentlichen Unterschiede auf die Ausführungen unter K.III.1 verwiesen.

24 General Agreement on Trade in Services (Allgemeines Abkommen über den Handel mit Dienstleistungen).

25 Agreement on Trade-Related Aspects of Intellectual Property Rights (Abkommen über handelsbezogene Aspekte der Rechte des geistigen Eigentums).

26 Das neue GATT ´94 stellt die durch die Uruguay-Runde modifizierte Form des GATT ´47 dar, Benedek, Textausgabe, Einführung A. III. (S. 9). Vgl. auch den Einführenden Text zum Allgemeinen Zoll- und Handelsabkommen 1994 vom 15.04.1994, in: Benedek, Textausgabe, B II.2 (S. 61 ff).

27 Unter GATT ´47 wird das ursprüngliche Allgemeine Zoll- und Handelsabkommen mit allen Änderungen verstanden, die bis Ende 1994 in Kraft getreten sind. Vgl. Benedek, Textausgabe, Einführung A. III. (S. 9 f).

28 Vgl. Decision of the Preparatory Committee for the WTO and the CONTRACTING PARTIES to GATT 1947, of 8 December 1994, Zf. 3; vgl. auch Benedek, VN 1/95, S. 13[16].

V. Aufgaben der WTO

Die WTO hat drei wesentliche Aufgaben[29], die in Art. III WTOÜ fixiert sind.

Der Welthandelsorganisation kommt die Verwaltung und Durchsetzung der im Rahmen der WTO geschlossenen Abkommen zu (Art. III Abs. 1 WTOÜ).

Die WTO dient auch als Forum für Verhandlungen zwischen ihren Mitgliedern über deren multilaterale Handelsbeziehungen (Art. III Abs. 2 WTOÜ).

Außerdem arbeitet die WTO gegebenenfalls mit dem Internationalen Währungsfonds, mit der Internationalen Bank für Wiederaufbau und Entwicklung sowie den mit ihr verbundenen Institutionen zusammen (Art. III Abs. 5 WTOÜ).

VI. Bedeutung der WTO

Die Errichtung der Welthandelsorganisation wird vielfach als „Meilenstein im Wirtschaftsvölkerrecht"[30] bezeichnet. Dem entspricht der Umstand, daß die Uruguay-Runde die Basis für eine neue Weltwirtschaftsordnung („a new world economic order") gelegt hat.[31]

Warren Lavorel, ehemaliger deputy director-general bei der WTO, stellt zu Recht fest: „The creation of the World Trade Organization has been hailed by some commentators as the completion of the third pillar of the world economic system, taking its place beside the International Monetary Fund and the World Bank. The rationale behind such statements is that a stable international economic order is viewed as an essential ingredient in maintaining peace and avoiding the mistakes of the past."[32] Dies gilt um so mehr, als durch die grenzüberschreitenden Technologien und damit wachsende Interaktion zwischen den Staaten die Globalisierung in hohem Maße gefördert wird.[33]

---

29 Vgl. hierzu auch Heselhaus, JA 1999, 76[80].

30 Weber/ Moos, EuZW 1999, 229.

31 Preeg, S. 228.

32 Lavorel, in: Jackson (1998), Prefatory remarks, S. xii.

33 Man beachte aber auch die kritische Feststellung von Lavorel, in: Jackson (1998), Prefatory remarks, S. xii: „Rather than an intergovernmental forum for economic progress and the peaceful resolution of disputes it is viewed in some quarters as a threat to state sovereignty and national agendas."

C. Rechtsnatur des Welthandelsrechts und des europäischen Gemeinschaftsrechts

I. Rechtsnatur des Welthandelsrechts

Im Rahmen des Welthandelsrechts, das Völkerrecht darstellt, ist zwischen primärem und sekundärem Welthandelsrecht zu unterscheiden. Primärrecht sind alle Elemente der Rechtsordnung der Welthandelsorganisation, die nur aufgrund der völkerrechtlichen Vertragsabschlußkompetenzen der WTO-Vertragsparteien zustande gekommen sind.[34] Sekundärrecht dagegen beruht auf den Beschlüssen von Organen der WTO und den aufgrund von Kompetenzbestimmungen des Primärrechts zustande gekommenen Vertragsinstrumenten. Unter den Begriff Sekundärrecht fallen dabei einerseits Verträge (z.B. Beitrittsprotokolle zum GATT auf der Grundlage von Art. XXXIII GATT), andererseits Beschlüsse der Organe.[35] Zum Sekundärrecht im weiteren Sinne werden hier auch die Streitbeilegungsentscheidungen gezählt.[36]

II. Rechtsnatur des europäischen Gemeinschaftsrechts

Das europäische Gemeinschaftsrecht stellt „eine eigene, autonome Rechtsordnung mit eigener Hoheitsgewalt" dar, wie der EuGH bereits 1964 in dem Vorlageverfahren Costa/ E.N.E.L. entschieden hatte.[37]

---

34 Benedek, S. 94 f, zum GATT '47.

35 Benedek, S. 118, zum GATT '47.

36 Benedek, S. 95, allerdings zum GATT '47; zum neuen System: wohl auch Lorenz, S. 118, 130, 149, 168; Ott, S. 242 f; Ott, DZWir 1998, 84[86], bezeichnet den Charakter der Streitbeilegungsentscheidungen wie diese Arbeit als den eines „sekundären Rechts".

37 EuGH, Urteil vom 15.07.1964, Rs. 6/64, Slg. 1964, 1251[1259, 1269 f]- Flaminio Costa/ E.N.E.L. (Antrag auf Vorabentscheidung, vorgelegt vom Friedensgericht in Mailand). Dieses Urteil stellt insoweit den „leading case" dar. Der EuGH wiederholt seine hier geprägte Auffassung in ständiger Rechtsprechung, vgl. z.B.: EuGH, Urteil vom 17.12.1970, Rs. 11/70, Slg. 1970, 1125 [1126, 1135]- Internationale Handelsgesellschaft mbH/ Einfuhr- und Vorratsstelle für Getreide und Futtermittel (Ersuchen um Vorabentscheidung, vorgelegt vom Verwaltungsgericht Frankfurt). Zur Rechtsnatur des Europäischen Gemeinschaftsrechts, vgl. insbes. Bleckmann, DÖV 1978, 391 ff.

Zu differenzieren ist zwischen primärem und sekundärem (auch abgeleitetem) Gemeinschaftsrecht. Zum primären Gemeinschaftsrecht gehören die Gründungsverträge inklusive ihrer Anlagen, Anhänge, Protokolle, Änderungen und Ergänzungen.[38] Unter sekundärem Gemeinschaftsrecht versteht man abgeleitetes Recht, das heißt von den Gemeinschaftsorganen nach Maßgabe der Gründungsverträge erlassenes Recht.[39]

III. Hieraus entstehende Rechtsprobleme

Vorweg sei an dieser Stelle angemerkt, daß aufgrund der unterschiedlichen Rechtsnatur - wie oben dargelegt - mit dem Welthandelsrecht und dem europäischen Gemeinschaftsrecht zwei internationale Rechtsordnungen aufeinandertreffen, die sich insbesondere insofern teilweise berühren und überschneiden, als in beiden Rechtsordnungen Regelungen bezüglich des grenzüberschreitenden Handels getroffen werden. Solange beide Rechtssysteme in Einklang miteinander stehen, ergeben sich hieraus keine Schwierigkeiten. Problematisch wird die Rechtslage allerdings, wenn die Rechtsordnungen zueinander im Widerspruch stehen, wie insbesondere die sog. Bananen-[40] und Hormonstreitigkeiten[41] zeigen. Hier stellt sich unter anderem die Frage, in welchem Rangverhältnis primäres und sekundäres Welthandelsrecht einerseits zu primärem und sekundärem Gemeinschaftsrecht andererseits stehen. Bei der Prüfung des Rangverhältnisses ist zwischen der internationalen und der europäischen Sichtweise zu unterscheiden. Der Status des WTO-Rechts und seine Durchsetzung auf europäischer bzw. nationaler Ebene sind daher immer noch ungeklärt.[42]

---

38 Für viele vgl.: Bleckmann, Europarecht, R. 526 (S. 198), und Streinz, R. 3 (S. 1).

39 Für viele vgl.: Bleckmann, Europarecht, R. 527 (S. 198), und Streinz, R. 4 (S. 1).

40 Vgl. hierzu u.a.: Becker-Çelik, EG-Marktordnungsrecht im Konflikt mit den GATT-Vorschriften und deutschem Verfassungsrecht; Cascante/ Sander, Der Streit um die Bananenordnung; Endbericht des WTO-Panels im Bananenkonflikt, EuZW 1997, 569 ff; Jürgensen, RIW 1999, 241 ff; Kuschel, EuZW 1996, 645 ff; Kuschel, RIW 1998, 122 ff; Kuschel, EuZW 1999, 74 ff; Kuschel, EuZW 2000, 203 ff; McMahon, 32 JWT 4/1998, 101 ff; Meier, EuZW 1997, 566 ff; Meier, EuZW 1997, 719 ff; Meier, EuZW 1999, 428 ff; Pache, EuR 1995, 95 ff; Rabe, NJW 1996, 1320 ff; Schmid, NJW 1998, 190 ff; Stein, EuZW 1998, 261 ff; Weber, EuZW 1997, 165 ff; Weustenfeld, Die Bananenmarktordnung der EG und der Handel mit Drittstaaten; WTO-Revisionsentscheidung im Bananenstreit, EuZW 1997, 722 ff.

41 Vgl. hierzu u.a. Eggers, EuZW 1998, 147 ff; Entscheidung des SAB, EuZW 1998, 157 ff; Hilf/ Eggers, EuZW 1997, 559 ff; Godt, EWS 1998, 202 ff.

42 So auch Ohlhoff, EuZW 1999, 139[142], für viele.

In diesem Zusammenhang ist auch der Umfang der Berechtigungen und Verpflichtungen aus völkerrechtlichen Verträgen zu diskutieren. Von besonderer Bedeutung sind dabei die Frage der unmittelbaren Anwendbarkeit des Welthandelsrechts sowie die Frage der sich aus dem Welthandelsrecht ergebenden subjektiven Rechte und Pflichten.

Allerdings sind die Fragen des Ranges und der unmittelbaren Anwendbarkeit, die meist miteinander vermengt werden, getrennt zu prüfen. Ein Beispiel für diese Vermischung, der auch der EuGH teilweise unterliegt, ist folgende Feststellung Webers: „Sofern assoziationsrechtliche Vorschriften über den Status Drittstaatsangehöriger unmittelbar anwendbar sind, können Sie mithin auch nationales Recht verdrängen".[43] Diese Aussage ist aber nur dann korrekt, wenn die unmittelbar anwendbare Norm vorrangig vor Gemeinschaftsrecht ist. Es handelt sich hierbei also um eine Frage des Rangs und nicht der unmittelbaren Anwendbarkeit. Jedoch wird deutlich, daß der Frage der unmittelbaren Anwendbarkeit letztlich nur dann praktische Relevanz zukommt, wenn Welthandelsrecht überhaupt vorrangig vor Gemeinschaftsrecht bzw. nationalem Recht ist. Denn ansonsten würde Welthandelsrecht ja, selbst wenn es unmittelbar anwendbar wäre, immer dann, wenn es in Widerspruch zu Gemeinschaftsrecht bzw. nationalem Recht stünde, von diesen Rechtsordnungen verdrängt, so daß die unmittelbare Anwendbarkeit leer liefe. Infolgedessen soll im Rahmen dieser Arbeit die Frage des Rangs ebenfalls ausführlicher untersucht werden.

Vermischt werden teilweise auch Fragen der Bindung und der unmittelbaren Anwendbarkeit, obwohl zwischen beiden Fragen zu differenzieren ist. [44] Es wird darauf hingewiesen, daß eine Norm, die nicht unmittelbar anwendbar ist, sehr wohl eine Bindungswirkung entfalten kann.

Zur klareren Differenzierung der verschiedenen Rechtsfragen soll die Frage der Bindung vorweg untersucht werden.

---

43 Weber, S. 38, bezüglich assoziationsrechtlicher Vorschriften, in deren Kontext sich auch die Problematik der unmittelbaren Anwendbarkeit stellt. Ein weiteres Beispiel für die nicht eindeutige Trennung beider Fragen ist folgendes Zitat Arnolds, ArchVR 1980/81, 419[454]: „Das mit der Individualwirksamkeit von Vertragsnormen verknüpfte Rangverhältnis eines gemischten Vertrages gegenüber Gemeinschaftsrecht und nationalem Recht ..."

44 Auf die Trennung der Fragen der völkerrechtlichen Bindung und der unmittelbaren Anwendbarkeit weisen beispielsweise Röttinger, in: Lenz, Art. 228, R. 16, Röttinger, in: Lenz, 2. Aufl. 1999, Art. 300 R. 17, und Stoll/ Ress, EWS 1996, 37[41], zutreffend hin.
In der Rechtssache Nakajima hat selbst der EuGH richtigerweise zwischen der Bindung der Gemeinschaft an Völkerrecht und damit auch an das GATT einerseits und der unmittelbaren Anwendbarkeit andererseits differenziert, EuGH, Urteil vom 07.05.1991, Rs. C-69/89, Slg. 1991, I-2069[2169, 2070] Zf. 2; [2177 ff] R. 27 ff- Nakajima All Precision Co. Ltd/ Rat der Europäischen Gemeinschaften.

D. Bindung von Gemeinschaft und Mitgliedstaaten an die welthandelsrechtlichen Abkommen

Die Frage der Bindung von Gemeinschaft und Mitgliedstaaten an das Welthandelsrecht bedarf hier insofern näherer Erläuterung, als die Gesamtheit der unter dem Dach der WTO geschlossenen Abkommen ein gemischtes Abkommen darstellt.[45] Unter gemischten Abkommen versteht man solche, an denen auf Seite der Europäischen Gemeinschaften sowohl die Gemeinschaft[46] als auch die Mitgliedstaaten beteiligt sind[47]. Gemeinschaft und Mitgliedstaaten haben die Gesamtheit der welthandelsrechtlichen Abkommen ratifiziert, die damit ein gemischtes Abkommen darstellt. Dessen Notwendigkeit in dieser Konstellation belegt das Gutachten 1/94 des EuGH.[48]

45 Vgl. auch Oppermann, R. 1711 (S. 737).

46 In dieser Arbeit werden aus stilistischen Gründen - soweit nicht anders vermerkt - die Begriffe Europäische Gemeinschaft(en), Gemeinschaft(en) identisch verwendet.

47 Nicolaysen, § 7 III. (S. 140); Oppermann, R. 603 (S. 225), R. 1711 (S. 737); Röttinger, in: Lenz, 2. Aufl. 1999, Art. 300 R. 6; Art. 310 R. 9; Streinz, R. 428 (S. 157) für viele.
Es wird an dieser Stelle darauf hingewiesen, daß gemischte Abkommen zwar weder im EUV noch im EGV - im Gegensatz zum EURATOM-Vertrag (vgl. Art. 102) - Erwähnung finden, an der Zulässigkeit solcher Verträge dennoch keine grundsätzlichen Zweifel bestehen, vgl. für viele: Gilsdorf, EuR 1996, 145[160].

48 EuGH, Gutachten 1/94 vom 15.11.1994, Slg. 1994, I-5267 ff, abgegeben gemäß Artikel 228 [nun Art. 300] Abs. 6 EG-Vertrag. Nach diesem Gutachten ist die Kompetenz zum Abschluß der welthandelsrechtlichen Abkommen insbesondere bezüglich der in dieser Arbeit später untersuchten Abkommen GATS und TRIPs geteilt: Grenzüberschreitende Erbringung von Dienstleistungen, die keinen Grenzübertritt von Personen erfordert, fällt unter den Begriff der gemeinsamen Handelspolitik des Art. 133 (ex-Art. 113) EGV und damit in die Kompetenz der Gemeinschaft. Anders ist es dagegen bei den drei folgenden im GATS vorgesehenen Erbringungsarten für Dienstleistungen, nämlich der Auslandserbringung, für die sich der Dienstleistungsempfänger in das Gebiet des Mitglieds der WTO begibt, in dem der Dienstleistungserbringer niedergelassen ist; der gewerblichen Niederlassung, das heißt dem Bestehen einer Tochtergesellschaft oder einer Zweigniederlassung im Gebiet des Mitglieds der WTO, in dem die Dienstleistung zu erbringen ist; der Niederlassung natürlicher Personen eines Mitglieds der WTO, mittels deren ein Dienstleistungserbringer eines Mitglieds Dienstleistungen im Gebiet eines anderen Mitglieds erbringt. Im Bereich des geistigen Eigentums hat die Gemeinschaft bisher entweder keine oder nur eine teilweise Harmonisierung in den vom TRIPs erfaßten Bereichen verwirklicht. Die Gemeinschaft hat zwar eine Zuständigkeit nach Art. 94 (ex-Art. 100) EGV für die Harmonisierung der nationalen Vorschriften hinsichtlich der

Unproblematisch ist die Frage der Bindung, wenn gemischte Abkommen die Bindung von Gemeinschaft und Mitgliedstaaten an die Vorschriften des Abkommens festlegen, die in den jeweiligen Kompetenzbereich fallen. Bei den WTO-Abkommen ist dies jedoch nicht der Fall.

Damit stellt sich die Frage, ob Gemeinschaft und Mitgliedstaaten jeweils nur an die in ihren Zuständigkeitsbereich fallenden Bestimmungen gebunden sind.[49]

Dabei ist hinsichtlich der Frage der Bindung zwischen der völkerrechtlichen und der gemeinschaftsrechtlichen Sicht zu unterscheiden.

I. Bindung aus völkerrechtlicher Sicht

Dafür, daß Gemeinschaft und Mitgliedstaaten jeweils nur an die in ihren Zuständigkeitsbereich fallenden Bestimmungen gebunden sein könnten, ließe sich anführen, daß der Rat in seinem Beschluß 94/800/EG vom 22.12.1994 die dort genannten Übereinkünfte nur „hinsichtlich des in ihre [das heißt der Gemeinschaft] Zuständigkeit fallenden Teils“[50] genehmigt. Allerdings haben sowohl

---

Maßnahmen, die zur Gewährleistung eines wirksamen Schutzes der Rechte an geistigem Eigentum zu treffen sind. Jedoch hat sie die Zuständigkeiten auf diesem Gebiet bisher fast nicht ausgeübt. Infolgedessen ist die Zuständigkeit für den Abschluß des TRIPs zwischen der Gemeinschaft und ihren Mitgliedstaaten geteilt. Allerdings ist zu beachten, daß durch den neu eingefügten Art. 133 Abs. 5 EGV der Mangel der Kompetenzordnung der Gemeinschaft für das geistige Eigentum durch einstimmigen Ratsbeschluß beseitigt werden kann.

49 Dies vertreten beispielsweise Arnold, ArchVR 1980/81, 419[454]: „Da nach den hier gewonnenen Erkenntnissen eine Aufspaltung des gemischten Vertrages je nach Kompetenzlage unumgänglich ist, erstreckt sich die Bindungswirkung des Art. 228 Abs. 2 EWGV [nun Art. 300 (ex-Art. 228) Abs. 7 EGV] auf die Gemeinschaftsorgane und Mitgliedstaaten nur soweit, als die Gemeinschaften zum Vertragsschluß kompetent waren. Im übrigen werden die Mitgliedstaaten allein gebunden.“; Schermers, S. 881 (§ 1562); Schermers/ Blokker, S. 1107 (§ 1758): „The organization and its Members are bound, each to the extent of their own competence. How these competences are to be divided can remain an internal question between the organization and its Members.“
Drexl, GRUR Int. 1994, 777[778], stellt dagegen zu Recht fest: „Die interne Begrenzung der Vertragsschlußkompetenz der Gemeinschaft und ihrer Mitgliedstaaten bedingt aber nicht notwendig, daß die jeweilige Einheit sich völkerrechtlich nur rechtswirksam verpflichten kann, soweit die Kompetenz reicht.“

50 Art. 1 Abs. 1 und 2 Abs. 1 des Beschlusses 94/800/EG des Rates vom 22.12.1994 über den Abschluß der Übereinkünfte im Rahmen der multilateralen Verhandlungen der Uruguay-Runde (1986-1994) im Namen der Europäischen Gemeinschaft in bezug auf die in ihre Zuständigkeiten fallenden Bereiche, ABl. Nr. L 336 vom 23.12.1994, S. 1. Vgl. auch Überschrift des genannten Beschlusses a.a.O.: „in bezug auf die in ihre Zuständigkeiten fallenden Bereiche“.

Gemeinschaft als auch Mitgliedstaaten das gesamte Paket der WTO-Abkommen unterzeichnet. Das heißt, sie sind gegenüber Drittstaaten, die es ebenfalls unterzeichnet haben, Vertragspartei. Gemeinschaften und Mitgliedstaaten sind im Zusammenhang mit den WTO-Verhandlungen wie regelmäßig bei gemischten Abkommen als einheitliche Partei aufgetreten.[51] Die Vorgehensweise des gemischten Abkommens entstand ja gerade deswegen, weil ein einheitliches Vertragswerk erforderlich war.[52] Zu Recht kann man behaupten, daß der gemischte Vertrag nicht nur eine tatsächliche, sondern auch eine rechtliche Einheit ist.[53] „Daher tritt nicht jede Partei der Gemeinschaftsgruppe dem Vertragspartner einzeln gegenüber, sondern die Gemeinschaftsgruppe bildet eine einzige, wenn auch zusammengesetzte Vertragspartei".[54] Das einheitliche Auftreten[55] wird auch durch die Verhandlungspraxis bestätigt. Die Kommission verhandelt mit

---

51 So stellt etwa Generalanwalt (GA) Tesauro in seinen Schlußanträgen vom 13.11.1997 zu EuGH, Urteil vom 26.06.1998, Rs. C-53/96, Slg. 1998, I-3603[3606, 3615] Zf. 14 in der Rechtssache Hermès International/ FHT Marketing Choice BV (Vorabentscheidungsersuchen der Arrondissementbank Amsterdam) fest: „Unter diesen Umständen muß man davon ausgehen, daß die Mitgliedstaaten und die Gemeinschaft im Verhältnis zu anderen Vertragsstaaten eine einzige Vertragspartei oder zumindest Vertragsparteien sind, die für etwaige Verletzungen in gleicher Weise verantwortlich sind. Die offensichtliche Konsequenz ist, daß in solchen Fällen die Aufteilung der Zuständigkeiten lediglich interne Bedeutung hat".
An dieser Stelle sei kurz auf die Bedeutung der Schlußanträge eines GA im europäischen Rechtssystem hingewiesen, zumal diese im Laufe dieser Arbeit mehrfach zitiert werden: Nach Art. 222 (ex-Art. 166) Abs. 2 EGV hat der GA „in völliger Unparteilichkeit und Unabhängigkeit begründete Schlußanträge zu den dem Gerichtshof unterbreiteten Rechtssachen öffentlich zu stellen, um den Gerichtshof bei der Erfüllung seiner in Artikel 220 [ex-Art. 164] bestimmten Aufgabe zu unterstützen." Dabei sind bekanntlich die Schlußanträge wissenschaftlich von höchstem Interesse.
Ähnlich wie der soeben zitierte GA Tesauro in der Rechtssache Hermès äußert sich der EuGH auch schon in dem Beschluß vom 14.11.1978, erlassen nach Art. 103 Abs. 3 EAGV, EuGH, Slg. 1978, 2151[2154, 2180] R. 35- Beschluß 1/78 (Objektschutz), in dem er betont, daß die genaue Aufteilung der Kompetenzen eine gemeinschaftsinterne Frage sei, zumal die Zuständigkeitsverteilung sich auch fortentwickeln könne und darüber hinaus das Abkommen lückenlos durchgeführt werden müsse.

52 Vgl. auch Schermers, FS Mosler, S. 823[826]; Stein, S. 129.

53 Vgl. Bleckmann, der die Einheitlichkeit betont, in: O'Keeffe/ Schermers, S. 155[163]: „ ... mixed agreements create rights and obligations for the EEC and all its Member States vis-à-vis the third States. ... these rights and obligations cannot be separated one from another, but ... they form a contractual unity."

54 Stein, S. 129 f.

55 Auf das einheitliche Auftreten bei gemischten Abkommen weisen auch Bleckmann, EuR 1976, 310[311], und Schweitzer/ Hummer, S. 181 Fn. 46, hin.

dem Drittstaat regelmäßig qua Ermächtigung auch über den mitgliedstaatlichen Anteil (vgl. auch Art. 300 (ex-Art. 228) Abs. 1 EGV),[56] wie dies bei den WTO-Abkommen der Fall war.[57] Dieses einheitliche Auftreten müssen sich Gemeinschaften und Mitgliedstaaten auch auf völkerrechtlicher Ebene zurechnen lassen.[58]

Anders wäre die Lage nur zu beurteilen, wenn die Verteilung der Zuständigkeiten gegenüber den Drittstaaten ausdrücklich offengelegt wurde oder die Vertragsbestimmungen explizit nur Gemeinschaft oder Mitgliedstaaten nennen.[59] Im WTOÜ selbst ist keine Regelung über die Zuständigkeit zur Erfüllung des Abkommens enthalten, ebensowenig wie in der Schlußakte[60], auch nicht in den welthandelsrechtlichen Abkommen selbst oder einer späteren Vereinbarung oder förmlichen Erklärung der Gemeinschaft. Es fragt sich, ob der zitierte Ratsbeschluß 94/800/EG[61] als derartige Ausnahme angesehen werden kann, die die Gemeinschaft von der völkerrechtlichen Bindung an das gesamte Paket der

56 Vgl. auch Cremona, Oxf. J. of Lg. Stud. 1982, 393[423]; Oppermann, R. 1713 (S. 738); Stein, S. 130; Streinz, R. 429 (S. 158); Tomuschat, in: GTE, Art. 228 R. 17.

57 Bericht zum Gutachtenantrag, abgegeben gemäß Artikel 228 Abs. 6 EG-Vertrag, EuGH, Slg. 1994, I-5267[5282] III.- Gutachten 1/94 vom 15.11.1994; vgl. auch a.a.O., S. 5389 R. 3: „Als sie diese Erklärung billigten, beschlossen der Rat und die Mitgliedstaaten, „um ein Höchstmaß an Kohärenz bei der Führung der Verhandlungen zu gewährleisten ... , daß die Kommission als einziger Unterhändler der Gemeinschaft und der Mitgliedstaaten auftreten sollte". Im Tagungsprotokoll heißt es jedoch: „Dieser Beschluß greift der Frage der Zuständigkeit der Gemeinschaft oder der Mitgliedstaaten bei spezifischen Themen nicht vor." ."

58 So auch Streinz, R. 429 (S. 158).

59 So auch Schmalenbach, in: Calliess/ Ruffert, Art. 300 R. 25, und Streinz, R. 429 (S. 158); vgl. hierzu auch Geiger, 2. Aufl. 1995, Art. 228 R. 31 (entspricht Geiger, 3. Aufl. 2000, Art. 300 R. 34): „Die Berufung auf die gemeinschaftsrechtliche Kompetenzverteilung ist der Gemeinschaft und den Mitgliedstaaten aber dann gestattet, wenn dies im Abkommen oder durch Erklärungen anläßlich des Vertragsschlusses mit Wirkung gegenüber dem Drittstaat entsprechend geregelt ist. Im übrigen wirkt die gemeinschaftsrechtliche Kompetenzverteilung ... nicht nach außen; sie bleibt eine interne Angelegenheit zwischen Gemeinschaft und Mitgliedstaaten (EuGH 1979, 2151- Euratom)", wobei darauf hinzuweisen ist, daß Geigers Werk einen Tippfehler enthält, richtig: Slg. 1978).

60 Daß die Fixierung von Vorschriften, die die Reichweite der jeweiligen Zuständigkeiten enthalten, möglich gewesen wäre und in der Praxis gar nicht selten vorkommt, belegen beispielsweise das Wiener Übereinkommen zum Schutz der Ozonschicht vom 22.03.1985 (ABl. 1988, L 297, S. 10) ebenso wie die Befugnisse der Europäischen Gemeinschaften in den unter das Seerechtsübereinkommen fallenden Bereichen, Erklärung gemäß Artikel 2 der Anlage IX des Übereinkommens, in: Bulletin der Europäischen Gemeinschaften Nr. 12, 1984, S. 167.

61 Vgl. Fn. 50.Vgl. auch ausführliche Ausführungen in bezug auf die unmittelbare Anwendbarkeit unter K.III.3.a).

welthandelsrechtlichen Abkommen befreien kann. Dagegen spricht, daß es sich bei diesem Beschluß um ein gemeinschaftsinternes Verfahren handelt, das Drittstaaten nicht betrifft. Ansonsten könnte ja stets der Inhalt eines Abkommens nachträglich verändert werden. Außerdem sieht Art. XI Abs. 1 WTOÜ eine Doppelmitgliedschaft vor, indem er Gemeinschaft und Mitgliedstaaten gleichrangig als ursprüngliche Mitglieder bezeichnet. Das heißt, Gemeinschaft und Mitgliedstaaten sind nicht nur jeweils an die in ihren Zuständigkeitsbereich fallenden Bestimmungen gebunden. Vielmehr sind die Gemeinschaften trotz partieller fehlender völkerrechtlicher Handlungsfähigkeit auf völkerrechtlicher Ebene an das gesamte Abkommen gebunden.[62] Dies ergibt sich schon aus Art. 46 WVRK/ Art. 46 WVRK II[63] bzw. dem entsprechenden völkergewohnheitsrecht-

62 So auch Arnold, ArchVR 1980/81, 419[421], der feststellt, „daß gemischte Verträge als multilaterale Verträge eine gegenseitige Vertragsbindung erzeugen; das vertragliche Synallagma erfaßt grundsätzlich sämtliche Vertragsparteien"; Bleckmann, EuR 1976, 301[303, 304]; Epiney, EuZW 1999, 5[7]; Gaja, in: O'Keeffe/ Schermers, S. 133[137]; Geiger, 3. Aufl. 2000, Art. 300 R. 34; Geiger, 2. Aufl. 1995, Art. 228 R. 31; Oppermann, R. 1713 (S. 738); Ott, S. 212; Pipkorn, in: Beutler/ Bieber/ Pipkorn/ Streil, S. 480; Tomuschat, in: GTE, Art. 228 R. 55; Tomuschat, in: O'Keeffe/ Schermers, S. 125[130]; Vedder, in: Grabitz/ Hilf, Art. 228 R. 19, 22.

63 Nach Art. 1 WVRK findet die WVRK nur auf Verträge zwischen Staaten Anwendung. An den welthandelsrechtlichen Abkommen sind jedoch auch die Europäischen Gemeinschaften als Vertragspartei beteiligt. Daher findet die WVRK auf das Verhältnis zwischen den Europäischen Gemeinschaften und den übrigen Vertragsparteien der WTO nach Art. 1 WVRK keine Anwendung. In diesem Zusammenhang sind Art. 5 WVRK und Art. 5 WVRK II (Wiener Vertragsrechtskonvention bzw. Wiener Übereinkommen über das Recht der Verträge zwischen Staaten und internationalen Organisationen oder zwischen internationalen Organisationen) zu beachten. Nach Art. 5 WVRK findet die WVRK auf jeden Vertrag Anwendung, der die Gründungsurkunde einer internationalen Organisation bildet (hier also das WTOÜ), sowie auf jeden im Rahmen einer internationalen Organisation angenommenen Vertrag (also insbesondere GATT, GATS, TRIPs). Das heißt, die WVRK findet zwischen Staaten (hier EG-Mitgliedstaaten und Nicht-EG-Vertragsstaaten der WTO) Anwendung, wenn sie internationale Organisationen gründen. Gemäß Art. 5 WVRK II findet die WVRK II auf Verträge zwischen einem oder mehreren Staaten und einer oder mehreren internationalen Organisationen Anwendung, der die Gründungsurkunde einer internationalen Organisation bildet, sowie auf jeden im Rahmen einer internationalen Organisation angenommenen Vertrag, unbeschadet aller einschlägigen Vorschriften der Organisation. Demnach wäre für das Verhältnis zwischen den Europäischen Gemeinschaften, den EG-Mitgliedstaaten und den übrigen Vertragsparteien der WTO an sich die WVRK II einschlägig, die gemäß ihrem Art. 1 lit. a) auf Verträge zwischen einem oder mehreren Staaten und einer oder mehreren internationalen Organisationen Anwendung findet. Diese ist zwar noch nicht in Kraft getreten, weil die nach ihrem Art. 85 Abs. 1 erforderliche Anzahl von 35 Ratifikationsurkunden noch nicht hinterlegt wurde. Allerdings handelt es sich bei den in diesem Übereinkommen enthaltenen Vorschriften wie bei der WVRK im wesentli-

lichen Grundsatz. Hiernach können sich nämlich weder Mitgliedstaaten noch Gemeinschaften darauf berufen, daß ihre Zustimmung, durch einen Vertrag gebunden zu sein, unter Verletzung einer Bestimmung ihres innerstaatlichen Rechts bzw. der Vorschriften der Organisation über die Zuständigkeit zum Abschluß von Verträgen ausgedrückt wurde und daher ungültig sei, sofern nicht die Verletzung offenkundig war und eine Vorschrift[64] von entscheidender Bedeutung betraf. Da die Zuständigkeitsverteilung zwischen Mitgliedstaaten und Gemeinschaften selbst für Fachleute schwierig zu beurteilen ist, kann jedenfalls nicht von einer offenkundigen Verletzung gesprochen werden.[65] Außerdem ist Art. 45 lit. b) WVRK/ Art. 45 Abs. 1 lit. b) WVRK II zu beachten, nach dem eine Berufung auf Art. 46 WVRK/ WVRK II ausscheidet, wenn auf Grund des Verhaltens des Staates angenommen werden muß, er habe der Gültigkeit des Vertrags, seinem Inkraftbleiben oder seiner Weiteranwendung stillschweigend zugestimmt, sowie Art. 45 Abs. 2 lit. b) WVRK II, nach dem auf Grund des Verhaltens des zuständigen Organs der internationalen Organisation angenommen werden muß, sie habe auf das Recht, diesen Grund geltend zu machen, verzichtet. Ferner würde es gegen den Grundsatz venire contra factum proprium verstoßen, wenn sich Gemeinschaft oder Mitgliedstaaten bezüglich der Bindung an die WTO-Abkommen nun auf ihre Unzuständigkeit berufen würden, zumal sie gerade aufgrund der Zuständigkeitsproblematik die Abschlußform des gemischten Abkommens gewählt haben. Hierfür läßt sich auch der allgemeine Vertrauensgrundsatz im internationalen Rechtsverkehr (vgl. Art. 26 WVRK/ WVRK II) anführen.[66]

Das heißt, aus dem Beschluß 94/800 EG kann keine Ausnahme von dem Grundsatz der umfassenden Bindung von Gemeinschaft und Mitgliedstaaten an das gesamte welthandelsrechtliche Vertragswerk abgeleitet werden.[67]

---

chen um kodifiziertes Völkergewohnheitsrecht, so daß die entsprechenden Artikel der WVRK II im folgenden neben denen der WVRK genannt werden. Die WVRK findet jedoch auf das Verhältnis zwischen den EG-Mitgliedstaaten und anderen WTO-Mitgliedstaaten, die nicht der Gemeinschaft angehören, Anwendung, wie sich auch aus Art. 3 lit. c) WVRK ergibt. Völkergewohnheitsrecht gilt im Verhältnis zwischen allen WTO-Parteien unabhängig vom Geltungsbereich der WVRK, wie sich aus Art. 3 lit. b) WVRK ergibt.

64 Nach der WVRK muß es sich um eine innerstaatliche Vorschrift handeln.

65 So auch Schmalenbach, in: Calliess/ Ruffert, Art. 300 R. 26; Gaja, in: O'Keeffe/ Schermers, S. 133[138], allgemein für gemischte Abkommen, mit denen sich die Vertreter aller Mitgliedstaaten im Rat einverstanden erklärt haben.

66 Schmalenbach, in: Calliess/ Ruffert, Art. 300 R. 26.

67 So stellt Gaja, in: O'Keeffe/ Schermers, S.133[135], auch zu Recht fest: „Little indication with regard to the partition of competences is generally given by the internal agreements which may be concluded for implementing agreements with nonmember States“.

Da die unter dem Dach der WTO geschlossenen Abkommen keine Aufteilung der Bindungswirkung vorsehen, sind Gemeinschaft und Mitgliedstaaten an das gesamte Vertragswerk gebunden.[68]

Dieses Ergebnis wird auch dadurch bestätigt, daß Art. 300 (ex-Art. 228) Abs. 7 EGV kein Indiz entnommen werden kann, daß Gemeinschaft und Mitgliedstaaten nur teilweise gebunden sein sollten.[69]

Die mitgliedstaatliche Bindung an welthandelsrechtliche Vorschriften, die in den Zuständigkeitsbereich der Gemeinschaft gehören, ist aus völkerrechtlicher Sicht unbedenklich. Denn durch Übertragung bestimmter Kompetenzen seitens der Mitgliedstaaten an die Gemeinschaft haben die Staaten nicht die entsprechende Pflichtfähigkeit verloren. Ebensowenig ergeben sich aus gemeinschaftsrechtlicher Perspektive Bedenken, zumal die Gemeinschaft durch den Abschluß des Abkommens als gemischtes Abkommen unter Beteiligung der Mitgliedstaaten[70] als selbständiger Vertragspartner deren Bindung auch in Bereichen der gemeinschaftlichen Kompetenz akzeptiert hat.[71]

---

68 So auch Cremona, Oxf. J. of Lg. Stud. 1982, 393[426 f], und Stein, S.131: „Soweit aus dem gemischten Vertrag selbst keine Aufteilung der Bindungswirkung auf die eine oder andere Partei innerhalb der Gemeinschaftsgruppe hervorgeht ... , ist die gesamte Gemeinschaftsgruppe, d.h. jede Partei dieser Gruppe, an alle Vertragsvorschriften gebunden."

69 So auch Cremona, Oxf. J. of Lg. Stud. 1982, 393[426], für die frühere Fassung des Art. 228 Abs. 2 EWGV.

70 Krück, S. 142, erläutert die Beteiligung der Mitgliedstaaten an gemischten Abkommen wie folgt: „Neben der Zustimmung der Staaten zum Vertragsschluß durch die Gemeinschaften ist darin eine punktuelle Ermächtigung der Gemeinschaften durch die Staaten zum innergemeinschaftlichen Vollzug des gemischten Abkommens enthalten ... . Dies stellt ebenfalls eine Vertragsdurchbrechung dar, die unter besonderen Umständen zulässig ist ... . Als Folge sind die Gemeinschaften zur Durchführung des gesamten Abkommens zuständig, ohne daß über die konkrete Einzelermächtigung hinaus eine generelle Befugnis zum Handeln auf diesem Gebiet geschaffen würde. In der Regel braucht der Bestandteil des Abkommens, der in nationale Zuständigkeiten fällt, jedoch nicht von den Gemeinschaften vollzogen zu werden; deren „Einzelzuständigkeit" ist insoweit subsidiär. Im Normalfall hat nämlich der Drittstaat durch den Abschluß des gemischten Vertrages die Gemeinschaften anerkannt und damit zwar nicht deren Existenz geschaffen ... , jedoch deren Kompetenzverteilung zumindest zum Vollzug des konkreten Abkommens hingenommen ... . Deswegen kann er Vertragserfüllung trotz bestehender Bindung von dem Vertragspartner, der auf Gemeinschaftsseite ohne die Vertragsdurchbrechung unzuständig wäre, nur dann verlangen, wenn die primär zur Leistung befugte und verpflichtete Vertragspartei ihren Verpflichtungen nicht nachkommt. Bindet der gemischte Vertrag somit Gemeinschaften und Mitgliedstaaten in seinem gesamten Umfang, so wird diese Bindung bei korrekter Vertragsdurchführung nicht aktuell, so daß faktisch doch eine „Vertragsaufteilung" auf Gemeinschaftsseite angenommen werden kann."

71 Krück, S. 141, allerdings noch nicht zum neuen Welthandelsrecht.

Nach alledem wird ersichtlich, daß sowohl die Gemeinschaft als auch die Mitgliedstaaten die Pflicht haben, für die Einhaltung des Welthandelsrechts zu sorgen und dies unabhängig von der Frage der unmittelbaren Anwendbarkeit.[72]

II. Bindung aus gemeinschaftsrechtlicher Sicht

Während auf völkerrechtlicher Ebene Gemeinschaft und Mitgliedstaaten also an die Gesamtheit des gemischten Abkommens gebunden sind[73], fragt es sich, ob dies auch aus gemeinschaftsrechtlicher Sicht der Fall ist. Sicher sind die Staaten und Gemeinschaften aus gemeinschaftsrechtlicher Perspektive an die Teile gebunden, die in die gemeinschaftsrechtliche Kompetenz fallen (vgl. Art. 300 (ex-Art. 228) Abs. 7 EGV). Fraglich ist, ob Art. 300 (ex-Art. 228) Abs. 7 EGV auch für die Abkommensteile gilt, die zum nationalen Kompetenzbereich gehören.[74] Diesbezüglich differenziert der EuGH bisher nicht explizit. Allerdings hatte er seiner Auffassung nach bis zur Rechtssache Hermès[75] im Jahre 1998 - soweit ersichtlich - nur über Teile von Gemeinschaftsabkommen zu urteilen, die in die Gemeinschaftszuständigkeit fielen.

Dafür, daß Art. 300 (ex-Art. 228) Abs. 7 EGV hinsichtlich der Bindung auch für diejenigen Teile des Vertrags gilt, die in den mitgliedstaatlichen Zuständigkeitsbereich fallen, spricht sein Wortlaut: Denn er differenziert nicht zwischen nationalen und gemeinschaftlichen Kompetenzbereichen. Hiergegen könnte einzuwenden sein, daß er eine solche Unterscheidung auch nicht vornehmen könne und müsse, wenn er gemischte Abkommen gar nicht erfasse. Art. 300 (ex-Art. 228) Abs. 7 EGV spricht von „nach Maßgabe dieses Artikels geschlossenen Abkommen". Fraglich ist also, ob gemischte Abkommen unter diese Vorschrift fallen. Dagegen ließe sich anführen, daß der EAG-Vertrag eine eigene Vorschrift hinsichtlich gemischter Abkommen, nämlich Art. 102, enthält, der EG-Vertrag jedoch nicht. Da allerdings - wie bereits ausgeführt auch im Bereich des EG-Vertrags - die grundsätzliche Zulässigkeit gemischter Abkommen anerkannt ist, stellt dies kein hinreichendes Gegenargument dar. Vielmehr ist aufgrund der Anerkennung gemischter Abkommen auch im Bereich des EG-Vertrags, ohne daß dieser die gemischten Verträge in einer Bestimmung regelt, davon auszugehen, daß sie unter den Abkommensbegriff fallen. Der EuGH versteht den Begriff

---

72 So auch Ehlermann, in: Hilf/ Petersmann (Hrsg.), S. 203[221], zum GATT '47.

73 So auch Epiney, EuZW 1999, 5[7].

74 Streinz, R. 608 (S. 221), lehnt die Erstreckung der Wirkung von Art. 300 (ex-Art. 228) Abs. 7 EGV auf den Mitgliedstaatsanteil an den gemischten Abkommen zumindest bezüglich des Ranges ab. In diesem Kapitel der vorliegenden Arbeit geht es jedoch ausschließlich um die Frage der Bindung, nicht des Ranges.

75 EuGH, Urteil vom 26.06.1998, Rs. C-53/96, Slg. 1998, I-3603 ff- Hermès.

„Abkommen" des Art. 300 (ex-Art. 228) Abs. 1 S. 1 EGV nämlich „in einem allgemeinen Sinne". Er umfaßt „jede von Völkerrechtssubjekten eingegangene bindende Verpflichtung ungeachtet ihrer Form"[76]. Diese Definition erfaßt auch gemischte Abkommen. Da diese regelmäßig auch „nach Maßgabe dieses [Art. 300 (ex-Art.) 228 EGV] Artikels geschlossen(en)"[77] werden, stellen gemischte Abkommen „nach Maßgabe dieses Artikels geschlossene(n) Abkommen" im Sinne des Art. 300 (ex-Art. 228) Abs. 7 EGV dar. Wegen der fehlenden Differenzierung werden von dieser Vorschrift auch diejenigen Teile gemischter Abkommen erfaßt, die in die mitgliedstaatliche Zuständigkeit fallen.

Außerdem gilt die Bindung aus gemeinschaftsrechtlicher Sicht aufgrund des Vorrangs der Gemeinschaftsbetrachtung auch für die Teile, die zum nationalen Kompetenzbereich gehören.[78]

Einen weiteren Beleg für den Vorrang der Gemeinschaftsbetrachtung im Sinne von Oppermann liefert die Rechtssache Hermès. In dieser Angelegenheit legt der EuGH eine Bestimmung (Art. 50 Abs. 6 TRIPs) aus, die in den nationalen Zuständigkeitsbereich fällt. Dem kann der Hinweis entnommen werden, daß die Gemeinschaft auch an die Bestimmungen eines gemischten Vertrags gebunden ist, die zur mitgliedstaatlichen Zuständigkeit gehören, also Art. 300 (ex-Art. 228) Abs. 7 EGV auch für die Abkommensteile gilt, die in den nationalen Kompetenzbereich fallen.

Dieses Ergebnis wird durch Art. 10 (ex-Art. 5) EGV bestätigt.[79]

Gemeinschaft und Mitgliedstaaten sind also völkerrechtlich wie gemeinschaftsrechtlich an sämtliche Teile der WTO-Abkommen gebunden, unabhängig davon, in wessen Zuständigkeitsbereich sie fallen.

---

76 EuGH, Gutachten des Gerichtshofes erstattet aufgrund von Artikel 228 Abs. 1 UA 2 des Vertrages vom 11.11.1975, Slg. 1975, 1355[1356, 1360], Gutachten 1/75 (Lokale Kosten). Vgl. auch Schmalenbach, in: Calliess/ Ruffert, Art. 300 R. 20; Vedder, in: Grabitz/ Hilf, Art. 228 R. 14.

77 Art. 300 (ex-Art. 228) Abs. 7 EGV.

78 Oppermann, R. 603 (S. 225): „Zur Bindung der EG und dem Rang dieser Abkommen [Oppermann spricht hier von gemischten Abkommen] gilt hinsichtlich ihres Gemeinschaftsteiles dasselbe wie bei den „reinen" EG-Abkommen. Bei etwaigen „nationalen Bestandteilen" ist zu ihrer Qualifikation nötigenfalls nationales Recht ergänzend heranzuziehen, doch darf die einheitliche Geltung der Abkommen darunter nicht leiden. Im Zweifel gilt auch insoweit ein **„Vorrang der Gemeinschaftsbetrachtung"** ...„. Oppermann, a.a.O., bezieht sich hierbei auf EuGH, Slg. 1994, I-5267 ff- Gutachten 1/94 (WTO).

79 Streinz, R. 142 (S. 51): „Als Verpflichtung zur loyalen Zusammenarbeit aller Beteiligten ... begründet Art. 10 [ex-Art. 5] EGV auch Verpflichtungen der Gemeinschaftsorgane gegenüber den Mitgliedstaaten." Daß es sich bei den Verpflichtungen aus Art. 10 (ex-Art. 5) EGV um gegenseitige handelt, ergibt sich beispielsweise aus dem Urteil des EuGH vom 10.02.1983, Rs. 230/81, Slg. 1983, 255[259, 287] R. 37- Großherzogtum Luxemburg/ Europäisches Parlament.

E. Verantwortlichkeit und Haftung bei den welthandelsrechtlichen Abkommen

An die Frage der Bindung schließt sich bei gemischten Abkommen das Problem der Verantwortlichkeit[80] und Haftung[81] an. Schwierig ist hier wegen der unklaren Kompetenzabgrenzung und der sachimmanenten wechselseitigen Verflechtung der einzelnen Bereiche, Verpflichtungen und Verantwortlichkeiten entweder den Mitgliedstaaten oder der Gemeinschaft zuzuweisen.[82] Daher folgert Generalanwalt Tesauro in der Rechtssache Hermès aus den Äußerungen des Gerichtshofs und des Generalanwalts in der Angelegenheit Demirel[83] zutreffend, daß die Gemeinschaft für alle Bereiche der WTO-Abkommen verantwortlich ist.[84] Denn sie hat selbst die WTO-Abkommen unterzeichnet und ist daher gemäß Art. 300 (ex-Art. 228) Abs. 7 EGV an diese gebunden.[85]

Was die Stellung der Mitgliedstaaten angeht, sind diese nicht nur gegenüber anderen Mitgliedstaaten, sondern auch gegenüber der Gemeinschaft verpflichtet, so daß die Nichteinhaltung des Abkommens die Haftung der Gemeinschaft neben der Haftung des betreffenden Staates begründet.[86]

Aber auch die Mitgliedstaaten sind - wie oben dargestellt[87] - an die Gesamtheit der welthandelsrechtlichen Abkommen gebunden, so daß sie unabhängig davon, in wessen Zuständigkeitsbereich die verletzte Norm fällt, haften.[88]

Die gesamtschuldnerische Haftung zwischen Gemeinschaft und Mitgliedstaaten[89] ist auch aus praktischen Erwägungen erforderlich. Denn die Form des

---

80 Unter Verantwortlichkeit versteht man die Verpflichtung.

81 Unter Haftung werden die Konsequenzen aus der Verpflichtung verstanden.

82 So auch Hilpold, S. 64.

83 EuGH, Urteil vom 30.09.1987, Rs. 12/86, Slg. 1987, 3719[3737 ff]- Meryem Demirel/ Stadt Schwäbisch Gmünd (Ersuchen um Vorabentscheidung vom Verwaltungsgericht Stuttgart).

84 Schlußanträge des GA Tesauro vom 13.11.1997 zum Urteil vom 26.06.1998, Rs. C-53/96, Slg. 1998, I-3603[3606, 3620] Zf. 18- Hermès.

85 So auch Schlußanträge des GA Tesauro vom 13.11.1997 zum Urteil vom 26.06.1998, Rs. C-53/96, Slg. 1998, I-3603[3606, 3620] Zf. 20- Hermès.

86 So auch Schlußanträge des GA Tesauro vom 13.11.1997 zum Urteil vom 26.06.1998, Rs. C-53/96, Slg. 1998, I-3603[3606, 3618] Zf. 18 Fn. 23- Hermès.

87 Vgl. Ausführungen unter D.

88 Dies übersieht Lorenz in seiner Arbeit völlig. Er hebt nur die umgekehrte Konstellation hervor, daß die Gemeinschaft für die Mitgliedstaaten haften müsse, S. 145, 147.

89 So auch Gaja, in: O'Keeffe/ Schermers, S. 133[137]: „Breach of the agreement on the part of the Community and the Member States causes joint responsibility.“;

gemischten Abkommens wird gerade wegen der unklaren und sich dynamisch fortentwickelnden Kompetenzabgrenzungen gewählt. Die gemeinschaftsinterne Zuständigkeitsaufteilung zwischen Mitgliedstaaten und Gemeinschaft ist den dritten Vertragsparteien unbekannt. Diese sind auch nicht verpflichtet, sich diesbezüglich Informationen zu beschaffen, zumal die genaue Abgrenzung schon zwischen Gemeinschaft und Mitgliedstaaten strittig ist.

Das heißt also, die Mitgliedstaaten haften auch, wenn die Gemeinschaft einen Verstoß begeht, sie ihrerseits aber die Abkommen einhalten. Auf diese kritische Konstellation wird später zurückzukommen sein.

Bleckmann, EuR 1976, 301[311], spricht von der „Parallelität der Ansprüche der Drittstaaten gegen EG und Mitgliedstaaten"; Footer, S. 317[320]; Hilpold, S. 64; Kovar, AFDI 1975, 903[915]; Staebe, S. 218; Stein, S. 130; Tomuschat, in: O'Keeffe/ Schermers, S. 125[130]: „In conclusion, it can therefore be stated that even in the case of a mixed agreement acceptance will normally make every contracting party a member with full rights and obligations over the whole breadth of the agreement. The Community and its Member States are thus jointly responsible for the implementation of mixed agreements." (Hervorhebungen der Verfasserin).

F. Welthandelsrecht als Bestandteil des Gemeinschaftsrechts?

Gemischte Verträge sind wie andere Gemeinschaftsabkommen völkerrechtliche Verträge. Damit sind sie Teil des Völkerrechts.[90]

Nach ständiger Rechtsprechung des EuGH jedoch stellen Bestimmungen von Gemeinschaftsabkommen mit ihrem Inkrafttreten „einen integrierenden Bestandteil der Gemeinschaftsrechtsordnung„[91] dar.

Es fragt sich, ob nur diejenigen Teile eines gemischten Abkommens Gemeinschaftsrecht darstellen, die in den Kompetenzbereich der Gemeinschaft fallen, oder auch diejenigen, für die (noch) Zuständigkeiten der Mitgliedstaaten bestehen.[92]

Die Bedeutung dieser Frage soll am Beispiel Großbritanniens und der Bundesrepublik Deutschland dargestellt werden:

In Großbritannien kommt der Frage, ob das gesamte Welthandelsrecht Gemeinschaftsrecht darstellt, im Zusammenhang mit der unmittelbaren Anwendbarkeit welthandelsrechtlicher Vorschriften erhebliche Relevanz zu. Da der Abschluß völkerrechtlicher Abkommen dort eine Prärogative der Krone darstellt, die Gerichte jedoch nur durch speziell ausformulierte Parlamentsgesetze gebunden werden können, ist die unmittelbare Anwendbarkeit so, wie sie etwa in der Bundesrepublik Deutschland verfassungsrechtlich zulässig ist, in Großbritannien nicht möglich. Wenn nun aber die unmittelbare Anwendbarkeit aller welthandelsrechtlichen Vorschriften ausschließlich nach Gemeinschaftsrecht und nicht nach den jeweiligen nationalen Rechtsordnungen zu beurteilen wäre, so würde auch in Großbritannien die unmittelbare Anwendbarkeit der welthandelsrechtlichen Vorschriften und über den Einbezug von Teilen der PVÜ[93] und der RBÜ[94] durch das TRIPs sogar deren unmittelbare Anwendbarkeit bejaht wer-

90 So auch Arnold, ArchVR 1980/81, 419[453 f].

91 EuGH, Urteil vom 30.04.1974, Rs. 181/73, Slg. 1974, 449[450, 460] R. 2/6- R. & V. Haegemann/ Belgischer Staat (Ersuchen um Vorabentscheidung, vorgelegt vom Tribunal de Première Instance de Bruxelles). Zur näheren Erläuterung des Begriffs „integrierender Bestandteil" vgl. Ausführungen in dem Kapitel „Auffassung des EuGH" unter I.I.1, weil es sich hierbei um einen typischen Begriff aus der Rechtsprechung des Gerichtshofs handelt.

92 Diese Frage werfen beispielsweise auch Epiney, EuZW 1999, 5[7], und Ott, S. 211, auf.

93 Pariser Verbandsübereinkunft zum Schutz des gewerblichen Eigentums.

94 Revidierte Berner Übereinkunft zum Schutz von Werken der Literatur und Kunst.

den.[95] Denn die unmittelbare Anwendbarkeit von Gemeinschaftsrecht ist dort in Abweichung vom Grundsatz der speziellen Transformation durch den European Communities Act aus dem Jahre 1972 angeordnet.[96]

Aber auch in der Bundesrepublik Deutschland hat die Frage, ob alle welthandelsrechtlichen Vorschriften Gemeinschaftsrecht darstellen, eine nicht zu unterschätzende Bedeutung: Denn wenn ein europarechtlicher Geltungsgrund der WTO-Abkommen verneint wird, hat das Welthandelsrecht als Völkerrecht nur den Rang eines einfachen Bundesgesetzes.[97] Dies hat zur Konsequenz, daß nach dem Grundsatz lex posterior derogat legi priori späteres deutsches Recht frühere durch Gesetz ratifizierte Völkerrechtsverträge verdrängt.[98] Würden dagegen die unter dem Dach der WTO geschlossenen Abkommen als Gemeinschaftsrecht Eingang in die nationalen Rechtsordnungen finden, so hätten sie in der gesamten Gemeinschaft Vorrang vor nationalem Recht.

Wie oben unter D dargestellt, ist die Gemeinschaft auf völkerrechtlicher wie auf gemeinschaftsrechtlicher Ebene auch bei gemischten Abkommen an den gesamten Vertrag gebunden. Da das Völkerrecht jedoch nicht vorschreibt, wie die Gemeinschaft diesen Verpflichtungen nachzukommen hat, muß aus der völkerrechtlichen Verbindlichkeit nicht zwingend der Schluß gezogen werden, daß das ganze Abkommen als „integrierender Bestandteil“ des Gemeinschaftsrechts gilt.[99]

Während der EAG-Vertrag in Art. 102 gemischte Abkommen explizit regelt, enthält der EG-Vertrag keine vergleichbare Vorschrift. Daher wird teils vertreten, daß es sich um eine stillschweigende Vertragsergänzung[100] handle und dadurch das gesamte gemischte Abkommen Teil des Gemeinschaftsrechts werde[101]. Hiergegen spricht allerdings, daß der Abschluß von gemischten Ab-

---

95 Vgl. Drexl, GRUR Int. 1994, 777[787]; Katzenberger, GRUR Int. 1995, 447[459]; Spuhler, S. 242.

96 Vgl. auch Drexl, GRUR Int. 1994, 777[779].

97 So auch Spuhler, S. 242, für viele.
Anders wäre es nur, wenn allgemeine Regeln des Völkerrechts nach Art. 25 GG vorliegen, was jedoch offenkundig nicht der Fall ist.

98 Hierauf wird schon im Vorgriff zu den Ausführungen unter Kapitel J hingewiesen.
Vgl. auch Spuhler, S. 242.
Die Frage, inwieweit es sich bei der Ratifikation eines völkerrechtlichen Vertrags um Transformation, Adoption oder Vollzug handelt, kann in diesem Kontext dahinstehen.

99 So auch Epiney, EuZW 1999, 5[7].

100 Krück spricht diesbezüglich von einer punktuellen Änderung der Gründungsverträge *„ad hoc“* ohne Einhaltung des Vertragsänderungsverfahrens, S. 102. Ähnlich auch Bleckmann, EuR 1976, 301[305], der daneben auch eine punktuelle Vertragsdurchbrechung erwähnt.

101 Bleckmann, EuR 1976, 301[302 ff, 308], der daraus konsequent folgert, daß der EuGH dann auch zur Auslegung des gesamten gemischten Abkommens befugt sei;

kommen im Falle kumulativer völkerrechtlicher Bindung der Gemeinschaft und der Mitgliedstaaten wie den WTO-Abkommen keine stillschweigende Vertragsänderung bewirkt.[102] Außerdem hätte diese Auffassung die Kompetenzerweiterung der Gemeinschaft zur Folge.[103]

Die Entscheidung des Streites, ob das gesamte Welthandelsrecht oder nur die Teile von ihm, die in die gemeinschaftliche Kompetenz fallen, Gemeinschaftsrecht darstellen, hat nicht nur für die Frage der unmittelbaren Anwendbarkeit Bedeutung, die sich, würde man der Auffassung folgen, das gesamte gemischte Abkommen sei Gemeinschaftsrecht, ausschließlich nach Gemeinschaftsrecht richten würde, sondern auch für den Rang der welthandelsrechtlichen Abkommen.[104]

Nach hier vertretener Ansicht ist das gemischte Abkommen in zwei Teile zu teilen[105], von denen nur derjenige Teil Bestandteil des Gemeinschaftsrechts ist, der in den Kompetenzbereich der Gemeinschaften fällt.[106] Der andere Teil dagegen, der im Zuständigkeitsbereich der Mitgliedstaaten liegt,[107] teilt nicht den Charakter des integrierenden Bestandteils des Gemeinschaftsrechts. Hierfür lassen sich die Grundsätze der Kompetenzverteilung zwischen Gemeinschaft und Mitgliedstaaten anführen. Denn ansonsten könnte durch den Abschluß gemischter Abkommen diese vom primären Gemeinschaftsrecht vorgesehene Kompe-

---

Bleckmann, in: O'Keeffe/ Schermers, S. 155[156 ff]; Krück, Völkerrechtliche Verträge, S. 102 ff, 140, S. 104: „Die Fragen, die sich hinsichtlich der Bindung der Gemeinschaften und der Staaten ergeben, und auch die Qualifizierung dieser Abkommen, sollen in ihrer Bedeutung nicht unterschätzt werden.“; Stein, S. 134, 187, für gemischte Verträge ohne Aufteilung der Bindungswirkung - bei gemischten Verträgen mit Aufteilung der Bindungswirkung liegt seiner Auffassung nach nur ein Gemeinschaftsabkommen vor, soweit völkerrechtliche Rechte und Pflichten der Gemeinschaft begründet werden, nicht aber, soweit die Mitgliedstaaten berechtigt und verpflichtet werden.

102 Vedder, in: Grabitz/ Hilf, Art. 228 R. 22.

103 Cremona, Oxf. J. of Lg. Stud. 1982, 393[426], mit Hinweis auf Usher, ELR 1979, 300[306 f].

104 Drexl, GRUR Int. 1994, 777[787], weist zutreffend darauf hin, daß das TRIPs als Gemeinschaftsrecht unbedingten Vorrang vor nationalem Recht beanspruchen würde. Widersprechendes nationales Recht bliebe auf jeden Fall außer Anwendung, unabhängig davon, ob es zeitlich vor oder nach dem TRIPs erlassen wurde. Dies zeigt die überragende Bedeutung der im Text aufgeworfenen Streitfrage.

105 So auch Ehlermann, in: O'Keeffe/ Schermers, S. 3[18]; Gaja, in: O'Keeffe/ Schermers, S. 133[136]; Meessen, EuR 1980, 36[44]; so wohl auch Schermers, in: O'Keeffe/ Schermers, Essays, S. 167[174 f]; Tomuschat, in: GTE, Art. 228 R. 77; Vedder, in: Grabitz/ Hilf, Art. 238 R. 34; Vedder, S. 249.

106 So auch Vedder, in: Grabitz/ Hilf, Art. 238 R. 34.

107 Vgl. auch Ehlermann, in: O'Keeffe/ Schermers, S. 3 ff.

tenzverteilung umgangen werden.[108] Meessen bemerkt zu Recht: „Die übrigen Teile des Abkommens, zu deren Regelung nicht die Gemeinschaft, sondern die Mitgliedstaaten zuständig waren, sind nicht auf irgendeine mysteriöse Art Gemeinschaftsrecht geworden."[109]

Für die hier vertretene Auffassung läßt sich auch das Urteil in der Rechtssache Haegemann heranziehen. Während die deutsche Übersetzung (Verfahrenssprache war Französisch) dies nicht hinreichend zum Ausdruck bringt[110], tritt in der französischen Fassung dagegen die Differenzierung zwischen gemeinschaftlicher und mitgliedstaatlicher Kompetenz besser hervor: „cet accord est dès lors, *en ce qui concerne la communauté*, un acte pris par l'une des institutions de la communauté ..."[111]

Aus oben genannten Gründen ist die Auffassung, daß das WTO-Vertragswerk nur insofern Gemeinschaftsrecht darstellt, als die welthandelsrechtlichen Vorschriften auf der Zuständigkeit der Gemeinschaft beruhen, vorzuziehen. Jedoch scheint diese Ansicht insofern problematisch, als der EuGH sich im Urteil Hermès[112] für zuständig erklärt, eine in den Kompetenzbereich der Mitgliedstaaten fallende Bestimmung des TRIPs auszulegen. Es wird bereits an dieser Stelle darauf hingewiesen, was später ausgeführt werden soll[113], daß die Frage der Auslegung insofern eine Sonderstellung einnimmt.[114] In diesem Zusammenhang ist auf folgendes Zitat Ehlermanns hinzuweisen: „It follows that if the Court interprets a provision of a mixed agreement according to Article 177 of the EEC Treaty, it recognizes implicitly that the provision belongs to the Com-

108 Epiney, EuZW 1999, 5[7]; Tomuschat, in: GTE, Art. 228 R. 77; Ott, S. 212 ff.

109 Meessen, EuR 1980, 36[44].

110 Sie lautet: „Dieses Abkommen stellt somit für die Gemeinschaft die Handlung eines Gemeinschaftsorgans im Sinne des Artikels 177 [nun Art. 234] Absatz 1 Buchstabe b dar. Die Bestimmungen des Abkommens bilden seit dessen Inkrafttreten einen integrierenden Bestandteil der Gemeinschaftsrechtsordnung. In dem durch diese Rechtsordnung gesteckten Rahmen ist der Gerichtshof zur Vorabentscheidung über die Auslegung dieses Abkommens befugt." EuGH, Urteil vom 30.04.1974, Rs. 181/73, Slg. 1974, 449[450, 460] R. 2/6- Haegemann.

111 Zit. nach Cremona, Oxf. J. of Lg. Stud. 1982, 393[426] Fn. 121, die a.a.O. meint: „The original French text is perhaps a little clearer". (Hervorhebung im Original)

112 EuGH, Urteil vom 16.06.1998, Rs. C-53/96, Slg. 1998, I-3603[3637, 3648] R. 29- Hermès. Vgl. zu diesem Urteil insbesondere Erläuterungen unter K.II.2.b), M.IV.2.a)dd) und M.IV.2.b)dd).

113 Vgl. Ausführungen unter L.III.

114 Dies ignoriert zu Unrecht jedoch Lorenz, S. 131 ff, insbesondere S. 133, indem er das Urteil Hermès als Argument dafür heranzieht, daß das gesamte gemischte Abkommen mit reinen Gemeinschaftsabkommen gleichzustellen sei und daher vollumfänglich Gemeinschaftsrecht sei.

munity part."[115] Dieser Schluß Ehlermanns von der Auslegungskompetenz auf die rechtliche Zugehörigkeit der Normen zum Gemeinschaftsrecht ist jedoch weder zwingend noch dogmatisch korrekt.[116] Ansonsten könnte der EuGH ja allein durch sein Interpretationsverhalten den Kompetenzbereich der Gemeinschaften ausdehnen.

115 Ehlermann, in: O'Keeffe/ Schermers, S. 3[18 f]. Der im Zitat genannte Art. 177 EGV ist identisch mit dem jetzigen Art. 234 EGV.

116 Man beachte hierbei auch die Tatsache, daß das BVerfG sehr wohl landesrechtliche Normen auslegen darf, ohne daß hiermit eine Entscheidung über die rechtliche Zugehörigkeit der Normen getroffen wird.

G. Für die Bestimmung des Ranges des Welthandelsrechts maßgebliche Rechtsordnung

Gesonderte Beachtung verdient vorab auch die Frage, welchen Rang Welthandelsrecht als gemischtes Abkommen in der Gemeinschaftsrechtsordnung und in den nationalen Rechtsordnungen einnimmt. Zumindest diejenigen Teile gemischter Abkommen, die in den gemeinschaftsrechtlichen Kompetenzbereich fallen, sind - wie oben dargestellt - Gemeinschaftsrecht und folgen damit den Regeln des Anwendungsvorrangs des Gemeinschaftsrechts in der deutschen Normenhierarchie. Das heißt, sie haben Vorrang (auch) vor (späterem) Bundesrecht.[117]

Fraglich ist jedoch, nach welchen Vorschriften der Rang derjenigen Vorschriften gemischter Abkommen, die in die mitgliedstaatliche Kompetenz fallen, zu beurteilen ist.

Nach einer Auffassung gelten die gemischten Abkommen im nationalen Bereich auch, wenn die Gemeinschaft nach dem EG-Vertrag an sich unzuständig wäre, und zwar nicht kraft dem nationalen Zustimmungsgesetz zu dem gemischten Abkommen als nationales Recht mit dem Rang eines nationalen Gesetzes, sondern auf Grund eines Anwendungsbefehls des Gemeinschaftsrechts mit Rang über allem nationalen Recht.[118]

Als Begründung hierfür wird angeführt, daß anders als bei der Auslegung[119] die Interessen des Nicht-EG-Staates nicht gesondert berücksichtigt werden müßten, zumal dieser durch die Anwendung der gemeinschaftsrechtlichen Regeln nur Vorteile habe. Ferner sei es im innereuropäischen Interesse geboten, daß die Gemeinschaftsabkommen der EG, auch die gemischten Abkommen, wie andere Akte der Gemeinschaften im EG-Bereich vollzogen würden.[120]

---

117 So beispielsweise auch Meessen, EuR 1980, 36 [44].

118 Bleckmann, EuR 1976, 301[310], allerdings noch zum EWGV; so auch im Ergebnis: Tietje, Einführung, in: Welthandelsorganisation, Textausgabe, S. IX[XIX], der als Begründung das EuGH-Urteil in der Rechtssache Hermès heranzieht, nach dem der EuGH für sich die verbindliche Auslegung von einer TRIPs-Vorschrift in Anspruch nimmt, die in die nationale Kompetenz fällt. Tietje setzt hier jedoch unzutreffend Fragen des Ranges mit denen der Auslegung gleich. Zur Auslegung der WTO-Abkommen als gemischte Abkommen vgl. insbesondere die Ausführungen in dieser Arbeit unter L.III.

119 Die Auslegung hat daher gemäß völkerrechtlichen Regeln und nicht nach gemeinschaftsrechtlichen zu erfolgen.

120 Bleckmann, EuR 1976, 301[310].

Nach hier vertretener Auffassung dagegen ist davon auszugehen, daß der Rang derjenigen Vorschriften eines gemischten Abkommens, die in den nationalen Kompetenzbereich fallen, allein nach den nationalen Verfassungsbestimmungen über den Rang völkerrechtlicher Verträge zu bestimmen ist.[121] Dies ist konsequent, wenn man - wie diese Arbeit - davon ausgeht, daß die Abkommensteile, für die die Mitgliedstaaten zuständig sind, nicht Gemeinschaftsrecht sind. Denn dann bestimmt sich der Rang des Abkommens nach dem Rang völkerrechtlicher Verträge in der nationalen Rechtsordnung. Im deutschen Recht nehmen die welthandelsrechtlichen Abkommen, soweit sie Vorschriften des mitgliedstaatlichen Zuständigkeitsbereichs enthalten, kraft nationalen Zustimmungsgesetzes zu dem gemischten Abkommen den Rang einfachen Bundesrechts ein[122], wie später noch ausführlich dargestellt wird (vgl. Ausführungen unter J). Das heißt - und hierin besteht der Unterschied zum gemeinschaftlichen Teil eines gemischten Abkommens -, daß die Bundesrepublik Deutschland sich mit dem Erlaß späterer Bundesgesetze über die Abkommen hinwegsetzen könnte. Auf den ersten Blick mag dieses Ergebnis überraschen und widersprüchlich sein. Jedoch bleibt aus völkerrechtlichem Blickwinkel der Vorrang des WTO-Rechts hiervon unangetastet.[123]

Für die hier vertretene Auffassung, läßt sich auch folgendes aus der Chemie abgeleitete Argument, nach Meessen, anführen: „Gemischte Verträge sind keine Verbindungen, sondern Gemische: Ihre Bestandteile unterliegen einer unterschiedlichen rechtlichen Behandlung.“[124]

---

121 So auch Streinz, R. 608 (S. 221).

122 Vgl. auch für viele Meessen, EuR 1980, 36[44], der dies in bezug auf das Abkommen von Lomé als gemischten Vertrag feststellt.

123 Vgl. auch Meessen, EuR 1980, 36[44], zum Abkommen von Lomé als gemischten Vertrag.

124 Meessen, EuR 1980, 36[49], der hier zum besseren Verständnis einen Vergleich zur Chemie zieht. Verbindungen bedeuten eine Änderung der molekularen Zusammensetzung, die gegenüber den Ausgangsstoffen eine neue Substanz darstellt, während Gemische keine neue Substanz sind.

H. Verhältnis zwischen Welthandelsrecht und europäischem Gemeinschaftsrecht aus internationaler, völkerrechtlicher Sicht

Nachdem nun geklärt ist, daß bezüglich Rangfragen bei gemischten Abkommen nach gemeinschaftlichem und nationalem Kompetenzbereich zu differenzieren ist, soll zunächst das Verhältnis zwischen Welthandelsrecht und europäischem Gemeinschaftsrecht untersucht werden, und zwar zuerst aus internationaler, völkerrechtlicher Sicht, um daran anschließend dieselbe Frage aus gemeinschaftlicher Sicht zu prüfen.

Bevor die Beziehungen zwischen aktuellem WTO-Recht und europäischem Gemeinschaftsrecht betrachtet werden, soll auf die Beziehungen zwischen GATT ´47 und Gemeinschaftsrecht eingegangen werden, zumal diese Betrachtungen zum Verständnis der EuGH-Rechtsprechung, die bisher fast ausschließlich zum GATT ´47 erging, erforderlich sind.

I. GATT ´47

Die das GATT unterzeichnenden Staaten sind nach dem als Völkergewohnheitsrecht geltenden Grundsatz „pacta sunt servanda“, der auch in Art. 26 WVRK/ WVRK II fixiert ist, an das GATT gebunden. Dieser völkerrechtlichen Pflicht konnten sie sich auch nicht durch den Zusammenschluß zur EG entziehen. Vielmehr mußten sie weiterhin die Pflichten des GATT erfüllen, wie sich auch aus Art. 307 (ex-Art. 234) EGV ergibt. Allerdings hatten nur die Mitgliedstaaten das GATT ´47 unterzeichnet, nicht dagegen die EG selbst. Ebensowenig hatte die Gemeinschaft die Mitgliedstaaten durch einen formellen Beitritt als Vertragspartei im GATT ´47 ersetzt. Dennoch war die EG schon an das alte GATT gebunden.[125] Ob sie dabei als de-facto-Partei[126], „Vertragspartei sui generis“[127] oder gar de-jure-Partei[128] des GATT angesehen wurde, kann mangels Relevanz

125 So auch der EuGH in ständiger Rechtsprechung seit dem Urteil vom 12.12.1972, Verb. Rs. 21-24/72, Slg. 1972, 1219[1220, 1227]- International Fruit Company NV und andere gegen Produktschap voor groenten en fruit (Ersuchen um Vorabentscheidung, vorgelegt vom College van Beroep voor het Bedrijfsleven).

126 So etwa Müller-Ibold, in: Lenz, Art. 113 R. 55; Smit/ Herzog, Art. 229 R. 6 ff; Vedder, in: Grabitz/ Hilf, Art. 234 R. 17.

127 Petersmann, EWG als GATT-Mitglied, S. 119[128].

128 So Berrisch, S. 233.

für die vorliegende Arbeit dahinstehen. Begründet wurde die Bindung der Gemeinschaft an das GATT '47 überwiegend mit der „Funktionsnachfolge“.[129]

II. WTO und die unter dem Dach der WTO geschlossenen Abkommen

Beim GATT '94 sowie den übrigen unter dem Dach der WTO abgeschlossenen Abkommen ist die Rechtslage dagegen eindeutig: Nach Art. XI Abs. 1 WTOÜ sind die Europäischen Gemeinschaften neben ihren Mitgliedstaaten originäres Mitglied der WTO. Damit sind sie als Vertragspartner an das Welthandelsrecht gebunden. Dies ergibt sich auch aus dem Grundsatz „pacta sunt servanda“ sowie aus Art. 300 (ex-Art. 228) Abs. 7 EGV. Darüber hinaus ist - wie schon oben dargelegt[130] - der als Völkergewohnheitsrecht geltende Art. 27 WVRK/ WVRK II zu beachten. Nach dieser Norm kann sich die EG nicht auf interne Vorschriften bezüglich der Zuständigkeit berufen, um die Nichterfüllung der Welthandelsnormen zu begründen. Zwar läßt Art. 27 WVRK/ WVRK II nach Art. 27 S. 2 WVRK/ Art. 27 Abs. 3 WVRK II Art. 46 WVRK/ WVRK II unberührt. Art. 46 WVRK/ WVRK II besagt, daß ein Staat bzw. eine internationale Organisation sich nicht darauf berufen kann, daß seine bzw. ihre Zustimmung, durch einen Vertrag gebunden zu sein, unter Verletzung einer Bestimmung seines innerstaatlichen Rechts bzw. der Vorschriften der Organisation über die Zuständigkeit zum Abschluß von Verträgen ausgedrückt wurde und daher ungültig sei, sofern nicht die Verletzung offenkundig war und eine Vorschrift[131] von grundlegender Bedeutung betraf. Jedoch kann auch diese Vorschrift völkerrechtlich - wie bereits dargestellt[132] - nicht zur Entbindung der EG von der Einhaltung des Welthandelsrechts führen. Denn gerade um die komplizierte Zuständigkeitsabgrenzung zwischen Gemeinschaft und Mitgliedstaaten nicht zum Hindernis wirksamer, durchsetzbarer und praktikabler völkerrechtlicher Verträge werden zu lassen, haben sowohl die Gemeinschaft als auch die Mitgliedstaaten das WTOÜ unterzeichnet (sog. gemischtes Abkommen).[133]

---

129 Vgl. z.B. Schroeder/ Selmayr, JZ 1998, 344; Vedder, in: Grabitz/ Hilf, Art. 234 R. 17.

130 Es wird an dieser Stelle darauf hingewiesen, daß im Rahmen dieser Arbeit bestimmte Wiederholungen beabsichtigt und notwendig sind, weil sie dazu dienen, unterschiedliche Aspekte zu beleuchten.

131 Nach der WVRK muß es sich um eine innerstaatliche Vorschrift handeln.

132 Vgl. obige Ausführungen unter D.I.

133 Vgl. zur Zuständigkeitsverteilung: EuGH, Gutachten 1/94 vom 15.11.1994, Slg. 1994, I-5267 ff, abgegeben gemäß Artikel 228 (nun Art. 300) Abs. 6 EGV: Nach diesem Gutachten ist die Gemeinschaft - wie bereits erläutert - für den Abschluß der multilateralen Handelsübereinkünfte nach Art. 113 EGV allein zuständig; für den

Auch ist Art. II Abs. 2 WTOÜ zu beachten, nach dem die multilateralen Handelsübereinkommen für alle Mitglieder verbindlich sind. Gemäß Art. XVI Abs. 4 WTOÜ muß jedes Mitglied sicherstellen, daß seine rechtlichen Bestimmungen mit den Verpflichtungen aufgrund der dem WTOÜ als Anlage beigefügten Übereinkommen in Einklang stehen. Darüber hinaus sind Vorbehalte zum WTOÜ nach Art. XVI Abs. 5 S.1 WTOÜ unzulässig und zu den Multilateralen Handelsübereinkünften nur zulässig, soweit darin vorgesehen.

Obige Ausführungen weisen darauf hin, daß aus dem Blickwinkel der WTO und aus völkerrechtlicher Sicht Welthandelsrecht in allen seinen Erscheinungsformen gegenüber Gemeinschaftsrecht in allen seinen Erscheinungsformen vorrangig ist.[134]

Abschluß des GATS und TRIPs jedoch ist die Zuständigkeit zwischen Gemeinschaft und Mitgliedstaaten geteilt.

134 So auch Cottier/ Schefer, JIEL 1998, 83[85 f]: „In sum, it is clearly established both under international law and WTO rules that international trade law obligations prevail over national or regional rules."

I. Verhältnis zwischen Welthandelsrecht und europäischem Gemeinschaftsrecht aus gemeinschaftsrechtlicher Sicht

Während aus völkerrechtlicher Sicht die Frage nach dem Verhältnis zwischen Welthandelsrecht und europäischem Gemeinschaftsrecht zugunsten des Vorrangs des WTO-Rechts zu beantworten ist, ist die Beurteilung des Verhältnisses zwischen beiden Rechtsordnungen aus gemeinschaftsrechtlicher Sicht komplexer.

Die Rangfrage stellt sich, wenn Welthandelsrecht und europäisches Gemeinschaftsrecht (bzw. nationales Recht[135]) zwar denselben Sachverhalt betreffen, allerdings unterschiedlich regeln.[136]

I. Auffassung des EuGH

1. Gemeinschaftsabkommen als „integrierender Bestandteil" der Gemeinschaftsrechtsordnung

Zunächst sei hier folgendes allgemein erläutert:

Im Haegemann-Urteil prägte der EuGH seine seitdem ständig verwendete Formel, daß von der Gemeinschaft abgeschlossene Abkommen (Gemeinschaftsabkommen[137]) mit ihrem Inkrafttreten „einen integrierenden Bestandteil der Gemeinschaftsrechtsordnung"[138] darstellen.[139] Aber nicht nur die Gemeinschafts-

135 Auf das Rangverhältnis zwischen Welthandelsrecht und nationalem Recht wird unter J eingegangen.

136 Dies zeigt das Beispiel der „Bananenstreitigkeiten": Bananenmarkt-Verordnung und GATT-Recht regeln denselben Sachverhalt unterschiedlich.

137 Der EuGH versteht den Begriff „Abkommen" des Art. 300 (ex-Art. 228) Abs. 1 S. 1 EGV - wie bereits dargelegt - „in einem allgemeinen Sinne". Er umfaßt „jede von Völkerrechtssubjekten eingegangene bindende Verpflichtung ungeachtet ihrer Form", EuGH, Gutachten des Gerichtshofes erstattet aufgrund von Artikel 228 Abs. 1 UA 2 des Vertrages vom 11.11.1975, Slg. 1975, 1355[1356, 1360], Gutachten 1/75 (Lokale Kosten).

138 EuGH, Urteil vom 30.04.1974, Rs. 181/73, Slg. 1974, 449[450, 460] R. 2/6- Haegemann; EuGH, Urteil vom 26.10.1982, Rs. 104/81, Slg. 1982, 3641[3644, 3662] R. 13- Hauptzollamt Mainz/ C. A. Kupferberg & Cie. KG a.A. (Ersuchen um Vorabentscheidung, vorgelegt vom Bundesfinanzhof); EuGH, Urteil vom 30.09.1987, Rs. 12/86, Slg. 1987, 3719[3747, 3750] R. 7- Demirel; für Assoziationsratsbeschlüsse: EuGH, Urteil vom 14.11.1989, Rs. 30/88, Slg. 1989, 3711[3733, 3737] R. 12- Griechische Republik/ Kommission der Europäischen Gemeinschaften und EuGH, Urteil vom 20.09.1990, Rs. C-192/89, Slg. 1990, I-3461[3497, 3500] R. 8-

abkommen stellen Gemeinschaftsrecht dar, sondern auch Anhänge und Protokolle zu ihnen[140] sowie Beschlüsse von Organen der Gemeinschaftsabkommen.[141] An dieser Stelle ist auf die unkorrekte Übersetzung von „intégral“[142] mit „integrierend“ hinzuweisen. Es fragt sich, ob der EuGH eigentlich „integriert“ meinte.[143] Der französische Begriff „intégral“[144] kann mit „vollständig, völlig,

---

S. Z. Sevince/ Staatssecretaris van Justitie (Vorabentscheidungsersuchen des niederländischen Raad van State).

139 Der EuGH folgt damit in der Rechtssache Bresciani nicht GA Trabucchi, der von einer Zuordnung der durch die Gemeinschaft geschlossenen Abkommen ausschließlich zum Völkerrecht ausging, Schlußanträge des GA Trabucchi vom 14.01.1976 zu EuGH, Urteil vom 05.02.1976 , Rs. 87/75, Slg. 1976, 129[143, 146 f]- Conceria Daniele Bresciani/ Italienische Finanzverwaltung (Ersuchen um Vorabentscheidung vorgelegt vom Tribunale Genua).

140 So auch Seidl-Hohenveldern, Rn. 205 (S. 51); Weber, ArchVR 1997, 295[305]; Weber, in: GTE Band 5, 1997, Art. 238 R. 45.

141 Für Assoziationsratsbeschlüsse: EuGH, Urteil vom 14.11.1989, Rs. 30/88, Slg. 1989, 3711[3733, 3737] R. 12- Griechenland/ Kommission sowie EuGH, Urteil vom 20.09.1990, Rs. C-192/89, Slg. 1990, I-3461[3497, 3500] R. 8- Sevince; vgl. auch Gilsdorf, EuZW 1991, 459[461]. Nach dem Urteil Sevince kommt Assoziationsratsbeschlüssen dieselbe Rechtsqualität wie den Bestimmungen des Assoziationsabkommens selbst zu. Begründet wird dies mit dem unmittelbaren Zusammenhang zwischen Abkommen und Assoziationsratsbeschlüssen. Vgl. auch Gilsdorf, EuZW 1991, 459[461], der eine tiefergehende Begründung liefert: „Die eigentliche Rechtfertigung dürfte eben darin liegen, daß die Vertragsparteien, darunter die Gemeinschaft, im Abkommen die betreffenden Organe ermächtigt haben, derartige Beschlüsse mit für sie bindender Wirkung zu erlassen. Die Gemeinschaft hat damit die Bindungswirkung dieser Beschlüsse im Abkommen selbst vorweggenommen. Insofern könnte man diese Beschlüsse auch als in vereinfachter Form erlassene völkerrechtliche Abkommen qualifizieren ...“ Die Rechtsprechung Sevince, die sich auf Assoziationsratsbeschlüsse bezieht, kann auch auf andere Beschlüsse von Organen übertragen werden, die im Rahmen internationaler Abkommen eingesetzt worden sind, vgl. auch Gilsdorf, EuZW 1991, 459[461].

142 Verfahrenssprache in der Rechtssache Haegemann ist Französisch.

143 Arnold, in: Dauses, K. I R. 61 (S. 26 f), vertritt diesbezüglich folgende Auffassung: „Art. 228 VII EGV ordnet also an, daß das Abkommen **als Völkerrecht** im Gemeinschaftsbereich gilt und anwendbar ist; es wird, wie der *EuGH* es formuliert, „integrierender Bestandteil der Gemeinschaftsrechtsordnung“. ... Dabei bedeutet dies nicht „integriert“, also nicht rechtsquellenmäßig angepaßt, ... [mit Hinweis auf die Deutung des „Bestandteil“-Begriffs in bezug auf Art. 25 GG und Art. 4 WRV bei Partsch, S. 51 f, und Anschütz, S. 70] sondern als zur Gesamtheit derjenigen Regeln in der Gemeinschaftsrechtsordnung gehörig, die dort rechtsverbindliche Wirkung besitzen. ... [mit Hinweis auf Schröder, in: GBTE, EWGV, Art. 228 R. 28] Damit wird festgestellt, daß das Gemeinschaftsrecht rechtliche Auswirkungen des Abkommens im Innenbereich der Gemeinschaften nicht abschirmen will, sondern ihm dort Verbindlichkeit zuerkennt. Es wird Bestandteil der Rechtsordnung der Gemeinschaften, gehört also zu dem, was als Recht in diesem Bereich gilt. Damit wird es aber nicht zum formellen Bestandteil des Gemeinschaftsrechts selbst.“ (Hervorhebungen von Arnold).

ganz; ungekürzt, unvermindert, uneingeschränkt“ übersetzt werden.[145] Es stellt sich infolgedessen die Frage, was der EuGH mit der Charakterisierung des Abkommens als „integrierender Bestandteil der Gemeinschaftsrechtsordnung“ genau meint. Denkbar wäre, daß dies bedeuten soll, daß das Völkerrecht in der Gemeinschaft seine Rechtsnatur ändert und als Gemeinschaftsrecht gilt, was der Transformationstheorie entspräche.[146] So könnte man folgende Äußerung Tomuschats verstehen: „Mit anderen Worten, diese Verträge sind Teil des in der Gemeinschaft positiv geltenden Rechts und müssen daher nach den allgemeinen Regeln, wie sie für das Gemeinschaftsrecht gelten, angewandt und durchgeführt werden."[147] Daß er jedoch nicht meint, das Völkerrecht ändere seine Rechtsnatur in der Gemeinschaft, verdeutlicht folgendes Zitat: „Nach Auffassung des EuGH kommt es allein auf das völkerrechtliche Inkrafttreten an, ... das automatisch ein Vertragswerk in die Gemeinschaftsrechtsordnung integriert. ... Damit steht fest, daß der völkerrechtliche Vertrag durch die Einführung in die Gemeinschaftsrechtsordnung keinen inhaltlichen Wandel erfährt. Er wird nicht >>vergemeinschaftet<<, sondern behält auch innerhalb der Gemeinschaftsrechtsordnung seine Rechtsnatur als völkerrechtliches Instrument bei ..."[148] Dies wird auch durch folgende Äußerung Tomuschats bestätigt: „Der Vertrag gilt auch innerhalb der Gemeinschaftsrechtsordnung in seinem jeweils vom Völkerrecht geprägten Bestand.“[149] Gegen die Änderung der Rechtsnatur des Welthandelsrechts in der Gemeinschaft spricht vor allem, daß ja gar keine Transformation des Welthandelsrechts erfolgt ist.[150] Daß der EuGH mit seiner Formulierung vom „integrierenden Bestandteil des Gemeinschaftsrechts“ den Gemeinschaftsabkommen nicht ihre völkerrechtliche Herkunft absprechen möchte, deutet auch die Formulierung des Generalanwalts Reischl in der Rechtssache SIOT an: Das „GATT ... [ist] *in gewissem Sinne* Teil der Gemeinschaftsrechtsordnung geworden“.[151]

---

144 Erwähnt sei an dieser Stelle, daß Hahn/ Schuster, EuR 1993, 261[270], den Begriff „*integraler* Bestandteil der Gemeinschaftsrechtsordnung“ (Hervorhebung der Verfasserin) verwenden, allerdings ohne in diesem Zusammenhang die Rechtsprechung des EuGH zu zitieren.

145 Weis/ Mattutat, Pons-Globalwörterbuch. Französisch-deutsch (Teil 1), S. 542; vgl. auch petit Larousse en couleur, S. 492, unter Stichwort „ intégral“: „dont on n'a rien retiré, entier, complet“.

146 Diese Möglichkeit zeigt auch Bleckmann, JIR 1975, 300[302], auf. Sie zöge die Konsequenz nach sich, daß die Interpretation nach gemeinschaftsrechtlichen Grundsätzen erfolgen würde.

147 Tomuschat, in: GTE, Art. 228 R. 57.

148 Tomuschat, in: GTE, Art. 228 R. 58.

149 Tomuschat, in: GTE, Art. 228 R. 60.

150 Vgl. auch Epiney, EuZW 1999, 5[6].

151 Schlußanträge des GA Reischl vom 14.12.1982 zu EuGH, Urteil vom 16.03.1983, Rs. 266/81, Slg. 1983, 731[782, 792]- Società Italiana per l'Oleodotto Transalpino

Daß die Gemeinschaftsabkommen als „integrierende Bestandteile“ des Gemeinschaftsrechts bezeichnet werden, heißt also nicht, daß ihre völkerrechtliche Herkunft negiert würde.[152] Vielmehr sind Vorschriften in den Gemeinschaftsabkommen, die ja völkerrechtliche Abkommen darstellen, mangels Transformation in erster Linie von ihrer Herkunft her völkerrechtlicher Natur.[153] Sie bilden aber zugleich, wie der EuGH richtig feststellt, auch einen Bestandteil des Gemeinschaftsrechts[154], sind also wie Gemeinschaftsrecht zu behandeln.[155] Dies wirkt sich dadurch, daß die Gemeinschaftsabkommen für die Mitgliedstaaten und die Organe der Gemeinschaft verbindlich sind, etwa so aus, daß ihnen im Verhältnis zu den nationalen Rechtsordnungen der Mitgliedstaaten ebenso wie dem Gemeinschaftsrecht der Vorrang vor nationalen Rechtsordnungen zukommt.[156] Bei gemischten Abkommen gilt dies nur für den Teil, der in den gemeinschaftlichen Kompetenzbereich fällt.[157]

Im Zusammenhang hiermit ist es ohne Bedeutung, ob das Verhältnis zwischen Völkerrecht und Gemeinschaftsrecht als monistisch[158] oder dualistisch[159] angesehen wird.[160]

(SIOT)/ Ministero delle finanze, Ministero della marina mercantile, Circoscrizione doganale di Trieste und Ente autonomo del porto di Trieste (Ersuchen um Vorabentscheidung, vorgelegt von der Corte suprema di cassazione), Hervorhebung der Verfasserin.

152 So auch Tomuschat, in: GTE, Art. 228 R. 58, 60, deren Wortlaut diesbezüglich bereits im Text zitiert wurde.

153 So auch Epiney, EuZW 1999, 5[6]; Weber, ArchVR 1997, 295[304]; Schlußanträge des GA Trabucchi vom 14.01.1976 zu EuGH, Urteil vom 05.02.1976, Rs. 87/75, Slg. 1976, 129[143, 147]- Bresciani.

154 So auch Weber, ArchVR 1997, 295[304].
Interessant ist, daß Pescatore, RdC 1961 II, Bd. 103, S. 1[124], dies schon vor dem EuGH feststellt, wobei er jedoch nicht die uneindeutige Formulierung des Gerichtshofs verwendet. Nach ihm binden die Gemeinschaftsabkommen die Gemeinschaft und ihre Organe. Dies heißt, so Pescatore a.a.O., daß die Abkommen einen Teil der Gemeinschaftsrechtsordnung darstellen und damit auch Teil des vom EuGH anzuwendenden Rechts sind. Weiter betont er, daß die Abkommen in die Gemeinschaftsrechtsordnung ohne Transformation eintreten, was er als self-executing bezeichnet.

155 So auch Bleckmann, JIR 1975, 300[302].

156 So auch Epiney, EuZW 1999, 5[6].

157 So auch Epiney, EuZW 1999, 5[7].

158 So beispielsweise Kapteyn, The International Lawyer 1974, 74[75 f]; Kovar, RMC 1974, 345[352]; Petersmann, ZaöRV 1975, 213[272]; Pietri, RTDE 1976, 194[198]; Schermers, CML Rev. 1975, 77[83 f].

159 So etwa Bleckmann, JIR 1975, 300[305, 311]; Krück, S. 169.

160 So auch Berrisch, S. 56; Tomuschat, FS Constantinesco, S. 801[804 f]; Tomuschat, in: GTE, Art. 228 R. 59: „akademische Streitfrage“.

Es sei weiterhin festgestellt, daß die Qualifizierung „integrierender Bestandteil" nichts über die innergemeinschaftliche Wirkung des Abkommens besagt[161], sondern allenfalls darauf hinweist, daß die Wirkungen des Abkommens nach Gemeinschaftsrecht und nicht nach den Rechtsordnungen der Mitgliedstaaten zu beurteilen sind. [162]

Pescatore meint, oben genanntes EuGH-Zitat zeige, daß der EuGH dem Gedanken einer unmittelbaren Anwendbarkeit völkerrechtlicher Abkommen zugeneigt sei, sonst hätte er nicht diesen Ausdruck gewählt.[163] Jedoch beinhaltet allein die Tatsache, daß es sich bei völkerrechtlichen Abkommen um einen integrierenden Bestandteil des Gemeinschaftsrechts handelt, noch keine Aussage über die Frage der unmittelbaren Anwendbarkeit. Wie im folgenden zu zeigen ist, hängt diese von bestimmten Kriterien ab.

Nach zutreffender Auffassung von Kuilwijk bedeutet die Formulierung „integrierender Bestandteil", daß die von der Gemeinschaft geschlossenen internationalen Abkommen so in das Gemeinschaftsrechtssystem integriert werden wie das Gemeinschaftsrecht in die nationalen Rechtsordnungen der Mitgliedstaaten. Kein Transformationsakt ist erforderlich[164], die von der Gemeinschaft geschlossenen völkerrechtlichen Verträge gelten als solche in der Gemeinschaft.[165] Das heißt, so Kuilwijk, das Verhältnis zwischen Völkerrecht und Ge-

---

161 Bebr, EuR 1983, 128[132]: „Die bloße Tatsache, daß ein solches Abkommen integrierender Bestandteil dieser Rechtsordnung wird, besagt aber wenig für die Frage, ob seine Bestimmungen dem Einzelnen [Großschreibung im Original] Rechte verleihen können, die die innerstaatlichen Gerichte zu beachten haben. Ein solches Abkommen begründet natürlich Pflichten sowohl für die Gemeinschaft als auch für ihre Mitgliedstaaten. Das bedeutet aber noch lange nicht, daß eine Verletzung dieser Pflichten, sei es durch die Gemeinschaft oder durch einen Mitgliedstaat, auch unmittelbar wirksam wäre in dem Sinne, daß sie Rechte für den Einzelnen [Großschreibung im Original] begründen würden."

162 Bebr, EuR 1983, 128[134]: „Mit dem Inkrafttreten bildet es [das Abkommen], wie auch der Gerichtshof mehrfach entschied, einen integrierenden Bestandteil sowohl der Rechtsordnung der Gemeinschaft als auch jener der Mitgliedstaaten. Der Gerichtshof entschied so indirekt in *International Fruit Company* ... und ausdrücklich dann in *Haegemann*. ...
Die Bindungswirkung eines Abkommens sagt aber wenig aus zu der Frage, welches Recht den Rechtsstatus und die mögliche unmittelbare Wirksamkeit eines Abkommens in der Rechtsordnung der Mitgliedstaaten bestimmt. Ein von der Gemeinschaft abgeschlossenes Abkommen begründet eine Verpflichtung sowohl für die Gemeinschaft als auch für ihre Mitgliedstaaten." Vgl. auch Berrisch, S. 56.

163 Pescatore, FS Mosler, S. 661[671].

164 Die nicht erforderliche Transformation des völkerrechtlichen Vertrags in das Gemeinschaftsrecht führen auch Schroeder/ Selmayr, JZ 1998, 344[345], sowie Lorenz, S. 125, als Argument für den Monismus an.

165 Kuilwijk, S. 84.

meinschaftsrecht ist monistisch.[166] Hierfür läßt sich auch anführen, daß Art. 300 (ex-Art. 228) Abs. 7 EGV für die Verbindlichkeit von Gemeinschaftsabkommen in der Gemeinschaft nur deren völkerrechtliche Geltung voraussetzt.[167] Für den Monismus spricht ferner der Gedanke der Einheit des Rechts.[168] Dies gilt um so mehr, als Gemeinschaftsrecht ursprünglich völkerrechtliche Wurzeln hat.[169] Wegen seiner Herkunft und seines Sinnzusammenhangs ist dem EG-Vertrag, wie Ott zutreffend feststellt, „eine dualistische Trennung im reinen Sinne wie bei staatlichen Verfassungen, wo Staatsrecht auf der einen Seite und Völkerrecht auf der anderen Seite besteht, wesensfremd".[170] Ähnlich argumentieren Schroeder/ Selmayr: „Diese monistische Deutung des Verhältnisses zwischen Gemeinschaftsabkommen und Gemeinschaftsrecht deckt sich mit der Auffassung des *EuGH* vom Verhältnis zwischen primärem Gemeinschaftsrecht, Verordnungen und individualgerichteten Entscheidungen zum nationalen Recht. ... Es ist nur konsequent und entspricht dem Gedanken einer Rechtsgemeinschaft mit einheitlichen Rechtsgeltungsregeln, wenn der *EuGH* diese Position ebenso in Bezug auf völkerrechtliche Verträge der EG vertritt."[171] Daß der EuGH eine monistische

---

166 Kuilwijk, S. 84; so auch: Kapteyn, The International Lawyer 1974, 74[75 f]; Kovar, RMC 1974, 345[352]; Lorenz, S. 125; Oppermann, R. 1719 (S. 742); Ott, S. 73, zum Verhältnis Völkervertragsrecht und Gemeinschaftsrecht; Pescatore, FS Mosler, S. 661[680], bezeichnet die rechtstheoretische Stellung des EuGH zur innergemeinschaftlichen Wirkung von Abkommen als „Pragmatische(r)[n] Monismus"; Petersmann, ZaöRV 1975, 213[272]; Pietri, RTDE 1976, 194[198]; Schermers, CML Rev. 1975, 77[83 f]; Schmalenbach, in: Calliess/ Ruffert, Art. 300 R. 56 und R. 57; Schroeder/ Selmayr, JZ 1998, 344[345, 347]; Vedder, in: Grabitz/ Hilf, Art. 228 R. 45. Erwähnt sei aber auch die a.A., die etwa Bleckmann, R. 654 (S. 238 f), vertritt.
Tomuschat, in: GTE, Art. 228 R. 65, vertritt jedoch die Ansicht, daß der EuGH mit seinen Ausführungen zur Ablehnung der unmittelbaren Anwendbarkeit des GATT von der monistischen These Abstand nehme, jedes Abkommen werde mit seinem Abschluß automatisch Bestandteil der Gemeinschaftsrechtsordnung. Dem kann jedoch nicht zugestimmt werden. Denn diese Auffassung Tomuschats vermischt die Frage der unmittelbaren Anwendbarkeit mit dem Ausfluß des monistischen Prinzips, daß der völkerrechtliche Vertrag mit Abschluß automatisch Bestandteil der Gemeinschaftsrechtsordnung wird.
Schon hingewiesen wurde darauf, daß der Streit zwischen Monisten und Dualisten aufgrund ihrer Annäherung durch die gemäßigten Auffassungen an Bedeutung verloren hat, so auch Hilpold, S. 185.

167 So auch Vedder, in: Grabitz/ Hilf, Art. 228 R. 45.

168 Die Anhänger des Monismus versuchen, „alles Recht als ein einheitliches System zu begreifen", Geiger, § 4 I, (S. 15), der Kelsen zitiert.

169 So etwa auch Lorenz, S. 125, und Streinz, R. 113 (S. 40).

170 Ott, S. 72.

171 Schroeder/ Selmayr, JZ 1998, 344[345] (Hervorhebung im Original). So beruft sich auch Kovar, RMC 1974, 345[352], auf den „esprit de cohérence": Da der EuGH die Beziehungen zwischen Gemeinschaftsrecht und nationalem Recht als monistisch

Sichtweise vom Verhältnis Völkerrecht und Gemeinschaftsrecht hat, bestätigt letztlich das neuere Urteil in der Rechtssache Racke, in dem der Gerichtshof feststellt, daß Völkergewohnheitsrecht auch ohne explizite Vorschrift im EG-Vertrag Bestandteil der Gemeinschaftsrechtsordnung ist.[172]

Zu bemerken ist in diesem Zusammenhang, daß die vom EuGH in der Rechtssache Haegemann zugrunde gelegte Rechtsprechung hinsichtlich des „integrierenden Bestandteils des Gemeinschaftsrechts“ meist auch bei gemischten Abkommen zitiert wird, ohne daß auf deren spezifische Problematik eingegangen wird.[173]

Auffällig ist, daß die Rechtsprechung des Gerichtshofes zu Gemeinschaftsabkommen und dem GATT ′47 unterschiedlich ist.[174] Während erstere nach dem EuGH - wie erläutert - einen integrierenden Bestandteil des Gemeinschaftsrechts darstellen, äußert der EuGH sich - soweit ersichtlich - nicht dazu, ob das GATT ′47 Bestandteil des Gemeinschaftsrechts ist.[175] Interessanterweise findet sich die Behauptung, daß das GATT ′47 integrierender Bestandteil des Gemeinschaftsrechts ist, dennoch vielfach in der Literatur und sogar Rechtsprechung.[176] Ob auch GA Gulmann in seinen Schlußanträgen in der Rechtssache Bundesrepublik Deutschland/ Rat dahingehend zu verstehen ist, daß das GATT ′47 integrierender Bestandteil des Gemeinschaftsrechts ist[177], ist nicht eindeutig, zumal er -

---

einstuft, müsse die monistische Betrachtungsweise auch für das Verhältnis der Gemeinschaft zu Drittstaaten gelten.

172 EuGH, Urteil vom 16.06.1998, Rs. C-162/96, Slg. 1998, I- 3655[3688, 3704 f] R. 46- A. Racke GmbH & Co./ Hauptzollamt Mainz (Vorabentscheidungsersuchen des Bundesfinanzhofs).

173 So auch Weber, in: GTE, Band 5, 1997, Art. 238 R. 45; Vedder, in: Grabitz/ Hilf, Art. 238 R. 14.

174 Zur Problematik, inwieweit das GATT integrierender Bestandteil des Gemeinschaftsrechts ist, wird folgendes ausgeführt: Berrisch weist zunächst in der Kommentierung des „Bananenurteils“, EuR 1994, 461[469], darauf hin, daß das GATT integrierender Bestandteil der Gemeinschaftsrechtsordnung sei. Später stellen Berrisch/ Kamann, EWS 2000, 89[90], jedoch zutreffend fest, daß der EuGH seine ständige Rechtsprechung, Gemeinschaftsabkommen stellten einen integrierenden Bestandteil der Gemeinschaftsrechtsordnung dar, in bezug auf das GATT nicht wiederholt.

175 So auch Berrisch/ Kamann, EWS 2000, 89[90], entgegen Berrisch, EuR 1994, 461[469]; Gabler, S. 96; Hilpold, S. 189.

176 Hierauf weisen auch Hilpold, S. 189, und Schroeder/ Selmayr, JZ 1998, 344[347], hin. Diesbezüglich unzutreffende Behauptungen finden sich etwa bei: Berrisch, EuR 1994, 461[469]; Everling, CML Rev. 1996, 401[421], stellt dies fest, obwohl er selbst als Richter am EuGH tätig war; Petersmann, EuZW 1997, 325[326]; Steinmetzler, DZWir 1997, 494[500]; VG Frankfurt a. M., EuZW 1997, 182[192]; Weber, EuZW 1997, 165[168].

177 So versteht Everling, CML Rev. 1996, 401[420], allerdings den Generalanwalt.

auch wenn es in der konkreten Rechtssache um das GATT ´47 geht - lediglich davon spricht, daß ein „internationales Abkommen ein integrierender Bestandteil der Gemeinschaft ist".[178] Daß das GATT ´47 mit seinem Inkrafttreten nicht „integrierender Bestandteil" des Gemeinschaftsrechts ist, läßt sich damit erklären, daß es nicht von den Gemeinschaftsorganen abgeschlossen wurde.[179]

In bezug auf das neue Welthandelsrechtssystem ist es dagegen konsequent, - auch wenn der EuGH sich in seinem neuen Urteil Portugal/ Rat nicht dazu äußert - von einem integrierenden Bestandteil des Gemeinschaftsrechts zu sprechen[180], zumal hier neben den Mitgliedstaaten die Gemeinschaft selbst Vertragspartei ist wie bei anderen Gemeinschaftsabkommen auch. Geht man wie hier davon aus, daß das Welthandelsrecht integrierender Bestandteil des Gemeinschaftsrechts ist, so ist es auch zwingend Prüfungsgrundlage bei der Rechtmäßigkeitsprüfung des EuGH nach Art. 230 (ex-Art. 173) EGV.[181] Reinisch, Weber/ Moos sowie Schroeder/ Selmayr ziehen daraus, daß das Welthandelsrecht integrierender Bestandteil der Gemeinschaftsrechtsordnung ist, den Schluß, daß dies nach der Rechtsprechung des Gerichtshofes zumindest die Vermutungswirkung zugunsten einer unmittelbaren Anwendbarkeit seiner Bestimmungen auslöse.[182] Wie oben bereits erläutert, kann dies jedoch nicht daraus gefolgert werden.

---

178 Schlußanträge von GA Gulmann vom 08.06.1994 zu EuGH, Urteil vom 05.10.1994, Rs. C- 280/93, Slg. 1994, I-4973[4980, 5023] Zf. 137- Bundesrepublik Deutschland/ Rat der Europäischen Union.

179 So auch Schroeder/ Selmayr, JZ 1998, 344[347].

180 So auch Gabler, S. 96; Reinisch, EuZW 2000, 42[48]; Schroeder/ Selmayr, JZ 1998, 344[348]; Weber/ Moos, EuZW 1999, 229[230], die allerdings den Ausdruck „integrierter Bestandteil des Gemeinschaftsrechts" verwenden; Zonneyken, JIEL 1999, 713[720], allerdings ohne Abgrenzung zur GATT ´47- Rechtsprechung.

181 Man beachte auch die a.A. von GA Gulmann, Schlußanträge vom 08.06.1994 zu EuGH, Urteil vom 05.10.1994, Rs. C-280/93, Slg. 1994, I-4973[4980, 5023] Zf. 137- Deutschland/ Rat, der behauptet: „Aus dem Umstand, daß ein internationales Abkommen ein integrierender Bestandteil der Rechtsordnung der Gemeinschaft ist, kann meines Erachtens nicht geschlossen werden, daß es auch notwendigerweise Teil der Grundlage der Rechtmäßigkeitsprüfung des Gerichtshofes nach Artikel 173 EWG-Vertrag [nun Art. 230 EGV] ist. Es ist möglich, daß sich die Betroffenen in einem Verfahren nach Artikel 173 [nun Art. 230 EGV] auf ein Abkommen berufen können, auch wenn dies keine unmittelbare Wirkung hat. Es kann jedoch auch so sein, daß die Gründe, die zur Verneinung der unmittelbaren Wirkung des Abkommens führen, so geartet sind, daß sie zugleich zu der Auffassung führen müssen, daß das Abkommen kein Teil der Grundlage der Rechtmäßigkeitsprüfung des Gerichtshofes sein kann. ... Dies letztere ist meiner Meinung nach hinsichtlich des GATT der Fall."

182 Reinisch, EuZW 2000, 42[48]; Schroeder/ Selmayr, JZ 1998, 344[348]; Weber/ Moos, EuZW 1999, 229[230].

2. Rangfrage gemäß der Rechtsprechung des EuGH

Der EuGH vermischt Fragen des Ranges und der unmittelbaren Anwendbarkeit. Es handelt sich hierbei jedoch um zwei unterschiedliche rechtliche Aspekte, die getrennt zu betrachten sind.[183]

Da der EuGH den welthandelsrechtlichen Vorschriften die unmittelbare Anwendbarkeit bisher abgesprochen hat, stellt sich für ihn die Rangfrage gar nicht mehr bzw. ist sie für ihn ohne praktische Auswirkung.

Bisher war der EuGH mit keinem Fall befaßt, in dem es um das Verhältnis zwischen GATT '47 bzw. Welthandelsrecht und primärem europäischem Gemeinschaftsrecht ging. Die vom EuGH entschiedenen Fälle betreffen stets das Verhältnis von sekundärem Gemeinschaftsrecht zum GATT '47 bzw. Welthandelsrecht. In dieser Beziehung hat der EuGH den Vorrang der Gemeinschaftsabkommen vor sekundärem Gemeinschaftsrecht in den meisten Fällen nur indirekt dadurch anerkannt, daß er die Gültigkeit von sekundärem Gemeinschaftsrecht an Gemeinschaftsabkommen überprüfte, meist jedoch ohne zur Feststellung einer Normenkollision zu kommen.[184] Direkt erwähnt hiergegen wird der Vorrang der von der Gemeinschaft geschlossenen Abkommen vor den Bestimmungen des abgeleiteten Gemeinschaftsrechts in der Entscheidung Kommission/ Deutschland[185], wobei auffällig ist, daß diese Entscheidung zugunsten der Gemeinschaft ausfällt[186].

---

183 Dies stellen beispielsweise auch Bungert, DÖV 1994, 797 f, und Heselhaus, JA 1999, 76[81], zutreffend fest.

184 EuGH, Urteil vom 30.04.1974, Rs. 181/73, Slg. 1974, 449[450, 460 ff] R. 2/6 ff - Haegemann; EuGH, Urteil vom 19.11.1975, Rs. 38/75, Slg. 1975, 1439 ff [1440, insbes. 1449] R. 15- Zollagent der NV Nederlandse Spoorwegen/ Inspektor der Einfuhrzölle und Verbrauchssteuern (Ersuchen um Vorabentscheidung, vorgelegt von der niederländischen Tarifcommissie); vgl. auch Vedder, in: Grabitz/ Hilf, Art. 228 R. 53.

185 EuGH, Urteil vom 10.09.1996, Rs. C-61/94, Slg. 1996, I-3989[4006, 4021] R. 52- Kommission/ Deutschland.

186 In der gesamten Rechtsprechung des EuGH gibt es - soweit ersichtlich - nur eine einzige Entscheidung, die eine Unvereinbarkeit eines gemeinschaftlichen Rechtsaktes mit einem völkerrechtlichen Vertrag der Gemeinschaft feststellt: EuG, Urteil vom 22.01.1997, Rs. T-155/94, Slg. 1997, II-39 ff- Opel Austria GmbH/ Rat der Europäischen Union. So auch Petersmann, in: Müller-Graff (Hrsg.), S. 81[86], wobei sich in dessen Werk allerdings ein Redaktionsfehler bezüglich der Jahreszahl der das Urteil enthaltenden Sammlung befindet.

II. Rangverhältnis aus allgemeinen rechtslogischen Prinzipien

Zur Feststellung des Rangverhältnisses zwischen Welthandelsrecht und europäischem Gemeinschaftsrecht aus gemeinschaftsrechtlicher Sicht erscheint es sinnvoll, die Verhältnisse zwischen anderen Rechtsordnungen zu untersuchen.

1. Verhältnis zwischen Völkerrecht und nationalem Recht als Element zur Bestimmung des Rangverhältnisses zwischen Welthandelsrecht und europäischem Gemeinschaftsrecht

a) Verhältnis von Völkerrecht und nationalem Recht am Beispiel des deutschen Rechts

Mit der Frage nach dem Verhältnis zwischen Völkerrecht und nationalem Recht hängt die Frage zusammen, welches Recht bei Konflikten vorgeht. Weder das Völkerrecht selbst noch das deutsche Grundgesetz sehen hierfür eine allgemeine Lösung vor. Infolgedessen haben sich verschiedene Theorien in der Literatur zu dieser Problematik entwickelt:[187]

Während dem Monismus der Gedanke zugrunde liegt, daß Völkerrecht und nationales Recht eine Einheit darstellen (das heißt die Anhänger des Monismus sehen alles Recht als ein einheitliches System), stellen Völkerrecht und nationales Recht nach dem Dualismus keine Einheit, sondern zwei verschiedene, voneinander völlig unabhängige Rechtsordnungen dar. Sowohl Monismus als auch Dualismus werden nur noch in ihren gemäßigten Formen vertreten, die sich im Ergebnis entsprechen: Völkerrechtswidrige innerstaatliche Akte sind demnach nicht nichtig, sondern gelten im nationalen Bereich weiter, allerdings nur provisorisch, bis völkerrechtswidriges nationales Recht beseitigt ist.

Der Rang von Völkerrecht richtet sich aus innerstaatlicher Sicht nach nationalem Recht. In der Bundesrepublik Deutschland hat Völkervertragsrecht den Rang eines einfachen Gesetzes (vgl. Art. 59 Abs. 2 GG).[188] Vorrang vor den einfachen Gesetzen haben dagegen nach Art. 25 GG die allgemeinen Regeln des Völkerrechts.

---

187 Vgl. Geiger, § 4 (S. 15 ff) m. w. N.; Verdross/Simma, §§ 71 ff (S. 53 ff). Hingewiesen wird insbesondere auf die gute Darstellung zum Verhältnis Völkerrecht und staatliches Recht von Magiera, in: Menzel/ Ipsen, S. 49- 73.

188 Vgl. etwa BVerfGE 6, 309[362 f]; BVerfGE 41, 88[120 f].

b) Einbeziehung von Völkerrecht in den innerstaatlichen Bereich anhand des deutschen Rechts

Im Zusammenhang mit dem Verhältnis zwischen Völkerrecht und nationalem Recht steht die Frage nach der Einbeziehung von Völkerrecht in den innerstaatlichen Bereich. Das Völkerrecht kann nur realisiert werden, wenn es durch das nationale Recht durchgeführt wird. Wie dies geschieht, ist im einzelnen umstritten. Im wesentlichen werden drei Theorien hierzu vertreten: die Transformations-, Vollzugs- und Adoptionstheorie.[189] Dieser Streit soll allerdings nur näher dargestellt werden, sofern er auch für das Verhältnis von Welthandelsrecht und europäischem Gemeinschaftsrecht von Bedeutung ist.

c) Bedeutung für das Verhältnis von Welthandelsrecht und europäischem Gemeinschaftsrecht

Für eine Parallele zwischen dem Verhältnis von Völkerrecht und nationalem Recht sowie von Welthandelsrecht und Gemeinschaftsrecht könnte sprechen, daß es sich beim Welthandelsrecht als Völkerrecht einerseits und beim europäischen Gemeinschaftsrecht andererseits[190] um zwei verschiedene Rechtsordnungen handelt, wie beim Völkerrecht und nationalen Recht. Allerdings stellen Welthandelsrecht und Gemeinschaftsrecht zwei Rechtsordnungen des internationalen Bereichs dar, während es sich bei Völkerrecht und nationalem Recht um Rechtsordnungen aus zwei verschiedenen Bereichen handelt.

Außerdem läßt sich der entscheidende Unterschied hinsichtlich des Einbezugs von Völkerrecht in die nationale Rechtsordnung bzw. von Welthandelsrecht in die Gemeinschaftsrechtsordnung gegen eine Gleichsetzung der beiden Beziehungsebenen anführen: Während für den Einbezug von Völkerrecht in nationales Recht ein Umsetzungsakt - sei es ein Transformations-, Adoptions- oder Vollzugsakt - erforderlich ist, stellt das Welthandelsrecht mit seinem Inkrafttreten nach hier vertretener Auffassung einen „integrierenden Bestandteil der Gemeinschaftsrechtsordnung“[191] dar. Diese Formulierung läßt - wie ausgeführt - die

189 In der Bundesrepublik Deutschland ist hinsichtlich Art. 59 Abs. 2 GG strittig, ob es sich um einen Fall des Vollzugs oder der Transformation handelt. Auch die Rechtsprechung ist diesbezüglich uneinheitlich, vgl. Drexl, Entwicklungsmöglichkeiten, S. 27; Geiger, § 32 II 2 (S. 172) m.w.H..

190 Dies, wenn man wie hier der h.M. folgt, daß Gemeinschaftsrecht eine eigenständige Rechtsordnung sui generis ist.

191 EuGH in ständiger Rechtsprechung zu Gemeinschaftsabkommen seit EuGH, Urteil vom 30.04.1974, Rs. 181/73, Slg. 1974, 449[450, 460] R. 2/6- Haegemann.

monistische Grundhaltung des EuGH zum Verhältnis Welthandelsrecht- Gemeinschaftsrecht erkennen.[192]

Obige Ausführungen zeigen, daß das Verhältnis von Völkerrecht und nationalem Recht sowie von Welthandelsrecht und europäischem Gemeinschaftsrecht zu unterschiedlich sind, als daß die beiden Beziehungsebenen gleichgesetzt werden könnten.

2. Verhältnis zwischen Gemeinschaftsrecht und nationalem Recht als Element zur Bestimmung des Verhältnisses zwischen Welthandelsrecht und europäischem Gemeinschaftsrecht

Gemeinschaftsrecht und nationales Recht sind zwar eigenständige und getrennte Rechtsordnungen, allerdings nicht voneinander isoliert, sondern vielmehr miteinander verzahnt.[193] Dies gilt ebenfalls für das Verhältnis von Welthandelsrecht und europäischem Gemeinschaftsrecht. Auch hier handelt es sich um zwei voneinander getrennte, eigenständige Rechtsordnungen, die einander aber berühren und überschneiden. So verweisen beispielsweise zahlreiche EG-Verordnungen auf Vorschriften des GATT oder ergehen zu seiner Konkretisierung bzw. seinem Vollzug.[194] Auch hat das Binnenmarkt-Außenrecht durch das WTO-Abkommen neue Rahmenbedingungen erhalten.[195]

Gemeinschaftsrecht ist eine eigenständige Rechtsordnung sui generis[196]. Es gilt nach h.M. in seiner Eigenschaft als Gemeinschaftsrecht, weder als Völkerrecht noch als nationales Recht.[197] Für seine Entstehung ist weder eine Mitwirkungshandlung der innerstaatlichen Rechtsetzung erforderlich noch bedarf es zu seiner Wirksamkeit einer Umsetzung in nationales Recht.

---

192 Dies ist allerdings nicht unstrittig, vgl. Schroeder/ Selmayr, JZ 1998, 344[345] m.w.N.. Schroeder/ Selmayr nehmen a.a.O. zutreffend eine monistische Grundhaltung des EuGH an. Sie vertreten a.a.O. die Ansicht, die monistische Auffassung des EuGH vom Verhältnis Gemeinschaftsabkommen- Gemeinschaftsrecht decke sich mit der Auffassung des EuGH vom Verhältnis zwischen primärem Gemeinschaftsrecht, Verordnungen und individualgerichteten Entscheidungen zum nationalen Recht.

193 So auch Streinz, R. 171, 175, 177 (S. 60 f).

194 Vgl. z.B. EuGH, Urteil vom 07.05.1991, Rs. C-69/89, Slg. 1991, I-2069[2169, 2178] R. 30 f- Nakajima.

195 „Das europäische Binnenmarktsystem wird also stärker in das Weltmarktsystem eingebettet“, wie Kilian, R. 116, zutreffend bemerkt.

196 Vgl. auch EuGH, Urteil vom 15.07.1964, Rs. 6/64, Slg. 1964, 1251[1259, 1269]- Costa/ E.N.E.L.; BVerfGE 22, 293[296]; BVerfGE 31, 145[173 f]; BVerfGE 37, 241[277].

197 Für viele vgl. z. B.: Nicolaysen I, S. 30; BVerfGE 37, 241[277 f].

Im Kollisionsfall zwischen nationalem Recht und Gemeinschaftsrecht geht Gemeinschaftsrecht vor.[198] Hierbei handelt es sich nach zutreffender herrschender Auffassung nicht um einen Geltungsvorrang, sondern um einen Anwendungsvorrang.[199] Damit ist dem Gemeinschaftsrecht widersprechendes nationales Recht nicht nichtig, sondern wird in einem Kollisionsfall lediglich nicht angewandt.

Auch für das Welthandelsrecht bedarf es keines Umsetzungsaktes im Gemeinschaftsrecht, wie oben ausgeführt, so daß hier eine gewisse Parallele existiert.

Der EuGH stützt den Vorrang des Gemeinschaftsrechts auf Art. 10 (ex-Art. 5) Abs. 2, 249 (ex-Art. 189) EGV in Verbindung mit dem Grundsatz der einheitlichen Anwendung des Gemeinschaftsrechts.[200] In der Rechtsordnung der Bundesrepublik Deutschland ergibt sich der Vorrang des Gemeinschaftsrechts aus der Verweisung des Zustimmungsgesetzes auf den Vertragsinhalt (in der Auslegung des EuGH) sowie der hierzu durch Art. 24 Abs. 1 bzw. 23 n.F. GG erteilten Ermächtigung.[201]

Allerdings sind weder die gemeinschaftsrechtliche noch die nationale Begründung des Vorrangs des Gemeinschaftsrechts vor nationalem Recht auf das Verhältnis von Welthandelsrecht und Gemeinschaftsrecht übertragbar: Aus gemeinschaftsrechtsrechtlicher Sicht ist der Vorrang des Gemeinschaftsrechts vor allem auf dem Hintergrund der fortschreitenden Integration erforderlich. Ansonsten würde Gemeinschaftsrecht in jedem Mitgliedstaat unterschiedlich ausgelegt werden. Somit wäre die Gemeinschaft nicht funktionsfähig.[202] Diese integrationspolitischen Gründe, auf die der EuGH seine Auffassung stützt, liegen im Verhältnis des Welthandelsrechts zum Gemeinschaftsrecht gerade nicht vor.[203]

---

198 Vgl. für viele aus der Literatur z.B.: Nicolaysen I, S. 39; EuGH in ständiger Rechtsprechung seit EuGH, Urteil vom 15.07.1964, Rs. 6/64, Slg. 1964, 1251[1259, 1270]- Costa/ E.N.E.L.; danach z.B. EuGH, Urteil vom 17.12.1970, Rs. 11/70, Slg. 1970, 1125[1126, 1135] R. 3- Internationale Handelsgesellschaft; EuGH, Urteil vom 09.03.1978, Rs. 106/77, Slg. 1978, 629[630, 644] R. 17/18- Staatliche Finanzverwaltung/ S.p.A. Simmenthal (Ersuchen um Vorabentscheidung, vorgelegt vom Pretore in Susa) (Simmenthal II).

199 Für viele vgl. z.B.: EuGH, Urteil vom 09.03.1978, Rs. 106/77, Slg. 1978, 629[630, 644] R. 21/23- Simmenthal II; Fischer, § 6 R. 68 (S. 127); Oppermann, R. 632 ff (S. 235 f); Streinz, R. 200 (S. 65).

200 EuGH, Urteil vom 15.07.1964, Rs. 6/64, Slg. 1964, 1251[1259, 1270]- Costa/ E.N.E.L..

201 Geiger, § 44 III 1. (S. 251 f); BVerfGE 31, 145[174].

202 Für viele: Emmert, § 14 R. 7 (S. 143), und Streinz, R. 195 (S. 65); EuGH, Urteil vom 15.07.1964, Rs. 6/64, Slg. 1964, 1251[1259, 1269 f]- Costa/ E.N.E.L..

203 So auch Krück, S. 168.

Auch aus Sicht der deutschen Rechtsordnung ergeben sich wesentliche Unterschiede zwischen Gemeinschaftsrecht und Welthandelsrecht. Denn während der Bund gemäß Art. 23 Abs. 1 S. 2 GG Hoheitsrechte auf die Gemeinschaften übertragen hat, ist dies im Falle der Welthandelsorganisation nicht geschehen.

3. Verhältnis zwischen Bundesrecht und Landesrecht als Element zur Bestimmung des Verhältnisses zwischen Welthandelsrecht und europäischem Gemeinschaftsrecht

In einem Bundesstaat dürfen die Länder nicht die vom Bund im Rahmen seiner eigenen Kompetenz erlassenen Rechtsakte ignorieren. Gemäß Art. 31 GG gilt der Grundsatz „Bundesrecht bricht Landesrecht". Darüber hinaus ist die Pflicht zum bundestreuen Verhalten zu beachten.

Es fragt sich, ob man Prinzipien aus dem Verhältnis von Bundes- und Landesrecht auf das Verhältnis von Welthandelsrecht und europäischem Gemeinschaftsrecht übertragen kann. Dafür könnte sprechen, daß es jeweils um Rechtsordnungen aus derselben Ebene geht: Jeweils um *nationale* Rechtsordnungen im Verhältnis von Bundesrecht und Landesrecht, jeweils um *internationale* Rechtsordnungen im Verhältnis von Welthandelsrecht und europäischem Gemeinschaftsrecht. Außerdem muß das Bundesrecht ebensowenig in das Landesrecht umgesetzt werden, damit es dort Wirkung entfalten kann, wie das Welthandelsrecht im Gemeinschaftsrecht.

Vergleichbar sind die Beziehungen zwischen den verschiedenen Rechtsordnungen auch insofern, als entsprechend der Pflicht zum bundestreuen Verhalten hier aufgrund der Tatsache, daß die Gemeinschaft sich durch Vertragsunterzeichnung gebunden hat, die Pflicht zum welthandelstreuen Verhalten konstruiert werden könnte. Das bedeutet, die Gemeinschaft kann sich nicht durch Erlaß eigener Verordnungen oder durch Rechtsprechung des EuGH dem Welthandelsrecht entziehen.

Mitgliedstaaten und Gemeinschaft unterliegen ja gemäß Art. 10 (ex-Art. 5) EGV einer der Bundestreue vergleichbaren Pflicht.[204] Aus dieser Pflicht resultiert, daß die Mitgliedstaaten bei gemischten Abkommen nicht nur aufgrund des völkergewohnheitsrechtlichen Grundsatzes „pacta sunt servanda" gegenüber Drittstaaten an das gesamte gemischte Abkommen gebunden sind, sondern auch gegenüber der Gemeinschaft diese Verpflichtung haben.

Allerdings handelt es sich beim Verhältnis von WTO und Gemeinschaft nicht um ein föderales Verhältnis wie zwischen Bund und Ländern. Dies ist der ent-

204 So auch Nolte, EuR 1988, 403[408].

scheidende Unterschied zwischen dem Verhältnis von Bund und Land einerseits sowie von WTO und Gemeinschaft andererseits, so daß beide Beziehungsebenen einander nur bezüglich einzelner Elemente ähneln, nicht aber bezüglich Rangfragen gleichgesetzt werden können.

4. Verhältnis von allgemeinem Völkerrecht und europäischem Gemeinschaftsrecht

Hier sollen nicht sämtliche Fragen bezüglich des Verhältnisses von Völkerrecht und europäischem Gemeinschaftsrecht behandelt werden, sondern nur einige wesentliche Aspekte des Verhältnisses von allgemeinem Völkerrecht (entsprechend Art. 38 des Statutes des Internationalen Gerichtshofes werden hierunter Völkergewohnheitsrecht und Allgemeine Rechtsgrundsätze verstanden) und europäischem Gemeinschaftsrecht herausgegriffen werden. Das Verhältnis von den welthandelsrechtlichen Abkommen, also völkerrechtlichen Verträgen, und Gemeinschaftsrecht wird im folgenden unter dem Gliederungspunkt III ausführlich ausdifferenziert.

In den EG-Außenbeziehungen gilt das Allgemeine Völkerrecht[205] für die Gemeinschaft wie für andere Rechtssubjekte auch[206], soweit es seinem Inhalt nach auf die Gemeinschaft anwendbar ist.[207] Im EG-Binnenraum dagegen gilt grundsätzlich das Gemeinschaftsrecht (qua speziellerem Recht), das insoweit die Allgemeinen Regeln des Völkerrecht verdrängt bzw. überlagert, soweit möglich.[208] Allerdings gehen die Regeln des Allgemeinen Völkerrechts, soweit es sich um zwingendes Recht handelt, dem Gemeinschaftsrecht jeder Stufe vor.[209] Ferner können Lücken im europäischen Gemeinschaftsrecht durch Inanspruchnahme von Allgemeinem Völkerrecht gefüllt werden.[210] Oppermann stellt daher

---

205 An dieser Stelle sei angemerkt, daß es im Bereich der Wirtschaftsbeziehungen nur sehr wenige Regeln des allgemeinen Völkerrechts gibt, Bleckmann, R. 625 (S. 231).

206 Herdegen, Europarecht, 2. Aufl. 1999, R. 75 (S. 50); Koenig/ Haratsch, R. 242 (S. 84); Oppermann, R. 595 (S. 224), der diesbezüglich insbesondere auf das Urteil des EuGH in der Rechtssache International Fruit hinweist. In der Rs. International Fruit (EuGH, Urteil vom 12.12.1972, Verb. 21-24/72, Slg. 1972, 1219[1226, 1227] R. 5/6- 7/9- International Fruit) ist jedoch nicht vom Allgemeinen Völkerrecht die Rede, sondern nur von Völkerrecht ganz generell. Schwarze, EuR 1983, 1[4].

207 Herdegen, Europarecht, 2. Aufl. 1999, R. 75 (S. 50).

208 Bleckmann, R. 643 (S. 235); Herdegen, Europarecht, 2. Aufl. 1999, R. 76 (S. 51); Koenig/ Haratsch, R. 243 (S. 84 f); Lecheler, § 3 I.1. c) (S.52); Oppermann, R. 593 (S. 223) und R. 597 (S. 224) m.w.H.

209 Vgl. etwa Bleckmann, R. 643 (S. 235), und Oppermann, R. 600 (S. 225).

210 Oppermann, R. 598 (S. 224). A.A. von Schwarze, EuR 1983, 1[34 ff], vertreten, der a.a.O., S. 36 f, unzutreffend davon ausgeht, nur durch ein „Konzept einer rein ge-

zutreffend fest, daß das Allgemeine Völkerrecht „die Rolle eines „Annexrechtes“ zum EGR [Europäischen Gemeinschaftsrecht]“ spielt und so „dessen ambivalente Position „zwischen“ Völkerrecht und Landesrecht“ bestätigt.[211]

In diesem Kontext sei bereits kurz vorab darauf hingewiesen - die Rechtsprechung des EuGH wird an späterer Stelle ausführlich gewürdigt- , daß der EuGH schon 1992 entschieden hat, daß die EG bei Ausübung ihrer Kompetenzen das Völkerrecht beachten muß.[212] Die Bindung der Gemeinschaft an die Regeln des allgemeinen Völkerrechts folgt bereits aus der Völkerrechtsfähigkeit der Gemeinschaft, d.h. der Fähigkeit, Trägerin von Rechten und Pflichten zu sein.[213] In der Rechtssache Racke stellt der Gerichtshof fest, daß die Gemeinschaft und ihre Organe an das Völkergewohnheitsrecht gebunden sind.[214] Durch dieses Urteil wird ausdrücklich bestätigt, daß die Regeln des Völkergewohnheitsrechts, auch ohne eine explizite Bestimmung im EG-Vertrag, Bestandteil der Rechtsordnung der Gemeinschaft sind und die Gemeinschaftsorgane binden.[215]

Im Zusammenhang mit dem Verhältnis von Völkerrecht und europäischem Gemeinschaftsrecht ist eine Entschließung des Europäischen Parlaments zu erwähnen, in der das Europäische Parlament „eine klare, im EG-Vertrag festgeschriebene Lösung des Verhältnisses des Völkerrechts zum Europarecht i.S. einer Gleichstellung der EG mit Nationalstaaten [verlangt], was bedeutet, daß das Völkerrecht nicht unmittelbar gilt [[216]], sondern nur nach der Erklärung sei-

---

meinschaftsrechtlichen Ordnung der innergemeinschaftlichen Rechtsbeziehungen“ könne die Funktionsfähigkeit der Gemeinschaft und der Integrationsprozeß gesichert werden. Vielmehr können die allgemeinen Regeln des Völkerrechts auch zur Stabilisierung der Gemeinschaft und ihres Rechtssystems beitragen.

211 Oppermann, R. 598 (S. 224). Vgl. auch Bleckmann, R. 637 (S. 234), der ebenfalls von einem „Annexrecht“ spricht.

212 EuGH, Urteil vom 24.11.1992, Rs. 286/90, Slg. 1992, I-6019[6048, 6052] R. 9- Anklagemyndigheden/ Peter Michael Poulsen und Diva Navigation Corp. (Vorabentscheidungsersuchen des Kriminal- og Skifteret Hjørring). Hierauf verweist der EuGH auch in seinem Urteil vom 16.06.1998, Rs. C-162/96, Slg. 1998, I-3655[3688, 3704] R. 45- Racke: „Die Gemeinschaft muß ihre Befugnisse ... unter Beachtung des Völkerrechts ausüben.“ Vgl. auch Lecheler, § 3 I.1. c) (S.52), der dies in bezug auf die allgemeinen Regeln des Völkerrecht feststellt.

213 Koenig/ Haratsch, R. 240 (S. 84).

214 EuGH, Urteil vom 16.06.1998, Rs. C-162/96, Slg. 1998, I- 3655[3688, 3704] R. 45, 46- Racke.

215 EuGH, Urteil vom 16.06.1998, Rs. C-162/96, Slg. 1998, I- 3655[3688, 3704 f] R. 46- Racke; vgl. auch Lecheler, § 3 I.1. c) (S.52).

216 Anmerkung der Verfasserin: Diese Formulierung „unmittelbar gilt“ ist nicht mit dem Begriff der unmittelbaren Anwendbarkeit zu verwechseln. Das Europäische Parlament meint hier mit seiner verwendeten Formulierung „unmittelbar gilt“, daß eine Norm innergemeinschaftlich in direktem Durchgriff, also ohne Rechtsanwendungsbefehl, wirksam wird.

ner Anwendbarkeit durch einen inneren Rechtsakt der EG oder nach der Transformation seines Inhalts in Rechtssatzformen des EG-Rechts"[217]. Diese Entschließung hat jedoch bisher - soweit ersichtlich - zu keinen praktischen Konsequenzen geführt; insbesondere läßt sich aus ihr weder der Schluß ziehen, Welthandelsrecht müsse ins Gemeinschaftsrecht transformiert werden, noch der Schluß, Welthandelsrecht sei nicht unmittelbar anwendbar. Vielmehr läßt sich aus ihr folgern, daß Welthandelsrecht nach derzeitiger Rechtslage ohne jeglichen inneren Rechtsakt der EG in der Gemeinschaft anwendbar ist.[218] Sonst hätte das Europäische Parlament gar keinen Anlaß zu einer derartigen Formulierung in einer Entschließung gesehen.

III. Ausdifferenzierung des Rangverhältnisses zwischen Welthandelsrecht und europäischem Gemeinschaftsrecht

Da keine der oben dargestellten Beziehungen zwischen den verschiedenen Rechtsordnungen mit dem Verhältnis von Welthandelsrecht und europäischem Gemeinschaftsrecht gleichgesetzt werden kann, ist im folgenden das Rangverhältnis zwischen Welthandelsrecht und europäischem Gemeinschaftsrecht auszudifferenzieren. Dabei wird aus Gründen der Praktikabilität und Logik folgende Reihenfolge gewählt:

1. Rangverhältnis zwischen primärem Welthandelsrecht und sekundärem europäischem Gemeinschaftsrecht

Aus der oben erläuterten Tatsache, daß welthandelsrechtliche Abkommen einen integrierenden Bestandteil des Gemeinschaftsrechts darstellen, läßt sich nicht zwangsläufig der Schluß ziehen, sie seien vorrangig gegenüber sekundärem Gemeinschaftsrecht.[219] Infolgedessen ist das Rangverhältnis zwischen primärem Welthandelsrecht und sekundärem europäischem Gemeinschaftsrecht näher zu untersuchen:

---

217 Entschließung des Europäischen Parlaments zu den Beziehungen zwischen dem Völkerrecht, dem Gemeinschaftsrecht und dem Verfassungsrecht der Mitgliedstaaten, EuZW 1998, 165.

218 Dies ist ja schon, wie oben dargestellt, der Formulierung des EuGH, Gemeinschaftsabkommen stellen mit ihrem Inkrafttreten einen integrierenden Bestandteil des Gemeinschaftsrechts dar, zu entnehmen.

219 So auch Weber, in: GTE, Art. 238 R. 46, in bezug auf Assoziationsabkommen.

Teilweise wird in der Literatur die Auffassung vertreten, es sei zweifelhaft, ob aus Art. 300 (ex-Art. 228) Abs. 7 EGV folge, daß Gemeinschaftsabkommen rangmäßig in der Gemeinschaftsrechtsordnung oberhalb von sekundärem Gemeinschaftsrecht stünden.[220] Art. 300 (ex-Art. 228) EGV stellt zwar keine Rangregel dar, sondern eine Kollisionsvermeidungsnorm. Jedoch kann ihr ein Rangindiz entnommen werden[221]: Nach Art. 300 (ex-Art. 228) Abs. 7 EGV sind die Gemeinschaftsabkommen für die Organe der Gemeinschaft verbindlich. Das heißt, daß die Organe der Gemeinschaft die Abkommen beim Erlaß von Sekundärrecht beachten müssen. Dies bedeutet, daß die Abkommen rangmäßig dem Sekundärrecht der Gemeinschaft vorgehen.[222] Teilweise wird dieses Ergebnis jedoch nicht aus einer konkreten Vorschrift des EGV abgeleitet, sondern aus dem „esprit du traité".[223]

Oppermann begründet den Vorrang des Welthandelsrechts wie folgt: „Am sinnvollsten erklärt sich der Vorrang der Gemeinschaftsabkommen innerhalb des Gemeinschaftsrechts aus ihrer völkerrechtlichen Qualität, die im Sinne eines

---

220 Tomuschat, in: GTE, Art. 228 R. 74.
Auch Weber, in: GTE, Art. 238 R. 46, meint, aus (damals noch) Art. 228 Abs. 2 EGV sei wenig für die Rangfrage abzuleiten. Nach ihm ergibt sich der Vorrang vor nationalem Recht und sekundären Gemeinschaftsrecht aus der völkerrechtlichen Bindung der Gemeinschaft gegenüber den anderen Vertragsparteien. Diese könne nämlich nur durch Nichtanwendung von entgegenstehendem nationalen und gemeinschaftlichen Recht sinnvoll gesichert werden.

221 So auch Constantinesco, S. 218: „Das Problem des Ranges ist nicht ausdrücklich im EWGV geregelt, die Antwort ergibt sich implizit aus der Bestimmung des Art. 228 Ziff. 2 EWGV [nun Art. 300 (ex-Art. 228) Abs. 7 EGV], der ... [diese Frage] regelt, indem er bestimmt: >>Die unter diesen Voraussetzungen geschlossenen Abkommen sind für die Organe der Gemeinschaft und für die Mitgliedstaaten verbindlich.<<".

222 So im Ergebnis auch Becker-Çelik, EWS 1997, 12[13]; Becker-Çelik, S. 74 f; Berrisch, S. 56, zum GATT ´47; Constantinesco, S. 219; Ehlermann, in: Petersmann/ Hilf, S. 210; Groux/ Manin, S. 122; Hahn/ Schuster, EuR 1993, 261[271] zum alten System; Kovar, RMC 1974, 345[354], zu Gemeinschaftsabkommen; Krück, S. 170 f, allgemein zum Verhältnis von Völkervertragsrecht und Gemeinschaftsrecht; Meessen, CML Rev. 1976, 485[498], der jedoch auch die rangneutrale Interpretationsmöglichkeit von damals noch Art 228 Abs. 2 EGV erwähnt; Oppermann, R. 1719 (S. 714 f); Ott, S. 73, allgemein zum Verhältnis von Völkervertragsrecht und gemeinschaftlichem Sekundärrecht; Petersmann, CML Rev. 1983, 397[401]; Petersmann, EuZW 1997, 325[326]; Schermers, Die völkerrechtlichen Beziehungen, S. 241[253]; Schwarze, NJW 1979, 456[461], noch zum alten Art. 228 Abs. 2 EWGV; Tomuschat, in: GTE, Art. 228 R. 74; Wetzig, S. 95. Vgl. auch Schlußanträge von GA Mayras vom 25.10.1972 zu EuGH, Urteil vom 12.12.1972, Verb. Rs. 21-24/72, Slg. 1972, 1219[1231, 1235]- International Fruit Company; Schlußanträge von GA Lenz vom 05.12.1990 zu EuGH, Urteil vom 07.05.1991, Rs. C-69/89, Slg. 1991, I-2069[2112, 2127] Zf. 53 (aa)- Nakajima.

223 Mégret, RMC 1965, 19[25].

monistischen Verhältnisses zwischen Völkerrecht und EGR [Europäischem Gemeinschaftsrecht] dem Recht des weiteren Verbandes den natürlichen Vorrang sichert."[224]

Lange Zeit existierte allerdings kein Urteil des EuGH, das eine Unvereinbarkeit von Gemeinschaftsrecht mit dem Welthandelsrecht zu Lasten der Gemeinschaft feststellte, obwohl anders lautende Streitbeilegungsberichte existierten.[225]

Die weitgehende Ignorierung dieser Völkerrechtsbindungen durch die Gemeinschaft stellt eine Gefahr für die Markt-, Rechts- und Politikintegration der Gemeinschaft dar.[226] Sie ist um so kritischer zu betrachten, als die Gemeinschaft sich im EG-Vertrag selbst ein Ziel bezüglich des GATT setzt: So schreibt etwa Art. 131 (ex-Art. 110) EGV, daß die Mitgliedstaaten durch die Schaffung einer Zollunion beabsichtigen, „im gemeinsamen Interesse *zur harmonischen Entwicklung des Welthandels, zur schrittweisen Beseitigung der Beschränkungen im internationalen Handelsverkehr* und zum Abbau der Zollschranken beizutragen".[227]

In diesem Kontext ist auch ex-Art. 229 Abs. 1 EGV zu zitieren, nach dem die Kommission „alle zweckdienlichen Beziehungen zu den Organen ... des Allgemeinen Zoll- und Handelsabkommens" unterhält. Daß die Amsterdamer Fassung dieses Artikels (Art. 302 Abs. 1 EGV) das GATT nicht mehr erwähnt, läßt keinen Rückschluß auf eine schwächere Beziehung zwischen EG und GATT bzw. auf eine geringere Bindung der EG an das GATT zu, im Gegenteil. Hintergrund für die Änderung dieses Wortlauts im EG-Vertrag ist nämlich die Tatsache, daß die EG nunmehr originäres Mitglied in der WTO ist (Art. XI Abs. 1 WTOÜ). Das heißt, die Stellung der Gemeinschaft in der Welthandelsorganisation hat sich sogar verstärkt.

Ebenso ist in diesem Zusammenhang Art. 133 (ex-Art. 113) Abs. 1 EGV zu beachten, der festhält, daß die „gemeinsame Handelspolitik ... nach einheitlichen Grundsätzen gestaltet" wird. Regelmäßig beziehen sich nämlich die Verordnungen der Gemeinschaft über Ein- und Ausfuhr auf GATT- und WTO-Verpflichtungen der Gemeinschaft.[228]

---

224 Oppermann, R. 1719 (S. 742) (Hervorhebung im Original).

225 Erst in der Rechtssache Port aus dem Jahre 1998 hat der EuGH ein geringes Zugeständnis gemacht, EuGH, Urteil vom 10.03.1998, Verbundene Rs. C-364/95 und C-365/95, Slg. 1998, I-1023 ff- T. Port GmbH & Co./ Hauptzollamt Hamburg-Jonas (Vorabentscheidungsersuchen des Finanzgerichts Hamburg).

226 Vgl. Petersmann, EuZW 1997, 325[326]; Petersmann, FS Fikentscher, S. 966[971].

227 Hervorhebung der Verfasserin.

228 EG-Durchführungsregeln zum WTO-Abkommen von 1994, z.B.: Verordnung (EG) Nr. 3283/94 des Rates vom 22.12.1994 über den Schutz gegen gedumpte Einfuhren aus nicht zur Europäischen Gemeinschaft gehörenden Ländern, ABlEG Nr. L 349 vom 31.12.1994, 1 ff; vgl. auch Petersmann, EuZW 1997, 325[326]; Petersmann, FS Fikentscher, S. 966[970].

Die zitierten Vorschriften stellen zwar keine Rangnormen dar. Doch damit ihre Effektivität sichergestellt ist, bedarf es des Vorrangs des primären Welthandelsrechts gegenüber sekundärem Gemeinschaftsrecht.

Als Argument für den Vorrang des Welthandelsrechts vor dem Gemeinschaftsrecht wird teilweise auch Art. 307 (ex-Art. 234) Abs. 1 EGV angeführt.[229] Ihre besondere Bedeutung hat diese Vorschrift allerdings nur in bezug auf das GATT '47 entfaltet. Diesbezüglich war sie für alle Mitgliedstaaten der Gemeinschaft einschlägig. Hinsichtlich des neuen WTO-Systems hat diese Regelung nur für nach dem 01.01.1995 der Gemeinschaft beigetretene Staaten Bedeutung, derzeit also für keinen der 15 EG-Mitgliedstaaten. Aber selbst wenn neue Staaten der Gemeinschaft beitreten, was nach derzeitiger Lage absehbar ist, können sich diese neuen Mitgliedstaaten auf der Basis des Art. 307 (ex-Art. 234) Abs. 1 EGV nicht untereinander die welthandelsrechtlichen Normen entgegenhalten.[230] Vielmehr können die Vorschriften des Welthandelsrechts gemäß Art. 307 (ex-Art. 234) Abs. 1 EGV nur von Drittstaaten den neuen, nach dem 01.01.1995 beigetretenen Mitgliedstaaten gegenüber geltend gemacht werden. Bei Art. 307 (ex-234) Abs. 1 EGV handelt es sich jedoch nicht um eine Vorrangklausel, sondern um eine „Unberührtheitsklausel“[231]. Denn nach dieser Vorschrift bleiben die mitgliedschaftlichen Abkommen nur „unberührt“. Dies gilt gemäß Art. 307 (ex-Art. 234) Abs. 2 EGV allerdings nur so lange, bis Unvereinbarkeiten behoben sind.

2. Rangverhältnis zwischen sekundärem Welthandelsrecht und sekundärem europäischem Gemeinschaftsrecht

Da primäres Welthandelsrecht sekundärem Gemeinschaftsrecht vorgeht, und sekundäres Welthandelsrecht vom primären Welthandelsrecht abgeleitetes Recht darstellt, kann für das Verhältnis zwischen sekundärem Welthandelsrecht und sekundärem Gemeinschaftsrecht nichts anderes gelten als für das Verhältnis zwischen primärem Welthandelsrecht und sekundärem Gemeinschaftsrecht. Das

229 So nennt der Antragsteller im Verfahren vor dem FG Hamburg, Beschl. v. 15.7.1999- IV 132/99, EuZW 1999, 702[703], Art. 234 Abs. 1 EGV eine „spezielle Vorrangklausel“.

230 Vgl. Vedder, in: Grabitz/ Hilf, Art. 234 R. 4: „Daher sind vorgemeinschaftliche Abkommen, an denen mehrere oder alle MS [Mitgliedstaaten] beteiligt sind, nur im Verhältnis zu Drittstaaten, **nicht auch innergemeinschaftlich** weiterhin anwendbar.“

231 Schmalenbach, in: Calliess/ Ruffert, Art. 307 R. 6; Vedder, in: Grabitz/ Hilf, Art. 234 R. 5.

heißt, sekundäres Welthandelsrecht ist ebenfalls, soweit es nicht rechtlich ohne Bindungswirkung ist bzw. nur interne Wirkung im Rahmen der WTO entfaltet, vorrangig gegenüber sekundärem Gemeinschaftsrecht. Dies bedeutet, daß es sich bei dem aus den Streitbeilegungsverfahren hervorgegangenem Recht um Recht handelt, das sekundärem Gemeinschaftsrecht vorgeht.[232]

Obwohl Streitbeilegungsentscheidungen von GATT und WTO wiederholt die Verletzung von Welthandelsrecht durch die EG-Einfuhrbeschränkungen für Bananen feststellten[233], ignorierte der EuGH mehrfach diese Völkerrechtswidrigkeit in Vorabentscheidungsverfahren sowie Nichtigkeits- und Schadenersatzklagen. Damit setzt sich der EuGH <u>einerseits</u> in Widerspruch zum primären WTO-Recht und dem im Rahmen der WTO gesetzten sekundären Recht. Dabei liegt nicht nur ein Verstoß gegen die jeweiligen verletzten Normen aus GATT, GATS oder anderen welthandelsrechtlichen Abkommen vor, sondern auch gegen Art. 3 Abs. 2 S. 2 DSU, der ausdrücklich festlegt, daß die Mitglieder anerkennen, daß das Streitbeilegungssystem der WTO „dazu dient, die Rechte und Pflichten der Mitglieder aus den unter die Vereinbarung fallenden Übereinkommen zu bewahren und die geltenden Bestimmungen dieser Übereinkommen im Einklang mit den herkömmlichen Regeln der Auslegung des Völkerrechts zu klären."

Außerdem verstößt die Gemeinschaft gegen ihre Zusage in der Erklärung von Punta del Este[234] vom 20.09.1986 zum Verhandlungsmandat für die Uruguay-Runde[235] sowie gegen diese in der „Montreal Mid-term Review"[236] bestätigte Zusage[237], während der Verhandlungen keine neuen Handelsbeschränkungen einzuführen.

<u>Andererseits</u> setzt sich der Gerichtshof auch zu eigenem Recht in Widerspruch und zwar in doppelter Hinsicht: Zum einen dadurch, daß er Gemeinschaftsabkommen zwar als „integrierenden Bestandteil der Gemeinschaftsrechts-

---

232 Vgl. Vedder, in: Grabitz/ Hilf, Art. 238 R. 36, zum Vorrang der Beschlüsse und Empfehlungen von Assoziationsräten vor nationalem und sekundären Gemeinschaftsrecht. Wie an anderer Stelle gezeigt, besteht eine Parallele zwischen Assoziationsratsbeschlüssen und Streitbeilegungsentscheidungen, vgl. Ausführungen unter K.IV.5.b).

233 Vgl. etwa WTO Appellate Body, WTO-Revisionsentscheidung im Bananenstreit (Auszüge), EuZW 1997, 722 ff; hierzu: Meier, EuZW 1997, 722 ff; WTO-Appellate Body, Endbericht der WTO-Panels im Bananenkonflikt, EuZW 1997, 569 ff; hierzu: Meier, EuZW 1997, 566 ff; Bericht des WTO-Panels zum Bananenstreit (auszugsweise abgedruckt), EuZW 1999, 431 ff; dazu: Meier, EuZW 1999, 428 ff.

234 GATT, BISD 33S/19, abgedruckt in: Croome, S. 382 ff[385 C.: „Standstill"].

235 Vgl. ausführlicher hierzu: Cascante/ Sander, S. 87; Croome, S. 32 ff; May, S. 20 ff.

236 ILM XXVIII (1989), S. 1025.

237 Vgl. ausführlicher hierzu: Cascante/ Sander, S. 87; Croome, S. 167 ff.

ordnung"[238] bezeichnet[239], sich aber nicht an diese hält. Zum anderen dadurch, daß er, obwohl die VO (EWG) Nr. 404/93 des Rates vom 13.02.1993 über die gemeinsame Marktorganisation für Bananen[240] im dritten Erwägungsgrund ausdrücklich die „Einhaltung ... der verschiedenen internationalen Verpflichtungen der Gemeinschaft"[241] erwähnt, diese wiederholt weitestgehend ignoriert.

3. Rangverhältnis zwischen primärem Welthandelsrecht und primärem europäischem Gemeinschaftsrecht

Der EuGH war bisher mit keinem Fall befaßt, in dem es um das Verhältnis zwischen primärem Welthandelsrecht und primärem europäischem Gemeinschaftsrecht ging. Auch in der Literatur findet dieses Verhältnis entweder gar keine Erwähnung oder nur am Rande.[242] Wie sich aus obigen Ausführungen zum Verhältnis zwischen Völkerrecht im allgemeinen und europäischem Gemeinschaftsrecht[243] ergibt, ist Welthandelsrecht, soweit es zwingende Regeln des Allgemeinen Völkerrechts wiedergibt, auch gegenüber primärem Gemeinschaftsrecht vorrangig. Diese Fallgestaltung taucht jedoch - soweit ersichtlich - im Hinblick auf Welthandelsrecht nicht auf.

---

238 EuGH, Urteil vom 30.04.1974, Rs. 181/73, Slg. 1974, 449[450, 460] R. 2/6 - Haegemann.

239 Auch wenn er dies weder in bezug auf das alte GATT noch auf das neue Welthandelssystem tut, ist es nur die konsequente Fortführung seiner Rechtsprechung zu Gemeinschaftsabkommen, daß logischerweise auch die neuen welthandelsrechtlichen Abkommen einen integrierenden Bestandteil der Gemeinschaftsrechtsordnung darstellen müssen, vgl. Ausführungen unter I.I.1.

240 Amtsblatt der Europäischen Gemeinschaften Nr. L 47/1-10 vom 25.02.1993.

241 Daß zu diesen Verpflichtungen auch das GATT zählt, vertritt auch Kempen, S. 417[437]. Er stellt a.a.O. daher zutreffend fest: „Die vollständige Nicht-Berücksichtigung des GATT 1947 bei der Auslegung der Bananenmarkt-Verordnung ist inkonsequent und unverständlich."

242 So nehmen beispielsweise Schroeder/ Selmayr, JZ 1998, 344[345], lediglich in Fn. 16 wie folgt hierzu Stellung: „Das primäre Gemeinschaftsrecht, also insbesondere die Bestimmungen des EGV selbst, geht demgegenüber den Gemeinschaftsabkommen vor, vgl. Art. 228 Abs. 6 EGV." (Art. 228 Abs. 6 EGV entspricht nun Art. 300 Abs. 6 EGV.) Becker-Çelik, S. 74, hält die Frage der Vereinbarkeit der Gründungsverträge mit dem GATT nicht für besonders praxisrelevant. Darüber hinaus würde - so Becker-Çelik - der EG-Vertrag, selbst wenn seine Konformität mit dem GATT zweifelhaft wäre, aufgrund der großen wirtschaftlichen Macht der EG nicht geändert werden.

243 Vgl. obige Ausführungen unter I.II.4.

Im übrigen wird die nach Tomuschat „einhellige Meinung“ [244] vertreten, Art. 228 Abs. 6 EGV (nun Art. 300 Abs. 6 EGV) verdeutliche, daß das primäre Gemeinschaftsrecht den Gemeinschaftsabkommen vorgehe.[245] Das hieße, die welthandelsrechtlichen Vorschriften stünden im Rang zwischen primärem und sekundärem Gemeinschaftsrecht.[246] Begründet wird diese Auffassung wie folgt: Wenn Rat, Kommission oder ein Mitgliedstaat ein Gutachten des EuGH über die Vereinbarkeit eines geplanten Abkommens mit dem EG-Vertrag einholen können, so bedeute dies, daß Gemeinschaftsabkommen nicht über primärem Gemeinschaftsrecht stehen könnten. Dieser Schluß ist allerdings nicht zwingend. Diese Argumentation läßt nämlich die Konstellation außer acht, daß Gemeinschaftsabkommen und primäres Gemeinschaftsrecht ursprünglich vereinbar sind und erst durch eine spätere Änderung des europäischen Primärrechts unvereinbar werden.[247] Dieser Fall wird nämlich von Art. 300 (ex-Art. 228) Abs. 6 EGV nicht erfaßt. Außerdem läßt sich Art. 300 (ex-Art. 228) Abs. 6 EGV auch für die gegenteilige Folgerung heranziehen: Nach Satz 2 dieser Norm kann nämlich im Falle eines ablehnenden Gutachtens das Abkommen nur nach Maßgabe des Art. 48 (ex-Art. N) EUV in Kraft treten. Art. 48 (ex-Art. N) EUV regelt die Änderung der Verträge. Dies bedeutet, daß, falls das Abkommen trotz Unvereinbarkeit mit dem EG-Vertrag in Kraft treten soll, eine Anpassung des Gemeinschaftsrechts an das Abkommen erforderlich ist[248], demnach das Abkommen

244 Tomuschat, in: GTE, Art. 228 R. 73, Fn. 138.

245 Tomuschat, in: GTE, Art. 228 R. 73; so auch Kovar, RMC 1974, 345[356], noch zur alten Numerierung im EGV; in diesem Sinne auch Schlußanträge von GA Lenz vom 05.12.1990 zu EuGH, Urteil vom 07.05.1991, Rs. C-69/89, Slg. 1991, I-2069[2112, 2127] Zf. 53 (aa)- Nakajima, allerdings noch zum alten Art. 228 Abs. 2 EGV; Schroeder/ Selmayr, JZ 1998, 344[345] Fn. 16.

246 Vgl. etwa Arnold, in: Dauses, K. I R. 62 (S. 27); Becker-Çelik, EWS 1997, 12[13]; Becker-Çelik, S. 74 f; Berrisch, S. 56, zum GATT ´47; Groux/ Manin, S. 122; Hahn/ Schuster, EuR 1983, 261[271], noch zum alten System; Kovar, RMC 1974, 345[356]; Krück, S. 170 f, allgemein zum Verhältnis von Völkervertragsrecht und Gemeinschaftsrecht; Meessen, CML Rev. 1976, 485[500], der sich für den Vorrang des primären Gemeinschaftsrechts allgemein vor Völkervertragsrecht ausspricht; Petersmann, CML Rev. 1983, 397[401]; Tomuschat, GTE, Art. 228 R. 73; Wetzig, S. 95.
Vgl. auch Schlußanträge von GA Lenz vom 05.12.1990 zu EuGH, Urteil vom 07.05.1991, Rs. C-69/89, Slg. 1991, I-2069[2112, 2127] Zf. 53- Nakajima, der dies aus Art. 228 (nun Art. 300) EGV folgert.

247 An diese Fallkonstellation denkt wohl auch Kovar, RMC 1974, 345[356], mit Hinweis auf Pescatore, ordre juridique, S. 156, der hierzu bemerkt: „ ... en l´absence de toute expérience pratique, il est hasardeux de faire des prévisions sur la solution de ce problème.“, zit. nach Kovar a.a.O..

248 Vgl. aber auch die kritische Stimme von Becker-Çelik, S. 74 (siehe Fn. 242), wenn auch nicht im Zusammenhang mit der Argumentation nach Art. 228 Abs. 6 EGV.

über dem primären Gemeinschaftsrecht steht. Diese beiden gegenteiligen Schlußfolgerungen belegen, daß Art. 300 (ex-Art. 228) Abs. 6 EGV, der keine Rangnorm darstellt, auch kein eindeutiges Rangindiz für das Verhältnis zwischen primärem Welthandelsrecht und primärem Gemeinschaftsrecht entnommen werden kann.

Allerdings kann Art. 300 (ex-Art. 228) Abs. 7 EGV nicht nur als Indiz für den Vorrang des Welthandelsrechts gegenüber sekundärem Gemeinschaftsrecht, sondern auch gegenüber primärem Gemeinschaftsrecht herangezogen werden. Denn wenn die nach Maßgabe des Art. 300 (ex-Art. 228) EGV geschlossenen Abkommen für die Gemeinschaftsorgane und die Mitgliedstaaten verbindlich sind, so bedeutet dies, daß die Mitgliedstaaten und Organe der Gemeinschaft auch im Falle einer nachträglichen Änderung des primären Gemeinschaftsrechts die Gemeinschaftsabkommen beachten müssen.

Außerdem sprechen für den Vorrang des primären Welthandelsrechts[249] auch folgende Erwägungen: Daß die EG in Art. XI WTOÜ als originäres Mitglied erwähnt wird, heißt nicht, daß die Zulässigkeit der Gemeinschaft in der Welthandelsordnung damit fixiert ist. Vielmehr ist weiterhin die Ausnahmevorschrift des Art. XXIV GATT zu prüfen.[250] Diese Norm wurde im neuen GATT durch eine Vereinbarung zur Auslegung ergänzt, „in Anerkennung dessen, daß Zahl und Bedeutung der Zollunionen ... seit der Ausarbeitung des GATT 1947 erheblich zugenommen haben und daß heute ein bedeutender Anteil des Welthandels auf Zollunionen... entfällt".[251] Das bedeutet, daß die Gemeinschaft im Welthandelssystem eingebettet ist und nicht völlig unabhängig von ihm zu sehen ist, wie der EuGH zu meinen scheint. Dies verdeutlicht auch die Tatsache, daß beim EGKS-Vertrag durch einen „Waiver" auf die im GATT vorgesehene automatische Weitergabe der Zollbegünstigungen, die im EGKS-Vertrag den EGKS-Staaten gegenseitig eingeräumt wurden, verzichtet werden mußte.[252] Zwar stellen Art. XXIV und Art. XXV GATT keine Rangnormen dar, jedoch liefern sie ein Indiz für den faktischen Vorrang des Welthandelsrechts.

---

249 Den Vorrang des Welthandelsrechts in allen seinen Erscheinungsformen vertritt wohl auch Oppermann, R. 1806 (S. 863): „**Das übergreifende WTO-Recht genießt Vorrang gegenüber dem EG-Recht** genauso wie gegenüber den nationalen Rechten", mit Hinweis auf Everling, CML Rev. 1996, 401 ff, der hier zwar das Urteil Deutschland/ Rat kritisiert, jedoch ohne sich direkt zu Rangfragen zu äußern; so wohl auch Schermers, Die völkerrechtlichen Beziehungen, S. 241[253].

250 Vgl. Ott, S. 25.

251 Erster Erwägungsgrund der Vereinbarung zur Auslegung des Artikels XXIV des Allgemeinen Zoll- und Handelsabkommens 1994, in: Benedek, Textausgabe, S. 146 ff.

252 Yüksel, S. 98; Seidl-Hohenveldern (Internationale Organisation), S. 99. Außerdem wurde für einzelne Regelungen des Lomé IV-Abkommens eine Ausnahmegenehmigung gewährt, vgl. hierzu detaillierter Kuschel, RIW 1998, 122[123].

Außerdem soll der EuGH gemäß Art. 220 (ex-Art. 164) EGV die „Wahrung des Rechts bei der Auslegung und Anwendung dieses Vertrags" sichern. Damit ist auch die absolute Beachtung und Anwendung des Welthandelsrechts gemeint[253], auch im Verhältnis zum primären Gemeinschaftsrecht. In diese Richtung weist auch ein Aufsatz von Epiney. Nach ihr soll primäres Gemeinschaftsrecht zwar vorrangig gegenüber Gemeinschaftsabkommen sein, allerdings soll es sich nach ihrer Auffassung hierbei um ein „beschränkte[s] Primat des Primärrechts"[254] handeln. Diese Konstruktion ist jedoch sehr artifiziös, so daß es insofern konsequenter ist, wie hier vertreten, vom Vorrang des Welthandelsrechts auszugehen. [255]

4. Rangverhältnis zwischen sekundärem Welthandelsrecht und primärem europäischem Gemeinschaftsrecht

In konsequenter Fortsetzung der obigen Ausführungen unter I.III.3 gilt auch der Vorrang von sekundärem Welthandelsrecht gegenüber primärem Gemeinschaftsrecht, soweit es rechtsverbindlich ist und ihm nicht nur verfahrensinterne Bedeutung zukommt.

---

253 So auch Kaddaus, CDE 1996, 613[632], in bezug auf das Völkerrecht. Vgl. auch Wegener, in: Calliess/ Ruffert, Art. 220 R. 4: „>>**Recht**<< im Sinne von Art. 220 umfaßt alle verbindlichen Normen einer weitverstandenen Gemeinschaftsrechtsordnung ... . Dazu zählen ... [auch] die von der Gemeinschaft - oder von den Mitgliedstaaten in Bereichen die (jetzt) in die Zuständigkeit der Gemeinschaft fallen - abgeschlossenen völkerrechtlichen Verträge ... und sonstige für die Gemeinschaft bindende Vereinbarungen." (Hervorhebung im Original).

254 Epiney, EuZW 1999, 5[11], wobei hieraus nicht hervorgeht, inwiefern das Primat des Primärrechts beschränkt sein soll. Epineys Meinung weist schon von der noch h.M., die dem Welthandelsrecht zwar Vorrang vor sekundärem Gemeinschaftsrecht, nicht jedoch vor primärem Gemeinschaftsrecht einräumt, weg und in Richtung der in dieser Arbeit vertretenen Auffassung.

255 In diesem Zusammenhang sei auf Oppermanns Argumentation in RIW 1995, 919[928] hingewiesen: „Ähnlich wie die Europäische Union mit Recht vom deutschen Bundesverfassungsgericht erwarten darf, daß es im Ernstfall ... den Vorrang des Gemeinschaftsrechts im Interesse der einheitlichen Geltung achtet, wird man den EuGH daran erinnern dürfen und müssen, daß die von der Gemeinschaft mitbewirkte Konstitutionalisierung der Welthandelsordnung im Interesse aller Mitglieder den R e s p e k t v o r d e r H e r r s c h a f t d e s I n t e r n a t i o n a l e n H a n d e l s r e c h t s erheischt, wie er mit Abschluß der Uruguay-Runde vereinbart wurde (Art. II: 2 ÜWTO)." (Hervorhebung im Original).

5. Geltungs- oder Anwendungsvorrang?

Es stellt sich die Frage, welche Konsequenzen aus dem Vorrang von Welthandelsrecht in allen seinen Erscheinungsformen gegenüber Gemeinschaftsrecht in jeder Gestalt im Falle der Kollision von Welthandelsrecht und Gemeinschaftsrecht zu ziehen sind. Denkbar wäre, einen Geltungsvorrang des Welthandelsrechts anzunehmen. Dann wäre dem Welthandelsrecht widersprechendes Gemeinschaftsrecht nichtig.[256] Allerdings ist eine so weit gehende Auffassung ebensowenig wie beim oben dargestellten Verhältnis von Gemeinschaftsrecht und nationalem Recht erforderlich, um dem Welthandelsrecht einheitliche Geltung und Anwendung zu verschaffen.[257] Zur Sicherung der Effektivität des neu geschaffenen Welthandelssystems reicht es vielmehr aus, daß dem Welthandelsrecht entgegenstehendes Gemeinschaftsrecht unangewendet bleibt. Dies entspricht dem Verhältnismäßigkeitsprinzip insofern, als in die gemeinschaftliche Rechtsordnung dadurch nicht mehr als erforderlich eingegriffen wird. Damit ist wie im Verhältnis von Gemeinschaftsrecht und nationalem Recht von einem Anwendungsvorrang auszugehen.

---

256 So wohl Groux/ Manin, S. 122, allerdings nur für sekundäres Gemeinschaftsrecht, das Gemeinschaftsabkommen widerspricht: „Somit ist jeder frühere oder spätere einseitige Rechtsakt der Gemeinschaften, der einem Gemeinschaftsabkommen widerspricht, ungültig.“

257 Hier sei darauf hingewiesen, daß diese effet-utile-Argumentation nicht dem Gemeinschaftsrecht vorbehalten ist, zumal es sich bei ihr um eine besondere Ausprägung der teleologischen Auslegung handelt.

J. Rang des Welthandelsrechts innerhalb der Bundesrepublik Deutschland

Da - wie oben dargestellt - diejenigen welthandelsrechtlichen Bestimmungen, die in die nationale Kompetenz fallen, kein Gemeinschaftsrecht darstellen, muß die Frage des Ranges bei ihnen gesondert untersucht werden.[258] Der Rang derjenigen welthandelsrechtlichen Vorschriften, die im nationalen Zuständigkeitsbereich liegen, bestimmt sich nach nationalem Recht, in der Bundesrepublik Deutschland also nach deutschem Recht.[259] In der Bundesrepublik Deutschland haben völkerrechtliche Abkommen den Rang von einfachem Bundesrecht (vgl. Art. 59 Abs. 2 GG).[260] Das heißt, Welthandelsrecht ist gegenüber dem Grundgesetz nachrangig. Außerdem gilt der Grundsatz „lex posterior derogat legi priori", nach dem späteres nationales Recht[261] dem Welthandelsrecht vorgeht.[262]

Zwar führt dies zu einem auf den ersten Blick merkwürdigen Ergebnis:

Welthandelsrecht geht - wie dargestellt[263] - Gemeinschaftsrecht in allen seinen Erscheinungsformen vor. Es kann also auch von später erlassenem Gemeinschaftsrecht nicht verdrängt werden.

---

258 Dies ignoriert jedoch Lorenz, S. 138 f, der aufbauend auf dem bereits erwähnten Irrtum, gemischte Abkommen seien in ihrer Gesamtheit Gemeinschaftsrecht, den Folgefehler begeht, sämtliche Vorschriften von gemischten Abkommen hinsichtlich des Ranges gleich zu behandeln. Hierbei bringt er weder eine einzige Fundstelle noch eine über das bereits bei der Bindung gebrachte Argument des integrierenden Bestandteils hinausgehende Begründung, sondern stellt dies lediglich als Behauptung in den Raum.

259 Meessen, EuR 1980, 36[44], zum Abkommen von Lomé als gemischter Vertrag; Schmalenbach, in: Calliess/ Ruffert, Art. 300 R. 81, allgemein zu gemischten Abkommen; Vedder, in: Grabitz/ Hilf, Art. 238 R. 34, zu als gemischten Verträgen geschlossenen Assoziierungsabkommen.

260 Vgl. für viele: Klein, in: Schmidt/ Bleibtreu, Art. 59 GG R. 13; Meessen, EuR 1980, 36[44]; Rojahn, in: von Münch, Art. 59 GG R. 37, der dies allerdings nur in bezug auf unmittelbar anwendbare Vertragsbestimmungen festhält: „Einigkeit besteht darüber, daß unmittelbar anwendbare Vertragsnormen innerstaatlich den **Rang einfacher Bundesgesetze** haben." Schmalenbach, in: Calliess/ Ruffert, Art. 300 R. 81, allgemein zu gemischten Abkommen.

261 In der Bundesrepublik Deutschland gilt dies nur für Bundesgesetze, nicht jedoch für Bundes- und Landesverordnungen sowie Landesgesetze.

262 Da die Rangfrage unabhängig von der Art der Einbeziehung des Völkerrechts in den innerstaatlichen Rechtsbereich zu beantworten ist (so auch Geiger, § 32 II. 4. (S. 177)), erübrigt sich an dieser Stelle ein näheres Eingehen auf die in diesem Zusammenhang vertretenen Theorien.

263 Vgl. Ausführungen unter I.III.

Diejenigen welthandelsrechtlichen Vorschriften, die in den gemeinschaftlichen Kompetenzbereich fallen, genießen den Vorrang des Gemeinschaftsrechts gegenüber nationalem Recht. Sie gehen also auch später erlassenem nationalen Recht rangmäßig vor.

Dagegen können die Bestimmungen des Welthandelsrechts, die in den nationalen Kompetenzbereich gehören, von später erlassenem nationalem Recht verdrängt werden. Während Welthandelsrecht in diesem Fall nachrangig ist, genießt europäisches Gemeinschaftsrecht stets den Vorrang vor nationalem Recht. Dies ist jedoch konsequent, zumal die Bundesrepublik Deutschland ja nicht wie im Falle der EU gemäß Art. 23 Abs. 1 S. 2 GG Hoheitsrechte an die WTO übertragen hat. Außerdem darf nicht übersehen werden, daß die Mitgliedstaaten ja - wie oben unter D dargestellt - an das *gesamte* gemischte Abkommen gebunden sind. Sie würden also durch den späteren Erlaß von nationalem Recht, das dem völkerrechtlichen Vertrag widerspricht, gegen diesen verstoßen. Hinzu kommt, daß die Mitgliedstaaten aus den welthandelsrechtlichen Abkommen nicht nur gegenüber den anderen Staaten, sondern auch gegenüber der Gemeinschaft verpflichtet sind. Im Verhältnis zu dieser ist insbesondere Art. 10 (ex-Art. 5) EGV zu beachten.[264]

Diese Differenzierung im Rahmen gemischter Abkommen führt auch dazu, daß deren in den nationalen Kompetenzbereich fallende Vorschriften in den verschiedenen Mitgliedstaaten unterschiedliche Rechtsqualität haben können.[265] In Frankreich beispielsweise gibt Art. 55 der Verfassung[266] den völkerrechtlichen Verträgen unter Vorbehalt der Gegenseitigkeit Vorrang vor den Gesetzen.[267] Das heißt, anders als in der Bundesrepublik Deutschland kann ein französisches späteres Gesetz das früher zustande gekommene WTO-Recht nicht verdrängen.[268]

---

264 Vgl. auch Vedder, in: Grabitz/ Hilf, Art. 238 R. 34, zu als gemischten Verträgen geschlossenen Assoziierungsabkommen.

265 So auch Vedder, in: Grabitz/ Hilf, Art. 238 R. 34, zu als gemischten Verträgen geschlossenen Assoziierungsabkommen.

266 Art. 55 der französischen Verfassung aus dem Jahre 1958 lautet: „Les traités ou accords régulièrement ratifiés ou approuvés ont, dès leur publication, une autorité supérieure à celle des lois, sous réserve, pour chaque accord ou traité, de son application par l'autre partie." (Hervorhebung der Verfasserin), zitiert nach: http://www.jura.uni-sb.de/BIJUS/constitution58/art55.htm.

267 Vgl. auch Pernice, in: Dreier, Art. 59 GG R. 13.

268 In den USA haben völkerrechtliche Verträge Vorrang vor dem Recht der Gliedstaaten entsprechend der „supremacy clause" in Art. VI US-Verfassung. Allerdings kann der Kongreß spätere abweichende Gesetze erlassen. Völkerrechtliche Abkommen dürfen der Verfassung und der Bill of Rights nicht widersprechen. Vgl. auch Pernice, in: Dreier, Art. 59 R. 13.

Im Kontext der Differenzierung zwischen nationalem und gemeinschaftlichem Zuständigkeitsbereich ist darauf hinzuweisen, daß auch im Bereich des Wirtschaftsrechts zunehmend Gemeinschaftsrecht ausschlaggebend für Fragen des Rangs (und auch der unmittelbaren Anwendbarkeit) ist, also die Tendenz der Vorschriften, in den gemeinschaftlichen Zuständigkeitsbereich zu fallen, steigend ist. So hat beispielsweise das Bundesverfassungsgericht bereits in seinem Maastricht-Urteil[269] den ehemaligen Präsidenten der Kommission Jacques Delors zitiert, der in einer Rede aus dem Jahre 1988 prognostiziert, 1998 würden fast 80% aller wirtschaftsrechtlichen Regelungen durch Gemeinschaftsrecht festgelegt .[270]

---

269 BVerfGE 89, 155[172 f].

270 Jacques Delors, Rede im Europäischen Parlament am 04. Juli 1988 auf der Plenartagung des Europäischen Parlaments vom 4.- 8.7.1988, Bulletin EG 1988, Nr. 7/8, S. 122[124]. Vgl. auch Streinz, in: Streinz/ Dannecker/ Sieber/ Ritter, S. 35[38], der hierauf hinweist.

K. Unmittelbare Anwendbarkeit der unter dem Dach der WTO geschlossenen Abkommen

Völkerrechtliche Abkommen gelten grundsätzlich nur zwischen Völkerrechtssubjekten, daher auch zwischen den Staaten und internationalen Organisationen, die Parteien dieser Verträge sind.[271] So ergeben sich aus den unter dem Dach der WTO geschlossenen Abkommen zunächst nur Rechte und Pflichten für die Vertragsparteien gemäß Art. XI, XII WTOÜ.

Damit eine Bestimmung eines internationalen Abkommens überhaupt innerstaatlich Geltung und möglicherweise unmittelbare Anwendbarkeit erlangen kann, ist es erforderlich, daß der völkerrechtliche Vertrag in Kraft getreten ist.

I. Begriff „unmittelbare Anwendbarkeit" völkerrechtlicher Abkommen

Bezüglich der unmittelbaren Anwendbarkeit wird von unterschiedlichen Begriffen sowie Voraussetzungen ausgegangen. So stellt etwa Buchs zu Recht fest: „Der Begriff der unmittelbaren Anwendbarkeit ist einer der schillerndsten Rechtsbegriffe, den die völkerrechtliche bzw. staatsrechtliche Dogmatik je hervorgebracht haben."[272]

271 So auch Drexl, Entwicklungsmöglichkeiten, S. 25.

272 Buchs, S. 27. Vgl. auch Drexl, Entwicklungsmöglichkeiten, S. 28 Fn. 10: „Hinsichtlich dieser Begriffe besteht in der Völkerrechtslehre noch ziemliche Verwirrung."; Drexl, FS Fikentscher, S. 82[824] Fn. 10: „Die Terminologie ist in der Tat sehr uneinheitlich. Deshalb kommt es auf die Klarstellung an, wie der Begriff der unmittelbaren Anwendbarkeit im Einzelfall gebraucht wird."; Geiger, § 30 I. 1. (S. 160): „Im Zusammenhang mit der Einbeziehung völkerrechtlicher Normen in den innerstaatlichen Bereich wird zumeist zwischen innerstaatlicher Geltung und (unmittelbarer und mittelbarer) Anwendbarkeit dieser Normen unterschieden, wobei allerdings gewöhnlich wenig Klarheit über die verwendeten Begriffe und die aus der Unterscheidung zu ziehenden Konsequenzen besteht." (Hervorhebung der Verfasserin); Kuilwijk, S. 36: „There is still much confusion as to the precise meaning or content of such notions as 'direct applicability' and 'direct effect'."; Meessen, CML Rev. 1976, 485[492]: „The notion of direct applicability, no matter whether it has been used to describe possible effect of international law within national law, of Community Law within national law, or of international law within Community Law, always stands for a considerable amount of confusion."; Ott, S. 49: „babylonische Sprachverwirrung"; Weber, ArchVR 1997, 295[307] Fn. 87: „insgesamt herrscht ein wenig fruchtbarer Begriffswirrwarr".

Inhaltlich sei an dieser Stelle festgestellt, daß es bei der unmittelbaren Anwendbarkeit darum geht, ob eine völkerrechtliche Bestimmung so gestaltet ist, daß der Rechtsanwender sie in einem konkreten Verfahren als Obersatz anwenden kann und aus ihr Anweisungen zur Entscheidung bekommt[273].

1. Abgrenzung und Verhältnis zwischen Geltung und unmittelbarer Anwendbarkeit

a) Abgrenzung zwischen Geltung und unmittelbarer Anwendbarkeit

Die Begriffe Geltung und unmittelbare Anwendbarkeit werden teilweise miteinander vermengt. So versteht beispielsweise Krück unter Geltung „die Verbindlichkeit der völkerrechtlichen Verträge, die die Gemeinschaften abgeschlossen haben, für die einzelnen Marktbürger", nicht jedoch die „Verbindlichkeit dieser Verträge für die Gemeinschaften, deren Organe und die Mitgliedstaaten".[274] Daher sind, bevor die Frage der unmittelbaren Anwendbarkeit näher untersucht werden kann, Geltung und unmittelbare Anwendbarkeit voneinander abzugrenzen[275] und ist ihr Verhältnis zueinander zu bestimmen.

Geltung bedeutet nach in dieser Arbeit vertretener Auffassung, daß die Vorschrift beansprucht, im nationalen[276] und gemeinschaftlichen Bereich beachtliches Recht zu sein.[277]

---

273 Buchs, S. 110.

274 Krück, S. 165. Letztere Thematik bezeichnet er mit dem Begriff der „Bindung", S. 165, 124 ff.

275 Auch in der Literatur wird teilweise richtig die Differenzierung beider Begriffe betont, vgl. etwa Bleckmann, Begriff, S. 58; Drexl, Entwicklungsmöglichkeiten, S. 28; Geiger, § 30 I. 1. (S. 160), spricht davon, daß „Im Zusammenhang mit der Einbeziehung völkerrechtlicher Normen in den innerstaatlichen Bereich ... zumeist zwischen innerstaatlicher Geltung und (unmittelbarer und mittelbarer) Anwendbarkeit dieser Normen unterschieden [wird], wobei allerdings gewöhnlich wenig Klarheit über die verwendeten Begriffe und die aus der Unterscheidung zu ziehenden Konsequenzen besteht." (Hervorhebung der Verfasserin); Koller, S. 119f ; Meessen, CML Rev. 1976, 485; Roth, WRP 1978, 409[410 f]; Streinz, in: Sachs (Hrsg.), Art. 59 GG, R. 67; Streinz, JuS 2000, 909[911]; Zuleeg, ZaöRV 1975, 341[344 ff].
Ohne auf den Unterschied explizit hinzuweisen, jedoch im hier vertretenen Sinne: Verdross/ Simma, §§ 863 f (S. 550).
Auch die Rechtsprechung erkennt diese Differenzierung an: BVerwGE 29, 20[25 f], allerdings ohne die Begriffe „Geltung" und „unmittelbare Anwendbarkeit" zu verwenden.

276 Geiger, § 30 I. 1. (S. 160): „Sie bindet also nicht mehr nur als Teil der Völkerrechtsordnung den Staat als solchen (völkerrechtliche Geltung); ihr Norminhalt bildet vielmehr zugleich - aufgrund einer Adoption oder auf dem Umweg einer Transformation ... - einen *Bestandteil der innerstaatlichen Rechtsordnung.*" (Hervorhebung im Original).

277 Klein, S. 8, Gabler, S. 94; Geiger, § 30 I. 1. (S. 160).

Voraussetzung für die Geltung[278] ist, daß die völkerrechtliche Bestimmung überhaupt in das nationale Rechtssystem Eingang gefunden hat. Diesbezüglich herrscht - wie oben dargelegt - Streit zwischen den Monisten und den Dualisten. Keine Rolle dagegen spielt dieser Streit bei der Frage nach der unmittelbaren Anwendbarkeit einer Norm. Denn hierbei handelt es sich um die Frage, ob eine Vorschrift von den Rechtsanwendern als Entscheidungsgrundlage verwendet werden kann, ohne daß hierzu weitere Maßnahmen des Gesetzgebers erforderlich sind.[279]

Dabei kommt es für die Frage der unmittelbaren Anwendbarkeit vorerst nur auf die Beschaffenheit der völkerrechtlichen Bestimmung an, so daß das Verhältnis von Völkerrecht und nationalem Recht in diesem Kontext ohne Bedeutung ist.[280] Die Norm muß insbesondere innerstaatlich gelten, damit sie als Entscheidungsgrundlage herangezogen werden kann.[281] Wie sie in das nationale Recht Eingang fand, ist in diesem Zusammenhang nebensächlich.[282]

Auch Koller und Bleckmann trennen den Theorienstreit zwischen Monisten und Dualisten sowie zwischen Transformations- und Adoptionstheorie von der Frage der innerstaatlichen Anwendbarkeit .[283] Sie differenzieren zwischen innerstaatlicher Geltung und innerstaatlicher Anwendbarkeit.[284] Bereits Paul de Visscher wies auf diesen Unterschied hin: „La question de l´introduction du traité dans l'ordre juridique interne et celle du caractère «self-executing» du traité

---

278 Nach Klein, S. 8, tritt die Geltung einer Norm mit ihrem Inkrafttreten ein. Für die Geltung sind nach seiner Auffassung Existenz und Gültigkeit der Norm Voraussetzung. Dabei wird eine Norm mit ihrer Verkündung existent. Die Gültigkeit von Normen ist anhand von höherrangigem oder späterem bzw. speziellerem gleichrangigen Recht zu prüfen.

279 Cronauer, S. 135.

280 So auch Bleckmann, Begriff, S. 60.

281 Auf die weiteren Voraussetzungen und Kriterien der unmittelbaren Anwendbarkeit wird im folgenden ausführlicher eingegangen.

282 So auch Buchs, S. 29.

283 Bleckmann, Begriff, S. 58 ; Koller, S. 119 f: „Nach der auch von uns vertretenen völkerrechtlichen Theorie der unmittelbaren Anwendbarkeit beruht die landesrechtliche Argumentation vorab auf einer unzulässigen Vermengung von zwei Fragen, die es streng auseinanderzuhalten gilt. Die eine betrifft die *innerstaatliche Geltung völkerrechtlicher Verträge*, d.h. die notwendige Einführung des Völkervertragsrechts in die nationalen Rechtsordnungen. Diese innerstaatliche Geltung ist abhängig von einem staatlichen Hoheitsakt in Form eines Vollzugsbefehles oder einer Transformation, der den Staatsverträgen innerstaatliche Verbindlichkeit verschafft. Sie ist in der Tat eine Frage des nationalen Verfassungsrechts eines jeden Staates.
Die andere Frage betrifft die *Justitiabilität oder Bestimmtheit der Völkerrechtsnorm selbst* und ist daher notwendigerweise *völkerrechtlicher Natur*.“ Ob und ggf. inwieweit sich die Frage der unmittelbaren Anwendbarkeit nach Völkerrecht bestimmt, soll später erörtert werden. (Hervorhebung im Original).

284 Koller, S. 119 f; Bleckmann, Begriff, S. 58 ff; Zuleeg, ZaöRV 1975, 341[345].

sont, à notre sens, des questions distinctes que trop d´auteurs confondent en enseignant que la technique d´introduction du traité dans l'ordre interne rend nécessairement le traité «self-executing» à l'égard des citoyens. ... Il n'en est de rien pour cette raison que la procédure d´introduction du traité dans l'ordre interne est une technique d´exécution des traités alors que la question d´applicabilité directe aux individus est une question qui a trait à la nature même du traité".[285] Diese Aussage de Visschers verdeutlicht eingehend den Unterschied zwischen Geltung und unmittelbarer Anwendbarkeit: Während es bei der Frage der Geltung darum geht, wie das Abkommen in die nationale Rechtsordnung gelangt, es sich also um eine technische Frage handelt, steht bei der Frage nach der unmittelbaren Anwendbarkeit das Abkommen selbst im Mittelpunkt der Untersuchung.

Das heißt, daß innerstaatliche Geltung und unmittelbare Anwendbarkeit voneinander zu unterscheidende Wirkungsformen[286] des Welthandelsrechts im Gemeinschaftsrecht bzw. im nationalen Recht darstellen.[287]

Es stellt sich nun die Frage, in welchem Verhältnis Geltung und unmittelbare Anwendbarkeit zueinander stehen.

b) Verhältnis zwischen Geltung und unmittelbarer Anwendbarkeit

Strittig ist, ob die unmittelbare Anwendung die Geltung voraussetzt oder umgekehrt. Dafür, daß nur unmittelbar anwendbare Vorschriften gelten[288], ließe sich

285 de Visscher, RdC 1952 I, Bd. 80, S. 511[559]; vgl. auch Koller, S. 120, der sich ebenfalls auf de Visscher beruft.

286 Es sei bereits an dieser Stelle darauf hingewiesen, daß der Begriff „Wirkungsformen" in der vorliegenden Arbeit als Oberbegriff für Geltung sowie Berechtigungen und Verpflichtungen verwendet wird, vgl. Ausführungen unter K.I.7.

287 Vgl. auch Bleckmann, Begriff, S. 59, der zutreffend betont, „daß innerstaatliche Geltung und innerstaatliche Anwendbarkeit zwei selbständige, nebeneinanderstehende Voraussetzungen der innerstaatlichen Anwendung bilden", sowie folgende Autoren, die ebenfalls auf die Trennung beider Fragen hinweisen: Drexl, Entwicklungsmöglichkeiten, S. 28, 275; Geiger, § 30 I. 1. (S. 160); Koller, S. 67; davon gehen auch Verdross/ Simma, § 863 f (S. 550), aus, ohne dies direkt zu betonen; Meng, 1063[1069], meldet diesbezüglich Zweifel an; vgl. auch EuGH, Urteil vom 20.05.1976, Rs. 111/75, Slg. 1976, 657[666] R. 7/11- Impresa Costruzioni comm. Quirino Mazzalai/ Ferrovia del Renon (Ersuchen um Vorabentscheidung, vorgelegt vom Tribunale di Trento): „Der Gerichtshof entscheidet nach Artikel 177 EWG-Vertrag [nun Art. 234 EGV] im Wege der Vorabentscheidung über die Auslegung der Handlungen der Organe der Gemeinschaft, ohne daß es darauf ankäme, ob diese Handlungen unmittelbar anwendbar sind oder nicht." Auch dieses Zitat bestätigt die Trennung von Geltung und unmittelbarer Anwendbarkeit.

288 BVerfGE 29, 348[360]: „Nur solche Vertragsbestimmungen können durch das Zustimmungsgesetz in innerstaatlich anwendbares Recht umgesetzt werden, die alle Eigenschaften besitzen, welche ein Gesetz nach innerstaatlichem Recht haben muß,

anführen, daß völkerrechtliche Normen, die nicht so beschaffen sind, daß sie in concreto im innerstaatlichen Bereich angewendet werden können, auch nicht beanspruchen können, im innerstaatlichen Bereich beachtet zu werden.[289]

Der Ansicht, die unmittelbare Anwendbarkeit sei Voraussetzung der Geltung, ist allerdings entgegenzuhalten, daß auch innerstaatlich Bestimmungen existieren, die nicht unmittelbar anwendbar sind, aber dennoch gelten, wie etwa Gesetzgebungsaufträge des Grundgesetzes[290]. Als Beispiel können Art. 21 Abs. 3 GG oder Art. 41 Abs. 3 GG angeführt werden.[291] Daß mit internationalen Vorschriften anders umgegangen werden soll, ist nicht gerechtfertigt.[292] Abgesehen davon würden die Wirkungen des Handelns des eigenen Staates auf völkerrechtlicher Ebene grundlos eingeschränkt: Auch wenn eine internationale Vorschrift nicht unmittelbar anwendbar ist, kann sie als Interpretationshilfe herangezogen werden.[293] Eine sinnvolle Vertragsinterpretation wäre sogar zum Scheitern verurteilt, wenn lediglich Teile des Vertrags zur Verfügung stünden, um die Ratio des Vertrags zu ermitteln.[294] Hinzu kommt, daß es sich beim Völkerrecht um in das Bundesrecht übernommene Regelungen des objektiven Rechts handelt[295]. Das heißt, auch wenn ein Abkommen nicht unmittelbar anwendbar ist, sind mit seiner Einbeziehung in die innerstaatliche Rechtsordnung die jeweils kompetenten Staatsorgane kraft innerstaatlichen Rechts verpflichtet, für die Erfüllung des

---

um berechtigen oder verpflichten zu können; die Vertragsbestimmung muß nach Wortlaut, Zweck und Inhalt wie eine innerstaatliche Gesetzesvorschrift rechtliche Wirkung auszulösen geeignet sein. Nur unter diesen Voraussetzungen entstehen für den Staatsbürger verbindliche Rechtsnormen."; FG Hamburg, EFG 1970, 145[146]; Maunz, in: Maunz/ Dürig, Art. 59 GG R. 24; Partsch, S. 106 f; Rudolf, S. 173 ff; Schweitzer, R. 439 f (S. 134 f) (entspricht Schweitzer, 7. Aufl. 2000, R. 439a f (S. 149)). Verdross/ Simma bezeichnen diese Auffassung, nach der „nur die unmittelbar anwendbaren Vertragsbestimmungen einer Transformation oder Adoption fähig sein sollen", entgegen ihrer eigenen als herrschende Lehre und Rechtsprechung, Verdross/ Simma, § 865 (S. 552) Fn. 34, mit Hinweis auf Randelzhofer, Innerstaatlich erforderliche Verfahren für das Wirksamwerden der von der Exekutive abgeschlossenen völkerrechtlichen Vereinbarungen, AÖR-Beiheft 1: Deutsche öffentlichrechtliche Landesberichte zum IX. Internationalen Kongreß für Rechtsvergleichung in Teheran (1974), S. 18 ff[32 f]. Allerdings hat schon das RG die hier und auch von Verdross/ Simma vertretene Auffassung bevorzugt. Heute jedenfalls ist die hier vertretene Ansicht herrschend, vgl. Nachweise unter Fn. 299.

289 Dieses in der Literatur vertretene Argument erwähnt Buchs, S. 29.

290 So auch Streinz, in: Sachs (Hrsg.), Art. 59 R. 67, mit Hinweis auf von Münch/ Kunig II, Art. 59 R. 35; vgl. auch von Münch, 2. Aufl. 1983, Art. 59 R. 41.

291 Buchs, S. 30, nennt als Beispiel die aufgrund des Art. 80 a GG ergangenen Sicherstellungsgesetze, die ohne ein Tätigwerden des Bundestages nicht anwendbar sind.

292 So auch Buchs, S. 30.

293 So auch Buchs, S. 30.

294 Drexl, Entwicklungsmöglichkeiten, S. 28; Geiger, § 32 II. 3 a) (S. 174 f.).

295 Dies hat das BVerfG zu den allgemeinen Regeln des Völkerrechts entschieden, vgl. BVerfGE 46, 342[362 f]; vgl. auch Geiger, § 32 II. 3 a) (S. 175).

Vertrags durch die Bundesrepublik Deutschland zu sorgen.[296] Eine Norm, die zwar nicht unmittelbar anwendbar ist, aber gilt, kann sich dennoch auf rechtliche Begehren des einzelnen[297] als objektives Recht auswirken und damit entscheidungserheblich sein. Insofern kann sie auch Rechtswirkungen für und gegen den einzelnen entfalten.[298]

Daher ist die Ansicht vorzuziehen, die die Geltung als Voraussetzung der unmittelbaren Anwendbarkeit sieht.[299] Nach ihr gelten alle ins nationale Recht übernommenen völkerrechtlichen Vorschriften innerstaatlich bzw. innergemeinschaftlich, das heißt, sie existieren und beanspruchen, beachtet zu werden. Für diese Auffassung läßt sich auch anführen, daß sich das Vertragsgesetz auf den *gesamten* völkerrechtlichen Vertrag bezieht, nicht nur auf die unmittelbar anwendbaren Vorschriften.

Nicht alle Vertragsvorschriften, die innerstaatlich gelten, sind auch von den Verwaltungsbehörden und Gerichten anzuwenden.[300]

2. Begriff der unmittelbaren Anwendbarkeit im europäischen Gemeinschaftsrecht[301]

Gemäß der ständigen Rechtsprechung des EuGH sind alle gemeinschaftsrechtlichen Normen, die rechtlich vollkommen, also ohne weitere Konkretisierung an-

---

296 So auch Geiger, § 32 II. 3. a) (S. 175).

297 Es wird darauf hingewiesen, daß der Begriff der einzelne in dieser Arbeit nicht nur natürliche Personen, sondern auch Unternehmen sowie juristische Personen des Privatrechts und des öffentlichen Rechts erfaßt, soweit nicht einschränkend verwendet.

298 Vgl. BVerfGE 46, 342[363], zu den allgemeinen Regeln des Völkerrechts.

299 Die Auffassung, die die Geltung als Voraussetzung der unmittelbaren Anwendung bezeichnet, ist jedenfalls mittlerweile herrschende Meinung, vgl. für viele: Bleckmann, Begriff, S. 59, 114; Bleckmann, ZaöRV 1971, 271[282]; Drexl, Entwicklungsmöglichkeiten, S. 275; Geiger, § 32 II. 3. A) (S.174 f); Koller, S. 64, 67; Rojahn, in: von Münch/ Kunig, Art. 59 GG R. 35; Steinmetzler, DZWir 1997, 494[500]; Streinz, in: Sachs (Hrsg.), Art. 59 GG R. 66; Verdross/ Simma, § 863 (S. 550); Zuleeg, ZaöRV 1975, 341 ff[347]. So wohl auch schon RGZ 117, 280[284]; RGZ 119, 156[162]; RGZ 121, 7[9]; RGZ 124, 204[205 f], sowie BGHZ 11, 135[138]; 52, 371[383 f]; BGHZ 17, 309[313 f]; so ist wohl auch BVerwGE 29, 20[25 f], zu verstehen.
Sowohl RG als auch BGH prüfen a.a.O. die innerstaatliche Geltung einer Vertragsbestimmung vor der unmittelbaren Anwendbarkeit.

300 Sorensen, in: Rechts- und Staatswissenschaftliche Fakultät an der Universität Wien (Hrsg.), S. 15[26], zitiert nach Zuleeg, ZaöRV 1975, 341[347] Fn. 25; Zuleeg, ZaöRV 1975, 341[347].

301 Zur unmittelbaren Anwendbarkeit von Gemeinschaftsrecht, vgl. etwa Streinz, R. 349 ff (S. 117, unmittelbare Geltung von primärem Gemeinschaftsrecht), R. 394 ff (S. 139 ff, unmittelbare Wirkung von Richtlinien), R. 417 (S. 151, unmittelbare Wirkung von Entscheidungen); Öhlinger/ Potacs, S. 62-77.

wendbar, und unbedingt sind, die in einer Handlungs- oder Unterlassungspflicht den Mitgliedstaaten keinen Ermessensspielraum einräumen, für ihre Adressaten einschließlich Individuen unmittelbar wirksam. Nationale und gemeinschaftliche Gerichte und Verwaltungsbehörden müssen sie beachten und anwenden und wegen des Vorrangs des Gemeinschaftsrechts entgegenstehendes nationales Recht außer Anwendung lassen.[302]

Es sei an dieser Stelle festgestellt, daß auch im europäischen Gemeinschaftsrecht diesbezüglich „verwirrende(n) terminologische(n) Vielfalt" herrscht.[303]

Teilweise wird die Ansicht vertreten, der EuGH verwende die Begriffe unmittelbare Anwendbarkeit und unmittelbare Wirkung gleichbedeutend.[304] In ei-

---

302 Streinz, R. 349 (S. 117), mit Hinweis auf EuGH, Urteil vom 05.02.1963, Rs. 26/62, Slg. 1963, 1[24 ff] -N.V. Algemene Transport- en Expeditie Onderneming Van Gend & Loos/ Niederländische Finanzverwaltung (Antrag auf Vorabentscheidung, vorgelegt von der Tariefcommissie in Amsterdam).
EuGH, van Gend & Loos, a.a.O., S. 24: Es stellt sich ... „die Frage, ob Artikel ... in dem Sinne unmittelbare Wirkung im innerstaatlichen Recht hat, daß die Einzelnen [Großschreibung im Original] aus diesem Artikel Rechte herleiten können, die vom nationalen Richter zu beachten sind.
Ob die Vorschriften eines völkerrechtlichen Vertrages eine solche Tragweite haben, ist vom Geist dieser Vorschriften, von ihrer Systematik und von ihrem Wortlaut her zu entscheiden."
A.a.O., S. 25 f: „Der Wortlaut von Artikel ... enthält ein klares und uneingeschränktes Verbot, eine Verpflichtung, nicht zu einem Tun, sondern zu einem Unterlassen. Diese Verpflichtung ist im übrigen auch durch keinen Vorbehalt der Staaten eingeschränkt, der ihre Erfüllung von einem internen Rechtssetzungsakt abhängig machen würde. Das Verbot des Artikels ... eignet sich seinem Wesen nach vorzüglich dazu, unmittelbare Wirkungen in den Rechtsbeziehungen zwischen Mitgliedstaaten und den ihrem Recht unterworfenen Einzelnen [Großschreibung im Original] zu erzeugen.
Der Vollzug von Artikel ... bedarf keines Eingriffs der staatlichen Gesetzgeber. Der Umstand, daß dieser Artikel die Mitgliedstaaten als Adressaten der Unterlassungspflicht bezeichnet, schließt nicht aus, daß dieser Verpflichtung Rechte der Einzelnen [Großschreibung im Original] gegenüberstehen können."

303 Klein, S. 3, mit Ausführungen auf den folgenden Seiten hierzu.

304 Schlußanträge von GA Tesauro vom 23.02.1994 zu EuGH, Urteil vom 20.04.1994, Rs. C-58/93, Slg. 1994, I-1353[1355, 1357 f] Zf. 4- Zoubir Yousfi/ Belgischer Staat (Vorabentscheidungsersuchen des Tribunal du travail Brüssel): „In diesem Zusammenhang kann ich mich auf die Bemerkung beschränken, daß sich eine solche Unterscheidung in der Rechtsprechung des Gerichtshofes nicht findet, in der die beiden Ausdrücke vielmehr unterschiedslos (oft innerhalb ein und desselben Urteils) für Bestimmungen verwendet werden, die zugunsten des einzelnen subjektive Rechtsstellungen entstehen lassen, die gerichtlich unmittelbar geschützt werden können. ... Die außerordentliche Vielfalt der Begriffe (unmittelbare Anwendbarkeit, unmittelbare Wirkung und sogar unmittelbare Wirksamkeit), die der Gerichtshof zur Bezeichnung des in Rede stehenden Phänomens benutzt, bietet also Anlaß festzuhalten, daß der Unterschied zumindest in der Rechtsprechung nur terminologischer, nicht auch inhaltlicher Art ist. .. ."; vgl. auch Weiß, S. 62 Fn. 221.

nigen Urteilen ist dies tatsächlich der Fall.[305] Teils wird auch die Auffassung vertreten, der EuGH differenziere zwischen beiden Begriffen.[306]

Zu unterscheiden ist vom Begriff der unmittelbaren Anwendbarkeit derjenige der unmittelbaren Geltung des Gemeinschaftsrechts, den der EuGH wie folgt definiert: „Unmittelbare Geltung bedeutet ... , daß die Bestimmungen des Gemeinschaftsrechts ihre volle Wirkung einheitlich in sämtlichen Mitgliedstaaten vom Zeitpunkt ihres Inkrafttretens an und während der gesamten Dauer ihrer Gültigkeit entfalten müssen. Diese Bestimmungen sind somit unmittelbare Quelle von Rechten und Pflichten für alle diejenigen, die sie betreffen, einerlei, ob es sich um die Mitgliedstaaten oder um solche Einzelpersonen handelt, die an Rechtsverhältnissen beteiligt sind, welche dem Gemeinschaftsrecht unterliegen. Diese Wirkung erstreckt sich auch auf jedes Gericht, das angerufen im Rahmen seiner Zuständigkeit, als Organ eines Mitgliedstaates die Aufgabe hat, die Rechte zu schützen, die das Gemeinschaftsrecht den einzelnen verleiht."[307] Allerdings wird auch dieser Begriff nicht immer einheitlich und zutreffend verwendet.[308]

a) Primärrecht

Das Primärrecht der Europäischen Gemeinschaften kann in den Mitgliedstaaten unmittelbar wirksam sein, wie die Entscheidung van Gend & Loos des EuGH aus dem Jahre 1963 zeigt, wenn die oben genannten Voraussetzungen hierfür vorliegen.[309]

Gabler, S. 95, setzt in seiner Arbeit unmittelbare Anwendbarkeit und unmittelbare Wirkung gleich, nicht aber den Begriff der unmittelbaren Geltung; Weber, S. 38, vertritt die Auffassung, daß die h.M. den Begriff unmittelbare Wirkung synonym zum Begriff unmittelbare Anwendbarkeit verwendet.

305 Der EuGH setzt in seinem Urteil vom 31.01.1991, Rs. C-18/90, Slg. 1991, I-199[221, 225] R. 17 ff- Office national de l'empoi (Onem)/ Bahia Kziber (Vorabentscheidungsverfahren der Cour du travail Lüttich, Belgien) die Begriffe „unmittelbare Anwendbarkeit" und „unmittelbare Wirkung" gleich. Vgl. auch Tomuschat, in: GTE, Art. 228 R. 52.

306 Tomuschat vertritt in: GTE, Art. 228 R. 52 die Auffassung, im Urteil Sevince differenziere der EuGH zwischen beiden Begriffen, während er sie in der Rechtssache Kziber gleichsetze. Dies ist dem Urteil Sevince jedoch nicht zu entnehmen, EuGH, Urteil vom 20.09.1990, Rs. C-192/89, Slg. 1990, I-3461[3497, 3501 f] R. 13 ff-Sevince.

307 EuGH, Urteil vom 09.03.1978, Rs. 106/77, Slg. 1978, 629[630, 643 f]- Simmenthal II.

308 So verwendet etwa GA Tesauro in seinen Schlußanträgen vom 13.11.1997 zu EuGH, Urteil vom 16.06.1998, Rs. C-53/96, Slg. 1998, I-3603[3606, 3610] Zf. 8-Hermès, den Begriff „unmittelbare Geltung" nicht im hier definierten Sinne, sondern im Sinne subjektiver Rechte: „unmittelbare Geltung dieser Vorschrift zugunsten einzelner vor den nationalen Gerichten".

309 EuGH, Urteil vom 05.02.1963, Rs. 26/62, Slg. 1963, 1[24 ff]- van Gend & Loos.

b) Sekundärrecht

Bezüglich der unmittelbaren Anwendbarkeit des gemeinschaftlichen Sekundärrechts ist zwischen den verschiedenen Rechtsakten des Sekundärrechts zu unterscheiden: Gemäß Art. 249 (ex-Art. 189) UA 2 S. 2 EGV gilt die Verordnung unmittelbar in jedem Mitgliedstaat.[310] Nach ständiger Rechtsprechung bedeutet dies, daß die Verordnung ohne Transformation bzw. Adoption bzw. Vollzug Wirkung in den nationalen Rechtsordnungen entfaltet. Aus ihrer unmittelbaren Geltung wird ihre unmittelbare Anwendbarkeit gefolgert.[311] Die Richtlinie dagegen bedarf nach Art. 249 (ex-Art. 189) UA 3 EGV grundsätzlich der Umsetzung. Ausnahmsweise ist sie jedoch unmittelbar wirksam, allerdings nur zugunsten von Individuen, wenn der Mitgliedstaat es versäumt, sie rechtzeitig umzusetzen.[312] Entscheidungen, die an Individuen und an Mitgliedstaaten gerichtet sind, sind für ihren förmlichen Adressaten unmittelbar wirksam. Darüber hinaus können aber Entscheidungen an Mitgliedstaaten in diesen für die Individuen unmittelbare Wirkungen entfalten.[313] Da Empfehlungen und Stellungnahmen nach Art. 249 Abs. 4 EGV nicht verbindlich sind, können sie auch nicht unmittelbar anwendbar sein.

3. Begriff der unmittelbaren Anwendbarkeit nach dem Gutachten des StIGH

Wie die im Gutachten des StIGH[314] (Ständiger Internationaler Gerichtshof) vom 03.03.1928 bezüglich des Danzig-Polnischen Beamtenabkommens enthaltene

---

310 Vgl. die soeben im Text zitierte Definition des Begriffs „unmittelbare Geltung", EuGH, Urteil vom 09.03.1978, Rs. 106/77, Slg. 1978, 629[630, 643 f]- Simmenthal II. Zu beachten ist jedoch, daß auch in diesem Kontext Begriffsverwirrung und -unklarheit herrscht. So bezeichnet Buchs, S. 27, dieses Phänomen auch als unmittelbare Anwendbarkeit.

311 Vgl. für viele Klein, S. 11.

312 Vgl. Streinz, R. 394 ff (S. 139 ff) m.w.H.

313 Vgl. Streinz, R. 417 (S. 151); EuGH, Urteil vom 06.10.1970, Rs. 9/70, Slg. 1970, 825[826, 838 ff] R. 5 ff- Franz Grad/ Finanzamt Traunstein (Ersuchen um Vorabentscheidung, vorgelegt vom Finanzamt München); Schweitzer, R. 355 (S. 108 f) (entspricht Schweitzer, 7. Aufl. 2000, R. 355 (S. 119)).

314 Gutachten des StIGH über die Jurisdiction of the Courts of Danzig/ Compétence des tribunaux de Dantzig (Pecuniary claims of the courts of Danzig railway officials who have passed into the polish service against the polish railways administration/ Réclamations pécuniaires des fonctionnaires ferroviaires dantzikois passés au service polonais contre l'administration polonaise des chemins de fer), Collection of advisory opinions/ Recueil des avis consultatifs vom 03.03.1928, Series B/ Série B, Nr. 15, S. 17 f.

Definition der unmittelbaren Anwendbarkeit zu verstehen ist, ist mangels Eindeutigkeit strittig.[315] So heißt es dort einerseits: „It may be readily admitted that, according to a well established principle of international law, the *Beamtenabkommen*, being an international agreement, cannot as such, create direct rights and obligations for private individuals. But it cannot be disputed that the very object of an international agreement, according to the intention of the contracting Parties, may be the adoption by the Parties of some definite rules creating individual rights and obligations and enforceable by the national courts."[316] und andererseits: „The wording and general tenor of the *Beamtenabkommen* show that its provisions are directly applicable as between the officials and the Administration."[317] Jedenfalls kann ihr insoweit nicht gefolgt werden, als es für die unmittelbare Anwendbarkeit darauf ankommen soll, ob der völkerrechtliche Vertrag Rechte und Pflichten des einzelnen begründet. Denn die unmittelbare Anwendbarkeit ist nicht mit der Gewährung von subjektiven Rechten und Pflichten gleichzusetzen.[318] Zwar ist eine Norm, die subjektive Rechte begründet, stets auch unmittelbar anwendbar[319], jedoch ist der Umkehrschluß nicht richtig. Das heißt, daß die Begründung subjektiver Rechte und Pflichten nach richtiger Auffassung nicht Voraussetzung für die unmittelbare Anwendbarkeit ist.[320] Im Rahmen der unmittelbaren Anwendbarkeit kann eine Art Stufenleiter

---

315 Vgl. hierzu Koller, S. 38 ff.

316 Gutachten des StIGH über die *Jurisdiction of the Courts of Danzig/* Compétence des tribunaux de Dantzig, a.a.O. (vgl. Fn. 314), S. 17 f.

317 Gutachten des StIGH über die *Jurisdiction of the Courts of Danzig/* Compétence des tribunaux de Dantzig, a.a.O. (vgl. Fn. 314), S. 18.

318 So auch Geiger, § 30 I 1 (S.161), § 32 II 3 b) bb) (S.176); Langer, S. 162 und S. 162 Fn. 121; Streinz, in: Sachs (Hrsg.), Art. 59 R. 69.
Eine Gleichsetzung von unmittelbarer Anwendbarkeit und subjektiven Rechten und Pflichten taucht aber immer wieder auf. So muß z.B. aus Sacks Äußerungen wohl geschlossen werden, daß er zwischen dem Begriff der unmittelbaren Anwendbarkeit und dem der subjektiven Rechte und Pflichten nicht hinreichend differenziert, EuZW 1997, 650 („Die Bestimmungen sind zwar teilweise recht präzise gefaßt, aber keineswegs als Individualrechte, geschweige denn Grundrechte formuliert oder auch nur konzipiert. ... Individualrechtsschutz hat es nie gegeben. ... Demnach haben die GATT/WTO-Bestimmungen für einzelne Unternehmen reine Reflexwirkungen. Eine unmittelbare Anwendbarkeit in ihren Rechtsordnungen ist ihnen in der Vergangenheit nur von ganz wenigen Vertragsparteien zuerkannt worden") und EuZW 1997, 688 („Ein EG-rechtlicher Anspruch einzelner Bürger/Unternehmen oder auch minorisierter Mitgliedstaaten auf ein bestimmtes Verhalten in der WTO besteht nicht"). (Hervorhebungen der Verfasserin).

319 So auch Meng, S. 1063[1069].

320 So auch Meng, S. 1063[1069].

gebildet werden[321], wobei subjektive Rechte und Pflichten faktisch die stärkste Form der unmittelbaren Anwendbarkeit darstellen.[322]

4. Bundesrechtliche Unmittelbarkeit

Für den Begriff in Anlehnung an die bundesrechtliche Unmittelbarkeit, wie sie Art. 249 (ex-Art. 189) Abs. 2 EGV für Gemeinschaftsverordnungen[323] vorschreibt, ist entscheidend, daß die Vorschrift innerstaatlich in direktem Durchgriff, also ohne staatlichen Rechtsanwendungsbefehl, wirksam wird.[324] Diese Definition betrifft allerdings die Frage der Einführung völkerrechtlicher Verträge in das innerstaatliche Recht, vermischt also Geltung und unmittelbare Anwendbarkeit.[325] Daher wird sie dieser Arbeit nicht zugrunde gelegt.

5. Exemplarische Darstellung von Begriffsdefinitionen

a) Begriff „self-executing" aus dem anglo-amerikanischen Rechtssystem

Neben dem Begriff „unmittelbare Anwendbarkeit" existiert der Begriff „self-executing". Er stammt aus dem amerikanischen Rechtssystem[326] und wird meist mit „unmittelbar anwendbar" übersetzt.[327]

Für den Begriff „self-executing" im anglo-amerikanischen Rechtssystem kommt es darauf an, daß der Vertrag, um innerstaatlich anwendbar zu sein, kei-

---

321 Eine Abgrenzung zwischen den verschiedenen Stufen hat beispielsweise Zuleeg herausgearbeitet, ZaöRV 1975, 341 ff, vgl. dazu folgende Ausführungen unter K.I.5.c). An dieser Stelle sei auch auf Pescatore, in: Association, S. 137[138 ff], hingewiesen, der ebenfalls eine Abstufung („gradation de l'effet direct", a.a.O., S. 138) aufstellt, auf die hier aber nicht näher eingegangen werden soll.

322 Vgl. Zuleeg, ZaöRV 1975, 341[358]; Verdross/ Simma sprechen bei der Gewährung von subjektiven Rechten von unmittelbarer Anwendbarkeit i.e.S., § 864 (S. 551), was ebenfalls den Rückschluß zuläßt, daß subjektive Rechte faktisch die stärkste Form der unmittelbaren Anwendbarkeit darstellen.

323 Vgl. hierzu obige Ausführungen unter K.I.2.b).

324 Ophüls, S. 203[218].

325 So auch Koller, S. 66. Das Phänomen, das diese Definition beschreibt, müßte korrekterweise unmittelbare Geltung heißen, wie auch Koller, a.a.O., zu Recht bemerkt. Zu beachten ist allerdings, daß auch in diesem Zusammenhang die Begriffe nicht einheitlich verwendet werden. So spricht Buchs, S. 27, etwa in diesem Kontext von unmittelbarer Anwendbarkeit.

326 Vgl. auch Verdross/ Simma, § 864 (S. 550) Fn. 30.

327 Öhlinger, S. 137.

ner konkretisierenden Ausführungsgesetzgebung bedarf.[328] In den Vereinigten Staaten dürfen nur „self-executing treaties" als „supreme law of the land" vom Richter unmittelbar angewendet werden.[329]

Wie soeben erwähnt sind self-executing Verträge im anglo-amerikanischen System also dann self-executing, wenn sie zu ihrer innerstaatlichen Durchführung keines besonderen Gesetzes bedürfen. Dabei wird zum einen darauf geachtet, ob der Wille der Vertragsparteien - wie er im Vertragswortlaut zum Ausdruck kommt und bei bestimmten Verträgen vermutet wird - auf die unmittelbare Anwendbarkeit gerichtet ist. Zum anderen darf das Abkommen nicht in die ausschließliche Gesetzgebungskompetenz des Kongresses eingreifen.[330]

Zwar wird der Begriff self-executing meist mit „unmittelbar anwendbar" übersetzt. Ob beide Begriffe tatsächlich synonym sind, ist jedoch umstritten.[331]

Im folgenden sollen exemplarisch[332] aus der Literatur die Auffassungen von Fikentscher und Zuleeg dargestellt und kommentiert werden, zumal diese beiden Autoren eine bis dahin unbekannte ausdifferenzierte Begrifflichkeit in bezug auf die unmittelbare Anwendbarkeit entwickeln.

b) Fünffache Differenzierung des self-executing-Begriffs nach Fikentscher

Im folgenden soll die von Fikentscher vertretene fünffache Differenzierung[333] näher erläutert werden:

---

328 Koller, S. 44 ff.

329 Bleckmann, Begriff, S. 41.

330 Bleckmann, Begriff, S. 41.

331 So etwa vertreten Verdross/ Simma, § 864 (S. 550), die These, daß die beiden Begriffe synonym sind.

332 Aufgrund des begrenzten Umfangs dieser Arbeit können nicht sämtliche Autoren ausführlich dargestellt werden, die sich mit dieser Thematik auseinandersetzen. Insbesondere wird jedoch auf folgende Monographien zum Thema hingewiesen: Bleckmann, Albert, Begriff und Kriterien der innerstaatlichen Anwendbarkeit völkerrechtlicher Verträge, Berlin 1970; Buchs, Gaby, Die unmittelbare Anwendbarkeit völkerrechtlicher Vertragsbestimmungen: Am Beispiel der Rechtsprechung der Gerichte Deutschlands, Österreichs, der Schweiz und der Vereinigten Staaten von Amerika, Baden-Baden 1993; Koller, Arnold, Die unmittelbare Anwendbarkeit völkerrechtlicher Verträge und des EWG-Vertrages im innerstaatlichen Bereich, Bern 1971; Kuilwijk, Kees Jan, The European Court of Justice and the GATT Dilemma: Public Interest versus Individual Rights?, Beuningen 1996; Oehmichen, Alexander, Die unmittelbare Anwendbarkeit der völkerrechtlichen Verträge der EG: die EG-Freihandels- und Assoziierungsverträge und andere Gemeinschaftsabkommen im Spannungsfeld von Völkerrecht, Gemeinschaftsrecht und nationalem Recht, Frankfurt am Main/ Berlin/ Bern/ New York/ Paris/ Wien, 1992.

333 Fikentscher, FS Steindorff, S. 1175[1185 ff]; vgl. auch Fikentscher, in: Beier/ Schricker, GATT or WIPO?; S. 99[110 ff].

aa) Linguistische Bedeutung

Nach Fikentscher bedeutet „self-executing" im linguistischen Sinne[334] die sprachliche Eignung von internationalen Abkommen, innerstaatlich anwendbar zu sein.[335] Deutsches Pendant für „self-executing" in diesem Sinne ist der Begriff „der unmittelbaren Anwendung fähig".[336]

Diese Eigenschaft des self-executing im linguistischen Sinne zieht allerdings noch keine Rechtswirkungen nach sich. Vielmehr müssen weitere Umstände vorliegen, damit die in diesem Sinne „self-executing"-Normen innerstaatlich anwendbar werden.

Infolgedessen ist diese Definition nicht geeignet, der vorliegenden Arbeit als Definition des Begriffs der unmittelbaren Anwendbarkeit zugrunde gelegt zu werden. Jedoch entspricht das, was Fikentscher mit self-executing im linguistischen Sinne bezeichnet, in der vorliegenden Arbeit dem Aspekt der grammatikalischen Auslegung.[337]

Strittig ist, ob „die Abfassung eines internationalen Textes als „self-executing" im linguistischen Sinne ... Voraussetzung für die Transformation/ Adoption dieses Textes als staatliches Recht"[338] ist. Fikentscher verneint dies ohne nähere Begründung.[339]

bb) Transformations- oder Adoptionsvorgang (entspricht Geltungsanordnung ohne Anwendungsbefugnis, Geltungsanordnung unter Anwendungsvorbehalt)

Eine weitere Definition Fikentschers für den Begriff self-executing stellt auf den Transformations- oder Adoptionsvorgang ab.[340] Durch die Transformation, Adoption bzw. den Vollzug, je nachdem, welcher Theorie man folgt[341], wird inter-

---

334 Fikentscher, S. 110: „„Self-executing" is used in this sense by Jackson ... [zu finden in: Jackson (1969), S. 106 ff], Geiger ... [zu finden in: Geiger (1985), § 37 I 1, 2: „unmittelbare Anwendbarkeit"], Zuleeg ... („executory") [zu finden in: Zuleeg, ZaöRV 1975, 341[352: „unmittelbarer Anwendung fähig"] and others."

335 Fikentscher, in: Beier/ Schricker, GATT or WIPO?, S. 99[110]; Fikentscher, FS Steindorff, S. 1175[1185].

336 Fikentscher, FS Steindorff, S. 1175[1185] Fn. 17; Zuleeg, JA 1983, 1 f.

337 Vgl. unter K.I.9.d)bb).

338 Fikentscher, FS Steindorff, S. 1175[1189].

339 Lediglich in Fn. 23 verweist Fikentscher, FS Steindorff, S. 1175[1189], auf Geiger, GG und Völkerrecht (1985), § 37 I 1 „Adressaten", § 39 II e a, 2. Abs. (muß wohl richtig lauten: § 39 II 3. a)) mit Belegen.

340 Fikentscher, in: Beier/ Schricker, GATT or WIPO?, S. 99[110 f]; Fikentscher, FS Steindorff, S. 1175[1185 ff].

341 Zum Streit, wie internationales Recht in die nationale Rechtsordnung Eingang findet, vgl. Ausführungen unter I.II.1.b).

nationales Recht in nationales Recht umgesetzt. Dies bedeutet aber nicht unbedingt, daß das Recht gleichzeitig innerstaatlich *für und gegen die Bürger* des transformierenden bzw. adoptierenden Staates gilt. Fikentscher zitiert in diesem Kontext Zuleegs Begrifflichkeit: „Geltungsanordnung ohne Anwendungsbefugnis", „Geltungsanordnung unter Anwendungsvorbehalt".[342] Dies bedeutet, daß nur die Regierungsorgane des Staates das transformierte bzw. adoptierte Recht zu beachten haben. Insofern kann man vom „law of the government" sprechen.[343] Es handelt sich allerdings bei dieser Art von Transformation bzw. Adoption von internationalem Recht in Form einer Geltungsanordnung ohne Anwendungsbefugnis (das heißt unter Anwendungsvorbehalt) nach Fikentscher nicht um „self-executing"-Vorschriften.[344]

Für diese Stufe stellt Fikentscher fest: *„Das GATT „gilt", aber es ist nicht „anwendbar"."*[345] Diese Aussage ist in dieser Form aber nur dann korrekt, wenn mit „anwendbar" unmittelbar anwendbar gemeint ist. Denn sowohl gilt das GATT als auch ist es anwendbar. Der kritische Punkt ist nicht die Anwendbarkeit, sondern nur die *unmittelbare* Anwendbarkeit.

Diese Definition Fikentschers kann der vorliegenden Arbeit jedoch auch nicht als Definition des Begriffs „unmittelbare Anwendbarkeit" zugrunde gelegt werden. Denn wie oben dargelegt, ist zwischen Geltung und unmittelbarer Anwendbarkeit zu unterscheiden. Der Transformations-, Adoptions- bzw. Vollzugsvorgang, auf den Fikentscher auf dieser Stufe abstellt, bewirkt jedoch nur die innerstaatliche Geltung einer Norm, hat aber keinen Einfluß auf ihre unmittelbare Anwendbarkeit.

cc) „Law of the land"-Bedeutung (entspricht Geltungsanordnung mit Anwendungsbefugnis)

Eine weitere Stufe des self-executing-Begriffs nach Fikentscher ist die „law of the land"-Bedeutung.[346] In diesem Sinne bedeutet „self-executing", daß das internationale Recht als „the law of the land" gilt. Zur innerstaatlichen Geltungsanordnung kommt die Anwendungsbefugnis hinzu. Das heißt, der Bürger des Staates kann sich auf das transformierte bzw. adoptierte Recht berufen. Damit kommt dieser Bedeutung Rechtserheblichkeit zu. In diesem Sinne spricht ein Teil der Literatur von der „self-executing"-Eigenschaft der internationalen Konventionen zum Immaterialgüterschutz.

342 Fikentscher, FS Steindorff, S. 1175[1186]; Zuleeg, ZaöRV 1975, 341 ff.
343 Fikentscher, FS Steindorff, S. 1175[1186].
344 Fikentscher, FS Steindorff, S. 1175[1187].
345 Fikentscher, FS Steindorff, S. 1175[1187], (Hervorhebung im Original).
346 Fikentscher, FS Steindorff, S. 1175[1187 f].

Fikentscher hat bei dem Begriff self-executing im Sinne „Law of the land" ein objektives Verständnis. Seiner Auffassung nach ist eine Vorschrift, die self-executing im Sinne der Law of the land-Bedeutung ist, Bestandteil der nationalen Rechtsordnung. Fikentscher ist dabei wohl dahingehend zu verstehen, daß der einzelne sich zwar auf die Norm berufen kann, jedoch nur gegenüber dem Staat und zwar zu seinen Gunsten. Hiervon unterscheidet er self-executing im Sinne subjektiver Rechte wie folgt:

dd) Bedeutung als subjektives Recht

Nach dieser Bedeutung ist das Recht insofern „self-executing", als zugunsten und zu Lasten der Bürger subjektive Rechte und Pflichten entstehen. Voraussetzung hierfür ist der Erlaß als staatliche Norm (vgl. K.I.5.b)bb)) und die Anwendungsbefugnis für den Bürger (vgl. K.I.5.b)cc)). Fikentscher weist zutreffend darauf hin, daß „die Zubilligung subjektiver Rechte ein über die Geltungsanordnung mit Anwendungsbefugnis hinausgehender Schritt"[347] ist.

In Abgrenzung zu der unter K.I.5.b)cc) dargestellten Begrifflichkeit versteht Fikentscher unter dem Begriff self-executing in der Bedeutung als subjektives Recht die Möglichkeit des einzelnen, sich nicht nur gegenüber dem Staat, sondern auch gegenüber anderen Individuen auf die Vorschriften berufen zu können. Das heißt, hier können die Rechte zugunsten und zu Lasten des einzelnen Bürgers Wirkung entfalten.

ee) Direkte Anwendbarkeit von Völkerrecht

Als stärkste Stufe verwendet Fikentscher den Begriff „self-executing" im Sinne direkter Anwendbarkeit von Völkerrecht. Das bedeutet, daß das Völkerrecht aufgrund seines Wortlauts ohne Transformation bzw. Adoption als nationales Recht angewendet werden kann.[348]

ff) Untersuchung des Welthandelsrechts anhand der von Fikentscher geprägten Begrifflichkeiten

Im folgenden soll das Welthandelsrecht[349] anhand der von Fikentscher geprägten Begrifflichkeiten untersucht werden.

---

347 Fikentscher, FS Steindorff, S. 1175[1188 f].

348 Fikentscher, in: Beier/ Schricker, GATT or WIPO?, S. 99[111]; Fikentscher, FS Steindorff, S. 1175[1190].

349 Hinzuweisen ist darauf, daß Fikentscher sich ausschließlich auf das alte GATT-System bezieht, während Gegenstand der vorliegenden Arbeit primär das neue Welt-

Vielfach wird behauptet, das GATT sei nicht „self-executing“.[350]

Dies erstaunt insofern, als die internationalen Konventionen des Immaterialgüterschutzes teilweise als „self-executing“ eingestuft werden, vor allem die Inländerbehandlungsgrundsätze und Mindestschutzbestimmungen.

Unumstritten ist, daß das Welthandelsrecht Normen enthält, die im linguistischen Sinne „self-executing“ sind.[351] Allerdings hat dies in keinem der Vertragsstaaten des GATT schon rechtliche Bedeutung.[352]

Die unter dem Dach der WTO geschlossenen Abkommen erfüllen auch das Kriterium des „self-executing“ im Sinne eines Transformations-, Adoptions- oder Vollzugsvorgangs in der Bundesrepublik Deutschland.[353]

Allerdings besitzt das GATT ′47 nach Fikentscher in den meisten Staaten nicht die „self-executing“-Qualität in dem Sinne, daß es als „the law in the land“ gilt.[354] Dies ergebe sich zum alten GATT-System aus dem Protocol of Provisional Application[355], in dem zum Ausdruck komme, „daß die das GATT vereinbarenden Staaten in ihrem völkerrechtlichen Verhältnis zueinander von dem (staatsrechtlichen) Anwendungsvorbehalt ausgingen, von dem oben ... die Rede ist.“[356] Das heißt, die Bürger des betreffenden Staates könnten sich im Großteil der Staaten nicht auf das transformierte bzw. adoptierte bzw. vollzogene Recht berufen. Insoweit unterscheide sich - so Fikentscher - das GATT also von den internationalen Konventionen des Immaterialgüterrechts.[357]

---

handelssystem ist. Da aber die von ihm entwickelten Definitionen abstrakter Natur sind, sind diese für die Zwecke dieser Arbeit von Bedeutung. Darüber hinaus sei an dieser Stelle festgehalten, daß das GATT ′94 inhaltlich weitgehend mit dem GATT ′47 identisch ist. Daher kann auch Fikentschers Aufsatz in bezug auf die konkrete Untersuchung genannt werden.

350 Fikentscher, FS Steindorff, S.1175[1184].

351 Senti, GATT- System der Welthandelsordnung, Zürich, 1986, S. 365 ff, und Jackson, John H. (1969), S. 106, schon zum alten GATT ′47.

352 Fikentscher, FS Steindorff, S.1175[1185], zum alten GATT-System.

353 Fikentscher, FS Steindorff, S.1175[1186], zum alten GATT-System.

354 Fikentscher, FS Steindorff, S.1175[1188], zum alten GATT-System, mit Hinweis auf Jackson (1969), S. 106 f.

355 Abdruck in: Jackson (1969), S. 358; deutsche Version des Protokolls von Genf über die vorläufige Anwendung des Allgemeinen Zoll- und Handelsabkommens (GATT) abgedruckt in: Benedek, Textausgabe, S. 131 f; vgl. auch Fikentscher, FS Steindorff, S.1175[1188].

356 Fikentscher, FS Steindorff, S.1175[1188] Fn. 21, zum GATT ′47.

357 Die Bedeutung der unmittelbaren Anwendbarkeit dieser Konventionen liegt, wie Fikentscher, a.a.O., S. 1188, zutreffend betont, darin, daß das u.U. höhere Schutzniveau der internationalen Konventionen auch dann gilt, wenn nationales Recht dahinter zurückbleibt.

In den meisten Staaten ist das GATT ´47[358] - nach Fikentscher - auch nicht „self-executing" in dem Sinne, daß es subjektive Rechte und Pflichten für den einzelnen schaffen würde.[359]

Im Sinne einer direkten Anwendbarkeit ohne Transformation bzw. Adoption bzw. Vollzug wird die „self-executing"-Eigenschaft des GATT ´47 - soweit ersichtlich - von niemandem behauptet, so Fikentscher.[360] Die in die gemeinschaftliche Kompetenz fallenden Bereiche des Welthandelsrechts sind in diesem Sinne self-executing, weil das Welthandelsrecht in richtiger Fortsetzung der EuGH-Rechtsprechung zu Gemeinschaftsabkommen einen integrierenden Bestandteil des Gemeinschaftsrechts darstellt.

c) Differenzierung nach Zuleeg

Neben Fikentscher hat auch Zuleeg eine Trennung zwischen den verschiedenen Begrifflichkeiten im Rahmen der unmittelbaren Anwendbarkeit[361] herausgearbeitet[362] (Der maßgebliche Aufsatz befaßt sich mit der innerstaatlichen Anwendbarkeit („self-executing").[363]): Die unterschiedlichen Begriffe kann man sich wie eine Stufenleiter vorstellen:

---

358 Ob das neue Welthandelsrecht unmittelbar anwendbar ist bzw. subjektive Rechte und Pflichten vermittelt, soll an anderer Stelle ausführlicher behandelt werden, zumal hierfür eine komplexere Prüfung erforderlich ist. Vgl. auch Fn. 349.

359 Fikentscher, FS Steindorff, S.1175[1189].

360 Fikentscher, FS Steindorff, S.1175[1190]; Fikentscher, in: Beier/ Schricker, GATT or WIPO?, S. 99[112], jeweils zum GATT ´47.

361 Zuleeg spricht zwar nicht von unmittelbarer Anwendbarkeit, sondern von innerstaatlicher Anwendbarkeit. Doch verdeutlicht seine Definition des Begriffs innerstaatlicher Anwendbarkeit, daß dieser dem hier verwendeten Begriff der unmittelbaren Anwendbarkeit entspricht: „Unter dem Begriff der innerstaatlichen Anwendbarkeit faßt man die spezifischen Voraussetzungen zusammen, unter denen gerade diese staatlichen Organe [Verwaltungsbehörden und Gerichte] völkerrechtliche Rechtssätze als Obersatz für ihre Schlüsse auf die Rechtsfolge verwenden dürfen.", Zuleeg, ZaöRV 1975, 341[346]. Daß Zuleeg beide Begriffe gleichsetzt, verdeutlicht auch folgende Äußerung a.a.O., S. 349: „Ist eine Rechtsnorm des Völkerrechts hingegen geeignet, Grundlage der Entscheidung eines innerstaatlichen Rechtsanwendungsorgans zu sein, ohne daß eine nähere Ausgestaltung der Norm voraufgehen [Tippfehler im Original] muß, spricht man von innerstaatlicher oder unmittelbarer Anwendbarkeit".

362 Zuleeg, ZaöRV 1975, 341 ff.

363 Zuleeg, Die innerstaatliche Anwendbarkeit völkerrechtlicher Verträge am Beispiel des GATT und der Europäischen Sozialcharta, ZaöRV 1975, 341[349] Fn. 37 und [362]. Die angegebenen Fundstellen (bei letzterer handelt es sich um die englische Zusammenfassung) verdeutlichen, daß Zuleeg den Begriff self-executing als Synonym für unmittelbare Anwendbarkeit versteht, wobei er meist von innerstaatlicher Anwendbarkeit an Stelle von unmittelbarer Anwendbarkeit spricht, ohne daß hierfür ein Grund ersichtlich wäre. Vgl. Fn. 361.

aa) Innerstaatliche Geltung als Voraussetzung

Unabdingbare Voraussetzung für die innerstaatliche Anwendbarkeit ist die *innerstaatliche Geltung*, die von der innerstaatlichen Anwendbarkeit zu unterscheiden ist. Die innerstaatliche Geltung beruht auf einer innerstaatlichen Geltungsanordnung, das heißt, je nachdem, welcher Theorie man folgt, durch Transformation, Adoption oder Vollzugsbefehl.

bb) Anwendungsfähigkeit des Vertrags

Allerdings ist nicht jedes Abkommen, das innerstaatliche Geltung erlangt hat, innerstaatlich anwendbar. Innerstaatlich anwendbar bedeutet, so Zuleeg, daß die völkerrechtliche Norm durch nationale Gerichte und Behörden angewandt wird.[364]

Ist ein Abkommen nicht konkret genug formuliert, so bedarf es zuerst noch weiterer nationaler oder internationaler Ausgestaltungsakte.[365] Dies bezeichnet Koller[366] als *Ausführungsbedürftigkeit des Vertrags*.[367] Ist der Vertrag ausführungsbedürftig, so ist er mangels Anwendungsfähigkeit[368] nicht unmittelbar oder innerstaatlich anwendbar. Ist er dagegen nicht mehr ausführungsbedürftig, so ist er unmittelbar oder innerstaatlich anwendbar.[369]

cc) Anwendungsbefugnis

Allerdings können auch Vorschriften, die nach obiger Definition an sich anwendungsfähig sind, nicht unmittelbar anwendbar sein. Dies ist dann der Fall, wenn der völkerrechtliche Vertrag einen *Anwendungsvorbehalt* vorsieht. Darunter versteht man den Ausschluß der innerstaatlichen Anwendbarkeit. Das heißt, der völkerrechtliche Vertrag schließt entweder die Verfahren zur Durchsetzung komplett aus oder er beschränkt die Durchsetzung auf ein bestimmtes Verfahren. Dann liegt es in der Entscheidungsfreiheit des Staates, ob er die Anwendungsbefugnis für den Vertrag oder einzelne Vorschriften gibt.[370] Der Anwendungsvor-

---

364 Zuleeg, ZaöRV 1975, 341[346, 361].
365 Zuleeg, ZaöRV 1975, 341[349].
366 Koller, S. 69.
367 Bernhardt, Abschluß, S. 26, spricht auch von „Anwendungsfähigkeit".
368 Zuleeg, ZaöRV 1975, 341[351], mit Hinweis auf Rudolf, S. 175, und Mosler, S. 20 Anm. 39, hält den Begriff „Anwendungsreife" für ebenfalls treffend, allerdings weniger gebräuchlich.
369 Zuleeg, ZaöRV 1975, 341[349].
370 Zuleeg, ZaöRV 1975, 341[353].

behalt kann nicht nur explizit im Vertrag erwähnt sein, sondern kann sich auch stillschweigend aus dem Gesamtkontext des Vertrags ergeben.

Die *Anwendungsbefugnis* kann aber auch durch nationales Recht ausgeschlossen werden.

dd) Subjektive Rechte und Pflichten

Die stärkste Form der innerstaatlichen Anwendbarkeit stellen die *subjektiven Rechte und Pflichten* dar. „Subjektive Rechte und Pflichten setzen ... die innerstaatliche Anwendbarkeit auch in dem Sinne voraus, daß der Vertrag die innerstaatliche Anwendung nicht ausschließt."[371] Nur dann können sich Individuen vor nationalen Gerichten und Behörden auf völkerrechtliche Regelungen berufen.

Subjektive Rechte und Pflichten sind von der innerstaatlichen Anwendbarkeit zu unterscheiden, zumal sie nicht deren einzige Form darstellen. Oftmals werden die Begriffe „innerstaatliche Anwendbarkeit" und „subjektive Rechte und Pflichten" fälschlicherweise gleichgesetzt.[372]

ee) Untersuchung des GATT anhand der von Zuleeg herausgearbeiteten Stufen

Das GATT soll nun auf die von Zuleeg herausgearbeiteten Stufen der innerstaatlichen Anwendbarkeit[373] untersucht werden:

Zwar bedurfte das GATT ´47 aufgrund seines vorläufigen Charakters keiner Ratifikation, jedoch wurde dieses Verfahren in den meisten Staaten wie auch der Bundesrepublik Deutschland dennoch durchgeführt.[374] Damit hat das GATT ´47 innerstaatliche Geltung erlangt. Bezüglich der welthandelsrechtlichen Vorschriften ist die innerstaatliche Geltung unproblematisch.

Die Vorschriften des GATT ´47 sind - so Zuleeg - im o.g. Sinne meist anwendungsfähig.[375] Dies gelte insbesondere für die Meistbegünstigungsklausel und das Diskriminierungsverbot.

Allerdings verneint Zuleeg die Anwendungsbefugnis aufgrund eines Anwendungsvorbehalts, den er aus dem Gesamtzusammenhang des Abkommens ableitet.[376] Ob die im Rahmen der WTO geschlossenen Verträge einen Anwendungsvorbehalt vorsehen, wird an einer späteren Stelle problematisiert.

---

371 Zuleeg, ZaöRV 1975, 341[358].
372 Wie auch Zuleeg, ZaöRV 1975, 341[358], betont.
373 Vgl. dazu obige Ausführungen.
374 BGBl. 1951 II, 173.
375 Zuleeg, ZaöRV 1975, 341[351].
376 Zuleeg, ZaöRV 1975, 341[355].

Hinsichtlich der Frage nach subjektiven Rechten bzw. Pflichten ist darauf hinzuweisen, daß diese Frage meist nicht von der nach der unmittelbaren Anwendbarkeit unterschieden wird.

Es sei an dieser Stelle schon gesagt, daß in späteren Ausführungen ausgewählte WTO-Vorschriften auf ihre Eigenschaft, unmittelbar anwendbar zu sein und auf ihre Fähigkeit, subjektive Rechte und Pflichten zu verschaffen, untersucht werden sollen.[377]

d) Differenzierung zwischen dem Begriff „self-executing" und unmittelbarer Anwendbarkeit nach einem Teil der Literatur

Oft wird in der deutschen Literatur - wie oben erwähnt - der Begriff self-executing synonym für unmittelbare Anwendbarkeit verwendet.[378] Teilweise wird jedoch zwischen „self-executing" und unmittelbar anwendbar wic folgt differenziert[379]: Unmittelbar anwendbar sei eine Norm, die sich auf die Rechtsanwender unmittelbar auswirke, für Individuen allerdings keine subjektiven Rechte begründe. Würden dagegen auch subjektive Rechte für Individuen geschaffen, so spreche man nach Auffassung eines Teils der Literatur von „self-executing".[380]

Da es sich bei dem Begriff self-executing um einen Anglizismus handelt und dieser Begriff aus dem anglo-amerikanischen Bereich stammt, soll - um der

377 Vgl. Ausführungen unter M.

378 So etwa Buchs, S. 27; Cronauer, S. 132; Geiger, 3. Aufl. 2000, Art. 300 EGV R. 23. Max Planck Institute for Comparative Public Law, Encyclopedia for Public International Law, Bd. 7, Begriff self-executing Zf. 1 und 2 (S. 414), die die Begriffe „self-executing" und „directly applicable" gleichsetzen, wobei folgende Definition zugrunde gelegt wird: „An international treaty is self-executing or directly applicable if it can be directly applied by national courts and national authorities, if it establishes subjective rights and duties for the individual, and if the individual can rely on it before national courts and national authorities."; Streinz, in: Sachs (Hrsg.), Art. 59 GG R. 68; Verdross/ Simma, § 864 (S. 550); Zuleeg, ZaöRV 1975, 341[349] Fn. 37 und [362].

379 Vgl. auch Drexl, GRUR Int. 1994, 777[779] Fn. 23, der zwar darauf hinweist, daß in der deutschen Literatur die Begriffe self-executing und unmittelbare Anwendbarkeit oft synonym verwendet werden, allerdings a.a.O. eine andere Auffassung vertritt: „Dabei handelt es sich um einen Terminus des amerikanischen Verfassungsrechts, der streng genommen nur die hinreichende Bestimmtheit einer Vorschrift des Völkerrechts bezeichnet, um vom Richter ohne Dazwischentreten einer Norm des nationalen Rechts angewendet werden zu können. „*Self-executing*" ist damit nur *eine* Voraussetzung der unmittelbaren Anwendbarkeit."

380 Nach Buchs, S. 26; vgl. auch 2. Colloque Européen, niederländischer Bericht, S. 49[52] Fn. 1, mit Hinweis auf F. J. M. Duynstee, Grondswetsherziening 1953, Deventer 1954, art. 65/ 66 2. Satz, S. 47 f; Cronauer, S. 132.

Klarheit willen - dieser Begriff bei der eigenen Definition der Begrifflichkeiten im Rahmen dieser Arbeit keine Verwendung finden.[381]

6. Subjektive Rechte bzw. Pflichten im Völkerrecht

Bisher wurden in Literatur und Rechtsprechung - wie bereits erwähnt - unmittelbare Anwendbarkeit und subjektive Rechte bzw. Pflichten[382] oftmals gleichgesetzt bzw. miteinander vermischt.[383] So stellt beispielsweise Geiger zunächst richtig fest: Unmittelbar anwendbar ist eine Vorschrift, „wenn und soweit sie für ihre Anwendung nicht von dem Erlaß von Durchführungsvorschriften ab-

---

381 Es wird an dieser Stelle darauf hingewiesen, daß eine sprach- und rechtsvergleichende Darstellung der Begrifflichkeiten in den verschiedenen Sprachen, insbesondere im Französischen und Englischen, die auch begriffliche Konfusionen aufweisen, im Rahmen dieser Arbeit nicht vorgenommen werden kann, weil ansonsten deren Rahmen gesprengt würde.

382 Da einem Recht auf der einen Seite immer auch eine Pflicht auf der anderen Seite gegenübersteht, wird hier stets von subjektiven Rechten bzw. Pflichten gesprochen.

383 Worauf auch Fikentscher, in: Beier/ Schricker, GATT or WIPO?, S. 99[112], Kempen, S. 417[434], der diese Vermengung dem EuGH vorwirft, und Zuleeg, ZaöRV 1975, 341[358], etwa hinweisen.
Drexl betont dies zwar auch in Entwicklungsmöglichkeiten, S. 283, wo er von dem dieser Arbeit zugrunde gelegten Begriff der unmittelbaren Anwendbarkeit ausgeht, verwendet aber in GRUR Int. 1994, 777[779], wie er eigens unterstreicht, den Begriff der unmittelbaren Anwendbarkeit im Sinne subjektiver Rechte und Pflichten des einzelnen Bürgers und vermengt damit selbst beide Begriffe.
Geiger weist zwar darauf hin, daß zwischen beiden Begriffen zu unterscheiden sei (Geiger, § 30 I. 1. (S. 161); § 32 II. 3. B) bb) (S. 176)), hält sich dann aber selber nicht daran (Geiger, § 30 I. 1. (S. 161).
Lorenz geht in seiner Arbeit sogar mit keinem Wort auf subjektive Rechte bzw. Pflichten ein, obwohl er zur unmittelbaren Anwendbarkeit der WTO-Übereinkommen Stellung nimmt. Aus seiner Definition ergibt sich jedoch, daß auch er die Begriffe vermengt, vgl. Lorenz, S. 155: „Zentraler Streitpunkt in der Diskussion um die Wirkungen von Gemeinschaftsabkommen ist die Frage nach der unmittelbaren Anwendbarkeit, d.h. ob sich der einzelne auf Bestimmungen eines Abkommen[s] berufen und diese vor Gericht geltend machen kann." (im Original heißt es „Abkommen").
So definieren auch Staebe, S. 223, und Trachtman, EJIL 1999, 655[657], die unmittelbare Anwendbarkeit in dem Sinne, daß sich einzelne auf die Vorschriften vor nationalen Gerichten berufen können.
Zum Teil werden nur die Vorschriften als unmittelbar anwendbar angesehen, die Rechte und Pflichten des einzelnen begründen, FG Hamburg, EFG 1970, 145[146]; FG Hamburg, EFG 1970, 196[197], zit. nach Rojahn, in: von Münch, Art. 59 GG R. 34.

hängt".[384] Das ist dann der Fall, „wenn die innerstaatlichen Verwaltungsbehörden und Gerichte aus dem Vertrag Rechtsfolgen für den Einzelfall ableiten dürfen".[385] Geiger folgert hieraus jedoch irrtümlicherweise weiter: „oder umgekehrt: der Einzelne [Großschreibung im Original] müsse sich vor den staatlichen Behörden und Gerichten auf die betreffende Vorschrift berufen können."[386] Damit setzt er sich in Widerspruch zu seiner eigenen Feststellung: „Die unmittelbare Anwendbarkeit ist *nicht* - wie es häufig geschieht- mit der *Gewährung von subjektiven Rechten* an Einzelne [Großschreibung im Original] gleichzusetzen."[387]

Da zwischen unmittelbarer Anwendbarkeit und subjektiven Rechten bzw. Pflichten zu differenzieren ist[388], wie Geiger selbst feststellt,[389] kann Geigers Definition der unmittelbaren Anwendbarkeit insofern nicht gefolgt werden, als er verlangt, „der Einzelne [Großschreibung im Original] müsse sich vor den staatlichen Behörden und Gerichten auf die betreffenden Vorschriften berufen können."[390] Wenn sich auch einzelne auf die völkerrechtliche Norm berufen können, begründet sie subjektive Rechte bzw. Pflichten und ist nicht nur unmittelbar an-

---

384 Geiger, § 30 I 1 (S. 160 f). So auch Nguyen, § 152 (S. 214), allerdings für den Begriff self-executing: „Un traité - ou une disposition d'un traité- est *self-executing* lorsque son application n'exige pas de mesures internes complémentaires. Il résulte de cette définition même que des mesures particulières préalables à l'exécution sont inutiles."
Vgl. auch Rudolf, S. 173 : Zur unmittelbaren Anwendbarkeit einer Vorschrift gehört, daß sie „nach Inhalt, Zweck und Fassung, ohne daß es noch weiterer völker- oder staatsrechtlicher Akte bedarf, innerstaatliche Rechtswirkungen auszuüben geeignet ist." Rudolf macht allerdings die unmittelbare Anwendbarkeit zur Voraussetzung für die Transformation; dem kann nicht zugestimmt werden.

385 Geiger, § 30 I. 1. (S. 161); Zuleeg, JA 1983, 1[6].

386 Geiger, § 30 I. 1. (S. 161). Denkbar wäre zwar, daß diese Äußerung Geigers im Sinne der „Law-of-the-land"-Definition Fikentschers zu verstehen ist. Davon wird jedoch mangels entsprechender Ausführungen und Hinweise bei Geiger nicht ausgegangen.

387 Geiger, § 30 I. 1. (S. 161) (Hervorhebung im Original); Dies betont er auch in § 32 II. 3. B) bb) (S. 176); vgl. auch Drexl, S. 30.

388 Auch Pescatore, in: Association, S. 137[139], differenziert im in dieser Arbeit verstandenen Sinne, allerdings ohne daraus Konsequenzen für die Begrifflichkeit zu ziehen. Auch in Pescatore, ordre juridique, 1. Aufl. 1971, S. 163 f, wird die Differenzierung angesprochen.

389 Geiger, § 30 I. 1. (S. 161); Dies hebt er auch in § 32 II. 3. B) bb) (S. 176) hervor. So auch Drexl, Entwicklungsmöglichkeiten, S. 30; Kempen, S. 417[434]; Nicolaysen, EuR 1974, 36[52], in bezug auf Gemeinschaftsrecht; Rojahn, in: von Münch, Art. 59 GG R. 35; Streinz, in: Sachs (Hrsg.), Art. 59 GG R. 68 f; Streinz, JuS 2000, 909[911]; Streinz, Jahrbuch des Technik- und Umweltrechts 1996, 435[456].

390 Geiger, § 30 I. 1. (S. 161).

wendbar.[391] Dies ergibt sich aus dem allgemeinen Sprachgebrauch, der unter einem Recht etwas versteht, worauf man sich berufen kann.[392] Diesen allgemeinen Sprachgebrauch belegt beispielsweise auch folgende Äußerung des Bundesverfassungsgerichts: „Der private Einzelne - wie der fremde Staat - kann sich im Hoheitsbereich der Bundesrepublik Deutschland im Rahmen des jeweiligen Verfahrensrechts auch auf diese allgemeinen Regeln des Völkerrechts ebenso „berufen" wie auf sonstiges objektives Recht ... ."[393] Dadurch, daß das Bundesverfassungsgericht „berufen" in Anführungszeichen setzt, verdeutlicht es, daß dieser Begriff im Zusammenhang mit objektiven Rechten nach feststehendem allgemeinem Sprachgebrauch unüblich ist. Die Anführungszeichen weisen nämlich darauf hin, daß das Wort aus einem anderen Sprachgebrauch entliehen ist.[394]

---

391 So auch Streinz, JuS 1999, 698 f, in seiner Kommentierung des Urteils Racke: „Dies vermag jedenfalls insoweit nicht zu überzeugen, als es nicht um die Frage der Berufungsmöglichkeit eines Individuums vor nationalen Gerichten und damit das Bestehen eines aus dem völkerrechtlichen Vertrag fließenden subjektiven Rechts ... , sondern um die objektive Rechtmäßigkeitskontrolle im Rahmen einer Nichtigkeitsklage gemäß Art. 230 (ex-Art. 173) EGV ... geht ..." und a.a.O., S. 699: „Damit war das Abkommen insoweit nach den Kriterien, die der *EuGH* in Übereinstimmung mit der Völkerrechtslehre ... entwickelt hat, nicht nur unmittelbar anwendbar, sondern begründete auch subjektive Rechte, auf die sich Betroffene vor den nationalen Gerichten berufen können." (Hervorhebung durch Kursivdruck im Original; Hervorhebungen durch Unterstreichen durch die Verfasserin).

392 Vgl. in diesem Zusammenhang auch folgende Äußerung von Kempen, S. 417[435]: In den vor dem EuGH anhängigen Verfahren nach den Art. 173 (nun Art. 230) und 177 (jetzt Art. 234) EGV hätte sich allein die Frage gestellt, ob die Gemeinschaftsorgane an das GATT gebunden seien. Diese Frage ist „unabhängig von der durch nichts nahe gelegten [im Original getrennt geschrieben] Frage, ob einzelne Gemeinschaftsbürger sich vor innerstaatlichen Gerichten auf das GATT berufen können. Es ist unverständlich, auf welchem Weg der Gerichtshof zu diesem zweiten Erfordernis einer subjektiven >>Klagebefugnis<< gelangt. In den Verfahren nach Art. 177 EVG [Tippfehler im Original; nun Art. 234 EGV] hätte zunächst die - allerdings auch wiederum zweifelhafte ... - Feststellung ausreichen müssen, daß die Gemeinschaft an die Bestimmungen des GATT >>gebunden<< ist. Sodann hätte die - entscheidende - Frage gestellt werden müssen, ob das GATT einen unmittelbar anwendungsfähigen - nicht notwendig: subjektive Rechte begründenden - Inhalt hat. ... Alles kommt also darauf an, ob das GATT, genauer: die im konkreten Vorlagerechtsstreit erhebliche GATT-Vorschrift, nach der Regelungsdichte einen unmittelbar anwendungsfähigen Inhalt aufweist. Nichts anderes gilt in den Fällen von Nichtigkeitsklagen nach Art. 173 [nun Art. 230] EGV. Auch hier geht es um die Frage der Regelungsdichte des GATT, nicht darum, ob das GATT dem einzelnen innerstaatlich einklagbare Rechte zuweist." (Hervorhebung durch die Verfasserin).

393 BVerfGE 46, 342[363].

394 Vgl. etwa Duden (Homepage im Internet http://www.duden.bifab.de): „Mit Anführungszeichen kann man Wörter oder Teile innerhalb eines Textes hervorheben und in bestimmten Fällen deutlich machen, dass man zu ihrer Verwendung Stellung

Zwar ist eine Bestimmung, die subjektive Rechte bzw. Pflichten vermittelt, auch unmittelbar anwendbar, zumal Vorschriften, aus denen sich subjektive Rechte bzw. Pflichten ergeben, stets unmittelbar anwendbar sind.[395] Die unmittelbare Anwendbarkeit stellt ja eine Voraussetzung für die Schaffung subjektiver Rechte bzw. Pflichten dar.[396] Jedoch gilt der Umkehrschluß nicht. Denn nicht jede Norm, die unmittelbar anwendbar ist, muß auch subjektive Rechte bzw. Pflichten enthalten.[397] Denkbar ist auch ein bloßer Ordnungscharakter völkerrechtlicher Normen.[398]

Meessens Behauptung, die Unterscheidung der Vorschriften danach, ob sich einzelne auf sie berufen können oder nicht, sei eine rein akademische Frage,[399] kann nicht zugestimmt werden. Er übersieht dabei insbesondere, daß nicht nur Verfahren nach Art. 234 (ex-Art. 177) EGV vor den EuGH kommen, sondern auch beispielsweise nach Art. 230 (ex-Art. 173) EGV, nach dessen Absatz 4 diese Frage eine Rolle spielt.

Regelmäßig werden sich die Ansichten zu unmittelbarer Anwendbarkeit und subjektiven Rechten bzw. Pflichten in dem Sinne decken, daß derjenige, der grundsätzlich die unmittelbare Anwendbarkeit der welthandelsrechtlichen Vorschriften bejaht, auch grundsätzlich subjektive Rechte bzw. Pflichten im Welthandelssystem bejahen wird, und wer ersteres generell verneint, logischerweise zweiteres auch ablehnen muß.[400] Für Drexl jedoch ist der Schluß von unmittelbar anwendbaren Vorschriften auf subjektive Rechte bzw. Pflichten beim GATT „alles andere als zwingend".[401] Seiner Ansicht nach resultiert dies aus dem wesentlichen Unterschied zwischen den immaterialgüterrechtlichen Konventionen und dem GATT: Während erstere ausdrücklich den Schutz des einzelnen bezwecken, ergebe sich aus der Präambel des GATT nur das Ziel der allgemeinen Wirtschafts- und Wohlstandsförderung. Auch erwähne das GATT nicht Rechte einzelner, sondern nur Vergünstigungen, welche sich die Vertragsstaaten gegen-

---

nimmt, sich auf sie bezieht. Dies betrifft ... Wörter oder Wortgruppen, die man anders als sonst -etwa ironisch oder übertragen - verstanden wissen will" (http://www.131.99.21.138/schreibung/regelwerk/zeichen_10.html, § 94 Absatz 4, Hervorhebung durch die Verfasserin).

395 So stellt Drexl, Entwicklungsmöglichkeiten, S. 30, auch zutreffend fest: „Die unmittelbare Anwendbarkeit ist bloß *eine* von mehreren Voraussetzungen dafür, daß in völkerrechtlichen Verträgen subjektive Rechte und Pflichten von Bürgern ohne zusätzliche nationale Ausführungsvorschrift begründet werden können.", mit Hinweis auf Zuleeg, ZaöRV 1975, 341[357 f], (Hervorhebung im Original).

396 So auch Drexl, Entwicklungsmöglichkeiten, S. 275.

397 So auch Drexl, Entwicklungsmöglichkeiten, S. 30.

398 So auch Drexl, Entwicklungsmöglichkeiten, S. 30.

399 Meessen, CML Rev. 1976, 485[496].

400 Drexl, Entwicklungsmöglichkeiten, S. 283.

401 Drexl, Entwicklungsmöglichkeiten, S. 283.

seitig einräumen (Art. I Abs. 1 GATT). Art. I Abs. 1 und Art. III Abs. 1 GATT hätten außerdem nicht die Gleichbehandlung von Personen, sondern nur von Waren zum Gegenstand.[402] Daher stelle das GATT eine objektiv rechtliche Ordnung dar[403], in der keine subjektiven Rechte bzw. Pflichten enthalten seien.[404] „Soweit der einzelne durch Handelsvergünstigungen Vorteile erhält, geschieht dies nur mittelbar auf Grund eines Rechtsreflexes.“[405]

Durch diese Objektorientierung unterscheide sich das GATT von den immaterialgüterrechtlichen Konventionen, die subjektorientiert seien.[406] Allerdings darf nicht übersehen werden, daß das neue WTO-System nicht nur das GATT, sondern auch das GATS und TRIPs enthält, die die neue subjektorientierte Richtung verdeutlichen. Diese ergibt sich bereits aus der Präambel des TRIPs. Da aber das neue Welthandelssystem in seiner Gesamtheit betrachtet werden muß, kann nicht mehr behauptet werden, es sei nur objektorientiert.

Ob eine völkerrechtliche Bestimmung subjektive Rechte und Pflichten des einzelnen begründet, ist entweder im Vertrag oder Vertragsgesetz ausdrücklich geregelt oder implizit und damit durch Auslegung zu ermitteln.[407] In den BVerfG-Entscheidungen über Verfassungsbeschwerden gegen die Vertragsgesetze zu den „Ost-Verträgen“ kommt die Auslegungsregel zum Ausdruck, daß konkrete Rechte und Pflichten einzelner Bürger aus einem völkerrechtlichen Vertrag nur abzuleiten sind, „wenn und soweit dies der Vertragstext unzweideutig zum Ausdruck bringt.“[408] Völkerrechtliche Abkommen legen nur ausnahmsweise Rechtspflichten für Privatpersonen fest, so daß im Vertragstext ein klarer Anhaltspunkt hierfür erforderlich sein muß.[409]

7. Hier verwendete Begriffe: Wirkungsformen des Welthandelsrechts im Gemeinschaftsrecht bzw. im nationalen Recht

Im Gemeinschaftsrecht bzw. nationalen Recht existieren verschiedene Wirkungsformen des Welthandelsrechts. Wegen der begrifflichen Konfusion in Rechtsprechung und Literatur in bezug auf diese unterschiedlichen Wirkungs-

---

402 Drexl, Entwicklungsmöglichkeiten, S. 283; Fikentscher, in: Beier/ Schricker, GATT or WIPO?, S. 99[122].
403 Drexl, Entwicklungsmöglichkeiten, S. 283.
404 So auch Drexl, Entwicklungsmöglichkeiten, S. 283; Fikentscher, in: Beier/ Schricker, GATT or WIPO?, S. 99[112].
405 Drexl, Entwicklungsmöglichkeiten, S. 283.
406 Fikentscher, in: Beier/ Schricker, GATT or WIPO?, S. 99[122].
407 Geiger, § 32 II. 3. b) bb) (S. 176); Streinz, in: Sachs (Hrsg.), Art. 59 GG R. 68.
408 BVerfGE 40, 141[164 f]; 43, 203[209].
409 BVerfGE 40, 141[164 f]; 43, 203[209]; vgl. auch Geiger, § 32 II 3. b) cc) (S. 177).

formen des Welthandelsrechts ist es unerläßlich, eine klare begriffliche Differenzierung durchzuführen und geeignete Definitionen festzulegen.

Die oben dargestellten Begrifflichkeiten führen - wie gezeigt - im Rahmen einer Gesamtbetrachtung zu Unzulänglichkeiten. Daher ist es geboten, eine genaue Differenzierung vorzunehmen und eigene Definitionen zu entwickeln, die folgende Aspekte berücksichtigen:

Bei den Wirkungsformen des Welthandelsrechts sind die Geltung einerseits sowie Berechtigungen und Verpflichtungen andererseits, das heißt die unmittelbare Anwendbarkeit und subjektive Rechte bzw. Pflichten, zu unterscheiden.

Wie bereits dargestellt, ist zunächst zwischen Geltung und unmittelbarer Anwendbarkeit zu differenzieren.[410]

a) Geltung eines völkerrechtlichen Vertrages

Geltung eines völkerrechtlichen Abkommens bedeutet nach der in dieser Arbeit vertretenen Ansicht, daß die Vorschrift beansprucht, im nationalen Bereich beachtliches Recht zu sein.[411] Dies ist dann der Fall, wenn die völkerrechtliche Bestimmung Eingang in das nationale Rechtssystem gefunden hat. Die Geltung einer Norm ist stets Voraussetzung für ihre unmittelbare Anwendbarkeit. Der Umkehrschluß trifft jedoch nicht zu. Das heißt, eine Norm, die Geltung beansprucht, muß nicht gleichzeitig unmittelbar anwendbar sein.

b) Berechtigungen und Verpflichtungen aus völkerrechtlichen Verträgen

Berechtigungen und Verpflichtungen aus völkerrechtlichen Verträgen existieren in unterschiedlicher Form und Intensität. In dieser Arbeit wird aufgrund der Unzulänglichkeiten der oben dargestellten Auffassungen eine zweifache Untergliederung in unmittelbare Anwendbarkeit und subjektive Rechte bzw. Pflichten vertreten.

aa) Unmittelbare Anwendbarkeit völkerrechtlicher Verträge

Hier soll folgende Definition der unmittelbaren Anwendbarkeit in Anlehnung an den oben unter Kapitel K.I.5.a) erläuterten self-executing-Begriff aus dem angloamerikanischen Rechtskreis verwendet werden: Unmittelbar anwendbar ist eine Vorschrift, „wenn und soweit sie für ihre Anwendung nicht von dem Erlaß von

---

410 Vgl. obige Ausführungen unter K.I.1.

411 So auch Bleckmann, Begriff, S. 56; Klein, S. 8, Geiger, § 30 I. 1. (S. 160).

Durchführungsvorschriften abhängt".[412] Das ist dann der Fall, wenn Behörden und Gerichte auf nationaler und gemeinschaftlicher Ebene aus dem Vertrag Rechtsfolgen für den Einzelfall ableiten dürfen.[413] Geiger folgert - wie schon oben erwähnt - hieraus weiter: „oder umgekehrt: der Einzelne [Großschreibung im Original] müsse sich vor den staatlichen Behörden und Gerichten auf die betreffende Vorschrift berufen können."[414] Letzterem kann aber nicht gefolgt werden. Denn es ist zwischen unmittelbarer Anwendbarkeit und subjektiven

---

412 Geiger, § 30 I 1 (S. 160 f).
So auch Nguyen, § 152 (S. 214), allerdings für den Begriff „self-executing": „Un traité - ou une disposition d'un traité- est *self-executing* lorsque son application n'exige pas de mesures internes complémentaires. Il résulte de cette définition même que des mesures particulières préalables à l'exécution sont inutiles."
Drexl, Entwicklungsmöglichkeiten, S. 28: „Von unmittelbarer Anwendbarkeit spricht man, wenn ein völkerrechtlicher Vertrag, der innerstaatliche Geltung erlangt hat, von den nationalen Gerichten unmittelbar auf die Rechtsbeziehungen zwischen den Bürgern angewendet werden kann, ohne daß eine Präzisierung durch den nationalen Gesetz- bzw. Verordnungsgeber erforderlich wäre."
Verdross/ Simma, § 864 (S. 550): „Eine auf vr [völkerrechtlicher] Ebene erzeugte Norm kann aber auch unmittelbar, d.h. ohne konkretisierendes Dazwischentreten des Landesrechts, die Grundlage für Entscheidungen von Gerichten und Verwaltungsbehörden über Rechtsverhältnisse von Privatpersonen bilden. In diesem Fall ist sie *unmittelbar anwendbar („self-executing")*."
Meessen, CML Rev. 1976,485[492 f], definiert den Begriff der unmittelbaren Anwendbarkeit („direct applicability") wie hier: „a rule is considered to be directly applicable within a certain legal order, whenever the courts set up under this legal order are entitled (and bound) to apply the rule without having to wait for any executory legislation. It has to be ascertained whether the rule is addressed to the legislative organs or to the judiciary." Für ihn existieren drei Voraussetzungen, CML Rev. 1976, 485[494 f]: Der Vertrag muß die Gemeinschaft nach Völkerrecht binden und gemäß den gemeinschaftsrechtlichen Bestimmungen über die Kompetenzverteilung beim Vertragsschluß zustandegekommen sein. Außerdem muß die Norm „self-executing" sein, was seiner Auffassung nach der Fall ist, wenn sie sich nicht nur an die Vertragsparteien, sondern gleichzeitig an die Gerichte der Parteien richtet, CML Rev. 1976, 485[493].
(Die Hervorhebungen durch Kursivdruck stammen aus den jeweiligen Werken; die Hervorhebungen durch Unterstreichen wurden von der Verfasserin aus Gründen der Klarstellung vorgenommen.)

413 Zuleeg, JA 1983, 1[6]; Geiger, § 30 I. 1. (S. 161). Im hier vertretenen Sinne auch Meessen, CML Rev. 1976, 485[492], vgl. Zitat Fn. 412.

414 Geiger, § 30 I. 1. (S. 161). Geiger setzt sich hiermit allerdings in Widerspruch zu seiner eigenen Feststellung, a.a.O.: „Die unmittelbare Anwendbarkeit ist *nicht* - wie es häufig geschieht - mit der *Gewährung von subjektiven Rechten* an Einzelne [Großschreibung im Original] gleichzusetzen." (Hervorhebung im Original); vgl. auch Geiger, § 32 II. 3. B) bb) (S. 176).

Rechten bzw. Pflichten zu differenzieren.[415] Wenn sich allerdings auch einzelne auf die völkerrechtliche Norm berufen können, begründet sie zugleich subjektive Rechte bzw. Pflichten und ist nicht nur unmittelbar anwendbar. Zwar ist eine Bestimmung, die subjektive Rechte bzw. Pflichten vermittelt, auch unmittelbar anwendbar. Jedoch gilt der Umkehrschluß nicht. Denn nicht jede Norm, die unmittelbar anwendbar ist, muß auch subjektive Rechte bzw. Pflichten enthalten. Die unmittelbare Anwendbarkeit ist „eine Frage der *objektiven* Rechtsordnung“[416]. Infolgedessen haben die Behörden und Gerichte jede Verletzung des Welthandelsrechts als objektiver Rechtsordnung durch nationales Recht oder Gemeinschaftsrecht zu berücksichtigen, ohne daß es dabei darauf ankäme, ob das Welthandelsrecht dem einzelnen subjektive Rechte verleiht.[417] Man beachte in diesem Zusammenhang auch folgende Äußerung Kempens: In den vor dem EuGH anhängigen Verfahren nach den Art. 173 (nun Art. 230) und 177 (jetzt Art. 234) EGV hätte sich allein die Frage gestellt, ob die Gemeinschaftsorgane an das GATT gebunden seien. Diese Frage ist „unabhängig von der durch nichts nahe gelegten [im Original getrennt geschrieben] Frage, ob einzelne Gemeinschaftsbürger sich vor innerstaatlichen Gerichten auf das GATT berufen können. Es ist unverständlich, auf welchem Weg der Gerichtshof zu diesem zweiten Erfordernis einer subjektiven >>Klagebefugnis<< gelangt. In den Verfahren nach Art. 177 EVG [Tippfehler im Original; nun Art. 234 EGV] hätte zunächst die - allerdings auch wiederum zweifelhafte ... - Feststellung ausreichen müssen, daß die Gemeinschaft an die Bestimmungen des GATT >>gebunden<< ist. Sodann hätte die - entscheidende - Frage gestellt werden müssen, ob das GATT einen unmittelbar anwendungsfähigen - nicht notwendig: subjektive Rechte begründenden - Inhalt hat. ... Alles kommt also darauf an, ob das GATT, genauer: die im konkreten Vorlagerechtsstreit erhebliche GATT-Vorschrift, nach der Regelungsdichte einen unmittelbar anwendungsfähigen Inhalt aufweist. Nichts anderes gilt in den Fällen von Nichtigkeitsklagen nach Art. 173 [nun Art. 230] EGV. Auch hier geht es um die Frage der Regelungsdichte des GATT, nicht darum, ob das GATT dem einzelnen innerstaatlich einklagbare Rechte zuweist.“[418]

415 So auch Geiger, § 30 I. 1. (S. 161); dies hebt Geiger auch in § 32 II. 3. B) bb) (S. 176) hervor; Drexl, Entwicklungsmöglichkeiten, S. 30; Nicolaysen, EuR 1974, 36[52], in bezug auf Gemeinschaftsrecht; Streinz, JuS 2000, 909[911]; Streinz, in: Sachs (Hrsg.), Art. 59 R. 69.

416 So auch Nicolaysen, EuR 1974, 36[52], allerdings in bezug auf Gemeinschaftsrecht (Hervorhebung im Original).

417 Vgl. Nicolaysen, EuR 1974, 36[52], in bezug auf Gemeinschaftsrecht (Hervorhebung im Original).

418 Kempen, S. 417[435], Hervorhebungen im Zitat durch Unterstreichen durch die Verfasserin.

Die hier vertretene Auffassung des Begriffs der unmittelbaren Anwendbarkeit weicht von Fikentschers self-executing-Begriff im Sinne „Law of the land" ab: Zwar deckt sie sich insofern mit seiner Auffassung, als auch Fikentscher seinem Begriff ein objektives Verständnis zugrunde legt. Jedoch vermengt er dieses objektive Verständnis mit Kriterien, die nach der dieser Arbeit zugrunde gelegten Begrifflichkeit erst und nur bei der Prüfung der Frage der subjektiven Rechte bzw. Pflichten eine Rolle spielen, nämlich der Möglichkeit des einzelnen, sich gegenüber dem Staat auf die Norm berufen zu können.

Nach Drexl ist eine völkerrechtliche Norm auch dann unmittelbar anwendbar, wenn sie die Eigenschaft, unmittelbar anwendbar zu sein, erst in Verbindung mit einer nationalen Vorschrift erwirbt.[419] Dem kann aber nicht zugestimmt werden. Denn Kennzeichen einer unmittelbar anwendbaren Bestimmung ist ja gerade die Tatsache, daß sie von den Gerichten und Verwaltungsbehörden unmittelbar auf einen Fall angewendet werden kann, ohne daß eine weitere Konkretisierung durch Gesetz- oder Verordnungsgeber erforderlich ist.

Der hier vertretenen Auffassung des Begriffs der unmittelbaren Anwendbarkeit kann nicht entgegengehalten werden, daß der Begriff der unmittelbaren Anwendbarkeit nach ihr leerläuft. Zwar ist richtig, daß sich auf die Norm, die in dem Sinne unmittelbar anwendbar ist, daß sie zu ihrer Anwendung keine weiteren Rechtsakte erfordert, allerdings ohne subjektiven Rechte und Pflichten zu schaffen, der einzelne nicht berufen kann.[420] Jedoch bewirkt ihre unmittelbare Anwendbarkeit in dem hier definierten Sinne, daß die jeweils zuständigen Organe des Staates bzw. der Gemeinschaft nach nationalem Recht bzw. Gemeinschaftsrecht die Norm zu berücksichtigen haben. Dies bedeutet, daß der hier zugrunde gelegte Begriff der unmittelbaren Anwendbarkeit nicht leerläuft. Daß er nicht leerläuft, ist auch der Tatsache zu entnehmen, daß in zahlreichen Staaten die unmittelbare Anwendbarkeit nicht in Betracht kommt. Denn die unmittelbare Anwendbarkeit ist nur möglich, wenn das nationale Verfassungssystem dies grundsätzlich gestattet.[421] Großbritannien, Schweden und Norwegen erkennen die unmittelbare Anwendbarkeit nicht an.[422]

---

419 Drexl, Entwicklungsmöglichkeiten, S. 29 f.

420 So stellt auch Gilsdorf, EuZW 1991, 459[462] zutreffend fest: „ ... die Frage der *unmittelbaren Anwendbarkeit* aus Abkommen und Organbeschlüssen [ist] nicht deckungsgleich ... mit der Frage, ob sich der Einzelne [Großschreibung im Original] auf derartige Bestimmungen berufen kann. Die unmittelbare Anwendbarkeit ist lediglich eine *Voraussetzung* dafür, daß sich der Einzelne [Großschreibung im Original] auf eine solche Bestimmung berufen kann." (Hervorhebung durch Kursivdruck im Original; Hervorhebung durch Unterstreichen durch die Verfasserin).

421 So auch Drexl, GRUR Int. 1994, 777[779].

422 Drexl, GRUR Int. 1994, 777[779] und [779] Fn. 24. In Irland und Dänemark liegt, so Drexl a.a.O., eine ähnliche Situation vor.

Ferner kann die unmittelbare Anwendbarkeit völkerrechtlicher Abkommen nur existieren, soweit dem nationalen Verfassungssystem die Vollzugs- und nicht die Transformationstheorie, zumindest nicht in ihrer speziellen Form[423], zugrunde liegt.[424] Die generelle Transformation, die teilweise für die Bundesrepublik vertreten wird, steht der Möglichkeit einer unmittelbaren Anwendbarkeit nicht entgegen.[425] Hier fällt nämlich das Transformationsgesetz mit der Zustimmung zur Ratifikation zusammen.[426] Völkerrechtliche Verpflichtung und nationale Gesetzgebung erfolgen durch denselben Akt zum selben Zeitpunkt.[427]

Die Prüfung der unmittelbaren Anwendbarkeit erfolgt nach richtiger Auffassung in zwei Schritten: Zunächst ist der gesamte völkerrechtliche Vertrag zu würdigen.[428] Wenn das Abkommen von seinem Charakter her der unmittelbaren Anwendbarkeit nicht entgegensteht[429], ist die jeweilige Vorschrift gemäß den noch darzustellenden Kriterien der unmittelbaren Anwendbarkeit zu untersuchen.[430]

bb) Subjektive Rechte und Pflichten aus völkerrechtlichen Verträgen

Eine Art Steigerung der unmittelbaren Anwendbarkeit stellen die subjektiven Rechte und Pflichten dar. Daher werden sie auch als unmittelbare Anwendbarkeit im engeren Sinne bezeichnet.[431] Der Klarheit halber soll dieser Begriff dennoch vermieden werden. Ob eine unmittelbar anwendbare Norm ein subjektives Recht bzw. eine subjektive Pflicht begründet, hängt jeweils von ihrem Inhalt ab.[432] Wie oben erläutert, stellen subjektive Rechte und Pflichten gewissermaßen eine verstärkte Form der unmittelbaren Anwendbarkeit dar, sind aber nicht mit ihr gleichzusetzen. Für die Beantwortung der Frage nach subjektiven Rechten bzw. Pflichten kommt es darauf an, ob die Vorschrift den einzelnen begünstigt

---

423 Hierunter verstehen Verdross/ Simma, §§ 849, 851 (S. 540 f), die Methode, nach der jede *einzelne* Völkerrechtsnorm durch ein eigenes Gesetz o.ä. innerstaatlich durchgeführt werden muß, damit Gerichte und Verwaltungsbehörden sie anwenden können, wie heute noch in Großbritannien (Hervorhebung im Original).

424 Vgl. auch Drexl, Entwicklungsmöglichkeiten, S. 29.

425 Denn die unmittelbare Anwendbarkeit ist vom Charakter der Norm abhängig. Wenn dieser die unmittelbare Anwendbarkeit gestattet, ist die Norm - einmal transformiert - unmittelbar anwendbar.

426 Vgl. Drexl, Entwicklungsmöglichkeiten, S. 29 Fn. 15: „Das Transformationsgesetz fällt zusammen mit der Zustimmung zum Ratifikationsakt ...“

427 Vgl. Drexl, Entwicklungsmöglichkeiten, S. 29 Fn. 15.

428 So auch Tomuschat, in: GTE, Art. 228 R. 64 ff.

429 Vgl. hierzu Ausführungen unter K.III.

430 So auch Tomuschat, in: GTE, Art. 228 R. 70.

431 Verdross/ Simma, § 864 (S. 551).

432 So auch Geiger, § 30 I. 1. (S. 161).

bzw. in die Pflicht nimmt. Der einzelne muß sich also auf die Vorschrift berufen können.[433] „Berufen“ ist dabei in umfassendem Sinne zu verstehen: Sowohl die Möglichkeit des einzelnen, sich gegenüber dem Staat als auch die Möglichkeit, sich gegenüber Individuen bzw. Unternehmen etc. auf eine völkerrechtliche Norm zu berufen, ist in dieser Arbeit gemeint. Völkerrechtliche Normen können also zugunsten und zu Lasten des einzelnen wirken.[434]

Auch nur unmittelbar anwendbare Bestimmungen, die keine subjektiven Rechte bzw. Pflichten vermitteln, sind für die Gemeinschaft, ihre Organe und die Mitgliedstaaten verbindlich und als objektives Recht anwendbar. Unmittelbar anwendbare Vorschriften und um so mehr Vorschriften, die subjektive Rechte und Pflichten begründen, haben jedoch erheblich bessere Durchsetzungsmöglichkeiten.

8. Objektive und subjektive Kriterien der unmittelbaren Anwendbarkeit

Nachdem die verschiedenen Begriffe definiert sind, sind nun die Kriterien darzustellen, nach denen sich die unmittelbare Anwendbarkeit bestimmt.

Wenn der Gesetzgeber sich nicht zur unmittelbaren Anwendbarkeit geäußert hat[435], so haben die Gerichte und Verwaltungsbehörden zu entscheiden, ob ein völkerrechtliches Abkommen unmittelbar anwendbar ist. Dabei sind die objektiven und subjektiven Bedingungen zu untersuchen.[436]

a) Objektive Voraussetzungen

Die objektiven Voraussetzungen, auf die im folgenden näher einzugehen ist, müssen stets gegeben sein. Sie können nicht durch die im folgenden genannten

---

433 So auch Streinz, JuS 1999, 698 f, in seiner Kommentierung des Urteils Racke: „Dies vermag jedenfalls insoweit nicht zu überzeugen, als es nicht um die Frage der <u>Berufungsmöglichkeit</u> eines Individuums vor nationalen Gerichten und damit das Bestehen eines aus dem völkerrechtlichen Vertrag fließenden <u>subjektiven Rechts</u> ... , sondern um die objektive Rechtmäßigkeitskontrolle im Rahmen einer Nichtigkeitsklage gemäß Art. 230 (ex-Art. 173) EGV ... geht ...“ a.a.O., S. 699: „Damit war das Abkommen insoweit nach den Kriterien, die der *EuGH* in Übereinstimmung mit der Völkerrechtslehre ... entwickelt hat, nicht nur unmittelbar anwendbar, sondern begründete auch <u>subjektive Rechte</u>, auf die sich Betroffene vor den nationalen Gerichten <u>berufen können</u>.“ (Hervorhebung durch Kursivdruck im Original; Hervorhebung durch Unterstreichen durch die Verfasserin).

434 Das heißt, die hier verstandene Bedeutung subjektiver Rechte bzw. Pflichten entspricht dem Begriff der subjektiven Rechte von Fikentscher, vgl. dazu oben K.I.5.b)dd).

435 Dies könnte er in der Bundesrepublik Deutschland mittels Durchführungsbestimmungen im Zustimmungsgesetz, vgl. auch Verdross/ Simma, § 866 (S. 553) Fn. 37.

436 Verdross/ Simma, § 866 (S. 553).

subjektiven Voraussetzungen ersetzt werden. Dies ergibt sich aus den Erfordernissen der Rechtssicherheit und Rechtsstaatlichkeit.[437]

b) Subjektive Voraussetzungen

Das subjektive Kriterium der unmittelbaren Anwendbarkeit ist dann zu bejahen, wenn der Wille der Vertragspartner darauf gerichtet ist, daß das Abkommen durch die Gerichte und Verwaltungsbehörden ohne Einschaltung staatlicher Rechtsetzung angewendet werden kann.[438]

Da die WVRK die subjektive Interpretation weitgehend ablehnt, treten die subjektiven Voraussetzungen jedoch hinter den objektiven zurück[439], so daß bei der im folgenden darzulegenden Bestimmung der Kriterien der unmittelbaren Anwendbarkeit primär objektive Aspekte Berücksichtigung finden.

9. Bestimmung der unmittelbaren Anwendbarkeit

a) Auslegung jeder einzelnen Bestimmung

Ob eine Vorschrift unmittelbar anwendbar ist, ist durch Auslegung zu bestimmen.[440] Dabei ist jede Vorschrift gesondert zu untersuchen.[441] Sie ist dann „als

---

437 Verdross/ Simma, § 866 (S. 553).

438 Verdross/ Simma, § 866 (S. 553); Gutachten des StIGH über die *Jurisdiction of the Courts of Danzig/* Compétence des tribunaux de Dantzig (Pecuniary claims of the courts of Danzig railway officials who have passed into the polish service against the polish railways administration/ Réclamations pécuniaires des fonctionnaires ferroviaires dantzikois passés au service polonais contre l'administration polonaise des chemins de fer), Collection of advisory opi-nions/ Recueil des avis consultatifs vom 03.03.1928, Series B/ Série B, Nr. 15, S. 17 f.

439 Verdross/ Simma, § 866 (S. 553).

440 So auch für viele: Max Planck Institute for Comparative Public Law and International Law, Encyclopedia of Public International Law, Begriff self-executing Zf. 3 und 4 (S. 414); Streinz, in: Sachs (Hrsg.), Art. 59 GG R. 68 f.

441 So auch für viele: Fikentscher, FS Steindorff, S. 1175[1187] Fn. 20; Meessen, EuR 1980, 36[44]; Öhlinger, S. 141; Pescatore, in: Association, S. 137[141]; Tomuschat, in: GTE, Art. 228 R. 64; Weiß, S. 61 Fn. 212, S. 77. Daß auf die einzelne Bestimmung abzustellen ist, kann auch den Schlußanträgen des GA Tesauro vom 13.11.1997 zu EuGH, Urteil vom 26.06.1998, Rs. C-53/96, Slg. 1998, I-3603[3606, 3628] Zf. 30- Hermès, entnommen werden: „Letztlich bin ich der Auffassung, daß sich die Lage im Vergleich zum GATT 1947 geändert hat und daß die Einwände, die der Gerichtshof bisher erhoben hat, gegenüber dem WTO-Kontext als überwunden anzusehen sind ... . Unter diesem Blickwinkel müßte daher die Einhaltung der WTO-Übereinkommen, darunter des TRIPS [im Original so geschrieben], von nun

unmittelbar anwendbar anzusehen, wenn sie unter Berücksichtigung ihres Wortlautes und im Hinblick auf den Sinn und Zweck des Abkommens eine klare und eindeutige Verpflichtung enthält, deren Erfüllung oder Wirkungen nicht vom Erlaß eines weiteren Aktes abhängen", wie der EuGH in ständiger Rechtsprechung entscheidet.[442] Auch wenn der Gerichtshof sich hier an seine Rechtsprechung zum Gemeinschaftsrecht anlehnt und die grundsätzliche Eignung des völkerrechtlichen Vertrages, unmittelbar anwendbar zu sein, bereits in einem ersten Schritt geprüft wird, dürfen die aus dem Charakter des jeweiligen Abkommens resultierenden Besonderheiten nicht außer acht gelassen werden.[443]

b) Rechtsordnung, nach der sich die Bestimmung der unmittelbaren Anwendbarkeit richtet

Strittig ist, nach welchen Kriterien die unmittelbare Anwendbarkeit zu beurteilen ist: nur nach Völkerrecht, nur oder auch nach nationalem Verfassungsrecht bzw. Gemeinschaftsrecht. [444]

Für die Ansicht, hierfür sei ausschließlich die nationale bzw. gemeinschaftliche Rechtsordnung maßgeblich, könnte sprechen, daß die Vorschrift, die das Zusammenwirken der Prinzipien verschiedener Rechtsnatur und Herkunft regle, nur eine Vorschrift des nationalen Rechts bzw. Gemeinschaftsrechts sein könne.[445] Diese Auffassung ist aber abzulehnen. Denn ob sich aus einer Vorschrift eine konkrete Rechtsfolge ergibt, ist im Wege der Auslegung zu ermitteln. Die Auslegung völkerrechtlicher Verträge erfolgt aber nach völkerrechtlichen Grundsätzen[446], wie unten zu zeigen sein wird.[447] Damit könnte allein das

---

an von den einzelnen vor Gericht geltend gemacht werden können, wohlgemerkt nur bei den Bestimmungen, die dafür in Frage kommen." (Hervorhebung der Verfasserin).

442 EuGH, Urteil vom 30.09.1987, Rs. 12/86, Slg. 1987, 3719[3747, 3752] R. 14- Demirel; vgl. auch EuGH, Urteil vom 05.02.1976, Rs. 87/75, Slg. 1976, 129[130, 140] R. 16- Bresciani; EuGH, Urteil vom 20.09.1990, Rs. C-192/89, Slg. 1990, I-3461[3497, 3502] R. 15- Sevince; EuGH, Urteil vom 31.01.1991, Rs. C-18/90, Slg. 1991, I-199[221, 225] R. 15- Kziber; EuGH, Urteil vom 29.04.1982, Rs. 17/81, Slg. 1982, 1331[1333, 1350] R. 27- Pabst und Richarz KG/ Hauptzollamt Oldenburg (Ersuchen um Vorabentscheidung, vorgelegt vom Finanzgericht Hamburg); so auch Herdegen, Europarecht, R. 424 (S. 274), entspricht Herdegen, Europarecht, 2. Aufl. 1999, R. 442 (S. 327); Röttinger, in: Lenz, 2. Aufl. 1999, Art. 300 R. 17; Art. 310 R. 4 und Tomuschat, in: GTE, Art. 228 R. 70.

443 So auch Tomuschat, in: GTE, Art. 228 R. 70.

444 Vgl. auch Buchs, S. 41 ff.

445 Vgl. Bleckmann, Begriff, S. 124 ff; primär von nationalem Verfassungsrecht abhängig: Riesenfeld, AJIL 1971, 548[550].

446 Vgl. Buchs, S. 42; Ress, S. 38.

Völkerrecht für die Frage nach der Ausführungsbedürftigkeit entscheidend sein.[448] Hierfür spräche auch die einheitliche Beurteilung der unmittelbaren Anwendbarkeit in allen Staaten. Allerdings darf nicht außer acht gelassen werden, daß die unmittelbare Anwendbarkeit durch nationales Recht bzw. Gemeinschaftsrecht ausgeschlossen bzw. modifiziert werden kann. Ebenso ist zu berücksichtigen, daß die Frage nach der unmittelbaren Anwendbarkeit eine besondere Stellung an der „Nahtstelle"[449] zwischen Völkerrecht und nationalem Recht bzw. Gemeinschaftsrecht innehat.[450]

Infolgedessen ist mit der herrschenden Meinung[451] davon auszugehen, daß sich die Frage der unmittelbaren Anwendbarkeit sowohl nach Völkerrecht als auch nach nationalem Verfassungsrecht bzw. Gemeinschaftsrecht richtet[452], wobei das Völkerrecht eine zentrale Stellung einnimmt. „Die Frage, ob nationale Richter TRIPs von Rechts wegen zu berücksichtigen haben und sich Privatpersonen auf TRIPs unmittelbar berufen können, bestimmt sich daher, abgesehen von den Vorgaben des Abkommens selbst, nach den verfassungsrechtlichen Bestimmungen derjenigen Einheit, welche nach den Kompetenzvorschriften der Gründungsverträge für den Abschluß zuständig ist."[453] „Ergibt sich also eine Zuständigkeit der Gemeinschaft zum Abschluß, ist die Wirkung des Abkommens innerhalb der EG gemeinschaftsrechtlich zu beurteilen. Fehlt eine Gemeinschaftskompetenz, entscheidet nationales Verfassungsrecht."[454] Infolgedessen spielt die Unterscheidung der verschiedenen Kompetenzbereiche für die Frage der unmittelbaren Anwendbarkeit im Gegensatz zur Bundesrepublik Deutschland in Staaten wie Großbritannien, das die unmittelbare Anwendbarkeit von völkerrechtlichen Abkommen ausschließt, eine entscheidende Rolle.

---

447 Vgl. Ausführungen unter K.I.9.c).

448 Koller, S. 119, 121.

449 Buchs, S. 41.

450 So ist die unmittelbare Anwendbarkeit von Gemeinschaftsabkommen in Großbritannien - wie dargestellt - schon nach nationalem Recht ausgeschlossen.

451 A.A.: Lorenz, S. 158: „Der Maßstab für die unmittelbare Anwendbarkeit von völkerrechtlichen Verträgen der Gemeinschaft kann nur aus dem Gemeinschaftsrecht abgeleitet werden." Er problematisiert allerdings den in dieser Arbeit dargestellten Streit nicht einmal.

452 Bernhardt, Auslegung, S. 26; Buchs, S. 42; Zuleeg, ZaöRV 1975, 341[351].

453 Drexl, GRUR Int. 1994, 777[778 f], mit Hinweis auf Vedder, in: Grabitz/ Hilf, Art. 113 R. 18 und Art. 228 R. 23.

454 Drexl, GRUR Int. 1994, 777[779].

c) Auslegungsgrundsätze: Bestimmung der unmittelbaren Anwendbarkeit bei gemischten Abkommen

Es stellt sich die Frage, welche Auslegungsgrundsätze bei der Interpretation des Welthandelsrechts heranzuziehen sind.[455] Dies hängt von seiner rechtlichen Qualität ab. Wie bereits dargelegt[456] fallen die unter dem Dach der WTO als gemischte Abkommen geschlossenen Verträge teilweise in die Zuständigkeit der Gemeinschaften und teilweise in die Zuständigkeit der Mitgliedstaaten. Damit fragt es sich, ob die Bestimmung der unmittelbaren Anwendbarkeit bei gemischten Abkommen einheitlich oder getrennt nach den verschiedenen Zuständigkeitsbereichen erfolgt. Wie bei der Frage des Ranges könnte eine Differenzierung vorzunehmen sein.

aa) Nationale Auslegungsgrundsätze

Möglicherweise ist insoweit auf nationale Auslegungsregeln zurückzugreifen, als bei den welthandelsrechtlichen Abkommen als gemischten Abkommen die Vorschriften des nationalen Kompetenzbereichs betroffen sind. Diese gelangen - je nachdem, welche Theorie man vertritt, - durch Transformation, Adoption oder Vollzug in die nationale Rechtsordnung. Nach dem Adoptions- bzw. Vollzugsakt bleibt die völkerrechtliche Natur des Abkommens bestehen. Dagegen wird durch den Transformationsakt aus dem Völkerrecht nationales Recht in Form eines innerstaatlichen Gesetzes. Damit müßte - falls man der Transformationstheorie folgt - nach nationalen Grundsätzen ausgelegt werden, so daß der Theorienstreit hier auf den ersten Blick einschlägig erscheint. Da jedoch nicht nur die Auslegungsgrundsätze des nationalen Rechts anzuwenden sind, sondern zusätzlich der Grundsatz völkerrechtsfreundlicher Auslegung[457] zu beachten ist, kommen alle Auffassungen zu gleichen Ergebnissen.[458] Außerdem gilt die Vermutung, daß der Gesetzgeber den Vertrag so übernehmen wollte, wie er auf der Völkerrechtsebene gilt.[459] Damit sind also, selbst wenn man sich der Transformationstheorie

---

455 Zur Auslegung völkerrechtlicher Verträge vgl. insbesondere die Art. 31 ff WVRK/ WVRK II; Bernhardt, Die Auslegung völkerrechtlicher Verträge, insbesondere in der neueren Rechtsprechung internationaler Gerichte; Buergenthal/ Doehring/ Kokott/ Maier R. 212-215 (S. 101-102), Buergenthal, § 5- 11 (S. 95-97); Geiger, § 22 (109-112); Ipsen, § 11 (S. 114- 124); Seidl-Hohenveldern/ Stein, R. 332-371 (S. 78-84); Sur, L'interprétation en droit international public; Verdross/ Simma, §§ 774-185 (S. 490-501).

456 Vgl. obige Ausführungen unter D ff.

457 Vgl. Ausführungen unter L.II.

458 So auch Drexl, Entwicklungsmöglichkeiten, S. 27.

459 Bleckmann, Grundgesetz und Völkerrecht, S. 288.

anschließt, auch innerstaatlich die völkerrechtlichen Auslegungsgrundsätze anzuwenden[460], so daß hier der Streit zwischen Adoptions-, Transformations- und Vollzugstheorie dahinstehen kann.

bb) Gemeinschaftsrechtliche Grundsätze

Im Anschluß hieran stellt sich die Frage, ob diejenigen Teile der welthandelsrechtlichen Abkommen, für die die Gemeinschaft die Kompetenz hat, nach gemeinschaftsrechtlichen Grundsätzen auszulegen sind.

Gemeinschaftsabkommen stellen nach ständiger Rechtsprechung des EuGH einen integrierenden Bestandteil der Gemeinschaftsrechtsordnung dar. Wie in dieser Arbeit dargestellt, muß dies konsequenterweise ebenfalls für die welthandelsrechtlichen Abkommen gelten - auch wenn der EuGH diese Rechtsprechung weder auf das alte GATT '47 noch (zumindest bisher nicht) auf das neue Welthandelssystem ausgedehnt hat -, nach hier vertretener Auffassung jedoch nur insoweit, als der gemeinschaftliche Zuständigkeitsbereich betroffen ist. Dies bedeutet, daß diese Teile des Welthandelsrechts wie Gemeinschaftsrecht ausgelegt werden können. Zu berücksichtigen ist dabei allerdings, daß völkerrechtliche Verträge grundsätzlich nicht so stark teleologisch ausgelegt werden wie Gemeinschaftsrecht.[461] Dies liegt in Sinn und Zweck der Gemeinschaften. Diese weisen einen starken Integrationscharakter auf, der völkerrechtlichen Verträgen regelmäßig fehlt. Das heißt, selbst wenn es identische oder ähnliche Wortlaute zwischen den gemeinschaftsrechtlichen und den welthandelsrechtlichen Bestimmungen gibt, müssen diese nicht identisch ausgelegt werden.[462]

---

460 Bleckmann, Grundgesetz und Völkerrecht, S. 288, mit Hinweis auf BGHZ 52, 216[219].

461 So auch Weber, ArchVR 1997, 295[313]; Tomuschat, FS Constantinesco, S. 801[819]; Tomuschat, in: GTE, Art. 228 R. 58.

462 Vgl. hierzu schon EuGH, Urteil vom 09.02.1982, Rs. 270/80, Slg. 1982, 329[330, 348 f] R. 15- Limited and RSO Records Inc./ Harlequin Record Shops Limited und Simons Records Limited (Ersuchen um Vorabentscheidung, vorgelegt vom Court of Appeal of England and Wales), zum Wortlaut „Maßnahmen gleicher Wirkung wie mengenmäßiger Beschränkungen" in Art. 30 EGV und im Freihandelsabkommen mit den EFTA-Ländern.
Vgl. hierzu auch Tomuschat, in: GTE, Art. 228 R. 58.
Auch in der Rechtssache Kupferberg betont der EuGH, daß „bei der Entscheidung darüber, welche Wirkungen die Bestimmungen eines Abkommens zwischen der Gemeinschaft und einem dritten Land innerhalb der Gemeinschaft entfalten, der völkerrechtliche Ursprung der fraglichen Bestimmungen nicht außer acht gelassen werden darf", EuGH, Urteil vom 26.10.1982, Rs. 104/81, Slg. 1982, 3641[3644, 3663] R. 17- Kupferberg (Hervorhebung der Verfasserin).
Vgl. auch Geiger, 3. Aufl. 2000, Art. 310 EGV R. 19, der darauf hinweist, daß dies insbesondere für die Frage der unmittelbaren Anwendbarkeit gelte.

Dies hat zur Folge, daß gerade bei völkerrechtlichen Verträgen, an denen die Gemeinschaft beteiligt ist, durchaus nach völkerrechtlichen Grundsätzen ausgelegt werden kann. Die Tatsache, daß ein Abkommen in der EG hinsichtlich Rang und der Frage der unmittelbaren Anwendbarkeit - soweit gemeinschaftsrechtliche Kompetenzbereiche betroffen sind - gemeinschaftsrechtlich zu beurteilen ist, bedeutet nicht, daß auch die Auslegung nach gemeinschaftsrechtlichen Grundsätzen erfolgen muß.[463]

cc) Völkerrechtliche Grundsätze

Zumindest die Bestimmungen, die zum mitgliedschaftlichen Kompetenzbereich gehören, sind unabhängig vom Theorienstreit um Adoption, Transformation bzw. Vollzug (wie bereits dargestellt) nach völkerrechtlichen Regeln auszulegen.[464] Dabei fragt es sich, ob dies auch für die Vorschriften gilt, für die die Gemeinschaft zuständig ist. Diese stellen - wie oben ausgeführt[465] - in konsequenter Anwendung der EuGH-Rechtsprechung zwar einen integrierenden Bestandteil des Gemeinschaftsrechts dar. Es darf aber nicht übersehen werden, daß sie von ihrer Rechtsnatur dennoch Völkerrecht bleiben. Damit finden die völkerrechtlichen Auslegungsgrundsätze Anwendung.[466] Das heißt, die WVRK/ WVRK II, insbesondere jeweils deren Art. 31 ff bzw. das diesen Vorschriften zugrundeliegende Völkergewohnheitsrecht, sind anzuwenden.[467]

Zwar ist - ebenso wie bei der Frage des Ranges zwischen dem nationalen und dem gemeinschaftlichen Kompetenzbereich der welthandelsrechtlichen Vorschriften zu differenzieren ist - diese Unterscheidung auch bei der Untersuchung der unmittelbaren Anwendbarkeit vorzunehmen. Allerdings ist dabei zu berücksichtigen, daß die völkerrechtlichen Kriterien zur Bestimmung der unmittelbaren

---

463 Die Auslegung nimmt somit insofern, wie im folgenden unter K.I.9.c)cc) dargelegt wird, gewissermaßen eine Art Sonderstellung ein. Vgl. zur „Sonderstellung" der Interpretation bei gemischten Abkommen wie den welthandelsrechtlichen auch die Ausführungen unter L.III.

464 Vgl. obige Ausführungen unter K.I.9.c)aa).

465 Vgl. oben unter I.I.1. Die in ständiger Rechtsprechung des EuGH wiederholte Feststellung (allerdings nicht in bezug auf das GATT), Gemeinschaftsabkommen stellen einen „integrierenden Bestandteil des Gemeinschaftsrechts" dar, kann nicht die Rechtsnatur eines völkerrechtlichen Abkommens ändern.

466 So auch Everling, ZaöRV 1964, 472[525]; Weber, ArchVR 1997, 295[313].

467 Zu beachten ist dabei allerdings, daß die WVRK nicht sämtliche Aspekte der Auslegung regelt, vgl. Sur, S. 270 ff, der in diesem Zusammenhang von der „solution limitée" der WVRK spricht. Zu weiteren, in die WVRK/ WVRK II nicht aufgenommenen Auslegungsregeln vgl. etwa Seidl-Hohenveldern/ Stein, R. 341-356 (S. 79-81); Verdross/ Simma, §§ 780 ff (S. 493 ff).

Anwendbarkeit sowohl vor dem EuGH als auch vor nationalen Gerichten dieselben sind.[468]

Als Gesamtergebnis der Ausführungen unter K.I.9.b) und K.I.9.c) ist folgendes festzuhalten:

Zwar ist bei Bestimmung der unmittelbaren Anwendbarkeit zwischen den verschiedenen Zuständigkeitsbereichen des gemischten Abkommens zu differenzieren, zumal ja - wie unter K.I.9.b) dargestellt - nicht nur Völkerrecht für die Bestimmung der unmittelbaren Anwendbarkeit entscheidend ist und Gemeinschaftsrecht bzw. nationales Recht die unmittelbare Anwendbarkeit generell untersagen können.

Für die Ebene der Auslegung der Vorschrift an sich ist jedoch die Gesamtheit der welthandelsrechtlichen Vorschriften - wie oben unter den Punkten K.I.9.c)aa) bis K.I.9.c)cc) entwickelt - nach völkerrechtlichen Auslegungsmethoden zu interpretieren, die sich insbesondere aus den Art. 31 ff WVRK/ WVRK bzw. entsprechendem Völkergewohnheitsrecht ergeben.

d) Auslegungsmethoden

aa) Überblick über die verschiedenen Auslegungsmethoden

Während es früher strittig war, ob bei der Auslegung von Verträgen die subjektive Seite, also der Parteiwille, oder die objektive Seite, das heißt der Vertragstext, ausschlaggebend sein soll, ist heute der Streit zugunsten des objektiven Ansatzes entschieden.[469] Hierfür spricht schon die Tatsache, daß die subjektive Perspektive zu keinem Ergebnis führt und auf Vermutungen angewiesen ist, wenn kein übereinstimmender Parteiwille festzustellen ist.[470] Außerdem fand der objektive Ansatz auch in Art. 31 ff WVRK/ WVRK II seinen Ausdruck.[471]

Nach den verschiedenen Auslegungsmethoden[472] sind jeweils unterschiedliche Aspekte zu berücksichtigen. An dieser Stelle wird aus Gründen der Übersichtlichkeit ein Überblick vorgeschaltet:

---

468 Meessen, CML Rev. 1976, 485[497].
469 So auch Ipsen, § 11 R. 4 (S. 116).
470 So auch Ipsen, § 11 R. 4 (S. 116).
471 So auch Ipsen, § 11 R. 4 f (S. 116).
472 Vgl. allgemein die Übersicht bei Creifelds, S. 110, Stichwort „Auslegung (Interpretation)".
Vgl. allgemein zur Auslegung völkerrechtlicher Verträge: Bernhardt, Die Auslegung völkerrechtlicher Verträge, insbesondere in der neueren Rechtsprechung internationaler Gerichte; Buergenthal/ Doehring/ Kokott/ Maier, R. 212-126 (S. 101-102); Buergenthal, § 5- 11 (S. 95-97); Geiger, § 22 (S. 109-112); Ipsen, § 11 (S. 114- 124); Seidl-Hohenveldern/ Stein, R. 332-371 (S. 78- 84); Sur, L'interprétation en droit international public; Verdross/ Simma, §§ 774-785 (S. 490-501).

Bei der grammatikalischen Auslegung ist vom Wortlaut der Vorschrift auszugehen. Gemäß der systematischen Auslegung ist auf den Zusammenhang der Einzelvorschrift mit dem gesamten Abkommen abzustellen, nach der teleologischen Interpretation auf Sinn und Zweck der Norm. Die historische Auslegung stützt sich auf die Entstehungsgeschichte der Bestimmung.

Diese verschiedenen Auslegungsmethoden, die auch in der WVRK/ WVRK II niedergelegt sind, sind nach zutreffender Auffassung nicht alternativ, sondern kumulativ bei der Interpretation heranzuziehen.[473] Dafür spricht schon, daß die einzelnen Aspekte regelmäßig untrennbar miteinander verbunden sind: Der Wortlaut etwa kann nicht unabhängig von Sinn und Zweck sowie Zusammenhang des Vertrags interpretiert werden.[474] Dies verdeutlicht auch die Formulierung in Art. 31 Abs. 1 WVRK/ WVRK II.

Im folgenden sollen die verschiedenen Auslegungsmethoden - soweit für die vorliegende Arbeit von Bedeutung - genauer dargestellt werden:

bb) Grammatikalische Auslegung

Ausgangspunkt der Interpretation ist stets der Wortlaut der Vorschrift (grammatikalische Auslegung[475]), wie sich auch aus Art. 31 ff WVRK/ WVRK II bzw. entsprechendem Völkergewohnheitsrecht ergibt.[476] Nach Art. 31 Abs. 1 WVRK/ WVRK II ist ein Vertrag „ nach Treu und Glauben <u>in Übereinstimmung mit der gewöhnlichen, seinen Bestimmungen</u> in ihrem Zusammenhang <u>zukommenden Bedeutung</u> und im Lichte seines Zieles und Zweckes auszulegen.“[477]

Die hier als grammatikalische Auslegung bezeichnete Vorgehensweise entspricht dem von Fikentscher verwendeten Begriff self-executing im linguistischen Sinne[478]. In diesem Zusammenhang sei darauf hingewiesen, daß auch der EuGH den Wortlaut erwähnt. Auffällig bei seiner Vorgehensweise ist jedoch, daß der Wortlaut meist weder von der Erwähnung her noch von der tatsächlichen

473 Teilweise wird die Auffassung vertreten, daß die übrigen Interpretationsmethoden nicht mehr zur Anwendung kommen, falls schon die ihr vorgelagerten Auslegungsverfahren zum Erfolg führen, so etwa Bernhardt, S. 58 ff, 187. Dem ist jedoch nicht zu folgen. Wie hier: beispielsweise Buergenthal/ Doehring/ Kokott/ Maier, R. 214 (S. 101); Buergenthal, § 5-11 (S. 96); Fastenrath, S. 177.

474 Vgl. Buergenthal/ Doehring/ Kokott/ Maier, R. 214 (S. 101); Buergenthal, § 5-11 (S. 96); Ipsen, § 11 R. 12 (S. 118); Köck, Vertragsinterpretation, S. 86 ff.

475 Die wörtliche Auslegungsmethode gilt auch für Völkerrecht, vgl. Oppermann, R. 682 (S. 254).

476 Sog. ordinary meaning-rule, vgl. Ipsen, § 11 R. 6-7 (S. 117) und R. 12 (S. 118); Köck, Vertragsinterpretation, S. 86 ff.

477 Hervorhebung durch die Verfasserin.

478 Vgl. obige Ausführungen unter K.I.5.b)aa).

Prüfung[479] her an erster Stelle steht. So heißt es etwa im Urteil International Fruit Company, die Auslegung habe sich an „Sinn, Aufbau und Wortlaut dieses Abkommens"[480] bzw. in der Rechtssache Bresciani an „Sinn, Aufbau und Wortlaut des Abkommens und der genannten Vorschrift"[481] zu orientieren. Diese Reihenfolge spiegelt sich auch im Urteilsergebnis des EuGH wieder, das er regelmäßig nur auf Sinn und Zweck sowie Aufbau stützt.

Erst in einem der neuesten einschlägigen Urteile, nämlich in der Rechtssache Racke, geht der Gerichtshof in der logisch richtigen Reihenfolge bei der Prüfung vor: „Ob Artikel ... diese Kriterien erfüllt, ist zunächst anhand seines Wortlauts zu prüfen."[482] Im selben Urteil äußert er sich an späterer Stelle wie folgt: „Auch die Prüfung von Gegenstand und Art des Abkommens, zu dem Art. ... gehört, spricht nicht gegen diese Feststellung."[483]

Eine Norm ist nach der Rechtsprechung des EuGH dann „als unmittelbar anwendbar anzusehen, wenn sie unter Berücksichtigung ihres Wortlautes und im Hinblick auf den Sinn und Zweck des Abkommens eine klare und eindeutige Verpflichtung enthält, deren Erfüllung oder Wirkungen nicht vom Erlaß eines weiteren Aktes abhängen."[484] Das heißt, sie muß inhaltlich hinreichend bestimmt und unbedingt sein.

Wenn der Text einer Vorschrift klar und eindeutig sowie unbedingt ist, muß das Abkommen nicht mehr durch den Erlaß von gemeinschaftlichem Sekundärrecht umgesetzt werden, es sei denn, die unmittelbare Anwendbarkeit ist aus anderen Gründen abzulehnen.[485] Die Vertragsparteien können beispielsweise ausdrücklich eine Vereinbarung bezüglich der unmittelbaren Anwendbarkeit eines

---

479 Den Wortlaut untersucht der EuGH bei Prüfung der unmittelbaren Anwendbarkeit des GATT '47 regelmäßig nicht mehr, weil er dem GATT schon die generelle Fähigkeit, unmittelbar anwendbare Vorschriften zu besitzen, abspricht.

480 EuGH, Urteil vom 12.12.1972, Verb. Rs. 21-24/72, Slg. 1972, 1219[1220, 1228] R. 19/20- International Fruit Company.

481 EuGH, Urteil vom 05.02.1976, Rs. 87/75, Slg. 1976, 129[130, 140] R. 16- Bresciani.

482 EuGH, Urteil vom 16.06.1998, Rs. C-162/96, Slg. 1998, I- 3655[3688, 3701] R. 32- Racke.

483 EuGH, Urteil vom 16.06.1998, Rs. C-162/96, Slg. 1998, I- 3655[3688, 3702] R. 35- Racke.

484 Für viele: EuGH, Urteil vom 30.09.1987, Rs. 12/86, Slg. 1987, 3719[3747, 3752] R. 14- Demirel; EuGH, Urteil vom 20.09.1990, Rs.C-192/89, Slg. 1990, I-3461[3497, 3502] R. 15- Sevince; Urteil vom 31.01.1991, Rs. C-18/90, Slg. 1991, I-199[221, 225] R. 15- Kziber; so auch Röttinger, in: Lenz, 2. Aufl. 1999, Art. 300 R. 17, mit Hinweis auf Röttinger, in: Lenz, Art. 310 R. 4, und Tomuschat, in: GTE, Art. 228 R. 70.

485 Weber, ArchVR 1997, 295[308] und [308] Fn. 94.

Abkommens treffen.[486] Auch kann ein Vertragspartner sich einseitig zur unmittelbaren Anwendbarkeit äußern.[487]

Erwähnt sei auch, daß der EuGH bestimmten Arten von Abkommensbestimmungen bereits die generelle Fähigkeit zur unmittelbaren Anwendbarkeit zugesprochen hat, so etwa Vereinbarungen zu Verkehrsbescheinigungen über den Ursprung von Waren[488] oder auch Diskriminierungsverboten[489].

aaa) Inhaltliche Bestimmtheit

Bei der inhaltlichen Bestimmtheit[490] ist nach der Klarheit und Eindeutigkeit des Rechtes zu fragen. Die Vorschrift ist hinreichend bestimmt im Sinne der unmittelbaren Anwendbarkeit, wenn sie von Behörden und Gerichten angewandt werden kann. Dies ist dann der Fall, wenn die Rechtsfolgen hinreichend bestimmt sind.[491]

---

486 So auch Weber, ArchVR 1997, 295[310].

487 Weber, ArchVR 1997, 295[310].

488 EuGH, Urteil vom 05.07.1994, Rs. C-432/92, Slg. 1994, I-3087[3116, 3128] R. 26- The Queen/ Minister of Agriculture, Fisheries and Food ex parte: S.P. Anastasiou (Pissouri) Ltd u.a. (Vorabentscheidungsersuchen des High Court of Justice, Queen's Bench Division): „Im übrigen ist schon den Urteilen des Gerichtshofes vom 12. Juli 1984 in der Rechtssache 218/83 (Les Rapides Savoyards u.a., Slg. 1984, 3105) und vom 7. Dezember 1993 in der Rechtssache C-12/92 (Huygen u.a., Slg. 1993, I-6381) unausgesprochen zu entnehmen, daß Bestimmungen über Verkehrsbescheinigungen in Handelsabkommen zwischen der Gemeinschaft und Drittländern, die den im Ausgangsverfahren in Rede stehenden Bestimmungen entsprechen, von den nationalen Gerichten angewandt werden können."
A.a.O. R. 27: „Aus diesen Erwägungen folgt, daß die einschlägigen Bestimmungen des Protokolls von 1977 unmittelbar anwendbar sind und vor einem nationalen Gericht herangezogen werden können."

489 EuGH, Urteil vom 31.01.1991, Rs. C-18/90, Slg. 1991, I-199[221, 225] R. 17 ff- Kziber. In diesem Vorabentscheidungsverfahren der Cour du travail Lüttich, Belgien, ging es um das Kooperationsabkommen zwischen der EWG und Marokko.

490 In der Rechtssache Bresciani bejaht der EuGH ohne nähere Begründung die inhaltliche Bestimmtheit, EuGH, Urteil vom 05.02.1976, Rs. 87/75, Slg. 1976, 129[130, 141] R. 25- Bresciani.

491 GA Trabucchi äußert sich in seinen Schlußanträgen vom 14.01.1976 in der Rechtssache Bresciani, Rs. 87/75 (EuGH, Urteil vom 05.02.1976), Slg. 1976, 129[143, 149] Zf. 6, wie folgt: „Den Grundsätzen zufolge, die Sie in der erwähnten Rechtssache International Fruit Company aufgestellt haben, genügt es nicht festzustellen, ob die Vertragsvorschrift in sich vollständig und inhaltlich hinreichend bestimmt ist, so daß es keiner Durchführungsbestimmungen seitens der Gemeinschaftsexekutive bedarf, damit der innerstaatliche Richter diese Vorschrift anwenden kann, sondern es muß außerdem geprüft werden, ob die Vorschrift - auch wenn sie, für sich allein betrachtet, diese Anforderungen erfüllt - nicht in einen Normzusammenhang gestellt ist, der es abweichend von den Prinzipien des Gemeinschaftsrechts ausschließt, daß

Eine vertragliche Bestimmung kann etwa schon vom Wortlaut her so unklar formuliert sein, daß sie nicht unmittelbar anwendbar sein kann.[492] Zum Beispiel hat der EuGH in der Rechtssache Demirel entschieden, daß Art. 12 des Assoziierungsabkommens mit der Türkei, der die Herstellung von Freizügigkeit vorsieht, „im wesentlichen Programmcharakter" hat und „keine hinreichend genaue(n), nicht an Bedingungen geknüpfte Vorschrift(en)" darstellt.[493]Der Rechtsprechung des EuGH ist insoweit zuzustimmen, als sie nach der Regelungsdichte der völkerrechtlichen Bestimmung differenziert.[494] Für den Fall, daß eine Vorschrift sehr allgemein formuliert ist, wird in der Regel keine Unvereinbarkeit mit ihr, das heißt keine Verletzung der welthandelsrechtlichen Bestimmungen vorliegen.

Hingewiesen werden soll an dieser Stelle darauf, daß auslegungsbedürftige Vorschriften der unmittelbaren Anwendbarkeit nur dann entgegenstehen, wenn das Ermessen politischer Natur und insofern der Regierung oder der Legislativen vorbehalten ist, nicht jedoch, wenn es sich um Bestimmungen handelt, die durch die Rechtsanwender, Gerichte und Behörden ausgelegt werden können.[495]

Auch wenn eine Norm an sich ihrem Gegenstand nach ausreichend bestimmt und ohne Einschränkungen formuliert sein muß, um unmittelbar anwendbar zu sein, schließen Ausnahmetatbestände die unmittelbare Anwendbarkeit nicht automatisch aus. Vielmehr stehen Abweichungen von den Bestimmungen der unmittelbaren Anwendbarkeit dann nicht entgegen, wenn sie „nur nach präzisen materiellrechtlichen Bestimmungen und in einem vorgeschriebenen Verfahren möglich"[496] sind.

bbb) Unbedingtheit

Nach dem EuGH ist eine Vorschrift dann unbedingt[497], wenn sie als solche angewandt werden kann.[498] Sie muß nach der Rechtsprechung des EuGH eine

---

sie der innerstaatliche Richter unmittelbar anwendet und daher Rechte für den einzelnen entstehen können." (Hervorhebung der Verfasserin).

492 Vgl. auch Weber, ArchVR 1997, 295[307], mit Hinweis auf Tomuschat, FS Constantinesco, S. 801[811].

493 EuGH, Urteil vom 30.09.1987, Rs. 12/86, Slg. 1987, 3719[3747, 3753] R. 23- Demirel.

494 So auch Streinz, JuS 1999, 698 f.

495 So auch Pescatore, ordre juridique, 1. Aufl. 1971, S. 162.

496 Schlußanträge des GA Trabucchi vom 14.01.1976 zu EuGH, Urteil vom 05.02.1976, Rs. 87/75, Slg. 1976, 129[143, 149] Zf. 6- Bresciani.

497 An dieser Stelle wird darauf hingewiesen, daß die inhaltliche Bestimmtheit und Unbedingtheit einer Norm nicht strikt voneinander zu trennen sind, vielmehr miteinander verwoben sind.

498 Vgl. hierzu EuGH, Urteil vom 26.10.1982, Rs. 104/81, Slg. 1982, 3641[3644, 3665] R. 26- Kupferberg.

Verpflichtung enthalten, „deren Erfüllung oder Wirkungen nicht vom Erlaß eines weiteren Aktes abhängen."[499] Die vertragliche Verpflichtung muß also unmittelbar aus den getroffenen Vereinbarungen abzuleiten sein. Dies ist der Fall, wenn ihre Wirksamkeit nicht mehr von Maßnahmen der Mitgliedstaaten oder der Gemeinschaftsorgane abhängig ist oder ihre Anwendung nicht im Ermessen der Mitgliedstaaten[500] liegt.[501] Dabei schließen bloße staatliche Durchführungsbestimmungen die Unbedingtheit nicht aus.[502] Allerdings ist die Unbedingtheit dann zu verneinen, wenn die Vorschrift einen Vorbehalt[503], Bedingungen oder Wahlmöglichkeiten für den Staat enthält.[504] Ein Vorbehalt steht der unmittelbaren Anwendbarkeit allerdings dann nicht entgegen, wenn er einer gerichtlichen Nachprüfung zugänglich ist, wie im Fall van Duyn[505]: Hier macht eine Vorschrift, die die sich aus dem Prinzip der Freizügigkeit ergebenden Rechte bezeichnet, einen Vorbehalt hinsichtlich der aus Gründen der öffentlichen Ordnung, Sicherheit und Gesundheit gerechtfertigten Beschränkungen.[506]

---

499 EuGH, Urteil vom 30.09.1987, Rs. 12/86, Slg. 1987, 3719[3747, 3752] R. 14- Demirel; EuGH, Urteil vom 20.09.1990, Rs.C-192/89, Slg. 1990, I-3461[3497, 3502] R. 15- Sevince; EuGH, Urteil vom 31.01.1991, Rs. C-18/90, Slg. 1991, I-199[221, 225] R. 15- Kziber; so auch Tomuschat, in: GTE, Art. 228 R. 70 für viele.

500 Es sei allerdings darauf hingewiesen, daß ein Ermessen der Behörden, die die Vorschrift zu vollziehen haben, nicht jedoch der Vertragsparteien, der unmittelbaren Anwendbarkeit nicht entgegensteht.

501 So auch Weber, S. 42; Weber, ArchVR 1997, 295[308]; vgl. auch EuGH, Urteil vom 4.12.1974, Rs. 41/74, Slg. 1974, 1337[1338, 1347] R. 5/7- Yvonne van Duyn/ Home Office (Ersuchen um Vorabentscheidung, vorgelegt von der Chancery Division of the High Court of Justice, England).

502 Weiß, S. 70 ff, der dies auf S. 70 aus EuGH, Urteil vom 4.12.1974, Rs. 41/74, Slg. 1974, 1337[1338, 1347] R. 5/7- van Duyn, ableitet.

503 Der Vorbehalt, der die unmittelbare Anwendbarkeit ausschließt, kann ausdrücklich oder stillschweigend sein, vgl. EuGH, Urteil vom 05.02.1976, Rs. 87/75, Slg. 1976, 129[130, 141] R. 25- Bresciani. Auffällig ist, daß der EuGH die Formulierung aus der Rechtssache Bresciani, a.a.O. („Diese Verpflichtung ist inhaltlich bestimmt, und sie unterliegt weder einem stillschweigenden noch einem ausdrücklichen Vorbehalt seitens der Gemeinschaft."), hinsichtlich des Vorbehalts bei folgenden Urteilen in bezug auf die Frage der unmittelbaren Anwendbarkeit nicht mehr aufnimmt, sondern sich nur noch auf die Eigenschaften klar, präzise und unbedingt konzentriert, so auch Lee/ Kennedy, 30 JWT 1/1996, 67[87].

504 Weiß, S. 73.

505 EuGH, Urteil vom 4.12.1974, Rs. 41/ 74, Slg. 1974, 1337[1338, 1347] R. 5/7- van Duyn.

506 EuGH, Urteil vom 4.12.1974, Rs. 41/ 74, Slg. 1974, 1337[1338, 1347] R. 5/7- van Duyn.

Es sei bereits an dieser Stelle angemerkt, daß der EuGH beispielsweise in der Rechtssache Deutschland/ Rat den unbedingten Charakter des GATT verneint.[507] Seine Argumente werden an anderer Stelle näher beleuchtet.[508]

cc) Systematische Auslegung

Wie die oben zitierte Formulierung von Art. 31 Abs. 1 WVRK/ WVRK II zeigt, ist die Bestimmung der üblichen Bedeutung oft erst aus dem Zusammenhang heraus zu interpretieren (systematische Auslegung[509]). Art. 31 Abs. 2 WVRK/ WVRK II bestimmt dabei die zu berücksichtigenden Aspekte näher. Zusammenhang bedeutet demnach „außer dem Vertragswortlaut samt Präambel und Anlagen

a) jede sich auf den Vertrag beziehende Übereinkunft, die zwischen allen Vertragsparteien anläßlich des Vertragsschlusses getroffen wurde;

b) jede Urkunde, die von einer oder mehreren Vertragsparteien anläßlich des Vertragsabschlusses abgefaßt und von den anderen Vertragsparteien als eine sich auf den Vertrag beziehende Urkunde angenommen wurde."

Auffällig ist, daß das von der WVRK/ WVRK II hier verwendete Wort „Zusammenhang" weit über seine übliche Bedeutung hinaus erstreckt, unter der man „die Stellung eines Wortes oder einer Wortgruppe im Satz oder im gesamten Text des Vertrages"[510] versteht. Die WVRK/ WVRK II geht sogar noch weiter: Nach Art. 31 Abs. 3 WVRK/ WVRK II sind außer dem Zusammenhang „in gleicher Weise zu berücksichtigen

a) jede spätere Übereinkunft zwischen den Vertragsparteien über die Auslegung des Vertrags oder die Anwendung seiner Bestimmungen;

b) jede spätere Übung bei der Anwendung des Vertrags, aus der die Übereinstimmung der Vertragsparteien über seine Auslegung hervorgeht;

c) jeder in den Beziehungen zwischen den Vertragsparteien anwendbare einschlägige Völkerrechtssatz."[511]

„Die Bedeutung der nachfolgenden Praxis der Vertragsdurchführung für die Auslegung ergibt sich daraus, daß sie ein gesichertes und feststellbares Indiz dafür darstellt, wie die Parteien den Vertrag einvernehmlich verstehen und als Recht anwenden (YBILC 1966 II, 221). Die Berücksichtigung der nachfolgen-

---

507 EuGH, Urteil vom 05.10.1994, Rs. C-280/93, Slg. 1994, I-4973[5039, 5073] R. 110- Deutschland/ Rat.

508 Vgl. Ausführungen unter K.II und teilweise auch unter K.III.

509 Die systematische Auslegungsmethode gilt auch für Völkerrecht, vgl. Oppermann, R. 684 (S. 255).

510 Köck, Vertragsinterpretation, S. 90.

511 Köck, Vertragsinterpretation, S. 90 f, weist darauf hin, daß dieser Absatz sich formell als Ergänzung zu Absatz 1 darstellt, materiell aber die Bedeutung des Wortes „Zusammenhang" noch weiter ausdehnt.

den Übung bei der Auslegung von Verträgen ist völkergewohnheitsrechtlich anerkannt."[512] „Allerdings darf die nachfolgende Übung nicht ungeachtet der Bestimmungen des Vertrags herangezogen werden. Fehlt es an einem Bezug zwischen der nachfolgenden Übung und dem Wortlaut des Vertrags, so geht sie ins Leere und muß bei der Auslegung unberücksichtigt bleiben (vgl. ICJ Rep. 1992, 585 f.)."[513]

Daß die WVRK/ WVRK II die wörtliche Auslegung als Ausgangspunkt jeder Interpretation bestimmt, bedeutet jedoch nicht, daß sie vorrangig gegenüber der systematischen und teleologischen Interpretation ist.[514] Vielmehr stellt die Auslegung einen einheitlichen Vorgang unter Einbeziehung aller Auslegungsmethoden dar.[515] Dies ergibt sich auch aus der Überschrift von Art. 31 WVRK/ WVRK II „Allgemeine Auslegungsregel"[516] sowie aus der Bezeichnung der allgemeinen Auslegungsregel als „single combined operation"[517] durch die International Law Commission.

Auch Generalanwalt Trabucchi hat sich in seinen Schlußanträgen in der Rechtssache Bresciani zur systematischen Interpretation dergestalt geäußert, daß geprüft werden müsse, „ob die Vorschrift ... nicht in einen Normzusammenhang gestellt ist, der es ... ausschließt, daß sie der innerstaatliche Richter unmittelbar anwendet und daher Rechte für den einzelnen entstehen können".[518]

Unter systematischen Gesichtspunkten sind auch der Aufbau des Abkommens und die Stellung der Vorschrift im Abkommen zu berücksichtigen. So stützt sich die Rechtsprechung des EuGH zum GATT ´47, in der dieser die fehlende unmittelbare Anwendbarkeit des GATT feststellt, in erster Linie auf systematische Argumente und dabei auf den Aufbau des Abkommens.[519] Der

---

512 Ipsen, § 11 R. 14 (S. 120).

513 Ipsen, § 11 R. 14 (S. 120).

514 So stellt auch Fastenrath zu Recht fest: „Untereinander sind die Auslegungsregeln gleichrangig", S. 177. Vgl. hierzu ebenso obige Ausführungen unter Fn. 473. Bernhardt dagegen gewährt dem Vertragstext Vorrang, S. 39 ff, 58 ff, 187.

515 So auch Ipsen, § 11 R. 12 (S. 118): „einheitlicher Vorgang unter Anwendung der Auslegungsmethoden in einem sachgemäßen Verbund".

516 So auch Ipsen, § 11 R. 12 (S. 118).

517 YBILC 1966 II, 219: „the application of means of interpretation in the article would be a single combined operation", zitiert nach Ipsen, § 11 R. 12 (S. 118); vgl. auch Köck, Vertragsinterpretation, S. 86: „Diese „gewöhnliche" Bedeutung ... ist aber nicht isoliert festzustellen ...".

518 Schlußanträge des GA Trabucchi vom 14.01.1976 zu EuGH, Urteil vom 05.02.1976, Rs. 87/75, Slg. 1976, 129[143, 149] Zf. 6- Bresciani. Vgl. auch Weber, S. 46, der darauf hinweist, daß die systematische Auslegung anhand der zitierten Kriterien - außer beim GATT - keine zentrale Rolle spiele und vom EuGH oft auch nicht explizit erwähnt werde.

519 Vgl. etwa nur EuGH, Urteil vom 12.12.1972, Verb. Rs. 21-24/72, Slg. 1972, 1219[1220, 1228 f] R. 19/20 ff- International Fruit Company.

EuGH beruft sich insbesondere auf die „große Geschmeidigkeit“ der GATT-Vorschriften.[520]

Ebenfalls unter systematischen Gesichtspunkten stellt sich die Frage, ob die Stellung einer Vorschrift im allgemeinen Teil eines Abkommens generell gegen die unmittelbare Anwendbarkeit spricht. Hierfür ließe sich anführen, daß diese Bestimmungen nur allgemeine Verpflichtungen enthalten.[521] Zum einen ist jedoch anerkannt, daß die allgemeinen Regeln nur dann nicht anzuwenden sind, wenn eine speziellere Vorschrift den Sachverhalt regelt.[522] Zum anderen ist eine Bestimmung dann unmittelbar anwendbar, wenn sie hinreichend bestimmt und unbedingt ist. Dies kann auch bei einer Norm des allgemeinen Teils eines Abkommens der Fall sein. Infolgedessen steht der unmittelbaren Anwendbarkeit von Bestimmungen des allgemeinen Teils eines Abkommens grundsätzlich nichts entgegen.[523]

dd) Teleologische Auslegung

Im Rahmen der teleologischen Auslegung sind Sinn und Zweck[524] der Vorschrift zu untersuchen.[525] Dabei kann die Ratio eines Abkommens schon durch die Vertragsparteien im Abkommen selbst festgelegt werden. Dies geschieht besonders häufig in den vorangestellten Erwägungsgründen bzw. der Präambel. So enthalten WTOÜ, GATT, GATS, TRIPs und DSU jeweils derart vorangestellte Erwägungsgründe, die Aufschluß geben über Wunsch und Ziel der Vertragsparteien. In diesem Zusammenhang wäre es auch denkbar, daß die Vertragsparteien eine ausdrückliche Regelung über die unmittelbare Anwendbarkeit treffen. Im Falle der unter dem Dach der WTO geschlossenen Abkommen ist dies grundsätzlich nicht geschehen.[526] Ein diesbezüglicher Vorschlag der Schweiz wurde nicht realisiert.[527]

---

520 EuGH, Urteil vom 12.12.1972, Verb. Rs. 21-24/72, Slg. 1972, 1219[1220, 1228] R. 19/20- International Fruit Company.

521 EuGH, Urteil vom 30.09.1987, Rs. 12/86, Slg. 1987, 3719[3747, 3753 f] R. 24 f - Demirel. Vgl. auch Weber, S. 50.

522 Weber, S. 50.

523 So auch Weber, S. 51.

524 Art. 31 Abs. 1 WVRK/ WVRK II spricht ausdrücklich von der Auslegung „im Lichte seines [des Vertrags] Zieles und Zweckes“.

525 Es sei an dieser Stelle angemerkt, daß nach der teleologischen Auslegung auch eventuelle Vorbehalte zu beachten sind.

526 Zu einer beschränkten Ausnahme hinsichtlich des GATS vgl. Ausführungen unter M.III.2.

527 GATT-Doc. MTN.GNG/NG 8/W/67 vom 24.01.1990, nach Drexl, FS Fikentscher, S. 822[823] Fn. 8; vgl. auch Cottier, in: Forschungsinstitut, S. 121[136]; Kuijper, 29 JWT 6/1995, 49[65].

Durch die Auslegung nach Ziel und Zweck soll dem Abkommen die größtmögliche Effektivität verschafft werden.[528] Dabei sind Ziel und Zweck immer dem Vertragstext selbst zu entnehmen.[529]

Der völkergewohnheitsrechtliche Effektivitätsgrundsatz wurde aus der teleologischen Auslegung im Wege der Abstraktion entwickelt: „Danach ist ein Vertrag so auszulegen, daß sein Gestaltungsziel und sein Regelungszweck bestmöglich erreicht werden, daß der intendierte Nutzeffekt (*effet utile*) eintritt (gleichbedeutend die *ut res magis*-Maxime: „ut res magis valeat quam pereat"); die Anwendung dieses Grundsatzes darf jedoch nicht zur Auslegung gegen den Wortlaut und den Sinn des Vertrages führen."[530]

Es sei auch angemerkt, daß im Völkerrecht Einschränkungen der Souveränität grundsätzlich nicht vermutet werden.[531] Jedoch treten die souveränitätsfreundlichen Interpretationsregeln bei Verträgen, die internationale Organisationen errichten, tendenziell hinter dem effet utile-Prinzip zurück.[532] Dementsprechend wird der effet utile-Grundsatz großzügiger ausgelegt.[533]

ee) Historische Auslegung

Nach der historischen Auslegung ist insbesondere die Entstehungsgeschichte zu berücksichtigen. Dabei hat das alte System des GATT ´47 besondere Beachtung zu finden, zumal aus dessen Unzulänglichkeiten das neue WTO-System entwickelt wurde.

Von Bedeutung sind bei der historischen Interpretation auch Entwürfe, Äußerungen der Vertragsparteien etc..

Gemäß Art. 32 WVRK/ WVRK II sind „Ergänzende Auslegungsmittel, insbesondere die vorbereitenden Arbeiten und die Umstände des Vertragsabschlus-

---

528 So auch Ipsen, § 11 R. 10 (S. 118); Buergenthal/ Doehring/ Kokott/ Maier, R. 214 (S. 101), entspricht Buergenthal, § 5-11 (S. 96): „Das grundlegende Prinzip ist hier, daß der Vertrag in seiner Gesamtheit interpretiert werden muß. Bei der Erforschung der Bedeutung einer Vertragsvorschrift reicht es nicht aus, nur den Wortlaut der einzelnen Vorschrift heranzuziehen; er muß [in der Auflage von Buergenthal u.a. heißt es muss] in einer Art und Weise gedeutet werden, die den spezifischen Gehalt der Vorschrift mit *Ziel und Zweck des Vertrags* in Beziehung setzt, wie sie sich aus dem gesamten *Vertragswortlaut* und den in Art. 31 Abs. 2 WVRK erwähnten *Zusatzdokumenten* ergeben." (Hervorhebung nur in Buergenthal/ Doehring/ Kokott/ Maier); Seidl-Hohenveldern/ Stein, R. 348 ff (S. 80).

529 So auch Ipsen, § 11 R. 10 (S. 118); § 11 R. 15 (S. 120).

530 Ipsen, § 11 R. 16 (S. 120).

531 Seidl-Hohenveldern/ Stein, R. 343 (S. 79).

532 Seidl-Hohenveldern/ Stein, R. 352 (S. 81).

533 Seidl-Hohenveldern/ Stein, R. 352 (S. 81).

ses" allerdings nur hilfsweise heranzuziehen, entweder, „um die sich unter Anwendung des Artikels 31 ergebende Bedeutung zu bestätigen oder die Bedeutung zu bestimmen, wenn die Auslegung nach Artikel 31

a) die Bedeutung mehrdeutig oder dunkel läßt oder

b) zu einem offensichtlich sinnwidrigen oder unvernünftigen Ergebnis führt."

Das heißt, nach der WVRK/ WVRK II handelt es sich bei der historischen Auslegung nicht um eine eigenständige, sondern um eine ergänzende, hilfsweise heranzuziehende Interpretationsmethode. Sie gehört nicht zum „Zusammenhang" im Sinne von Art. 31 Abs. 2 WVRK/ WVRK II.[534]

e) Bestimmung der unmittelbaren Anwendbarkeit bei sekundärem Völkervertragsrecht

Nach der Rechtsprechung des EuGH ist die unmittelbare Anwendbarkeit bei sekundärem Völkervertragsrecht nach denselben Kriterien zu prüfen wie bei primärem Völkervertragsrecht.

So hat der EuGH beispielsweise in der Rechtssache Sevince[535] entschieden, in der es um das Assoziierungsabkommen zwischen der EWG und der Türkei sowie dessen Assoziationsratsbeschlüsse ging, daß die Frage der unmittelbaren Anwendbarkeit nach denselben Kriterien wie beim Abkommen selbst zu prüfen ist.[536]

II. Rechtsprechung des EuGH zur unmittelbaren Anwendbarkeit völkerrechtlicher Abkommen

Im folgenden soll die Rechtsprechung des EuGH zur unmittelbaren Anwendbarkeit völkerrechtlicher Abkommen, insbesondere der des GATT und der unter dem Dach der WTO geschlossenen Abkommen, näher betrachtet werden. Der Gerichtshof untersucht stets, ob die Norm dergestalt beschaffen ist, daß sich der einzelne auf sie berufen kann. Hier stellt sich die Frage, wie diese Formulierung zu verstehen ist. Teilweise wird vertreten, diese Äußerung des EuGH sei gleichbedeutend mit dem Begriff self-executing.[537] Andere werfen dem Gerichtshof vor, mit dieser Formulierung führe er eine zusätzliche Bedingung für die An-

---

534 So auch Ipsen, § 11 R. 18 (S. 121).

535 Nähere Erläuterungen zu diesem Urteil und seiner Übertragbarkeit auf WTO-Streitbeilegungsentscheidungen vgl. Ausführungen unter K.IV.5.b).

536 EuGH, Urteil vom 20.09.1990, Rs. C-192/89, Slg. 1990, I- 3461[3497, 3501] R. 14-Sevince; vgl. auch Gilsdorf, EuZW 1991, 459[462].

537 Kapteyn, The International Lawyer 1974, 74[76].

wendung von Völkerrecht innerhalb der Gemeinschaftsrechtsordnung ein.[538] Wörtlich genommen suggeriert die Formulierung des EuGH eine Differenzierung zwischen unmittelbarer Anwendbarkeit und Rechten, auf die sich einzelne berufen können.[539] Diese nimmt der EuGH jedoch ebensowenig vor wie viele Autoren in der Literatur.[540]

---

538 Meessen, CML Rev. 1976, 485[495], mit Hinweis auf Millarg, EuR 1973, 145[148, 152]. Vgl. in diesem Zusammenhang auch folgende kritische Äußerung von Kempen, S. 417[435]: In den vor dem EuGH anhängigen Verfahren nach den Art. 173 (nun Art. 230) und 177 (jetzt Art. 234) EGV hätte sich allein die Frage gestellt, ob die Gemeinschaftsorgane an das GATT gebunden seien. Diese Frage ist „unabhängig von der durch nichts nahe gelegten [im Original getrennt geschrieben] Frage, ob einzelne Gemeinschaftsbürger sich vor innerstaatlichen Gerichten auf das GATT berufen können. Es ist unverständlich, auf welchem Weg der Gerichtshof zu diesem zweiten Erfordernis einer subjektiven >>Klagebefugnis<< gelangt. In den Verfahren nach Art. 177 EVG [Tippfehler im Original; nun Art. 234 EGV] hätte zunächst die - allerdings auch wiederum zweifelhafte ... - Feststellung ausreichen müssen, daß die Gemeinschaft an die Bestimmungen des GATT >>gebunden<< ist. Sodann hätte die - entscheidende - Frage gestellt werden müssen, ob das GATT einen unmittelbar anwendungsfähigen - nicht notwendig: subjektive Rechte begründenden - Inhalt hat. ... Alles kommt also darauf an, ob das GATT, genauer: die im konkreten Vorlagerechtsstreit erhebliche GATT-Vorschrift, nach der Regelungsdichte einen unmittelbar anwendungsfähigen Inhalt aufweist. Nichts anderes gilt in den Fällen von Nichtigkeitsklagen nach Art. 173 [nun Art. 230] EGV. Auch hier geht es um die Frage der Regelungsdichte des GATT, nicht darum, ob das GATT dem einzelnen innerstaatlich einklagbare Rechte zuweist.“ (Hervorhebung durch Unterstreichen durch die Verfasserin).

539 Meessen, CML Rev. 1976, 485[495].

540 Millarg, EuR 1973, 145[148, 151 f], geht auf die Äußerung des EuGH ein, daß die Norm ein Recht der Gemeinschaftsangehörigen begründen müsse, sich vor Gericht auf sie zu berufen. Zunächst weist er darauf hin, daß sich ein Verfahrensbeteiligter im Vorlageverfahren nicht auf die völkerrechtliche Vorschrift berufen müsse, um eine Gültigkeitsprüfung in Gang zu setzen. Vorlagen nach Art. 177 (nun Art. 234) EGV hingen nämlich nicht von einer vorherigen Rüge im Sinne einer prozessualen Obliegenheit ab. Eine Vorlagefrage müsse im innerstaatlichen Rechtsstreit „nur irgendwie auftauchen, *sich stellen*.“ Der nationale Richter lege also von Amts wegen vor. Sodann betont er: „Gleichermaßen irrig wäre, die fragliche Formel des Gerichtshofs zu verstehen als eine Art Garantie „rechtlichen Gehörs“ oder ein „Berufungsrecht“ bezüglich der Maßgeblichkeit der völkerrechtlichen Bestimmung für die Rechtsfindung im Sinne „objektiven Maßstabsrechts“. ... Eine prozessual relevante Bedeutung kann dem vom Gerichtshof aufgestellten Erfordernis, eine völkervertragliche Bestimmung müsse ein Recht der Gemeinschaftsangehörigen begründen, sich vor Gericht auf sie zu berufen, demnach nicht zukommen. ... Der seit Erlaß der *Leber-Pfennig*-Urteile ... zumindest in einem Urteils-Tenor - soweit ersichtlich - erstmalig wieder verwandte Satz wird somit mangels gegenteiliger Anhaltspunkte im Sinne des Erfordernisses unmittelbarer Wirksamkeit der als Prüfungsmaßstab gedachten Völkervertragsnorm zu verstehen sein.“ Dafür, daß der

1. Rechtsprechung des EuGH zur unmittelbaren Anwendbarkeit von Gemeinschaftsabkommen

Ein bedeutendes Urteil in der Rechtsprechung des EuGH zur unmittelbaren Anwendbarkeit von Gemeinschaftsabkommen stellt die Rechtssache Kupferberg dar: In diesem Urteil, in dem es um das Freihandelsabkommen zwischen der EWG und Portugal, also ein Gemeinschaftsabkommen geht, stellt der EuGH vorab fest, daß die Gemeinschaftsorgane, die für Aushandeln und Abschluß eines Abkommens zuständig sind, mit diesem Land vereinbaren können, welche Wirkungen die Bestimmungen des Abkommens in der internen Rechtsordnung haben sollen. Nur wenn das Abkommen diesen Punkt nicht regelt, „haben die zuständigen Gerichte und hat insbesondere der EuGH im Rahmen seiner Zuständigkeit aufgrund des Vertrages über diese Frage ebenso wie über jede andere Auslegungsfrage im Zusammenhang mit der Anwendung des Abkommens in der Gemeinschaft zu entscheiden.“[541]

Seit dem Urteil Kupferberg nimmt der EuGH bei der Frage nach der unmittelbaren Anwendbarkeit eine zweigeteilte Prüfung vor[542]: Zum einen prüft er, ob Sinn, Zweck und Zusammenhang des Abkommens der unmittelbaren Anwendbarkeit entgegenstehen.[543] Zum anderen untersucht er, ob die Vorschriften „unbedingt und hinreichend klar gefaßt“[544] sind.

2. Rechtsprechung des EuGH zum GATT ′47 bzw. den welthandelsrechtlichen Abkommen

Nur wenige EuGH-Urteile betreffen bisher das neue Welthandelssystem. Der Großteil der EuGH-Rechtsprechung erging zum GATT ′47. Auf ihre Einbezie-

---

EuGH die Formulierung „berufen können“ in diesem Sinne versteht, läßt sich auch anführen, daß der Gerichtshof die Kriterien anwendet, die er auch hinsichtlich der unmittelbaren Anwendbarkeit von Gemeinschaftsrecht prüft. Allerdings sei darauf hingewiesen, daß der EuGH „sich berufen auf“ nicht eindeutig verwendet; teilweise benutzt er diese Formulierung dann, wenn es um die unmittelbare Anwendbarkeit geht, teilweise, wenn es um die Frage der subjektiven Rechte bzw. Pflichten geht. (Hervorhebung durch Kursivdruck im Original).

541 EuGH, Urteil vom 26.10.1982, Rs. 104/81, Slg. 1982, 3641[3644, 3663] R. 17-Kupferberg. So auch Wetzig, S. 95, für viele.

542 Ähnlich äußert sich auch Vedder, in: Grabitz/ Hilf, Art. 228 R. 49 m.w.H..

543 EuGH, Urteil vom 26.10.1982, Rs. 104/81, Slg. 1982, 3641[3644, 3665] R. 23-Kupferberg.

544 EuGH, Urteil vom 26.10.1982, Rs. 104/81, Slg. 1982, 3641[3644, 3665] R. 23-Kupferberg. Zur Prüfung dieses zweiten Erfordernisses kommt der EuGH beim GATT aber regelmäßig nicht mehr.

hung kann nicht verzichtet werden, zumal in der Diskussion um das neue WTO-System immer wieder auch die Argumente zum alten GATT vorgebracht werden. Anhand einiger wesentlicher Urteile soll die Auffassung des EuGH erläutert und kommentiert werden. Dabei sei hiermit darauf hingewiesen, daß die vom EuGH verwendete Begrifflichkeit sich von der der Verfasserin - wie schon oben dargelegt - unterscheidet.

a) GATT ´47

aa) Grundsatz des EuGH: Keine unmittelbare Anwendbarkeit

Die erste[545] Entscheidung des EuGH bezüglich der Auslegung des GATT-Abkommens stellt die Rechtssache International Fruit Company aus dem Jahre 1972 dar. Der EuGH betont in dieser Entscheidung, daß ein einzelner die Gültigkeit einer Verordnung nur bestreiten könne, wenn „die Bestimmungen des GATT ein Recht der Gemeinschaftsangehörigen begründen, sich vor Gericht auf sie zu berufen“[546]. Im Ergebnis lehnt der EuGH dies in bezug auf Art. XI GATT, um den es in concreto geht, ab.[547]

Auffällig ist, daß der EuGH in seinem Tenor zutreffend nur Art. XI GATT erwähnt, sich in den Entscheidungsgründen allerdings auf das GATT als ganzes bezieht, obwohl nur Art. XI GATT zur Entscheidung gestellt war. Das heißt, daß in Form eines obiter dictum auch zu allen übrigen GATT-Vorschriften Stellung genommen wird. Dies ist um so erstaunlicher, als der Generalanwalt zu Recht

---

545 Zwar befaßte sich der EuGH bereits 1962 mit dem GATT, allerdings betraf das Verfahren damals noch nicht die Auslegung des GATT (EuGH, Urteil vom 27.02.1962, Rs. 10/61, Slg. 1962, 7 ff- Kommission der Europäischen Wirtschaftsgemeinschaft/ Regierung der italienischen Republik).

546 EuGH, Urteil vom 12.12.1972, Verb. Rs. 21-24/72, Slg. 1972, 1219[1220, 1228] R. 19/20- International Fruit Company. In diesem grundlegenden Urteil stellt der EuGH a.a.O., Slg. 1972, 1219[1220, 1227] R. 7/9, fest: „Zunächst kann die Unvereinbarkeit einer Gemeinschaftshandlung mit einer Bestimmung des Völkerrechts die Gültigkeit dieser Handlung nur dann beeinträchtigen, wenn die Gemeinschaft an diese Bestimmung gebunden ist. Falls die Ungültigkeit vor einem staatlichen Gericht geltend gemacht wird, ist weiterhin erforderlich, daß diese Bestimmung ein Recht der Gemeinschaftsangehörigen begründen kann, sich vor Gericht auf sie zu berufen.“ So auch Schlußanträge des GA Jacobs vom 04.12.1997 zu EuGH, Urteil vom 16.06.1998, Rs. C-162/96, Slg. 1998, I- 3655[3659, 3679] Zf. 77- Racke, mit Verweis auf International Fruit Company, Urteil vom 12.12.1972, Rs. 21/72- 24/72, Slg. 1972, 1219[1220, 1227] R. 7 und 8 [im Original von GA Jacobs unkorrekt zitiert].

547 EuGH, Urteil vom 12.12.1972, Verb. Rs. 21-24/72, Slg. 1972, 1219[1220, 1229] R. 27- International Fruit Company.

betont, es reiche nicht aus, um zu klären, ob ein völkerrechtlicher Vertrag unmittelbar anwendbar[548] sei, diesen Vertrag „global zu betrachten. Die Prüfung muß vielmehr bei den besonderen Vorschriften ansetzen, deren Verletzung geltend gemacht wird, zumal gerade völkerrechtliche Verträge unmittelbar anwendbare Bestimmungen und gleichzeitig andere Bestimmungen enthalten können, die nicht unmittelbar gelten.“[549]

Obwohl der EuGH sich selbst für die Prüfung der unmittelbaren Anwendbarkeit wie in nachfolgenden ähnlichen Fällen die Kriterien „Sinn, Aufbau und Wortlaut“[550] gibt, stützt er seine Entscheidung nur auf den Zusammenhang, in den Art. XI GATT gestellt ist.[551]

Dabei beruft sich der EuGH in seiner Entscheidung International Fruit Company wie auch in späteren Urteilen insbesondere auf die „große Geschmeidigkeit“[552] der Bestimmungen des GATT. Diese werde vor allem bei den Ausnahmevorschriften sowie der Art und Weise des Streitbeilegungsverfahrens und Maßnahmen bei außergewöhnlichen Schwierigkeiten deutlich.[553] Beispielsweise haben die Vertragsparteien nach Art. XXII GATT ´47 die Vorstellungen der anderen Vertragsparteien, die die Anwendung des Abkommens betreffen, „wohl-

548 Es sei an dieser Stelle nochmals auf die begriffliche Konfusion hingewiesen, der auch der GA Mayras in der Rechtssache International Fruit Company unterliegt. So verwendet er die Begriffe „unmittelbare Wirkung“, „unmittelbar anwendbare Bestimmungen“ und „Bestimmungen ... , die nicht unmittelbar gelten“ für ein und dasselbe Phänomen, Schlußanträge des GA Mayras vom 25.10.1972 zu EuGH, Urteil vom 12.12.1972, Verb. Rs. 21-24/72, Slg. 1972, 1219[1231, 1236 f]- International Fruit Company.

549 Schlußanträge des GA Mayras vom 25.10.1972 zu EuGH, Urteil vom 12.12.1972, Verb. Rs. 21-24/72, Slg. 1972, 1219[1231, 1236 f]- International Fruit Company.

550 EuGH, Urteil vom 12.12.1972, Verb. Rs. 21-24/72, Slg. 1972, 1219[1220, 1228] R. 19- International Fruit Company; vgl. auch EuGH, Urteil vom 05.10.1994, Rs. C-280/93, Slg. 1994, I-4973[5039, 5071] R. 105- Deutschland/ Rat.

551 EuGH, Urteil vom 12.12.1972, Verb. Rs. 21-24/72, Slg. 1972, 1219[1220, 1229] R. 27- International Fruit Company: „Diese Regelungen zeigen zur Genüge, daß Artikel XI des GATT nach dem Zusammenhang, in den er gestellt ist, kein Recht der Gemeinschaftsangehörigen begründen kann, sich vor Gericht auf ihn zu berufen.“ Interessant ist in diesem Zusammenhang Kapteyns Äußerung, The International Lawyer 1974, 74[81]: „One has the impression that it is not so much „the spirit, the organization, and the wording“ of the Agreement from which the weak juridical character of these GATT provisions becomes apparent, but that it is especially *the practice* of the application of these GATT provisions, which has led to a weakening of their juridical character.“ (Hervorhebung im Original).

552 EuGH, Urteil vom 12.12.1972, Verb. Rs. 21-24/72, Slg. 1972, 1219[1220, 1228] R. 21- International Fruit Company.

553 EuGH, Urteil vom 12.12.1972, Verb. Rs. 21-24/72, Slg. 1972, 1219[1220, 1228] R. 21- International Fruit Company.

wollend“ zu prüfen und auf Antrag Konsultationen zu führen. Insbesondere hieraus hat der Gerichtshof die „große Geschmeidigkeit“[554] der Bestimmungen des GATT abgeleitet, die seiner Meinung nach eher politische Verfahren der Konsensbildung erfordern.[555]

Diese Rechtsprechung verdeutlicht, daß der EuGH zwei Aspekte für die Frage der unmittelbaren Anwendbarkeit als wesentlich erachtet: Zum einen stellt er auf das System des GATT ab, zum anderen auf den Inhalt der zu beurteilenden Vorschrift. Wie jedoch obige Ausführungen verdeutlichen, stützt der EuGH letztlich argumentativ die Ablehnung der unmittelbaren Anwendbarkeit stets ausschließlich auf die Merkmale des GATT und untersucht - soweit ersichtlich - nie den Inhalt der Bestimmung selbst dahingehend, ob diese Vorschrift klar, genau und unbedingt ist. Auffällig ist dabei, daß der EuGH - soweit ersichtlich - bisher nur dem GATT, jedoch keinem anderen internationalen Abkommen aufgrund seiner Merkmale generell die Fähigkeit abgesprochen hat, unmittelbar anwendbare Bestimmungen zu besitzen.[556] Ggf. hat der EuGH auch Vorschriften anderer internationaler Abkommen für nicht unmittelbar anwendbar befunden, jedoch setzte er dabei nie voraus, daß diese Abkommen allgemein jeglicher unmittelbaren Anwendbarkeit entbehrten.[557]

In Fortsetzung seiner Rechtsprechung in der Rechtssache International Fruit Company lehnt der EuGH auch im Fall Schlüter[558], in dem es um Art. II GATT geht, die unmittelbare Anwendbarkeit des GATT ab: Art. II GATT begründe kein Recht des einzelnen, auf das er sich vor Gericht berufen könne.[559] Begrün-

---

554 EuGH, Urteil vom 12.12.1972, Verb. Rs. 21-24/72, Slg. 1972, 1219[1220, 1228] R. 21- International Fruit Company.

555 Vgl. hierzu auch Weber, ArchVR 1997, 295[308]. Vgl. in diesem Kontext auch Drexl, FS Fikentscher, S. 822[826 f]: „Das GATT wurde so als politisches Instrument der Handelsdiplomatie eingestuft, das zwar als völkerrechtlicher Vertrag die Gemeinschaft rechtlich bindet (siehe Art. 228 Abs. 7 EG-Vertrag n.F. [nun Art. 300 Abs. 7 EGV]) ... , dessen Einhaltung aber weder auf Initiative von Privaten noch der Mitgliedstaaten vor den Gerichten in der Europäischen Union überprüft werden kann.“

556 Vgl. auch Schlußanträge des GA Tesauro vom 13.11.1997 zu EuGH, Urteil vom 26.06.1998, Rs. C-53/96, Slg. 1998, I-3603[3606, 3628] Zf. 30 Fn. 54- Hermès.

557 Vgl. auch Schlußanträge des GA Tesauro vom 13.11.1997 zu EuGH, Urteil vom 26.06.1998, Rs. C-53/96, Slg. 1998, I-3603[3606, 3628] Zf. 30 Fn. 54- Hermès.

558 EuGH, Urteil vom 24.10.1973, Rs. 9/73, Slg. 1973, 1135 ff- Carl Schlüter/ Hauptzollamt Lörrach (Ersuchen um Vorabentscheidung, vorgelegt vom Finanzgericht Baden-Württemberg).

559 Der EuGH stellt fest, „daß Art. II des GATT nach dem Zusammenhang, in den er gestellt ist, kein Recht der Gemeinschaftsangehörigen begründen kann, sich vor Gericht auf ihn zu berufen.“, EuGH, Urteil vom 24.10.1973, Rs. 9/73, Slg. 1973, 1135[1137, 1157] R. 30- Schlüter.

det wird dies wiederum mit der „großen Geschmeidigkeit“[560] der Vorschriften des GATT.[561] Auch in dieser Rechtssache stellt der EuGH nicht auf die konkrete Bestimmung des GATT, hier Art. II GATT, ab.[562] „Daher sind Zweifel anzumelden, ob der Gerichtshof tatsächlich die Wirkungen eines völkerrechtlichen Vertrages den gleichen Kriterien unterwirft wie die Frage unmittelbarer innerstaatlicher Anwendbarkeit von Gemeinschaftsrecht.“[563]

Richtigerweise bemerkt Bebr daher: „ ... angesichts seiner allgemeinen Erwägungen über Rechtsnatur und Ziele des GATT mag es zweifelhaft erscheinen, ob der Gerichtshof jemals eine Bestimmung dieses Abkommens für unmittelbar wirksam erklären könnte.“[564] „Überspitzt formuliert scheint die Gültigkeit eines Gemeinschaftsrechtsaktes in den Überlegungen des Gerichtshofs über den völkerrechtlichen Verpflichtungen zu stehen.“[565] Diese Aussage Bebrs ist jedoch nicht überspitzt, sondern verdeutlicht vielmehr den wahren Hintergrund für die Entscheidungen des EuGH. Denn mangels unmittelbarer Anwendbarkeit einer völkerrechtlichen Vorschrift ist nach Auffassung des EuGH eine Nachprüfung des Gemeinschaftsaktes ausgeschlossen, so daß zwangsläufig seine Gültigkeit gesichert ist.

Vor dem Hintergrund der Entscheidung Schlüter überrascht das Urteil Dürbeck[566] um so mehr: Hier verneint der Gerichtshof einen Verstoß der Kommis-

---

560 EuGH, Urteil vom 24.10.1973, Rs. 9/73, Slg. 1973, 1135[1137, 1157] R. 29- Schlüter.

561 EuGH, Urteil vom 24.10.1973, Rs. 9/73, Slg. 1973, 1135[1137, 1157] R. 30- Schlüter.

562 GA Roemer hat in seinen Schlußanträgen darauf hingewiesen, „daß die aus den Grundsätzen über die unmittelbare Anwendbarkeit des Gemeinschaftsrechts hergeleitete Überlegung der Klägerin nicht ohne weiteres verfängt, die Überlegung nämlich, auch bei Artikel 2 des GATT in Verbindung mit den Zollzugeständnissen für Käse handele es sich um eine klare, vollständige, wertmäßig bestimmte und unbedingte rechtliche Verpflichtung, die sich für eine unmittelbare Anwendung zugunsten der einzelnen eigne. - Entscheidend im Hinblick auf die GATT-Regeln ist nämlich - wie Bundesregierung, Rat und Kommission übereinstimmend hervorhoben - eine andere Überlegung. Tatsächlich wird man aus grundsätzlichen Erwägungen nicht annehmen können, daß einzelne aus GATT-Vereinbarungen Rechte ableiten und die Gültigkeit einer Gemeinschaftsverordnung so in Frage stellen können.“, Schlußanträge des GA Roemer vom 11.07.1973 zu EuGH, Urteil vom 24.10.1973, Rs. 9/73, Slg. 1973, 1135[1162, 1167] Zf. 4- Schlüter.

563 Nicolaysen, EuR 1974, 36[51], entgegen Millarg, EuR 1973, S. 151 f; Meier, AWD 1973, 377; Riesenfeld, AJIL 1973, S. 504[507].

564 Bebr, EuR 1983, 128[136]. Auch Smit/ Herzog, Art. 234.04 (6- 296.38) sehen dies ähnlich: „ ... it does not appear very likely that the Court of Justice will ever find any provision of GATT to be self-executing.“

565 Bebr, EuR 1983, 128[137].

566 In diesem Vorabentscheidungsverfahren geht es um die Gültigkeit einer Verordnung der Kommission.

sion gegen das GATT, ohne auf die unmittelbare Anwendbarkeit einzugehen .[567] Der EuGH erwähnt die Frage, ob sich die Klägerin überhaupt auf Art. I und II des GATT berufen könne, gar nicht, obwohl er ja im Urteil Schlüter entschieden hatte, eine Berufung des einzelnen auf Art. II GATT scheide aus. Allerdings ist hier das Unterlassen der Prüfung der unmittelbaren Anwendbarkeit von Vorteil für die Gemeinschaft.[568]

Ebensowenig untersucht der EuGH im Verfahren Nederlandse Spoorwegen[569], ob die Vorschriften dem einzelnen Rechte verleihen, sich auf sie zu berufen.

Diese exemplarische Darstellung von frühen EuGH-Urteilen zeigt bereits die inkonsequente Vorgehensweise des EuGH.

Diese Inkonsequenz wird auch durch das Urteil Kommission/ Deutschland[570] bestätigt. Hier verurteilt der EuGH die Bundesrepublik Deutschland zumindest teilweise, weil sie gegen eine internationale Übereinkunft im Rahmen des GATT verstoßen hat. Der EuGH betont dabei ausdrücklich folgendes: „In gleicher Weise gebietet es der Vorrang der von der Gemeinschaft geschlossenen völkerrechtlichen Verträge vor den Bestimmungen des abgeleiteten Gemeinschaftsrechts, diese nach Möglichkeit in Übereinstimmung mit diesen Verträgen auszulegen“.[571] Hier erkennt der EuGH den Vorrang also an, während er ihn in den „Bananen-Fällen“ weitestgehend ignoriert. Der EuGH verweigert im ersten „Bananen-Urteil“ der Bundesrepublik Deutschland, die die Rechtmäßigkeit einer Verordnung bestreitet[572], die Berufung auf die Bestimmungen des GATT.[573] Als

567 EuGH, Urteil vom 05.05.1981, Rs. 112/80. Slg. 1981, 1095[1096, 1120] R. 46- Firma Anton Dürbeck/ Hauptzollamt Frankfurt am Main-Flughafen (Ersuchen um Vorabentscheidung vorgelegt vom Hessischen Finanzgericht).

568 Eine Sondergruppe im Rahmen des GATT hatte die Vereinbarkeit der in Frage stehenden Maßnahmen der Gemeinschaft mit dem GATT geprüft und festgestellt, daß die Gemeinschaft durch den Erlaß der strittigen Schutzmaßnahmen weder gegen Artikel I noch gegen Artikel II des GATT verstoßen hat. Vgl. EuGH, Urteil vom 05.05.1981, Rs. 112/80, Slg. 1981, 1095 ff[1096, 1120] R. 46- Dürbeck.

569 EuGH, Urteil vom 19.11.1975, Rs. 38/75, Slg. 1975, 1439 ff- Nederlandse Spoorwegen.

570 EuGH, Urteil vom 10.09.1996, Rs. C-61/94, Slg. 1996, I-3989 ff- Kommission/ Deutschland.

571 EuGH, Urteil vom 10.09.1996, Rs. C-61/94, Slg. 1996, I-3989[4006, 4021] R. 52- Kommission/ Deutschland.

572 An dieser Stelle sei vorab darauf hingewiesen, daß der EuGH nicht unterscheidet, ob sich ein einzelner oder ein Mitgliedstaat auf das GATT beruft.

573 EuGH, Urteil vom 05.10.1994, Rs. C-280/93, Slg. 1994, I-4973[5039, 5074] R. 112- Deutschland/ Rat. Vgl. zum Urteil Deutschland/ Rat auch die Anmerkungen von Everling, CML Rev. 1996, 401 ff. Everling, ehemaliger Richter am EuGH, kann seine Verwunderung über dieses Urteil und die Äußerungen des Generalan-

Argument führt er an, daß die Vorschriften des GATT keinen unbedingten Charakter hätten und Sinn, Aufbau und Wortlaut des Abkommens keine unmittelbare Anwendbarkeit rechtfertigten.[574]

Ganz deutlich wird, daß der EuGH zweierlei Maß verwendet, je nachdem ob in concreto für die Gemeinschaft von Vorteil oder nicht[575], wenn man die Schlußanträge des Generalanwalts Tesauro im Fall Kommission/ Deutschland heranzieht. Seine Auffassung findet sich zwar nicht ausdrücklich in den EuGH-Urteilen, jedoch ergibt sich aus den Urteilen, daß der EuGH sie seinen Entscheidungen stillschweigend zugrunde legt. Der Generalanwalt vertritt die Auffassung, „daß die Überwachung eines Abkommens, das sowohl für die Gemeinschaft als auch für die Mitgliedstaaten verbindlich ist, vom Gerichtshof nur dann vorgenommen werden kann, wenn die Verletzung durch den Mitgliedstaat erfolgt ist, jedoch nicht, wenn die Verletzung des Abkommens auf ein Verhalten der Organe zurückzuführen ist. In diesem zuletzt genannten Fall unterliegt nämlich eine Verletzung der Verpflichtung aus dem GATT nur den völkerrechtlichen Sanktionen. ... Die Verpflichtungen aus dem GATT stellen kein Kriterium für die Rechtmäßigkeit des Verhaltens der Organe dar, auch wenn dieses zu einem Rechtsakt geführt hat, den die Mitgliedstaaten grundsätzlich beachten müssen.“[576] Kurioserweise bezeichnet der Generalanwalt diese vom ihm geäußerte

---

walts nicht verbergen, a.a.O., S. 421: „This commentator once more cannot avoid stating his perplexity in face of the reasoning given by the Advocate General as well as the Court.“ So stellt auch Oppermann, R. 1729 (S. 742), zu dieser Rechtsprechung zutreffend fest: „Gegenüber dem inzwischen „gehärteten“ WTO-Recht erscheint diese „Kleinschreibung“ des Art. 228 Abs. 7 = 300 Abs. 7 neu EGV noch weniger vertretbar (*Everling,* CMLRev 1996, S. 401 ff. und oben Rz. 1393 f.).“

574 EuGH, Urteil vom 05.10.1994, Rs. C-280/93, Slg. 1994, I-4973[5039, 5073] R. 110- Deutschland/ Rat. Herdegen, Europarecht R. 430 (S. 278), entspricht Herdegen, Europarecht, 2. Aufl. 1999, R. 447 (S. 331), beurteilt diese EuGH-Rechtsprechung wie folgt: „Damit wird im Grunde der normative Charakter der GATT-Verpflichtungen überhaupt in Zweifel gezogen.“

575 Diesen entscheidenden Aspekt, daß der EuGH nur auf den Vorteil der Gemeinschaft bedacht ist, übersehen von Bogdandy/ Makatsch, EuZW 2000, 261[267]. Sie nehmen zwar auch im Ansatz die Divergenzen der EuGH-Rechtsprechung in bezug auf Gemeinschaft und Mitgliedstaaten zur Kenntnis, jedoch ohne deren Hintergründe herauszuarbeiten. Letztlich bleiben ihre Ausführungen und die von ihnen vertretene Auffassung insgesamt etwas unklar. Sie scheinen die unterschiedliche Vorgehensweise des EuGH zu billigen.

576 Schlußanträge des GA Tesauro vom 07.05.1996 zu EuGH, Urteil vom 10.09.1996, Rs. C-61/94, Slg. 1996, I-3989[3992, 4003] Zf. 23- Kommission/ Deutschland.
In diese Richtung argumentiert auch Ullrich, GRUR Int. 1995, 623[638]: „Und wieso sollte das EG-Recht - wenn es das überhaupt könnte ... - eine solche Selbstentwaffnung vornehmen, wie sie die unmittelbare Anwendbarkeit darstellt, ganz abgesehen davon, daß es damit seine eigene Besonderheit gegenüber allgemeinem Völkervertragsrecht schmälerte ... ?“

Ansicht selbst als „höchst überraschend(e)“.[577] Sie ist allerdings nicht nur überraschend, sondern rechtlich hinsichtlich Art. 300 (ex-Art. 228) Abs. 7 EGV überaus bedenklich. Art. 300 (ex-Art. 228) Abs. 7 EGV schreibt nämlich vor, daß die nach Maßgabe dieses Artikels geschlossenen Abkommen auch für die Organe der Gemeinschaft verbindlich sind. Die Frage der unmittelbaren Anwendbarkeit ist dabei streng zu trennen von der der Rechtsverbindlichkeit der Abkommen und nicht mit ihr zu verwechseln. Auch nicht unmittelbar anwendbare Bestimmungen sind nämlich für die Gemeinschaft, ihre Organe und die Mitgliedstaaten verbindlich und als Rechtsnorm anwendbar.[578]

Zudem setzt sich der Generalanwalt durch seine gewagte Äußerung in Widerspruch zur ständigen Rechtsprechung des EuGH, nach der die Gemeinschaft an die Bestimmungen des GATT gebunden ist. Somit liegt der Verdacht nahe, die Entscheidung des EuGH in der Rechtssache Deutschland/ Rat beruht im wesentlichen auf politischen Motiven.[579] Dafür spricht auch, daß sich der EuGH in diesem Urteil trotz langjähriger Kritik der Literatur an seiner Rechtsprechung mit den Argumenten seiner Kritiker nicht einmal auseinandergesetzt hat, vielmehr seine Argumentationsschiene sogar noch erweitert hat.[580] Der Gerichtshof hat in der Tat die fehlende unmittelbare Anwendbarkeit des GATT nicht nur in bezug auf EU-Bürger festgestellt, sondern darüber hinaus auch den Mitgliedstaaten der Gemeinschaft verwehrt, sich darauf zu berufen.

Inkonsequent ist die Gemeinschaft auch insofern, als sie im Rahmen ihres eigenen Rechtssystems ihren Mitgliedern die unmittelbare Anwendbarkeit der gemeinschaftsrechtlichen Vorschriften auferlegt hat, selbst aber, eingebunden im WTO-System, die unmittelbare Anwendbarkeit dessen Vorschriften nicht akzeptiert. In diesem Zusammenhang ist zwar auch die unterschiedliche Struktur und Zielsetzung der beiden Systeme zu beachten - bei der Gemeinschaft steht ja im Gegensatz zum WTO-System der Integrationsgedanke im Mittelpunkt. Jedoch rechtfertigt dieser Unterschied jedenfalls nicht, daß sich die Gemeinschaft ihren Verpflichtungen aus dem Welthandelssystem entzieht, an die sie ja - wie oben dargestellt[581] - gebunden ist.

Drexl bemerkt daher zu Recht: „Nicht verkannt werden sollte freilich, wie problematisch die vom EuGH legitimierte >>Freiheit zum Vertragsbruch<< im

---

577 Schlußanträge des GA Tesauro vom 07.05.1996 zu EuGH, Urteil vom 10.09.1996, Rs. C-61/94, Slg. 1996, I-3989[3992, 4003] Zf. 23- Kommission/ Deutschland.

578 So auch Epiney, EuZW 1999, 5[7] Fn. 14.

579 Dafür, daß es sich bei der Argumentation des EuGH allgemein um einen „more policy-oriented approach than one based on strict legal construction“ handelt, spricht sich auch Hilf, Mich. J. Int'l L. 1997, 321[340], aus.

580 So auch Becker-Çelik, S. 135.

581 Vgl. Ausführungen unter D.

Lichte des Primärrechts ist. Der EG-Vertrag erklärt in Art. 228 Abs. 7[[582]] die von der Gemeinschaft abgeschlossenen Verträge für die Organe der Gemeinschaft für verbindlich. Dazu setzt sich der EuGH in Widerspruch, wenn er den Organen beim Erlaß von Sekundärrecht nochmals die Befugnis einräumt, über die Verbindlichkeit zu entscheiden[[583]]. Aus diesen Gründen tritt z.B. *Everling*[[584]] für eine umfassende Inzidentkontrolle am Maßstab des auch vom EuGH als verbindliches Gemeinschaftsrecht anerkannten GATT ein."[585]

Nicht außer acht gelassen werden darf, daß gemäß Art. 7 (ex-Art. 4) EGV auch der Gerichtshof ein Organ der Gemeinschaft darstellt, also auch er nach Art. 300 (ex-Art. 228) Abs. 7 EGV an die welthandelsrechtlichen Abkommen gebunden ist.[586]

Ferner beruft sich der EuGH auf seine ständige Rechtsprechung, „daß das GATT, dem nach seiner Präambel das Prinzip von Verhandlungen „auf der Grundlage der Gegenseitigkeit und zum gemeinsamen Nutzen" zugrunde liegt [[587]], durch die große Flexibilität seiner Bestimmungen gekennzeichnet ist, insbesondere derjenigen, die die Möglichkeiten einer Abweichung, die Maßnahmen, die bei außergewöhnlichen Schwierigkeiten getroffen werden können, und die Beilegung von Streitigkeiten zwischen den Vertragsparteien betreffen."[588] Hieraus folgerte er bereits in vorangegangenen Entscheidungen, daß sich ein einzelner Gemeinschaftsangehöriger vor Gericht nicht auf das GATT berufen könne, um die Rechtmäßigkeit einer Gemeinschaftshandlung zu bestreiten.

Obwohl mehrere Streitbeilegungsentscheidungen des GATT '47 bzw. der WTO die Einfuhrbeschränkungen der EG für Bananen mit den völkerrechtlichen Verpflichtungen aus dem GATT und GATS für unvereinbar erklärten, hat der EuGH diese übereinstimmend festgestellte GATT-Widrigkeit der Bananenmarkt-Verordnung[589] in seinen Entscheidungen meist ignoriert. Dabei ist zu be-

---

582 Art. 228 Abs. 7 EGV entspricht dem jetzigen Art. 300 Abs. 7 EGV.

583 Drexl, FS Fikentscher, S. 822[830 f], verweist auf Meng, S. 1063[1070], der sich - zumindest was die Gemeinschaft betrifft - kritisch hinsichtlich der Möglichkeit äußert, die unmittelbare Anwendbarkeit im Umsetzungsbefehl auszuschließen.

584 Drexl, FS Fikentscher, S. 822[830 f], verweist auf Everling, CML Rev. 1996, 401[422 f], der den Irrtum des EuGH aufzeigt, der für die Kontrolle nach Art. 230 (ex-Art. 173) EGV nicht zwischen Mitgliedstaaten und einzelnen als Klägern differenziert.

585 Drexl, FS Fikentscher, S. 822[830 f] (Hervorhebung im Original).

586 So auch Pescatore, RdC 1961 II, Bd. 103, S. 1[124].

587 Kapteyn, The International Lawyer 1974, 74[80] Fn. 12, wirft zu Recht die Frage auf, ob nicht den meisten Abkommen dieses Prinzip zugrunde liegt.

588 EuGH, Urteil vom 05.10.1994, Rs. C-280/93, Slg. 1994, I-4973[5039, 5072] R. 106- Deutschland/ Rat.

589 Kritisch zur Bananenmarktordnung mit einigen interessanten Zahlen, wie etwa der, daß die Marktordnung den europäischen Verbraucher jährlich 2 Mrd. US-Dollar zu-

achten, daß die Panel-Entscheidungen, die noch nach dem alten GATT ergingen, mangels Konsenses nicht verbindliches Recht wurden.[590] Damit hat der EuGH zwar nicht gegen verbindliches Sekundärrecht[591] des GATT verstoßen, aber gegen das primäre Welthandelsrecht. Dieses Verhalten des EuGH steht ferner weder mit dem Grundsatz völkerrechtskonformer Integration, der sich aus den Art. 300- 307 (ex-Art. 228- 234) EGV ableiten läßt, noch mit den gemeinschaftsrechtlichen Rechtsschutzgarantien in Einklang.[592] Letztere haben mit dem Inkrafttreten des Amsterdamer Vertrages dadurch eine Verstärkung erfahren, daß in dem neu geschaffenen Art. 6 Abs. 1 EUV ausdrücklich festgeschrieben wird, daß „Die Union ... auf den Grundsätzen ... der Rechtsstaatlichkeit" beruht. Nicht zu vergessen ist, daß zum Prinzip der Rechtsstaatlichkeit, das in der Präambel des EU-Vertrags ausdrücklich verankert ist, auch die Einhaltung von völkerrechtlichen Verträgen wie den welthandelsrechtlichen Abkommen gehört. [593] Auch mißachtet der EuGH mit seinen Entscheidungen das als Völkergewohnheitsrecht geltende Prinzip „pacta sunt servanda".

Außerdem verstößt die Gemeinschaft gegen die Pflicht zur Zusammenarbeit, die der EuGH - wie oben dargestellt - in seinem Gutachten 1/94 aus der zwischen der Gemeinschaft und den Mitgliedstaaten geteilten Zuständigkeit abge-

---

züglich 600 Mio. US-Dollar an Kosten der EU, die letztlich der Steuerzahler zu tragen habe, kostet, Bachmann, JuS 1997, 191. Aus diesen Zahlen folgert er a.a.O., daß es „schlicht abwegig" sei, sich auf das europäische Gemeinwohl zu berufen.

590 Zum alten und neuen Streitbeilegungssystem vgl. Ausführungen unter K.IV.1. Zu den wesentlichen Unterschieden zwischen beiden vgl. auch Ausführungen unter K.III.1.c).

591 Es sei an dieser Stelle daran erinnert, daß in dieser Arbeit Streitbeilegungsentscheidungen als sekundäres Welthandelsrecht eingeordnet werden, vgl. Kapitel C.I.

592 Petersmann, EuZW 1997, 325[327], sowie Petersmann, FS Fikentscher, S. 966[974], wirft der EG daher zu Recht „bürokratische[s] Machtstreben nach Maximierung der EG-Kompetenzen auf Kosten des Rechts- und Gerichtsschutzes der EG-Bürger und der Völkerrechtskonformität und Rechtsstaatlichkeit der EG" vor. Er greift dabei die EU an ihrer Basis, ihrer demokratischen Legitimation, an, a.a.O., S. 971: „Vom demokratischen Ideal der Herrschaft durch die Herrschaftsunterworfenen, ergänzt durch wirksamen Minderheitenschutz gegenüber mehrheitlichem Mißbrauch von Regierungsgewalt, bleibt die EU noch weit entfernt."
Petersmann, in: Müller-Graff, S. 81[83], folgert aus den Verletzungen des Welthandelsrechts durch die Gemeinschaft in den Bananen- und Hormonangelegenheiten, „dass die Rechtsstaatlichkeit der EG im Aussenwirtschaftsbereich rechtlich und gerichtlich nicht wirksam geschützt ist. ... Die desintegrierenden Auswirkungen derartiger Völker- und Gemeinschaftsrechtsverletzungen ... gefährden weite Bereiche der WTO- und EG-Integration. ... Ohne Einhaltung der völkerrechtlichen Bindungen der EG und EG-Mitgliedstaaten sind eine rechtsstaatliche Aussenpolitik, internationale Führungsrolle und erfolgreiche Politikintegration der EG unmöglich."

593 So auch Kuschel, EuZW 1996, 645[649].

leitet hat,[594] wenn sie dem Welthandelsrecht keine Vorrangstellung einräumt und ihm die unmittelbare Anwendbarkeit abspricht. Auch an sog. gemischte Abkommen sind Gemeinschaft und Mitgliedstaaten nämlich gemäß Art. 300 (ex-Art. 228) Abs. 7 EGV gebunden[595], so daß sie, unabhängig von der jeweiligen Zuständigkeit, gegenüber Drittstaaten in vollem Umfang haften müssen[596]. Das heißt, wenn die Gemeinschaft sich selbst GATT-widrig verhält, wie im Fall der Bananenmarkt-Verordnung geschehen, der EuGH aber gleichzeitig eine Berufung sowohl des einzelnen als auch der Mitgliedstaaten auf GATT-Normen ablehnt, dann läßt die Gemeinschaft die Mitgliedstaaten in die Haftung laufen.[597] Dieses Verhalten steht auch in Widerspruch zu der sich aus Art. 10 (ex-Art. 5) EGV ergebenden Kooperationspflicht.[598] Schon im Urteil Kupferberg hat der EuGH entschieden, daß die Einhaltung von Gemeinschaftsabkommen durch die Mitgliedstaaten „eine Pflicht [darstellt], die nicht nur dem betroffenen Drittland, sondern auch und vor allem der Gemeinschaft gegenüber besteht, die die Verantwortung für die ordnungsgemäße Durchführung des Abkommens übernommen hat."[599] Wenn dies schon für ein Gemeinschaftsabkommen gilt, das kein gemischtes Abkommen darstellt (wie im Fall Kupferberg), dann muß dies erst recht für gemischte Abkommen gelten, bei denen die Verflechtung zwischen Mitgliedstaaten und Gemeinschaft ja noch enger ist.

Auch in den Atlanta-Urteilen aus dem Jahre 1995[600] hält der EuGH an der Verleugnung der GATT-Widrigkeit der Bananenmarkt-Verordnungen, die er im

---

594 Gutachten 1/94 des EuGH vom 15.11.1994, Slg. 1994, I-5267[5419 f] R. 105 ff.

595 Vgl. obige Ausführungen unter D.

596 Vgl. obige Ausführungen unter E.

597 Angesichts dieser haarsträubenden Konstellation verwundert es nicht, daß Stein als Antwort auf die Frage „Warum ist die Banane krumm?" erklärt, „daß sie sich krümmte, als sie von der betreffenden Rechtsprechung des EuGH Kenntnis nahm", Stein, EuZW 1998, 261.
Everling, CML Rev. 1996, 401, stellt die Frage: „Will Europe slip on bananas?" Vgl. auch a.a.O., S. 434; Petersmann, CML Rev. 1995, 1123[1164], wirft die Frage auf: „Will the EU degenerate into a „banana republic"?"

598 So weist Herdegen, Europarecht R. 435 (S. 279), entspricht Herdegen, Europarecht, 2. Aufl. 1999, R. 451 (S. 333 f), zutreffend auf folgendes hin, ohne dabei allerdings Art. 10 (ex-Art. 5) EGV zu erwähnen: „ ... die Gemeinschaftsorgane und damit auch der EuGH [haben] eine besondere Verpflichtung, die Mitgliedstaaten vor einer völkerrechtlichen Haftung wegen Vetragsverstoßes zu bewahren."

599 EuGH, Urteil vom 26.10.1982, Rs. 104/81, Slg. 1982, 3641[3644, 3662] R. 13-Kupferberg.

600 EuGH, Urteile vom 09.11.1995, Rs. C-465/93 und C-466/93, Slg. 1995, I-3761 ff, und Slg. 1995, I-3799 ff- Atlanta Fruchthandelsgesellschaft mbH u.a. (I und II) gegen Bundesamt für Ernährung und Forstwirtschaft (Vorabentscheidungsersuchen des Verwaltungsgerichts Frankfurt am Main).

Urteil Deutschland/ Rat von 1994 prägte, weiterhin fest. Allerdings spielt sich auch dieser Sachverhalt noch unter der Geltung des alten GATT ab.

Sowohl in den Atlanta-Urteilen als auch im Urteil Deutschland/ Rat aus dem Jahre 1994 stuft der EuGH den juristischen Gehalt und die Bedeutung des GATT-Abkommens als äußerst gering ein. Dies erstaunt um so mehr, als das neue deutlich verbesserte und verrechtlichte WTO-System zumindest im Zeitpunkt des Erlasses der Atlanta-Urteile schon in Kraft war und auch bereits 1994 zum Zeitpunkt des Urteils Deutschland/ Rat in seinem Inhalt bereits feststand. Dennoch verliert der EuGH hierzu kein einziges Wort. Aus dieser Tatsache konnte man schon ein Indiz dafür ableiten[601], daß der Gerichtshof unzutreffend auch das neue GATT und Welthandelsrecht nicht anders beurteilen würde als das alte, wie im Urteil Portugal/ Rat[602] geschehen.

bb) Scheinbare Ausnahme: EuGH in den Rechtssachen Fediol und Nakajima

In den Entscheidungen Fediol und Nakajima hat der EuGH eine seitdem in ständiger Rechtsprechung[603] bestätigte scheinbare Ausnahme von seinem Grundsatz, GATT-Vorschriften seien in der Gemeinschaft nicht unmittelbar anwendbar, geschaffen:

Der EuGH habe die Rechtmäßigkeit einer Gemeinschaftshandlung dann im Hinblick auf die Vorschriften des GATT zu prüfen, wenn die Gemeinschaft eine bestimmte, im Rahmen des GATT übernommene Verpflichtung erfüllen wolle[604] oder wenn die Gemeinschaftshandlung ausdrücklich auf spezielle Bestimmungen dieses Abkommens verweise[605].

So fortschrittlich wie die Entscheidung Fediol[606] auf den ersten Blick scheint, ist sie allerdings nicht. Denn es handelt sich nicht um eine Rechtsprechungsänderung[607]. Die unmittelbare Anwendbarkeit resultiert nämlich nicht aus dem GATT

601 Allerdings schien das Urteil Hermès, EuGH, Urteil vom 16.06.1998, Rs. C-53/96, Slg. 1998, 3603 ff, anderes anzudeuten, vgl. hierzu Ausführungen unter K.II.2.b).

602 EuGH, Urteil des EuGH vom 23.11.1999, Rs. C-149/96, Slg. 1999, I-8395 ff- Portugiesische Republik/ Rat.

603 Vgl. etwa das erste „Bananen-Urteil", EuGH, Urteil vom 05.10.1994, Rs. C-280/93, Slg. 1994, I-4973[5039, 5074] R. 111- Deutschland/ Rat.

604 EuGH, Urteil vom 07.05.1991, Rs. C-69/89, Slg. 1991, I-2069[2169, 2178] R. 9- Nakajima.

605 EuGH, Urteil vom 22.06.1989, Rs. 70/87, Slg. 1989, 1781[1825, 1830 f] R. 19- Vereinigung der Ölmühlenindustrie der EWG (Fediol)/ Kommission der Europäischen Gemeinschaften (Fediol III).

606 EuGH, Urteil vom 22.06.1989, Rs. 70/87, Slg. 1989, 1781 ff- Fediol III.

607 So auch Langer, S. 161, und GA Saggio in seinen Schlußanträgen vom 25.02.1999 zu EuGH, Urteil vom 23.11.1999, Rs. C-149/96, Slg. 1999, I-8395[8397, 8407] Zf.

an sich, sondern aus der Verordnung, die auf das Völkerrecht und damit mittelbar auf das GATT verweist. Das GATT hat also nur „normausfüllende Funktion" [608], wie Drexl zutreffend feststellt.[609] Man könnte auch von „mittelbarer Anwendbarkeit" sprechen, wie dies teilweise in der Literatur getan wird.[610]

Einen gewissen vorsichtigen Rückzug von seiner früheren Rechtsprechung wagt der EuGH aber dennoch. Während er früher generell die unmittelbare Anwendbarkeit der GATT-Normen verneint hatte, drückt er sich in Fediol deutlich vorsichtiger aus: Er habe „*verschiedene[n][*[611]*]* Bestimmungen des GATT"[612] die unmittelbare Anwendbarkeit abgesprochen.

In Nakajima begründet der EuGH die unmittelbare Anwendbarkeit damit, daß die von der Klägerin[613] beanstandete neue Grundverordnung zur Erfüllung der internationalen Verpflichtungen der Gemeinschaft erlassen worden sei, die daher zu gewährleisten habe, daß die Bestimmungen des GATT und der dazu erlassenen Durchführungsvorschriften eingehalten würden.[614] Dieses Urteil ist

---

17 Fn. 20- Portugal/ Rat; a.A.: Tomuschat, in GTE, Art. 228 R. 64, der unzutreffend von einem Rechtsprechungswandel ausgeht.

608 Drexl, GRUR Int. 1994, 777[784].

609 So bemerkt auch Langer, S. 161, zu Recht, daß die „Entscheidung ... in Wahrheit jedoch die bisherige Linie fortführt und lediglich zu jenen „mittelbaren" Wirkungen der GATT-Vorschriften fortschreitet."

610 Eeckhout, CML Rev. 1997, 11[40 ff]; Schroeder/ Selmayr, JZ 1998, 344[347], verwenden den Begriff „*mittelbare Geltung*", weil die Geltung des GATT im Gemeinschaftsrecht nicht auf dem Inkrafttreten des GATT selbst beruht, sondern nur auf dem Wirksamwerden der Sekundärrechtsakte.

611 Hervorhebung der Verfasserin.

612 EuGH, Urteil vom 22.06.1989, Rs. 70/87, Slg. 1989, 1781[1825, 1830 f] R. 19- Fediol III: „Insoweit ist daran zu erinnern, daß der Gerichtshof in der Tat wiederholt entschieden hat, daß *verschiedene* Bestimmungen des GATT kein Recht der Gemeinschaftsangehörigen, sich vor Gericht auf sie zu berufen, begründen konnten ... . Man kann aus dieser Rechtsprechung jedoch nicht herleiten, daß die Rechtsbürger sich vor dem Gerichtshof nicht auf die Bestimmungen des GATT berufen können, um feststellen zu lassen, ob ein Verhalten, das in einem gemäß Artikel 3 der Verordnung Nr. 2641/84 gestellten Antrag beanstandet wird, eine unerlaubte Handelspraktik im Sinne dieser Verordnung darstellt. Denn die Bestimmungen des GATT sind Bestandteil der Regeln des Völkerrechts, auf die Artikel 2 Absatz 1 der genannten Verordnung verweist, was auch durch die zweite Begründungserwägung in Verbindung mit der vierten Begründungserwägung bestätigt wird ." (Hervorhebung der Verfasserin).

613 Bei der Klägerin handelt es sich um eine Privatperson.

614 EuGH, Urteil vom 07.05.1991, Rs. C-69/89, Slg. 1991, I-2069[2169, 2178] R. 30, 31- Nakajima. Diese Rechtsprechung in der Rechtssache Nakajima, nach der ein Unternehmen die Rechtmäßigkeit der gemeinschaftsrechtlichen Grundverordnung in bezug auf den GATT-Antidumpingkodex prüfen lassen kann, bestätigt der EuGH in mehreren Rechtssachen: EuGH, Urteil vom 13.02.1992, Rs. C-105/90, Slg. 1992, I-

insofern zu kritisieren, als es nicht darauf ankommen kann, ob ein Rechtsakt der Gemeinschaft „zur Erfüllung"[615] von GATT-Bestimmungen erlassen wurde. Denn die Gemeinschaft ist stets an die GATT-Vorschriften gebunden.[616] Infolgedessen ist sie auch immer zur GATT-konformen Auslegung verpflichtet.[617]

„Die Nakajima-Doktrin weist den Gesetzgebungsorganen der EG die Entscheidung darüber zu, ob Gerichte in der EU befugt sein sollen, auf Initiative von betroffenen Privaten und der Mitgliedstaaten die Rechtmäßigkeit von Sekundärrecht am Maßstab des GATT zu überprüfen .... Die Gemeinschaftsorgane haben gleichsam selbst zu bestimmen, ob sie sich hinsichtlich der Einhaltung völkerrechtlicher Verträge der Kontrolle der Gerichte in der Union unterwerfen wollen."[618]

Daß der EuGH auch in den erwähnten Entscheidungen Fediol und Nakajima nicht von der fehlenden unmittelbaren Anwendbarkeit des GATT '47 abgerückt ist, belegen auch spätere Entscheidungen wie das erste „Bananen-Urteil".[619]

677[715, 724] R. 33- Goldstar Co. Ltd/ Rat der Europäischen Gemeinschaften; EuGH, Urteil vom 10.03.1992, Rs. C-175/87, Slg. 1992, 1409[1467, 1478] R. 41-43- Matsushita Electric Industrial Co. Ltd und Matsushita Electric Trading Co. Ltd/ Rat der Europäischen Gemeinschaften sowie EuGH, Urteil vom 10.03.1992, Rs. C-188/88, Slg. 1992, 1689[1727, 1735] R. 23 zur Zulässigkeit und [1741] R. 47 zur Begründetheit- NMB (Deutschland) GmbH u.a./ Kommission der Europäischen Gemeinschaften.

615 EuGH, Urteil vom 07.05.1991, Rs. C-69/89, Slg. 1991, I-2069[2169, 2178] R. 31- Nakajima.

616 Diese Bindung der Gemeinschaft an das GATT hat der EuGH in ständiger Rechtsprechung festgestellt: vgl. beispielsweise EuGH, Urteil vom 07.05.1991, Rs. C-69/89, Slg. 1991, I-2069[2169, 2178] R. 9- Nakajima; EuGH, Urteil vom 12.12.1972, Verb. Rs. 21-24/72, Slg. 1979, 1219[1220, 1229] R. 14/18- International Fruit Company.

617 So auch Ott, S. 149. Vgl. zur welthandelsrechtskonformen Auslegung auch Ausführungen unter L.

618 Drexl, FS Fikentscher, S. 822[828].

619 EuGH, Urteil vom 05.10.1994, Rs. C-280/93, Slg. 1994, I-4973[5039, 5073] R. 109 ff- Deutschland/ Rat. Auf der Linie der Nakajima-Rechtsprechung befindet sich auch das EuGH-Urteil vom 12.11.1998, Rs. C-352/96, Slg. 1998, I-6937[6949, 6955] R. 19-21- Italienische Republik/ Rat der Europäischen Union, vgl. a.a.O. insbes. R. 20: „Die Gemeinschaft wollte mit dem Erlaß der Verordnung entsprechend den Vereinbarungen, die sie im Anschluß an die aufgrund von Artikel XXIV Absatz 6 des GATT geführten Verhandlungen mit Drittländern geschlossen hatte, eine bestimmte, im Rahmen des GATT übernommene Verpflichtung erfüllen." A.a.O. R. 21: „Daraus folgt, daß der Gerichtshof die Rechtmäßigkeit der streitigen Verordnung im Hinblick auf die Vorschriften des GATT zu prüfen hat ..." Die Auffassung des EuGH entspricht diesbezüglich der des GA in dieser Rechtssache, vgl. Schlußanträge des GA Mischo vom 28.04.1998 zu EuGH, Urteil vom 12.11.1998, Rs. C-352/96, Slg. 1998, I-6937[6939, 6943] Zf. 22 f- Italien/ Rat.

Es handelt sich also in den Rechtssachen Fediol und Nakajima nur auf den ersten Blick um eine Ausnahme, die sich aber bei genauerem Hinsehen als nur scheinbare herausstellt.[620]

So wird die Nakajima/- Fediol- Rechtsprechung des EuGH in der Literatur zu Recht wie folgt beurteilt: „Diese Fallkonstellationen sind jedoch kein Beleg für eine insgesamt differenziertere Sichtweise des *Gerichtshofs* bezüglich der unmittelbaren Anwendbarkeit des GATT. Es handelt sich vielmehr um besondere Anwendungsfälle der Verpflichtung zur völkerrechtskonformen Auslegung des Gemeinschaftsrechts."[621] In der Literatur wird die Fediol- und Nakajima-Rechtsprechung des EuGH auch wie folgt beschrieben: „Die GATT-konforme Auslegung des Sekundärrechts ist bislang das einzige vom *Gerichtshof* akzeptierte Instrument zur Durchsetzung von GATT-Verpflichtungen gegenüber Gemeinschaftsrecht."[622]

Tomuschat schließt aus der seiner Meinung nach ungeschickten Formulierung in der Rechtssache Fediol, daß die generelle Ablehnung der unmittelbaren Anwendbarkeit des GATT in Zukunft abzulösen ist durch die Untersuchung jeder einzelnen Bestimmung auf ihre Fähigkeit zur unmittelbaren Anwendbarkeit.[623]

Es sei an dieser Stelle angemerkt, daß die Urteile in den Rechtssachen Nakajima und Fediol, auch wenn sie nur eine scheinbare Ausnahme von der International Fruit-Doktrin darstellen, Bedeutung für die innerstaatliche bzw. innergemeinschaftliche Wirkung des WTO-Rechts haben.[624]

b) Neues WTO-System

Ob der EuGH angesichts des neuen WTO-Systems anders über die unmittelbare Anwendbarkeit entscheiden wird, blieb zunächst weitestgehend offen[625]. In der

620 So auch Schlußanträge des GA Tesauro vom 13.11.1997 zu EuGH, Urteil vom 16.06.1998, Rs. C-53/96, Slg. 1998, 3603[3606, 3625] Fn. 45- Hermès, vgl. auch Schlußanträge des GA Saggio vom 25.02.1999 zu EuGH, Urteil vom 23.11.1999, Rs. C-149/96, Slg. 1999, I-8395[8397, 8407] Zf. 17 Fn. 20- Portugal/ Rat.

621 Weber/ Moos, EuZW 1999, 229 (Hervorhebung im Original). Vgl. auch Kempen, S. 417[436 f]; Neuwahl, in: Emiliou/ O'Keeffe, S. 313[326]: „Although it may seem at first sight as if the Court gave direct effect to the GATT provisions involved, it did not in fact change its earlier caselaw regarding the lack of direct effect of GATT. Rather, this seems to be a case of GATT-conform interpretation of Community measures required by Regulation 2641/84."; Ott, S. 149.

622 Weber/ Moos, EuZW 1999, 229 (Hervorhebung im Original).

623 Tomuschat, in: GTE, Art. 228 R. 64.

624 Vgl. auch Drexl, FS Fikentscher, S. 822[828].

625 Vgl. Schlußanträge des GA Lenz vom 16.02.1995 zu EuGH, Urteil vom 12.12.1995, Rs. C-469/93, Slg. 1995, I-4533[4536, 4544] Zf. 21- Amministrazione

Literatur wird vielfach darauf hingewiesen, daß die Rechtsprechung des EuGH zum alten GATT nicht auf das neue WTO-System übertragen werden kann.[626]

In der Rechtssache Affish geht der EuGH trotz Ausführungen seitens des Generalanwalts Cosmas auf die Frage der unmittelbaren Anwendbarkeit nicht ein, weil das vorlegende Gericht den Gerichtshof nicht ersucht habe, die streitige Entscheidung anhand des Übereinkommens über die Anwendung gesundheitspolizeilicher und pflanzenschutzrechtlicher Maßnahmen[627] zu prüfen, und er diese Prüfung auch nicht von Amts wegen vornehmen müsse.[628]

Wie in der Angelegenheit Affish kann der EuGH auch im Urteil Port eine Stellungnahme zur Frage der unmittelbaren Anwendbarkeit aus prozessualen Gründen vermeiden. Obwohl diese Frage in der Rechtssache Port ausdrücklich gestellt ist, gibt der EuGH hierauf keine Antwort, weil schon die Vorfragen, von deren Bejahung die Beantwortung dieser Frage abhängig ist, mangels Zugehö-

---

delle finanze dello Stato/ Chiquita Italia SpA (Vorabentscheidungsersuchen des Tribunale Triest), der zwar in dieser Rechtssache die unmittelbare Anwendbarkeit in bezug auf das GATT '47 ablehnt, die Antwort auf die Frage der unmittelbaren Anwendbarkeit für das GATT '94 jedoch explizit offenläßt.

626 So etwa Becker-Çelik, EWS 1997, 12[14 ff]; Becker-Çelik, S. 136 f; Drexl, in: Beier/ Schricker (Hrsg.), From GATT to TRIPs, S. 18[37]: „The transformation of the GATT into the World Trade Organization calls for a review of the arguments put forward in the past. It is possible to maintain those arguments that derive from unchanged Community law only. To the extent, however, that the European Court of Justice has relied on the special nature of GATT, case law may need to be amended.“; Montañà I Mora, Col. J. of Transnat'l L. 1993, 103[173, 180], hält es für wahrscheinlicher, daß der Gerichtshof zugunsten der unmittelbaren Anwendbarkeit entscheiden werde; Weber/ Moos, EuZW 1999, 229[230].
Vgl. zu diesem Argument auch die Ausführungen unter K.III.1.
Man beachte aber auch abweichende Meinungen: Krenzler, in: Grabitz/ Hilf, E 1 R. 82-85; Schäfers, GRUR Int. 1996, 763[775], der hinsichtlich der Bereitschaft des EuGH, dem neuen Welthandelssystem unmittelbare Anwendbarkeit zuzuerkennen, pessimistisch ist. Spuhler, S. 249, geht davon aus, daß der EuGH sich „aus Praktikabilitätsgründen“ zur unmittelbaren Anwendbarkeit des TRIPs der Auffassung von Rat und Kommission anschließt, weil er so eine Rechtsprechungsänderung vermeidet. Hierfür scheint zwar - zumindest nach dem Urteil des EuGH vom 23.11.1999 in der Rs. C-149/96, Slg. 1999, I-8395 ff (Portugal/ Rat) - einiges zu sprechen. Dies heißt jedoch nicht, daß diese Auffassung des EuGH daher richtig ist. Außerdem ist mit dieser Entscheidung des EuGH noch nichts über die weitere Entwicklung seiner Rechtsprechung gesagt.

627 Dieses Abkommen ist eines der multilateralen Abkommen, das im Rahmen der WTO geschlossen wurde. Abgedruckt in: Benedek, Textausgabe, S. 182 ff; GATT-Secretariat, The Legal Texts, S. 69 ff.

628 EuGH, Urteil vom 17.07.1997, Rs. C-183/95, Slg. 1997, I-4315[4362, 4372] R. 28-Affish BV/ Rijksdienst voor de keuring van Vee en Klees (Vorabentscheidungsersuchen des Präsidenten des College van Beroep voor het Bedrijfsleven).

rigkeit von Ecuador zum GATT zum fraglichen Zeitpunkt verneint werden.[629] Gegenstand dieses Urteils ist der Import von Bananen aus Ecuador im Jahr 1995. Zu diesem Zeitpunkt war Ecuador allerdings noch nicht Mitglied des WTO-Systems (es wurde erst 1996 Mitglied der WTO; Ecuador war auch nicht Partei des GATT ´47 gewesen). Allerdings weist Generalanwalt Elmer in dieser Rechtssache ausdrücklich darauf hin, daß seines Erachtens die Rechtsprechung des EuGH zum GATT ´47 auf das GATT ´94 übertragen werden kann.[630] Dabei stützt er sich aber, ohne eine nähere Begründung abzugeben, wohl lediglich auf die Begründungserwägung des Ratsbeschlusses, auf die noch im folgenden unter K.III.2 und I.III.3.a) genauer eingegangen wird.

Ebensowenig trifft der EuGH in „Hermès“[631] zur unmittelbaren Anwendbarkeit eine Entscheidung.[632] Zwar wird über die Frage der unmittelbaren Anwendbarkeit des Art. 50 TRIPs verhandelt, jedoch betont der EuGH ausdrücklich, er habe hierüber im konkreten Fall nicht zu entscheiden, zumal er nur die vorgelegte Auslegungsfrage zu beantworten habe.[633] Dies überrascht um so mehr, als der Generalanwalt hierzu ausführlich Stellung nimmt.[634] Daß der EuGH die

---

629 EuGH, Urteil vom 10.03.1998, Verb. Rs. C-364/95 und C-365/95, Slg. 1998, I-1023[1035, 1052 f] R. 63-67- Port.

630 Schlußanträge des GA Elmer vom 24.06.1997 zu EuGH, Urteil vom 10.03.1998, Verb. Rs. C-364/95 und C-365/95, Slg. 1998, I-1023[1026, 1033] Zf. 29- Port. Vgl. hierzu die Ausführungen unter K.III.1, die dies widerlegen.

631 EuGH, Urteil vom 16.06.1998, Rs. C-53/96, Slg. 1998, I-3603 ff (entspricht EuZW 1998, 572). Im Ausgangsrechtsstreit ging es um die Verletzung von Urheber- und Markenrechten durch das Inverkehrbringen von nachgeahmten Hermès-Krawatten. Die Antragstellerin (Inhaberin von Wortmarke und Wort- und Bildmarke Hermès) hat einen Antrag auf Erlaß einstweiliger Maßnahmen gestellt, um der Antragsgegnerin die Verletzung ihrer Rechte untersagen zu lassen. In diesem Zusammenhang stellte sich das Gericht die Frage, ob eine einstweilige Maßnahme im Sinne von Art. 50 Abs. 6 TRIPs gegeben ist, die sie dem EuGH gemäß dem Verfahren nach Art. 234 (ex-Art. 177) EGV vorlegte.

632 So bemerkt Desmedt, JIEL 1998, 679[681], zutreffend: „The judgement was a disappointment to the many who had expected the Court to elaborate upon the direct effect of the TRIPs provision in question.“

633 EuGH, Urteil vom 16.06.1998, Rs. C-53/96, Slg. 1998, I-3603[3637, 3650] R. 35- Hermès (entspricht EuZW 1998, 572[574]). Griller übersieht diese Begründung des EuGH, weshalb der EuGH nicht über die Frage der unmittelbare Anwendbarkeit entscheidet. Denn er folgert daraus, daß der EuGH sich nicht zur unmittelbaren Anwendbarkeit von Art. 50 Abs. 6 TRIPs äußert, daß der Gerichtshof die Entscheidung dieser Frage den nationalen Gerichten überlassen wolle, zumal diese Norm in den nationalen Zuständigkeitsbereich falle, Griller, JIEL 2000, 441[471] Fn. 157. Für eine derart weite Interpretation dieses Urteils finden sich jedoch in der Rechtsprechung des EuGH keine Anhaltspunkte.

634 Schlußanträge des GA Tesauro vom 13.11.1997 zu EuGH, Urteil vom 26.06.1998, Rs. C-53/96, Slg. 1998, I-3603[3606, 3621 ff] Zf. 22 ff, 37- Hermès. Es sei schon

Frage der unmittelbaren Anwendbarkeit in seiner Entscheidung völlig ausklammert, erstaunt auch insofern, als diese Frage für den Ausgangsrechtsstreit von erheblicher Bedeutung ist und der EuGH sich in früheren Urteilen dahingehend geäußert hat, daß er aufgrund des dem Verfahren nach Art. 234 (ex-Art. 177) EGV zugrundeliegenden „Geistes der Zusammenarbeit“[635] dem vorlegenden Gericht „alle zweckdienlichen Anhaltspunkte für die Auslegung zu geben“[636] hat.[637]

Außerdem ist es seit der Entscheidung van Gend & Loos[638] ständige Rechtsprechung des EuGH, daß der EuGH „gemäß Artikel 177 [nun Art. 234] Buchstabe a des Vertrages die Tragweite von Artikel 12[[639]] des Vertrags im Rahmen des Gemeinschaftsrechts unter dem Gesichtspunkt seiner Geltung für den Einzelnen [Großschreibung im Original] festzustellen“[640] hat.

Allerdings liegt in der Rechtssache Hermès mangels einschlägiger Durchführungsverordnung auch kein dem Urteil Fediol vergleichbarer Sachverhalt zugrunde. Damit kommt eine „mittelbare Wirkung„ nur durch das Institut der völkerrechtskonformen Auslegung[641] in Betracht.[642] Demnach ist Welthandels-

---

an dieser Stelle erwähnt, daß der GA a.a.O., S. 3610, darauf hinweist, daß der Wortlaut der gestellten Vorlagefrage zeige, daß das vorlegende Gericht weder Zweifel an der Zuständigkeit des EuGH zur Auslegung des Art. 50 TRIPs „noch an der unmittelbaren Geltung dieser Vorschrift zugunsten einzelner vor den nationalen Gerichten hat“. Es wird darauf hingewiesen, daß der Begriff „unmittelbare Geltung“ hier vom GA nicht zutreffend verwendet wird. Zum Begriff der unmittelbaren Geltung vgl. K.I.2.

635 Zitiert nach Schlußanträgen des GA Tesauro vom 13.11.1997 zu EuGH, Urteil vom 16.06.1998, Rs. C-53/96, Slg. 1998, I-3603[3606, 3622] Zf. 22 Fn. 35- Hermès.

636 EuGH, Urteil vom 06.11.1979, verb. Rs. 16/79- 20/79, Slg. 1979, 3327[3328, 3339] R. 8- Strafverfahren gegen Joseph Danis und andere (Ersuchen um Vorabentscheidung, vorgelegt vom belgischen Hof van Cassatie).

637 Vgl. EuGH Urteil vom 06.11.1979, Verb. Rs. 16/79- 20/79, Slg. 1979, 3327[3328, 3339] R. 8- Strafverfahren gegen Joseph Danis und andere; vgl. auch EuGH, Urteil vom 25.06.1992, Rs. C-147/91, Slg. 1992, I-4097[4112, 4115] R. 6- Strafverfahren gegen Michèle Ferrer Laderer (Vorabentscheidungsersuchen des Juzgado de lo Penal Nr. 4 Alicante): „[Es] ist daran zu erinnern, daß es im Rahmen des durch Artikel 177 eingeführten Verfahrens der Zusammenarbeit zwischen innerstaatlichen Gerichten und dem Gerichtshof Aufgabe des Gerichtshofes ist, durch Auslegung der in Betracht kommenden gemeinschaftsrechtlichen Vorschriften dem innerstaatlichen Richter eine für die Entscheidung des bei ihm anhängigen Verfahrens sachdienliche Antwort zu geben.“

638 EuGH, Urteil vom 16.08.1962, Rs. 26/62, Slg. 1963, 1 ff- van Gend & Loos.

639 Dies gilt selbstverständlich entsprechend für andere Vorschriften. Ex-Art 12 EGV entspricht nun Art. 25 EGV.

640 EuGH, Urteil vom 16.08.1962, Rs. 26/62, Slg. 1963, 1[23 f]- van Gend & Loos.

641 Vgl. hierzu Ausführungen unter L.II.

642 So auch von Bogdandy, NJW 1999, 2088[2089].

recht nicht nur in den den Rechtssachen Fediol und Nakajima vergleichbaren oben dargestellten Fallkonstellationen „unmittelbar“[643] bzw. mittelbar anwendbar. Vielmehr läßt sich aus dem Urteil Hermès eine weitere Fallgestaltung ableiten, in der das Welthandelsrecht mittelbare Wirkung entfaltet: „sämtliches Sekundärrecht ist im Lichte des WTO-Rechts auszulegen und nicht nur Sekundärrechtsakte, die zur Durchführung des WTO-Rechts ergangen sind; diese Erweiterung ergibt sich aus seiner [Anmerkung der Verfasserin: des EuGH] Begründung der Auslegungskompetenz. Dem Hermès-Urteil kann entnommen werden, daß der *EuGH* generell eine mittelbare Wirkung von Normen der WTO im Wege der völkerrechtskonformen Auslegung annimmt, ohne daß es auf deren Geeignetheit für eine unmittelbare Wirkung ankäme“.[644]

Wie auch der Generalanwalt Tesauro richtig feststellt, zeigt die Vorlagefrage, daß das vorlegende Gericht keine Zweifel an der unmittelbaren Anwendbarkeit des Art. 50 TRIPs hatte.[645] Dementsprechend wurde bezüglich der unmittelbaren Anwendbarkeit dieser Vorschrift auch keine Frage vorgelegt.

Eine Auslegung des in der Rechtssache Hermès in Frage stehenden Art. 50 Abs. 6 TRIPs ist nur dann sinnvoll, wenn diese Vorschrift im Ausgangsrechtsstreit einschlägig ist und wirken kann. Auch wenn weder Generalanwalt noch EuGH darauf eingehen, ob der in Frage stehende Sachverhalt überhaupt in den Anwendungsbereich des TRIPs fällt, ist dies jedoch nicht so eindeutig wie beide zu meinen scheinen. Denn im Ausgangsfall klagt ein französisches Unternehmen gegen ein niederländisches vor einem niederländischen Gericht. Sowohl Frankreich als auch die Niederlande, die beide Parteien des TRIPs sind, gehören der Gemeinschaft an, die selbst auch Mitglied des WTOÜ und damit Partei des TRIPs ist. „Nach der bisherigen Rechtsprechung hätte es nahegelegen, die EU und ihre Mitgliedstaaten materiellrechtlich in allen Fragen des Binnenmarktes wie ein einziges WTO-Mitglied mit der Folge der Nichtanwendbarkeit des TRIPs zu behandeln“.[646] „Wenn der EuGH nun ohne jede Thematisierung von der innerunionalen Relevanz ausgeht, so eröffnet dies den Weg zu einer Überla-

643 Es sei an dieser Stelle daran erinnert, daß es sich nur um den Fall der scheinbaren Ausnahme vom Grundsatz der fehlenden unmittelbaren Anwendbarkeit handelt, vgl. obige Ausführungen unter K.II.2.a)bb).

644 Von Bogdandy, NJW 1999, 2088[2089], (Hervorhebung durch Kursivdruck im Original).

645 Schlußanträge des GA Tesauro vom 13.11.1997 zu EuGH, Urteil vom 26.06.1998, Rs. C-53/96, Slg. 1998, I-3603[3606, 3610] Zf. 8- Hermès.

646 Von Bogdandy, NJW 1999, 2088[2090], mit Hinweis auf von Bogdandy, in: Grabitz/ von Bogdandy/ Nettesheim, Europäisches AußenwirtschaftsR, S. 81 f, 452 f; Tilman, WRP 2000, 1039[1044], weist zwar darauf hin, daß das TRIPs „nur internationale Sachverhalte regelt, nicht aber ... rein inländische Verhältnisse“. Dabei geht er allerdings nicht auf die Frage ein, ob es sich auch dann um „rein inländische Verhältnisse“ handelt, wenn zwei EG-Mitgliedstaaten betroffen sind.

gerung des Rechts des Binnenmarktes durch das WTO-Recht, über deren Voraussetzungen, Umfang und Wirkungen die Rechtspraxis angesichts des - unglücklichen - Schweigens des EuGH nur mutmaßen kann."[647]

Es fragt sich also, wie das Schweigen des EuGH zur Frage der unmittelbaren Anwendbarkeit des Art. 50 Abs. 6 TRIPs gedeutet werden kann. Viel spricht dafür[648], daß der EuGH seine Meinung hinsichtlich der unmittelbaren Anwendbarkeit des GATT ändern wird.[649]

Da einige Staaten, Gemeinschaftsorgane und ein Teil der Generalanwälte[650] die Auffassung vertreten, daß die Argumentation gegen die unmittelbare Anwendbarkeit vom GATT '47 auf das GATT '94 übertragen werden kann, ist darauf hinzuweisen, daß nicht nur das GATT '47, sondern alle multilateralen Abkommen von der großen Geschmeidigkeit einiger Vorschriften geprägt sind.[651] Diese ist bei den WTO-Bestimmungen auch nicht größer als bei Vorschriften in anderen Abkommen, denen der EuGH unmittelbare Anwendbarkeit zugesprochen hat.[652] Darüber hinaus unterscheiden sich auch die sonstigen Merkmale des WTO-Systems nicht dahingehend von anderen völkerrechtlichen Abkommensnormen, daß es bei diesem gerechtfertigt wäre, die unmittelbare Anwendbarkeit, die sonstigen Abkommensbestimmungen zuerkannt wurde, zu verneinen.[653] Insbesondere sind sie nicht minder klar, genau und unbedingt als

647 Von Bogdandy, NJW 1999, 2088[2090].

648 Vgl. Argumente unter K.III.

649 Allerdings bestätigt sich diese Auffassung noch nicht im Urteil vom 23.11.1999, Rs. C-149/96, Slg. 1999, I-8395 ff- Portugal/ Rat.

650 Schlußanträge des GA Cosmas vom 10.12.1996 zu EuGH, Urteil vom 17.07.1997, Rs. C-183/95, Slg. 1997, I-4315[4317, 4553 ff, insbes. 4357] Zf. 118 ff, insbes. 127 f- Affish, wobei er unter unmittelbarer Anwendbarkeit die Tatsache versteht, daß der einzelne sich vor den nationalen Gerichten auf eine Vorschrift berufen kann; Schlußanträge des GA Elmer vom 24.06.1997 zu EuGH, Urteil vom 10.03.1998, Verb. Rs. C-364/95 und C-365/95, Slg. 1998, I-1023 [1026, 1032] Zf. 29- Port. Vorsichtiger allerdings Schlußanträge des GA Tesauro vom 13.11.1997 zu EuGH, Urteil vom 16.06.1998, Rs. C-53/96, Slg. 1998, I-3603[3606, 3626 ff] Zf. 28 ff- Hermès, der eine neue Bewertung des WTO-Systems für möglich hält, aber dem EuGH vorschlägt, die jeweilige Entscheidung über die unmittelbare Anwendbarkeit von der Frage der Gegenseitigkeit abhängig zu machen. Dem folgt der EuGH letztlich in seinem Urteil vom 23.11.1999, Rs. C-149/96, Slg. 1999, I-8395 ff- Portugal/ Rat.

651 So auch Schlußanträge des GA Tesauro vom 13.11.1997 zu EuGH, Urteil vom 16.06.1998, Rs. C-53/96, Slg. 1998, I-3603[3603, 3625] Zf. 26 Fn. 43- Hermès.

652 So auch Schlußanträge des GA Tesauro vom 13.11.1997 zu EuGH, Urteil vom 16.06.1998, Rs. C-53/96, Slg. 1998, I-3603[3606, 3626] Zf. 27- Hermès.

653 Schlußanträge des GA Tesauro vom 13.11.1997 zu EuGH, Urteil vom 16.06.1998, Rs. C-53/96, Slg. 1998, I-3603[3606, 3625 f] Zf. 27- Hermès, allerdings zunächst zum alten GATT.

Bestimmungen anderer Abkommen, denen der EuGH großzügig unmittelbare Anwendbarkeit zugestanden hat.

Der EuGH judiziert in Sachen GATT, daß nur unmittelbar anwendbare völkervertragliche Vorschriften die Rechtsgültigkeit einer gemeinschaftsrechtlichen Verordnung beeinträchtigen können. Das ist jedoch - bei seinem Begriffsverständnis - zumindest in den Fällen nicht überzeugend, in denen es nicht darum geht, ob ein einzelner sich vor den nationalen Gerichten auf die Vorschrift berufen kann und aus ihr ggf. ein subjektives Recht ableiten kann[654], sondern in denen der EuGH über eine Vorlagefrage[655] oder über die objektive Rechtmäßigkeit im Rahmen einer Nichtigkeitsklage (Art. 230 (ex-Art. 173) EGV)[656] zu entscheiden hat.[657] Die Klagebefugnis von Mitgliedstaaten ist nämlich bei der

---

654 Um diese Fallgestaltung ging es in der Rechtssache International Fruit Company, EuGH, Urteil vom 12.12.1972, verb. Rs. 21/72 - 24/72, Slg. 1972, 1219[1220, 1227] R. 7/9: „Falls die Ungültigkeit vor einem staatlichen Gericht geltend gemacht wird, ist weiterhin erforderlich, daß diese Bestimmung ein Recht der Gemeinschaftsangehörigen begründen kann, sich vor Gericht auf sie zu berufen.“

655 Wie beispielsweise im Fall Racke, EuGH, Urteil vom 16.06.1998, Rs. C-162/96, Slg. 1998, I- 3655 ff.

656 Wie etwa in der Rechtssache Deutschland/ Rat, EuGH, Urteil vom 05.10.1994, Rs. C- 280/93, Slg. 1994 I, 4973[5039 ff, vgl. insbesondere 5073] R. 109.

657 So auch Berrisch/ Kamann, EWS 2000, 89; Everling, CML Rev. 1996, 401[422 f]; Streinz, JuS 1999, 698 f. Auch Tomuschat, in: GTE, Art. 228 R. 65, hält es für verfehlt, den Mitgliedstaaten die Berufung auf die Unvereinbarkeit eines Gemeinschaftsrechtsaktes mit dem GATT ganz allgemein zu versagen.
Daß der EuGH auch bei Verfahren nach Art. 173 (nun Art. 230) EGV die Möglichkeit eines Mitgliedstaates, sich vor Gericht auf GATT-Vorschriften zu berufen, ablehnt, hat Ehlermann, in: Hilf/ Petersmann (Hrsg.), S. 203[222], in gewisser Hinsicht prophezeit, indem er feststellt, daß ein wiederholtes Gebrauchmachen von den Kontrollmöglichkeiten nach Art. 169 (nun Art. 226), 179 (nun Art. 236), 173 (nun Art. 230) EWGV die grundsätzliche Position der Gemeinschaft zu den Streitbeilegungsverfahren gefährden würde.
Vgl. auch Schlußanträge des GA Gulmann vom 08.06.1994 zu EuGH, Urteil vom 05.10.1994, Rs. C-280/93, Slg. 1994, I-4973[4980, 5022 f] Zf. 135- Deutschland/ Rat, der sich - was Berrisch, EuR 1994, 461[469], verkennt - schon mit der Frage auseinandersetzt, ob es einen Unterschied mache, ob sich ein einzelner oder ein Mitgliedstaat auf das GATT berufe: „Es ist vermutlich richtig, daß aus der fehlenden unmittelbaren Wirkung einer Bestimmung nicht ohne weiteres geschlossen werden kann, daß die Betroffenen sich im Rahmen einer Nichtigkeitsklage nach Artikel 173 [nun Art. 230 EGV] nicht auf sie berufen können.“ Man beachte aber auch a.a.O. Zf. 137: „Es ist möglich, daß sich die Betroffenen in einem Verfahren nach Artikel 173 [nun Art. 230 EGV] auf ein Abkommen berufen können, auch wenn dies keine unmittelbare Wirkung hat. Es kann jedoch auch so sein, daß die Gründe, die zur Verneinung der unmittelbaren Wirkung des Abkommens führen, so geartet sind, daß sie zugleich zu der Auffassung führen müssen, daß das Abkommen kein Teil der Grundlage der Rechtmäßigkeitsprüfung des Gerichtshofes sein kann“.

Nichtigkeitsklage nach Art. 230 (ex-Art. 173) Abs. 2 EGV im Unterschied zur Klagebefugnis von natürlichen und juristischen Personen nach Art. 230 (ex-Art. 173) Abs. 4 EGV nicht beschränkt. Außerdem hätte - wenn nicht einmal die Mitgliedstaaten der Gemeinschaft die GATT-Widrigkeit von EG-Recht geltend machen könnten - der auch vom EuGH anerkannte Vorrang des GATT vor sekundärem Gemeinschaftsrecht[658] nur theoretische Bedeutung.[659] Ferner unterliegen die Mitgliedstaaten ja auch dann der Haftung, wenn die Gemeinschaft gegen das Welthandelsrecht verstößt, sie selbst es aber einhalten. Das heißt, würde man den Mitgliedstaaten die Möglichkeit untersagen, vor dem EuGH in Bezug auf welthandelsrechtliche Vorschriften Klage zu erheben, liefen sie ohne jegliche Möglichkeit, sich gegen das unrechtmäßige Verhalten der Gemeinschaft zu wehren, in die Haftung.

Hier zeigt sich die Unzulänglichkeit und letztlich Unrichtigkeit der vom EuGH verwendeten Definition, soweit man seiner Rechtsprechung überhaupt eine eindeutige Definition entnehmen kann. Nach dem Gerichtshof sei eine Norm wohl dann unmittelbar anwendbar, wenn sich der einzelne auf sie berufen könne und ggf. aus ihr Rechte für den Einzelfall herleiten könne. Diese Definition ist jedoch - wie soeben gezeigt - nicht praktikabel. Richtigerweise kommt es für die Frage der unmittelbaren Anwendbarkeit - wie in dieser Arbeit vertreten - nämlich noch gar nicht darauf an, ob der einzelne sich auf eine Bestimmung berufen kann und ggf. Rechte aus ihr herleiten kann. Dies spielt erst im Rahmen der subjektiven Rechte bzw. Pflichten eine Rolle.

Aber auch aus anderem Grund ist die EuGH-Rechtsprechung nicht überzeugend. [660] Denn die Rechtmäßigkeit von sekundärem Gemeinschaftsrecht bestimmt sich nach objektivem Recht.[661] Der EuGH hat dabei, unabhängig von den im Rechtsstreit beteiligten Parteien zu prüfen, ob ein gemeinschaftlicher Sekundärrechtsakt aufgrund eines Verstoßes gegen höherrangiges Recht rechtswidrig ist. Höchstens in den Fällen, in denen die völkerrechtliche Bestimmung sehr allgemein gefaßt ist, wird sich regelmäßig keine Unvereinbarkeit feststellen lassen.[662]

658 Vgl. hierzu obige Ausführungen unter I.III.1.

659 So auch Becker-Çelik, S. 135.

660 Dabei wäre diese Diskrepanz zwischen Gemeinschaftsrecht und Welthandelsrecht gar nicht erforderlich, berücksichtigt man, daß EG-Vertrag und WTO-Recht „sehr ähnliche Ziele unter Einsatz ähnlicher Instrumentarien“ verfolgen, vgl. Drexl, FS Fikentscher, S. 822[844], der hieraus folgert, daß beide Rechtsordnungen damit „die besten Voraussetzungen für ein harmonisches Zusammenwirken“ bieten. Ähnlich auch Eeckhout, CML Rev. 1997, 11[12].

661 So auch Tomuschat, in: GTE, Art. 228 R. 91.

662 Tomuschat, in: GTE, Art. 228 R. 91.

Im Fall Racke[663] ist das Abkommen gemäß den von Gerichtshof und Völkerrechtslehre entwickelten Kriterien[664] nicht nur unmittelbar anwendbar, sondern begründet auch subjektive Rechte, auf die sich Betroffene vor den Gerichten berufen können.[665] Das heißt, in dieser Rechtssache ist nicht die unmittelbare Anwendbarkeit des Abkommens das Problem.[666] Vielmehr ist die Frage, ob die Klägerin die Gültigkeit einer gemeinschaftsrechtlichen Verordnung unter Berufung auf Völkergewohnheitsrecht in Frage stellen kann. In concreto beruft sich die Klägerin auf den Grundsatz „pacta sunt servanda", der auch in Art. 26 WVRK/ WVRK II[667] verankert ist. Schon im Jahre 1992 hatte der EuGH judiziert, daß die EG bei Ausübung ihrer Kompetenzen das Völkerrecht beachten muß.[668] Im Urteil Racke leitet der EuGH hieraus ab, daß die Gemeinschaft und ihre Organe an das Völkergewohnheitsrecht gebunden sind, das Bestandteil der Rechtsordnung der Gemeinschaft ist.[669]

Im Fall Racke kommt der EuGH zu folgendem Ergebnis: „Unter diesen Umständen kann es einem Betroffenen, der sich vor Gericht auf Ansprüche beruft,

---

663 EuGH, Urteil vom 16.06.1998, Rs. C-162/96, Slg. 1998, I- 3655 ff- Racke. Vgl. hierzu insbesondere folgende Anmerkungen: Epiney, EuZW 1999, 5 ff; Hoffmeister, EWS 1998, 365 ff; Klabbers, CML Rev. 1999, 179 ff; Streinz, JuS 1999, 698 ff.

664 EuGH, Urteil vom 30.09.1987, Rs. 12/86, Slg. 1987, 3719[3747, 3752 ff] R. 13 ff- Demirel; Verdross/ Simma, §§ 863 ff (S. 550 ff).

665 Vgl. Streinz, JuS 1999, 698[699].

666 „Im vorliegenden Fall stellt die Betroffene die Gültigkeit einer Gemeinschaftsverordnung im Hinblick auf diese Regeln inzident in Frage, um sich auf Ansprüche zu berufen, die sie unmittelbar aus einem Abkommen zwischen der Gemeinschaft und einem Drittland ableitet. Die vorliegende Rechtssache betrifft somit nicht die unmittelbare Wirkung dieser Regeln [gemeint sind völkergewohnheitsrechtliche Regeln].", EuGH, Urteil vom 16.06.1998, Rs. C-162/96, Slg. 1998, I- 3655[3688, 3705] R. 47- Racke.

667 Die Gemeinschaft ist keiner der beiden WVRK beigetreten.
Wie bereits dargestellt, ist die WVRK II jedoch noch nicht in Kraft und von der Gemeinschaft auch nicht unterzeichnet; bezüglich der WVRK ist die Gemeinschaft nicht Vertragspartei und könnte es auch nicht werden, zumal der Beitritt nach Art. 81 und 83 WVRK nur Staaten offensteht. Jedoch handelt es sich bei dem Grundsatz „pacta sunt servanda" unstrittig um in den Wiener Vertragsrechtskonventionen kodifiziertes Völkergewohnheitsrecht.
Diesbezüglich wird auch auf die Ausführungen unter Fn. 63 verwiesen.

668 EuGH, Urteil vom 24.11.1992, Rs. 286/90, Slg. 1992, I-6019[6048, 6052] R. 9- Anklagemyndigheden/ Peter Michael Poulsen und Diva Navigation Corp. (Vorabentscheidungsersuchen des Kriminal- og Skifteret Hjørring). Hierauf verweist der EuGH auch in seinem Urteil vom 16.06.1998, Rs. C-162/96, Slg. 1998, I-3655[3688, 3704] R. 45- Racke: „Die Gemeinschaft muß ihre Befugnisse ... unter Beachtung des Völkerrechts ausüben."

669 EuGH, Urteil vom 16.06.1998, Rs. C-162/96, Slg. 1998, I- 3655[3688, 3704] R. 45, 46- Racke.

die er unmittelbar aus einem Abkommen mit einem Drittland ableitet, nicht verwehrt werden, die Gültigkeit einer Verordnung in Frage zu stellen, die ihn durch die Aussetzung der mit diesem Abkommen gewährten Handelszugeständnisse an deren Inanspruchnahme hindert, und sich dafür auf Verpflichtungen zu berufen, die sich aus den Regeln des Völkergewohnheitsrechts über die Beendigung und die Suspendierung vertraglicher Beziehungen ergeben."[670] Streinz bemerkt hierzu zutreffend: „Diese Schlußfolgerung kommt etwas unvermittelt und läßt eine stringente Argumentation vermissen.[[671]] Daß die Rechtsfrage keineswegs so einfach ist, hat der Generalanwalt ... deutlich gemacht ... und belegt."[672] Denn der Generalanwalt äußert sich in seinen Schlußanträgen wie folgt: „In der vorliegenden Rechtssache stellt sich jedoch die allgemeinere Frage nach den Auswirkungen des Völkergewohnheitsrechts auf das Gemeinschaftsrecht. Insoweit bewegt sich der Gerichtshof in weitgehend unbekannten Gewässern."[673] Auch durch Untersuchung der Rechtsordnungen der Mitgliedstaaten belegt der Generalanwalt, daß die Rechtsfrage bisher weder eindeutig noch einheitlich gelöst ist.[674]

Auffällig ist, daß der EuGH sich zur Frage der unmittelbaren Anwendbarkeit von Völkergewohnheitsrecht nicht äußert, obwohl der Generalanwalt hierzu Stellung nimmt. Dieser „will ... zwar nicht völlig ausschließen, daß ein einzelner unter bestimmten Umständen einen gemeinschaftsrechtlichen Anspruch auf Regeln des Völkergewohnheitsrechts über Verträge stützen könnte; ...[er ist] jedoch der Auffassung, daß dies angesichts des globalen Zweckes und des Wesens solcher Regeln die Ausnahme sein sollte. ...[Seines] Erachtens können daher nur offenkundige Verletzungen des Vertrags zu einer Ungültigerklärung führen."[675] Hierbei handelt es sich allerdings eher um eine politisch wünschenswerte, als um eine juristisch fundierte Auffassung.[676]

---

670 EuGH, Urteil vom 16.06.1998, Rs. C-162/96, Slg. 1998, I- 3655[3688, 3705 f] R. 51- Racke.

671 Auch Klabbers bezeichnet „the Court´s reasoning" als „not quite convincing", CML Rev. 1999, 179.

672 Streinz, JuS 1999, 698[699].

673 Schlußanträge des GA Jacobs vom 04.12.1997 zu EuGH, Urteil vom 16.06.1998, Rs. C-162/96, Slg. 1998, I- 3655[3659, 3679] R. 76- Racke.

674 Schlußanträge des GA Jacobs vom 04.12.1997, zu EuGH, Urteil vom 16.06.1998, Rs. C-162/96, Slg. 1998, I- 3655[3659, 3680] Zf. 79 ff- Racke.

675 Schlußanträge des GA Jacobs vom 04.12.1997 zu EuGH, Urteil vom 16.06.1998, Rs. C-162/96, Slg. 1998, I- 3655[3659, 3677] R. 71- Racke.
An dieser Stelle sei angemerkt, daß das Gericht erster Instanz vom verbindlichen Charakter von völkergewohnheitsrechtlichen Regeln ausgeht, vgl. etwa Urteil vom 22.01.1997, Rs. T-115/94, Slg. 1997, II-39[43, 70 f] R. 90, 91, 93- Opel Austria, in bezug auf den Grundsatz von Treu und Glauben.

676 Vgl. Klabbers, CML Rev. 1999, 179[184]: „That is, as a policy matter, a commendable view; as a legal matter, however, it comes perilously close to stating a contra-

Neben dem Urteil Racke befaßt sich auch eine weitere jüngere Entscheidung, nämlich die bereits erwähnte in der Rechtssache Hermès, mit gemischten Abkommen. Im Fall Racke geht es um das Kooperationsabkommen zwischen Jugoslawien, den Gemeinschaften und den Mitgliedstaaten aus dem Jahre 1980. Dagegen ist Gegenstand von Hermès das TRIPs.

Obwohl in beiden Fällen dieselbe Rechtsfrage im Hintergrund steht, nämlich die Frage der unmittelbaren Anwendbarkeit von Bestimmungen eines gemischten Abkommens, argumentiert der EuGH unterschiedlich.[677]

Im Fall Racke bejaht der EuGH die Frage, ob sich einzelne vor nationalen Gerichten auf Art. 22 des betroffenen Kooperationsabkommens berufen können und spricht dieser Vorschrift die unmittelbare Anwendbarkeit zu. In der Rechtssache Hermès dagegen äußert sich der EuGH nicht dazu, ob Art. 50 TRIPs unmittelbar anwendbar ist, sondern betont das Prinzip der völkerrechtskonformen Auslegung.[678]

Zwar enthält auch ein neues Urteil in der Bananenangelegenheit vom 10.03.1998[679] keine Aussage bezüglich der unmittelbaren Anwendbarkeit des neuen GATT. Jedoch liegt diese Entscheidung insofern nicht in der Tendenz des EuGH, als der EuGH bisher stets einen Verstoß der Gemeinschaft gegen das Diskriminierungverbot verneint. Zu beachten ist allerdings, daß der Gerichtshof hier keinen Verstoß gegen das GATT, sondern gegen das Diskriminierungsverbot des Art. 40 Abs. 3 UA 2 EGV feststellt.[680] Nicht übersehen werden darf jedoch, daß im Rahmen von WTO-Streitbeilegungsverfahren das Rahmenabkommen aus mehreren Gründen für GATT-widrig erklärt wurde.

---

diction in terms.“ A.a.O. Fn. 23: „ ... the A.G. ... stands that some customary rules are intended, after all, to protect individuals. But that ignores that there is no intention behind customary rules. The only way out, then, is to re-conceptualize custom as something that may be „enacted“, e.g. by means of resolutions adopted by international bodies; there is no suggestion however that is what the A.G. had in mind. Moreover, the A.G.'s version ultimatively makes direct effect dependent on something other than the properties of a rule: what matters is not whether a rule is clear and precise, but whether it is manifestly violated. While not unattractive, such a view is difficult to reconcile with traditional thinking on direct effect.“

677 So auch Gagliardi, ELR 1999, 276: „While adressing the same issues, the Court's reasoning is different in each case.“

678 So auch Gagliardi, ELR 1999, 276[277].

679 EuGH, Urteil vom 10.03.1998, Rs. C-122/95, Slg. 1998, I-973 ff- Bundesrepublik Deutschland/ Rat der Europäischen Union.

680 Dieses sei insoweit durch einen Beschluß des Rates verletzt, als der Rat darin dem Rahmenabkommen über Bananen zugestimmt hat, und das Rahmenabkommen die Marktbeteiligten der Gruppe B von dort geschaffenen Ausfuhrlizenzen befreit.

Abzuwarten bleibt, ob diese neuen Urteile eine Wende in der Rechtsprechung des EuGH eingeleitet haben.[681] Immerhin stellen sie ein erstes Indiz für eine sich allmählich ändernde Auffassung des EuGH dar. Gegen eine Rechtsprechungsänderung des Gerichtshofs spricht zwar das Urteil Portugal/ Rat. Da es jedoch noch nicht in ständiger Rechtsprechung erstarkt ist, ist noch nicht absehbar, wie sich die Rechtsprechung des EuGH bezüglich des neuen WTO-Systems entwickeln wird.

Das soeben erwähnte aktuelle Urteil Portugal/ Rat[682] soll im folgenden näher beleuchtet werden: Hier geht es zwar nicht mehr um das GATT ´47, sondern um das neue Welthandelssystem. Jedoch kommt der EuGH zum gleichen Ergebnis wie beim alten GATT. Er schließt sich der Auffassung des Rates, Frankreichs und der Kommission an, die „auf die besonderen Eigenschaften der WTO-Übereinkünfte [verweisen], die es rechtfertigten, die Rechtsprechung des Gerichtshofes auf sie anzuwenden, nach der die Bestimmungen des GATT 1947 keine unmittelbare Wirkung hätten und man sich grundsätzlich nicht auf sie berufen könne."[683] Der Gerichtshof stellt dementsprechend fest: „Zwar unterscheiden

681 In der Literatur wird darauf hingewiesen, daß sich die Rechtsprechung des EuGH zur Frage der unmittelbaren Anwendbarkeit in bezug auf das neue WTO-System ändern könnte. Vgl. für viele etwa Eeckhout, CML Rev. 1997, 11 ff; Lee/ Kennedy, 30 JWT 1/1996, 67[89], halten es dagegen für wahrscheinlich, daß der Gerichtshof trotz aller Unterschiede zum GATT ´47 die unmittelbare Anwendbarkeit „on quasi-political grounds" ablehnen wird.

682 EuGH, Urteil vom 23.11.1999, Rs. C-149/96, Slg. 1999, I-8395 ff- Portugal/ Rat. Vgl. hierzu Anmerkungen von Berrisch/ Kamann, EWS 2000, 89 ff; Desmedt, JIEL 2000, 191 f; Desmedt, Legal Issues of Economic Integration 2000, 93 ff; Griller, JIEL 2000, 441 ff; Hilf/ Schorkopf, EuR 2000, 74 ff; Neugärtner/ Puth, JuS 2000, 640 ff; Rosas, CML Rev. 2000, 797 ff; Streinz, JuS 2000, 909 ff; Trachtman, EJIL 1999, 655 ff; Zonnekeyn, 34 JWT 3/2000, 111 ff; Zonnekeyn, ELR 2000, 293 ff.

683 EuGH, Urteil vom 23.11.1999, Rs. C-149/96, Slg. 1999, I-8395[8425, 8435] R. 29- Portugal/ Rat. Das Urteil begrüßend: Rosas, CML Rev. 2000, 797 ff, wobei darauf hinzuweisen ist, daß Rosas „Principal Legal Adviser of the European Commission" ist, vgl. a.a.O. S. 816 am Ende der Fußnoten, also schon kraft seiner Funktion dem Urteil eher zugeneigt ist; kritisch zu diesem Urteil dagegen etwa: Berrisch/ Kammann, EWS 2000, 89 ff; Desmedt, Legal Issues of Economic Integration 2000, 93 ff[98 ff, insbes. S. 100]; Zonnekeyn, ELR 2000, 293 ff.
Folgende Auffassung der portugiesischen Regierung sei an dieser Stelle angemerkt: „Außerdem werfe der vorliegende Fall nicht das Problem der unmittelbaren Wirkung auf, sondern betreffe die Frage, unter welchen Voraussetzungen sich ein Mitgliedstaat vor dem Gerichtshof zur Beurteilung der Rechtmäßigkeit einer Handlung des Rates auf die WTO-Übereinkünfte berufen könne.", EuGH, Urteil vom 23.11.1999, Rs. C-149/96, Slg. 1999, I-8395[8425, 8435] R. 32 Portugal/ Rat. Der EuGH geht auf diese Bemerkung Portugals gar nicht näher ein.
Es sei jedoch an dieser Stelle erwähnt, daß die Frage der unmittelbaren Anwendbarkeit und der subjektiven Rechte bzw. Pflichten als materiellrechtliche Frage, wie das

sich die WTO-Übereinkünfte - wie die portugiesische Regierung feststellt[[684]] - insbesondere aufgrund der Stärkung der Schutzregelung und des Streitbeilegungsmechanismus erheblich vom GATT 1947. Gleichwohl räumt das mit diesen Übereinkünften geschaffene System der Verhandlung zwischen den Mitgliedern einen hohen Stellenwert ein."[685]

Außerdem führt der EuGH folgendes Argument an: „Die Auslegung der WTO-Übereinkünfte im Licht ihres Zieles und Zweckes ergibt mithin, daß in ihnen nicht festgelegt ist, mit welchen rechtlichen Maßnahmen die Mitglieder diese Übereinkünfte nach Treu und Glauben in ihre interne Rechtsordnung umzusetzen haben."[686] Daß dies jedoch kein hinreichendes Argument gegen die unmittelbare Anwendbarkeit und subjektive Rechte bzw. Pflichten ist, belegen die Ausführungen in dieser Arbeit.[687]

Der Gerichtshof zieht auch Art. 22 DSU als Gegenargument heran: „Dürften die Gerichte mit den WTO-Übereinkünften unvereinbare innerstaatliche Rechtsvorschriften nicht anwenden, so würde den Legislativ- und Exekutivorganen der Mitglieder somit die ihnen in Artikel 22 DSU eingeräumte Befugnis genommen, auf dem Verhandlungsweg Lösungen zu erreichen, selbst wenn diese nur als vorübergehende zulässig sind."[688] Auf den ersten Blick scheint dieses Argument überzeugend zu sein. Jedoch können die Parteien auch bei Bejahung der unmittelbaren Anwendbarkeit verhandlungsmäßige Lösungen und Erfolge erreichen.

Darüber hinaus stützt der EuGH seine Ansicht im Urteil Portugal/ Rat auf die Präambel des WTOÜ, nach der die Welthandelsorganisation auf dem Prinzip von Verhandlungen „auf der Grundlage der Gegenseitigkeit und zum gemeinsamen Nutzen"[689] aufgebaut ist.[690] Infolgedessen unterscheide es sich von den Ab-

---

Welthandelsrecht im Gemeinschaftsrecht bzw. im nationalen Recht wirkt, von rein prozeduralen Fragen, wie der, ob und unter welchen Voraussetzungen eine objektive Rechtmäßigkeitskontrolle vor dem EuGH möglich ist, zu trennen ist. Diese verschiedenen Aspekte werden auch vom EuGH und in der Literatur vermengt.

684 EuGH, Urteil vom 23.11.1999, Rs. C-149/96, Slg. 1999, I-8395[8425, 8435] R. 31- Portugal/ Rat.

685 EuGH, Urteil vom 23.11.1999, Rs. C-149/96, Slg. 1999, I-8395[8425, 8436] R. 36- Portugal/ Rat.

686 EuGH, Urteil vom 23.11.1999, Rs. C-149/96, Slg. 1999, I-8395[8425, 8437] R. 41- Portugal/ Rat.

687 Vgl. K.III.10.

688 EuGH, Urteil vom 23.11.1999, Rs. C-149/96, Slg. 1999, I-8395[8425, 8437] R. 40- Portugal/ Rat.

689 Präambel des WTOÜ, 3. Absatz. Die zitierte Formulierung der Präambel spricht jedoch nicht gegen die unmittelbare Anwendbarkeit, insbesondere nicht gegen den unbedingten Charakter von welthandelsrechtlichenVorschriften, die der unmittelbaren Anwendbarkeit fähig sind, so auch Griller JIEL, 2000, 441[456].

kommen der Gemeinschaft mit Drittländern, „die eine gewisse Asymmetrie in den Verpflichtungen oder besondere Integrationsbeziehungen mit der Gemeinschaft begründen“ wie etwa im Fall Kupferberg.[691] Auffällig ist, daß der EuGH hieraus im Gegensatz zu seinem früheren Urteil Kupferberg in dieser Rechtssache folgert, ein Mangel an Gegenseitigkeit[692] könne zu einem Ungleichgewicht führen.[693] Dies ist umso weniger überzeugend, als er ohne hinreichend Gründe hierfür zu nennen, vom GATT ´47 zur WTO die Kriterien wechselt, die für die Ablehnung der unmittelbaren Anwendbarkeit seiner Meinung nach entscheidend sind, obwohl das Gegenseitigkeitsargument - vorausgesetzt, man ließe es (entgegen der in dieser Arbeit vertretenen Auffassung) überhaupt durchschlagen - unter dem GATT ´47 mindestens genauso relevant gewesen wäre.[694]

Auch führt der Gerichtshof die Praxis einiger WTO-Mitglieder an, „die zu den wichtigsten Handelspartnern der Gemeinschaft gehören“[695] - hiermit meint er, ohne es auszusprechen, insbesondere die Vereinigten Staaten und Japan - , die aus Sinn und Zweck der WTO-Übereinkünfte folgern, „daß diese nicht zu den Normen gehören, an denen ihre Gerichte die Rechtmäßigkeit der internen Rechtsvorschriften messen.“[696] Diese Äußerung bezieht sich nicht nur auf die

690 EuGH, Urteil vom 23.11.1999, Rs. C-149/96, Slg. 1999, I-8395[8425, 8438] R. 42-Portugal/ Rat.

691 EuGH, Urteil vom 23.11.1999, Rs. C-149/96, Slg. 1999, I-8395[8425, 8438] R. 42-Portugal/ Rat. Die Differenzierung nach der Asymmetrie in den Verpflichtungen oder nach besonderen Integrationsbeziehungen mit der Gemeinschaft kann nicht überzeugen. Denn während bei Vorliegen dieser Aspekte die fehlende Gegenseitigkeit der unmittelbaren Anwendbarkeit nicht im Wege stehen soll, soll die mangelnde Reziprozität bei Fehlen dieser Aspekte das Abkommen daran hindern, unmittelbar anwendbar zu sein. Griller, JIEL 2000, 441[459] Fn. 91, weist zutreffend darauf hin, daß dieses Argument „not without possible cynicism“ ist, weil bei den asymmetrischen Beziehungen oder den Integrationsbeziehungen wohl andere Möglichkeiten wie Beendigung des Abkommens oder Androhung, die EG-Mitgliedschaft abzulehnen, bestehen, um in dem anderen Land die Durchsetzung des Abkommens sicherzustellen.

692 Es wird auch darauf hingewiesen, daß der EuGH anscheinend zwei unterschiedliche Begriffe der „Gegenseitigkeit“ verwendet, so auch Griller, JIEL 2000, 441[458]. In EuGH, Urteil vom 23.11.1999, Rs. C-149/96, Slg. 1999, I-8395[8425, 8438] R. 42-Portugal/ Rat ist - ohne nähere Erläuterung - von „auf der Grundlage der Gegenseitigkeit und zum gemeinsamen Nutzen“ die Rede, während es a.a.O. R. 44 f um die gerichtliche Durchsetzbarkeit auf beiden Seiten geht.

693 EuGH, Urteil vom 23.11.1999, Rs. C-149/96, Slg. 1999, I-8395[8425, 8438] R. 45-Portugal/ Rat.

694 So auch Griller, JIEL 2000, 441[458].

695 EuGH, Urteil vom 23.11.1999, Rs. C-149/96, Slg. 1999, I-8395[8425, 8438] R. 43-Portugal/ Rat.

696 EuGH, Urteil vom 23.11.1999, Rs. C-149/96, Slg. 1999, I-8395[8425, 8438] R. 43-Portugal/ Rat.

unmittelbare Anwendbarkeit, sondern auch auf den Rang. Denn sie verweigert den welthandelsrechtlichen Bestimmungen gleichzeitig die unmittelbare Anwendbarkeit und den Vorrang vor den nationalen Normen. Im Kontext mit dem Gegenseitigkeitsargument ist folgende Äußerung des EuGH zu lesen: „Hätte der Gemeinschaftsrichter unmittelbar die Aufgabe, die Vereinbarkeit des Gemeinschaftsrechts mit diesen Regelungen zu gewährleisten, so würde den Legislativ- und Exekutivorganen der Gemeinschaft der Spielraum genommen, über den die entsprechenden Organe der Handelspartner der Gemeinschaft verfügen.“[697] „Somit gehören die WTO-Übereinkünfte wegen ihrer Natur und ihrer Struktur grundsätzlich nicht zu den Vorschriften, an denen der Gerichtshof die Rechtmäßigkeit von Handlungen der Gemeinschaftsorgane mißt.“[698]

Da die unmittelbare Anwendbarkeit nicht von der Reziprozität abhängt, führt der EuGH eine neue Voraussetzung für die unmittelbare Anwendbarkeit ein, die sich juristisch nicht rechtfertigen läßt.[699]

Es sei an dieser Stelle angemerkt, daß manche Autoren bereits vor dem Urteil Portugal/ Rat die unmittelbare Anwendbarkeit von weiteren Bedingungen abhängig machen, wie etwa von Bogdandy.[700]

Für seine Auffassung führt der EuGH auch die Begründungserwägung des Ratsbeschlusses an, allerdings ohne deren Rechtsnatur und damit Bindungswirkung für den EuGH[701] überhaupt zu problematisieren.[702] Dies überrascht um so mehr, als der Generalanwalt in seinen Schlußanträgen ausführlich hierzu Stellung nimmt und zwar nicht im Sinne des EuGH: „Es ist klar, daß die einseitige Auslegung des Übereinkommens im Rahmen des innergemeinschaftlichen Genehmigungsverfahrens seine Wirkungen - über den Vorbehaltmechanismus hinaus - nicht beschränken kann. Diese Auslegung, die dem objektiven Inhalt der Übereinkommensbestimmungen Vorrang gegenüber dem Ausdruck des Willens in übereinkommensfremden einseitigen Erklärungen einräumt, entspricht dem

697 EuGH, Urteil vom 23.11.1999, Rs. C-149/96, Slg. 1999, I-8395[8425, 8438 f] R. 46- Portugal/ Rat.

698 EuGH, Urteil vom 23.11.1999, Rs. C-149/96, Slg. 1999, I-8395[8425, 8439] R. 47- Portugal/ Rat.

699 Zum Reziprozitätsargument wird auch auf die Ausführungen unter K.III.4 verwiesen.

700 Von Bogdandy, CML Rev. 1999, 663[671]: „In my opinion, two developments are necessary before direct applicability should be granted to WTO law. ... First, there must be some kind of reciprocity with other important WTO members. ... Second, Article 300(7) (ex 228(7)) EC should be reconsidered in a way that allows the Council and the European Parliament to intervene in the application of the WTO law within the Union in a similar way to the US Congress.“

701 Hierzu vgl. Ausführungen unter K.III.2 und unter K.III.3.a).

702 EuGH, Urteil vom 23.11.1999, Rs. C-149/96, Slg. 1999, I-8395[8425, 8439] R. 48- Portugal/ Rat.

Gewohnheitsrecht für die Auslegung von Verträgen, das im Wiener Übereinkommen vom 22. Mai 1969, insbesondere in den Artikeln 31 bis 33, niedergelegt ist".[703] „Zur Tragweite einer derartigen Erklärung innerhalb der Rechtsordnung der Gemeinschaft genügt der Hinweis, daß die WTO-Übereinkünfte als internationale Übereinkünfte (aufgrund des bereits mehrfach genannten Artikels 228 [nun Art. 300] Absatz 7 des Vertrages) alle Organe binden und somit eine Rechtsquelle des Gemeinschaftsrechts darstellen, so daß zum einen der Gerichtshof gehalten ist, ihre Beachtung sowohl durch die Gemeinschaftsorgane als auch durch die Mitgliedstaaten zu gewährleisten, und zum anderen der Rat nicht durch eine Handlung des abgeleiteten Rechts diese Zuständigkeit des Gerichtshofes begrenzen und auch nicht beschließen kann, die Zuständigkeit der nationalen Gerichte für die Anwendung der genannten Übereinkünfte auszuschließen ... . Die Erklärung in der elften Begründungserwägung hat daher meines Erachtens entgegen der Auffassung der Kommission rein politischen Charakter und kann sich als solche nicht auf die Zuständigkeit des Gemeinschaftsrichters oder der nationalen Gerichte für die Auslegung der Bestimmungen der WTO-Übereinkünfte auswirken."[704]

Anzumerken ist, daß der Gerichtshof an der Fediol- und Nakajima-Rechtsprechung festhält[705], die hier jedoch seiner Auffassung nach nicht einschlägig ist.[706]

An dieser Stelle wird darauf hingewiesen, daß davon auszugehen ist, daß die ursprüngliche Bananenmarktordnung (Verordnung (EWG) Nr. 404/93[707]) nicht zur Erfüllung von GATT-Verpflichtungen erlassen wurde.[708] Anders verhält es

---

703 Schlußanträge des GA Saggio vom 25.02.1999 zu EuGH, Urteil vom 23.11.1999, Rs. C-149/96, Slg. 1999, I-8395[8397, 8411] Zf. 20- Portugal/ Rat.

704 Schlußanträge des GA Saggio vom 25.02.1999 zu EuGH, Urteil vom 23.11.1999, Rs. C-149/96, Slg. 1999, I-8395[8397, 8411] Zf. 20- Portugal/ Rat.

705 Griller weist darauf hin, daß die ausdrückliche Bestätigung der Fediol- und Nakajima-Rechtsprechung in der Rechtssache Portugal/ Rat nicht unterschätzt werden darf, JIEL 2000, 441[463, 472]. Allerdings darf nicht übersehen werden, daß die Gemeinschaft die Fediol- und Nakajima-Fälle für die Zukunft selbst steuern kann. Wenn sie schon möglichst viel Freiheit haben möchte, wovon nach den Äußerungen der Gemeinschaftsorgane auszugehen ist, wird der Gemeinschaftsgesetzgeber künftig auch Verweise auf oder die Einbeziehung von Welthandelsrecht im Sinne der Fediol-/ Nakajima-Rechtsprechung vermeiden, wie auch Griller, JIEL 2000, 441[464], feststellt.

706 EuGH, Urteil vom 23.11.1999, Rs. C-149/96, Slg. 1999, I-8395[8425, 8439 f] R. 49 und 51- Portugal/ Rat.

707 ABlEG 1993, Nr. L 47, 1 ff.

708 So auch Reinisch, EuZW 2000, 42[48]. Ob Kempen, S. 417[437], anders zu verstehen ist oder ob er lediglich auf die Bindung der Gemeinschaft an das GATT hinweisen will, ist nicht hinreichend klar.

sich dagegen bei der Änderungsverordnung (EG) Nr. 1637/98[709], die als Reaktion auf die Panel- bzw. SAB-Entscheidungen (SAB, Abkürzung für: Standing Appelate Body, Deutsch: Ständiges Streitbeilegungsgremium) ergangen ist. Ihre zweite Begründung betont ausdrücklich: „Die von der Gemeinschaft im Rahmen der Welthandelsorganisation (WTO) eingegangenen Verpflichtungen (...) müssen eingehalten werden“[710]. In der fünften Begründungserwägung erwähnt der Rat, daß die Neuregelung „gemäß den WTO-Regeln“[711] erfolge. Führt man die Rechtsprechung des EuGH weiter, insbesondere zur Rechtssache Nakajima, so ist der EuGH hiernach, zumal die Verordnung (EG) Nr. 1637/98 erlassen wurde, um den welthandelsrechtlichen Pflichten nachzukommen, berechtigt, Gemeinschaftsrecht an Hand von WTO-Recht zu überprüfen.[712]

Wie die Ausführungen in dieser Arbeit zeigen, kann das Urteil Portugal/ Rat von der dogmatischen Begründung her nicht überzeugen.[713] Nach der bisherigen Rcchtsprechung des EuGH ist das Reziprozitätsprinzip nämlich nicht Voraussetzung der unmittelbaren Anwendbarkeit.[714] In der Rechtssache Portugal/ Rat erhebt der Gerichtshof es jedoch zum ausschlaggebenden Kriterium, um Mitgliedstaaten und Gemeinschaftsbürgern einen Verweis auf Welthandelsrecht zu untersagen. Denn nach dieser Auffassung des EuGH hinge es vom Verhalten der übrigen WTO-Vertragsparteien ab, ob ein einzelner vor Gericht Welthandelsrecht geltend machen kann.[715] Weder für das alte GATT noch für Gemein-

---

709 Verordnung (EG) Nr. 1637/98 des Rates vom 20. Juli 1998 zur Änderung der Verordnung (EWG) Nr. 404/93 über die Gemeinsame Marktorganisation für Bananen, ABlEG 1998, Nr. L 210, 28-31.

710 Verordnung (EG) Nr. 1637/98 des Rates vom 20. Juli 1998 zur Änderung der Verordnung (EWG) Nr. 404/93 über die Gemeinsame Marktorganisation für Bananen, ABlEG 1998, Nr. L 210, S. 28.

711 Verordnung (EG) Nr. 1637/98 des Rates vom 20. Juli 1998 zur Änderung der Verordnung (EWG) Nr. 404/93 über die Gemeinsame Marktorganisation für Bananen, ABlEG 1998, Nr. L 210, S. 28.

712 So auch Reinisch, EuZW 2000, 42[48], der sich a.a.O. wie folgt äußert: „Dass auch bereits an dieser revidierten Bananenmarktordnung Zweifel hinsichtlich ihrer GATT/ WTO-Konformität geltend gemacht wurden ... , ändert nichts daran, in ihr einen Akt der Rechtsetzung zum Zwecke der Erfüllung von GATT/WTO-Verpflichtungen zu sehen, der es dem *Gerichtshof* erlaubt, im Sinne seiner Nakajima-Rechtsprechung die Einhaltung von GATT-Verpflichtungen zu überprüfen.“ (Hervorhebung im Original).

713 So auch Berrisch/ Kamann, EWS 2000, 89; Griller, JIEL 2000, 441[472]: „This position of the ECJ [European Court of Justice] is not well founded and should be reconsidered.“

714 Griller weist in diesem Zusammenhang auf einen Mangel an Transparenz hin, zumal der EuGH nicht klarstelle, wie er zu diesen neuen Kriterien komme, Griller, JIEL 2000, 441[472].

715 Vgl. auch Berrisch/ Kamann, EWS 2000, 89[92].

schaftsabkommen argumentiert der Gerichtshof bisher derart.[716] Diese neue Argumentationsschiene ist auch deshalb nicht überzeugend, weil der Umfang des gerichtlichen Schutzes einzelner in der Gemeinschaft nicht davon abhängen kann, ob es sich um Welthandelsrecht oder andere Gemeinschaftsabkommen handelt. Dies gilt um so mehr, als nach Auffassung des EuGH nicht einmal Mitgliedstaaten gegen welthandelsrechtswidriges Verhalten der Gemeinschaftsorgane gerichtlich vorgehen können. Dies ist besonders kritisch und nicht haltbar, zumal die Mitgliedstaaten - selbst Vertragsparteien der WTO-Abkommen - für derartiges Fehlverhalten der Gemeinschaftsorgane - wie bereits erwähnt[717] - aber haften müssen.[718]

Juristisch nachvollziehbar ist dieses Urteil des EuGH daher nicht. Vielmehr handelt es sich um eine politisch motivierte Entscheidung[719], die der Bedeutung des WTO-Systems nicht gerecht wird.[720]

Nach alledem stellt sich die Frage, ob der EuGH damit hinsichtlich der Frage der unmittelbaren Anwendbarkeit das letzte Wort gesprochen hat. Hiervon ist nicht auszugehen[721], zumal es sich - wie oben dargestellt - noch nicht um eine

---

716 So auch Berrisch/ Kamann, EWS 2000, 89[92].

717 Vgl. Ausführungen unter E.

718 So auch Berrisch/ Kamann, EWS 2000, 89[94]; Einhorn, CML Rev. 1998, 1069[1096].

719 Vgl. auch Berrisch/ Kamann, EWS 2000, 89[94]: „Das vorliegende Urteil ist Ausdruck einer gerichtlichen Selbstbeschränkung des Gerichtshofs gegenüber den politischen Organen der Gemeinschaft“; Zonnekeyn, 34 JWT 3/2000, 111[125]: „In conclusion, the ECJ´s ruling is clearly inspired by political motives. ... The ECJ has chosen a „real-politik“ and has sacrificed the *trias politica* doctrine“. Vgl. auch Zonnekeyn, 34 JWT 3/2000, 111[120]; Zonnekeyn, ELR 2000, 293[302]: „It is clear that the Court’s ruling is to a large extent inspired by political motives, which is regrettable ... . The „separation of powers „ or „*trias politica*“ a well-known principle on the continent, has been sacrified to give leeway to the political institutions of the Community.“ (Hervorhebungen in den Originalen).

720 Vgl. auch Zonnekeyn, 34 JWT 3/2000, 111[125]: „ ... the judgement is doing injustice to the WTO system, as it undermines the relevance of the WTO agreements ...“; Zonnekeyn, ELR 2000, 293: „ ... the judgement does not do justice to the WTO system ...“
In diesem Kontext wird darauf hingewiesen, daß der Gerichtshof in der Rechtssache Bundesrepublik Deutschland/ Rat, soweit ersichtlich, erstmals im Zusammenhang mit der Frage der unmittelbaren Anwendbarkeit den Begriff „Verpflichtung“ erwähnt, EuGH, Urteil vom 05.10.1994, Rs. C-280/93, Slg. 1994, I-4973[5039, 5073] R. 110- Deutschland/ Rat. Berrisch meint, dies geschehe möglicherweise bereits im Hinblick auf das neue WTO-Recht, Berrisch, EuR 1994, 461[469]. Diese Vermutung hat sich zumindest bisher nicht bestätigt, wie das neue EuGH-Urteil in der Rechtssache Portugal/ Rat zeigt.

721 Berrisch/ Kamann, EWS 2000, 89, gehen auch nicht davon aus: „Der Gerichtshof hat damit - *zumindest vorläufig* [Hervorhebung der Verfasserin] - eine Antwort auf

ständige Rechtsprechung handelt, sondern um ein erstes Urteil in dieser Richtung. Des weiteren kann nicht unbeachtet bleiben, daß Generalanwalt Saggio in seinen Schlußanträgen die gegenteilige Auffassung vertritt.[722] Ferner ist zu beachten, daß das Urteil in der Rechtssache Portugal/ Rat nur die Parteien bindet, also nur inter partes, nicht jedoch erga omnes wirkt.

Außerdem ist in diesem Zusammenhang eine WTO-Panel-Entscheidung zu berücksichtigen, die kurz nach Erlaß des Urteils in der Rechtssache Portugal/ Rat, getroffen wurde.[723] Sie betont folgendes: „However, it would be entirely wrong to consider that the position of individuals is of no relevance to the GATT/WTO legal matrix. Many of the benefits to Members which are meant to flow as a result of the acceptance of various disciplines under the GATT/WTO depend on the activity of individual economic operators in the national and global market places. The purpose of many of these disciplines, indeed one of the primary objects of the GATT/WTO as a whole, is to produce certain market conditions which would allow this individual activity to flourish.“[724]

---

die seit längerem heftig diskutierte Streitfrage gegeben, welche Wirkung dem ... WTO-Übereinkommen ... im Gemeinschaftsrecht zukommt.“ Inwieweit der Gerichtshof seine Auffassung ändert, hängt nach ihrer Ansicht von der Weiterentwicklung der WTO ab, Berrisch/ Kamann, EWS 2000, 89[97].

722 Schlußanträge des GA Saggio vom 25.03.1999 zu EuGH, Urteil vom 23.11.1999, Rs. C-149/96, Slg. 1999, I-8395[8397, 8409-8414] Zf. 19-24- Portugal/ Rat.

723 Vgl. auch Tietje, Einführung, in: Welthandelsorganisation, Textausgabe, S. IX[XX]: „Angemerkt werden soll nur, daß kurze Zeit nach Verkündung des genannten EuGH-Urteils [Portugal/ Rat] ein WTO-Panel in recht deutlichen Worten darauf verwies, dass die Rechtsordnung der WTO dem **Schutz individueller Interessen** der einzelnen Wirtschaftssubjekte dient“. (Hervorhebung im Original). Tietje verliert allerdings kein Wort zu den übrigen in diesem Kontext relevanten Panel-Äußerungen, die hier unter Fn. 724 angesprochen werden.

724 Report of the Panel, United States - Sections 301-310 of the Trade Act of 1974, Report of the Panel vom 22.12.1999, WT/DS152/R, para. 7.73, zitiert nach der Veröffentlichung auf der Homepage der WTO: http://www.wto/org/ddf/ep/D5/D5454e.doc_Toc46670678, Hervorhebungen durch Unterstreichen der Verfasserin.
Aus dem Gesamtzusammenhang von dem eben zitierten para. 7.73 der genannten Panel-Entscheidung mit para. 7.72, 7.78 sowie Fn. 661 a.a.O. ist unter Berücksichtigung der Terminologie und Sprachwahl ersichtlich, daß diese Panel-Entscheidung zwar noch keine definitive Stellung zur Problematik „direct/ indirect effect“ bezieht, jedoch deutlich in Richtung der in dieser Arbeit vertretenen Auffassung geht.
In para. 7.72. sagt das Panel lediglich, daß GATT bzw. WTO von den GATT bzw. WTO-Institutionen bisher noch nicht als eine „legal order producing direct effect“ ausgelegt wurde, ohne sich selbst dieser Auffassung anzuschließen oder sich in bezug auf die künftige Entwicklung zu äußern. („Neither the GATT nor the WTO has so far been interpreted by GATT/WTO institutions as a legal order producing direct effect. ... [Fn. 661] Following this approach, the GATT/WTO did *not* create a new legal order the subjects of which comprise both contracting parties or Members and their nationals.“) Daß das Panel diese Auffassung nicht als eigene darstellt, verdeut-

Im Gegensatz zum Urteil Portugal/ Rat setzt sich der EuGH in dem Rechtsmittelverfahren Atlanta nicht ausführlicher mit der Frage der unmittelbaren Anwendbarkeit auseinander.[725] Der GA Mischo weist in seinen Schlußanträgen hilfsweise unter Bezugnahme auf das Urteil Deutschland/ Rat darauf hin, „daß sich die Rechtsmittelführerin nicht auf eine mögliche Verletzung des GATT berufen könne."[726]

Mit besonderer Spannung darf das Urteil des EuGH auf die Vorlage des FG Hamburg[727] erwartet werden. In diesem Vorlagebeschluß stellt das FG Hamburg dem EuGH die Frage, ob sich ein Marktbürger auf die Unanwendbarkeit einer Verordnung berufen kann, deren Unanwendbarkeit auf Verstößen gegen das GATT beruht. Der Sachverhalt dieser Vorlagefrage weicht insofern von dem des

---

licht auch die Formulierung „Following this approach". In Fn. 661 betont es ausdrücklich, hierzu keine Stellungnahme abgeben zu wollen: „We make this statement as a matter of fact, without implying any judgment [Rechtschreibung im Original] on the issue. We note that whether there are circumstances where obligations in any of the WTO agreements addressed to Members would create rights for individuals which national courts must protect, remains an open question, in particular in respect of obligations following the exhaustion of DSU procedures in a specific dispute. .... The fact that WTO institutions have not to date construed any obligations as producing direct effect does not necessarily preclude that in the legal system of any given Member, following internal constitutional principles, some obligations will be found to give rights to individuals. Our statement of fact does not prejudge any decisions by national courts on this issue."
Vorsichtig, sich von einer definitiven Stellungnahme noch zurückhalten wollend, äußert sich das Panel in para. 7.78 wie folgt: „It may, thus, be convenient in the GATT/WTO legal order to speak not of the principle of direct effect but of the principle of indirect effect." Das heißt aber nicht, daß das Panel selbst den „direct effect" ablehnt (wie oben ausgeführt) und einen „indirect effect" annimmt. Denn es spricht weder von „wir" noch „der entscheidenden Instanz" o.ä.. Vielmehr hält es die Formulierung äußerst allgemein („It may .... be convenient"). Diese Äußerung ist aufgrund ihrer Wortwahl und dem Gesamtzusammenhang mit den zitierten Stellen in dem Sinne zu verstehen, daß die Frage des „direct effect" des GATT/WTO-Systems in diesem Panel-Report offen bleibt; in jedem Fall habe es den „indirect effect". Wie bereits gesagt, ist der Gesamtansatz allerdings sehr fortschrittlich.
(Hervorhebungen durch Kursivdruck im Original; Hervorhebungen durch Unterstreichen durch die Verfasserin).

725 EuGH, Urteil vom 14.10.1999, Rs. C-104/97 P, Slg. 1999, I-6983[7004, 7013 f] R. 20, 21, 22- Atlanta AG/ Europäische Gemeinschaft (auch abgedruckt in: EuGRZ 1999, 567-575). Hier stellt sich zwar die Frage der Wirkung von WTO-Streitbeilegungsentscheidungen, die jedoch vom EuGH nicht beantwortet wird, vgl. Ausführungen unter K.IV.5.b).

726 Schlußanträge des GA Mischo vom 06.05.1999 zu EuGH, Urteil vom 14.10.1999, Rs. C-104/97 P, Slg. 1999, I-6983[6987, 6990] Zf. 23- Atlanta.

727 FG Hamburg, Beschluß vom 15.07.1999- IV 132/99, EuZW 1999, 702 ff. Über diese Vorlage hat der EuGH noch nicht entschieden. Sie ist beim EuGH unter der Registriernummer 597.365, C-307/99, anhängig.

Urteils Port ab, als nun ein Zeitraum betroffen ist, zu dem Ecuador Mitglied des GATT war, so daß der EuGH sich der Beantwortung dieser Frage dieses Mal nicht mehr wie damals entziehen kann. Inhalt dieser Vorlage und des künftigen Urteils entspricht der der vorliegenden Arbeit zugrundeliegende Thematik. Die Antragstellerin, eine traditionelle Importeurin von Bananen, streitet mit dem Antragsgegner, dem Hauptzollamt Hamburg- St. Annen, darüber, ob der Antragsgegner für Anfang 1999 importierte Bananen von der Antragstellerin zu Recht Zoll erhoben hat. Sie macht geltend, der Artikel der Verordnung, auf dem die Abgabenerhebung basiert, sei wegen Verstoßes gegen das GATT nicht anwendbar. Die Unanwendbarkeit resultiere aus Art. 307 (ex-Art. 234) Abs. 1 EGV. Gleichzeitig versteht die Antragstellerin Art. 307 (ex-Art. 234) Abs. 1 EGV als Vorrangklausel.[728] Art. 307 (ex-Art. 234) Abs. 1 EGV ist hier insofern einschlägig, als die Rechte und Pflichten aus den WTO-Abkommen, die vor dem Beitritt Ecuadors (1996) zur WTO geschlossen wurden, durch den EGV nicht berührt werden. Das heißt, gegenüber Ecuador sind die Regelungen der welthandelsrechtlichen Abkommen zu beachten. Sofern ein Widerspruch mit gemeinschaftsrechtlichen Vorschriften existiert, bleiben letztere unangewendet.

Nachdem nun die Rechtsprechung des EuGH dargestellt wurde, sollen im folgenden die Argumente für und gegen die unmittelbare Anwendbarkeit der unter dem Dach der WTO geschlossenen Abkommen abgewogen werden.

III. Abwägung der Argumente für und gegen die unmittelbare Anwendbarkeit der unter dem Dach der WTO geschlossenen Abkommen

Wie oben ausgeführt, kommt es für die Frage der unmittelbaren Anwendbarkeit auf zwei Aspekte an: zum einen auf das völkerrechtliche Abkommen an sich, zum anderen auf die jeweilige welthandelsrechtliche Vorschrift. Hier sollen nun zahlreiche Argumente für und gegen die unmittelbare Anwendbarkeit[729] der unter dem Dach der WTO geschlossenen Abkommen vor die Klammer gezogen werden, weil sie nicht die einzelne Bestimmung, sondern Wortlaut, Sinn und Aufbau der Abkommen als solche betreffen. Auf dieser Ebene befinden sich auch die Gründe, aus denen der EuGH die unmittelbare Anwendbarkeit ablehnt.

---

728 FG Hamburg, Beschluß vom 15.07.1999- IV 132/99, EuZW 1999, 702 ff. Daß diese Vorschrift nicht als Vorrangklausel verstanden werden kann, wurde bereits oben unter I.III.1 gezeigt.

729 Da die subjektiven Rechte bzw. Pflichten - wie oben erläutert - u.a. die unmittelbare Anwendbarkeit voraussetzen, sind die hier aufgeführten Argumente für und gegen die unmittelbare Anwendbarkeit zugleich als notwendige, wenn auch nicht hinreichende Argumente in bezug auf subjektive Rechte bzw. Pflichten zu betrachten.

Daß Wortlaut, Sinn und Aufbau der welthandelsrechtlichen Abkommen zu berücksichtigen sind, ergibt sich aus dem völkerrechtlichen Ursprung der welthandelsrechtlichen Abkommen.[730]

Im folgenden sollen nun einige der zahlreichen Argumente für und wider die generelle Fähigkeit der unter dem Dach der WTO geschlossenen Abkommen, unmittelbar anwendbar zu sein, exemplarisch dargestellt werden.[731]

1. Differenzierung zwischen GATT ′47 und WTO: Rechtsnatur der WTO-Abkommen und ihrer Bestimmungen

Fraglich ist, ob die vom EuGH gegen die unmittelbare Anwendbarkeit des GATT ′47 vorgebrachten Argumente (ihre Überzeugungskraft für das alte GATT sei dahingestellt) in bezug auf das neue Welthandelssystem noch durchschlagend sind. Zur Beantwortung dieser Frage sollen im folgenden GATT ′47 und WTO auf Gemeinsamkeiten und Änderungen untersucht werden:

a) Internationale Organisation mit institutionellem Rahmen

Das alte GATT war ein permanentes Provisorium ohne institutionellen Rahmen, das keine internationale Organisation darstellte. Dieser provisorische Charakter

---

730 So auch Berrisch, EuR 1994, 461[468], der erwähnt, der EuGH begründe dies so. Der EuGH stellt in seinem Urteil vom 26.10.1982, Rs. 104/81, Slg. 1982, 3641[3644, 3665] R. 23- Kupferberg, auf Sinn und Zweck des Abkkommens sowie auf seinen Zusammenhang ab. Ebenfalls im Urteil vom 26.10.1982, Rs. 104/81, Slg. 1982, 3641[3644, 3663] R. 17- Kupferberg betont der Gerichtshof, daß der völkerrechtliche Ursprung der fraglichen Bestimmungen nicht außer acht gelassen werden darf.
Hingewiesen werden soll an dieser Stelle auf die italienische Rechtsprechung zur unmittelbaren Anwendbarkeit des GATT ′47, die diese Frage nach dem materiellrechtliche Gehalt einer Bestimmung beurteilt, „ungeachtet des Geists, der Rechtsnatur und der Systematik des gesamten Abkommens", Mastellone, CML Rev. 1983, 559[571], zit. nach Oehmichen, S. 170.

731 Dabei wird aus Gründen der Übersichtlichkeit der Darstellung darauf verzichtet, im einzelnen darauf hinzuweisen, welche Definition des Begriffs der unmittelbaren Anwendbarkeit die zitierten Autoren ihren Argumenten zugrunde legen. Zum einen sind die Verfasser in sich selbst widersprüchlich oder zumindest unklar. Zum anderen können die Argumente der Autoren, die unter unmittelbar anwendbar den hier verwendeten Begriff der subjektiven Rechte bzw. Pflichten (unmittelbare Anwendbarkeit im engeren Sinne) verstehen, auch im Rahmen der unmittelbaren Anwendbarkeit im hier verstandenen Sinne (unmittelbare Anwendbarkeit im weiteren Sinne) herangezogen werden, zumal subjektive Rechte bzw. Pflichten der engere Begriff ist, der die unmittelbare Anwendbarkeit voraussetzt.

wurde der unmittelbaren Anwendbarkeit des GATT oft entgegengehalten.[732] Die WTO dagegen hat dieses provisorische Moment nicht mehr, stellt vielmehr eine internationale Organisation mit Rechtspersönlichkeit (Art. VIII Abs. 1 WTOÜ) und institutionellem Rahmen (vgl. Art. II Abs. 1 WTOÜ) dar. Da das neue WTOÜ gebilligt und einschließlich Anhängen im EG-Amtsblatt[733] veröffentlicht wurde, kann auch die früher als Argument gegen die unmittelbare Anwendbarkeit verwendete fehlende förmliche Billigung und Verkündung des GATT[734] nicht mehr vorgebracht werden.

b) Single-package-Ansatz

Während das alte System ein GATT à la carte aufgrund zahlreicher Ausnahmen war, hat die WTO sich für den sog. single-package-Ansatz (oder auch Paketlösung genannt[735]) entschieden. Das heißt, die multilateralen Abkommen gelten für alle unterzeichnenden Staaten einheitlich (Art. II Abs. 2 WTOÜ).

c) Streitbeilegungssystem

Ebenfalls eine Verrechtlichung[736] und Verstärkung findet sich im Bereich des Streitbeilegungsverfahrens[737], das früher eher zur Vermittlung und Schlichtung als zur Verrechtlichung neigte[738]:

Auch wenn Art. 4 und 5 DSU vorherige Konsultationen sowie Vergleich und Vermittlung weiterhin vorsehen, hat sich das Streitbeilegungssystem doch insofern wesentlich geändert, als die Schaffung von Sicherheit und Vorhersehbarkeit durch Auslegung der Abkommen im Einklang mit den herkömmlichen Auslegungsregeln des Völkerrechts explizit in Art. 3 Abs. 2 DSU zum Zweck erklärt wird.

---

732 Jackson (1969), S. 106 ff; vgl. auch Drexl, GRUR Int. 1994, 777[785] Fn. 83, der diese Auffassung jedoch nicht teilt.

733 ABl. Nr. L 336 vom 23.12.1994, S. 3 ff.

734 Hilf, in: Hilf/ Petersmann (Hrsg.), S. 11[44 f], mit Hinweis auf Jackson (1969), S. 106 f.

735 Vgl. beispielsweise Drexl, GRUR Int. 1994, 777[778].

736 Für viele: Becker-Çelik, EWS 1997, 12[14]; Becker-Çelik, S. 136; Hilf/ Schorkopf, EuR 2000, 74[77 f]; Ott, DZWir 1998, 84, weist darauf hin, daß sich gerade die Flexibilität des Streitbeilegungsverfahrens als Trugschluß erwiesen habe, vgl. auch Zitat von Ott bei Fn. 1014.

737 Siehe hierzu etwa: Beneyto, EuZW 1996, 295[297 ff]; Jürgensen, RIW 2000, 577 ff; ausführlich: Petersmann, GATT/WTO dispute settlement system, insbesondere S. 182 ff; Sittmann, RIW 1997, 749[750, 752]; Witt, RIW 2000, 691 ff, zur Reform des Streitbeilegungsverfahrens.

738 Vgl. Hailbronner/ Bierwagen, JA 1988, 318[328].

An den Fortschritten des Streitbeilegungssystems[739] kann auch die beibehaltene Terminologie des alten Verfahrens (report, panel, adoption of reports) nichts ändern.[740]

Denn das Streitbeilegungsverfahren wurde gerichtsförmig gestaltet und deutlich beschleunigt. Hervorzuheben ist, daß nicht mehr wie früher die Annahme und damit Verbindlichkeit von Panel-Entscheidungen einen Konsens aller Mitgliedstaaten erfordern, sondern umgekehrt[741] der Konsens nur für die Ablehnung des Panelberichts erforderlich ist (Art. 16 Abs. 4 DSU).[742] Dieser sog. negative Konsens bedeutet für die Praxis, daß der Bericht im Regelfall angenommen wird und damit auch die unterliegende Partei bindet. Ferner wurde eine Berufungsinstanz (Standing Appelate Body, abgekürzt: SAB, auf Deutsch: Ständiges Berufungsgremium) geschaffen (vgl. Art. 17 DSU), die sich aus regierungsunabhängigen Fachleuten zusammensetzt (Art. 17 Abs. 3 S. 1, S. 2 DSU).[743] Die Annahme des Berichts des Berufungsgremiums kann nur durch Einstimmigkeit des DSB verhindert werden (Art. 17 Abs. 14 S. 1 DSU).

Außerdem wurde der Sanktionsmechanismus verbessert. Verstöße gegen das GATT können nur noch mit dem Streitbeilegungsverfahren geltend gemacht werden, nicht mehr dagegen mit den üblichen einseitigen Gegenmaßnahmen außerhalb des GATT (Art. 23 Abs. 1 DSU).

Zwar sieht Art. 22 DSU auch Entschädigung und Aussetzung von Zugeständnissen vor. Jedoch ist in Absatz 1 Satz 1 dieser Vorschrift ausdrücklich

---

739 So stellt Gilsdorf, EuR 1996, 145[162], zutreffend fest: „In Bezug [Großschreibung im Original] auf das bisherige GATT hat der GH [Gerichtshof] die Direktwirkung zwar abgelehnt, - bestätigt und verschärft im *Bananen*-Urteil vom 05.10.1994 ... . In Bezug [Großschreibung im Original] auf die unter dem Dach der neuen WTO angesiedelten Abkommen dürfte die Rechtslage im Hinblick auf die neuen Streitbeilegungsmechanismen aber wieder offen sein." (Hervorhebung im Original).

740 So auch Drexl, GRUR Int. 1994, 777[786].

741 Ebenso hat sich das Konsensprinzip in bezug auf die Errichtung eines Panels umgekehrt: Während unter dem alten System zur Annahme eines Antrags auf Einrichtung eines Panels Einstimmigkeit erforderlich war, ist nunmehr Konsens des DSB nur für die Ablehnung der Einsetzung eines Panels erforderlich (Art. 6 Abs. 1 DSU).

742 GA Tesauro bezeichnet dies in seinen Schlußanträgen vom 13.11.1997 zu EuGH, Urteil vom 16.06.1998, Rs. C-53/96, Slg. 1998, I-3603[3606, 3627] Zf. 29- Hermès, als „kopernikanische Wende"; Pauwelyn spricht in diesem Kontext von der Einführung des DSU als „legal revolution", AJIL 2000, 335[336].

743 Angesichts dieser deutlichen Verrechtlichung und der bisherigen positiven Erfahrungen in der Praxis mit der Qualität der Streitbeilegungsentscheidungen muß Sacks Kritik, es handle sich lediglich um eine nicht qualifizierte „Schnellschuß-Justiz", EuZW 1997, 650[651], zurückgewiesen werden. Gegen Sack wendet sich auch Schmid, NJW 1998, 190[196], indem er auf die „hochkarätig" besetzten SAB und die bisher qualitativ hochstehenden Entscheidungen der Streitbeilegungsorgane hinweist.

festgelegt, daß es sich um „vorübergehende Maßnahmen“ handelt.[744] Problematisch kann dies allerdings insofern werden, als die WTO-Institutionen kein Interventionsrecht haben, so daß auch „unbegrenzte“ temporäre Maßnahmen ungeahndet bleiben könnten. Nach Äußerungen des GA Tesauro in der Rechtssache Hermès steht ein sich möglicherweise bildendes „Provisorium auf Dauer“ der unmittelbaren Anwendbarkeit allerdings nicht entgegen.[745] Zudem legt Art. 22 Abs. 1 S. 2 DSU ausdrücklich fest, daß „weder eine Entschädigung noch die Aussetzung von Zugeständnissen oder sonstigen Pflichten Vorrang vor der vollen Umsetzung einer Empfehlung“ hat. Das heißt, durch Art. 22 DSU wird die völkerrechtliche Verpflichtung zur Einhaltung der welthandelsrechtlichen Bestimmungen nicht gelockert.[746] Schließlich läßt sich über die Entschädigung nicht die Verletzung von Welthandelsrechts rechtfertigen.[747]

Ferner darf nicht übersehen werden, daß auch im EG-Vertrag, nämlich in Art. 228 (ex-Art. 171) Abs. 2 UA 2 und 3, eine Vorschrift existiert, die die Situation ´dauerhafter Verstoß gegen Geld seitens des Mitgliedstaates´ schaffen kann.[748]

Abgesehen davon ist auch zu beachten, daß möglicherweise gar kein Zeitraum angemessen im Sinne von Art. 21 Abs. 3 S. 2, 3 DSU ist. Dies könnte dann der Fall sein, wenn ein Panel nach Art. 21 Abs. 5 DSU festgestellt hat, daß ein Mitglied früheren Panel-Entscheidungen nicht nachgekommen ist.[749]

Darüber hinaus hängt die unmittelbare Anwendbarkeit einer Vorschrift - wie obige Kriterien der unmittelbaren Anwendbarkeit ergeben - weder davon ab, wie lange ein Staat braucht, um sich entscheidungsgemäß (sei es entsprechend einer EuGH-Entscheidung, sei es entsprechend einer Panel-Entscheidung) zu verhal-

---

744 Nach Griller stellen diese Maßnahmen keine Alternative zur Erfüllung der welthandelsrechtlichen Pflichten, sondern nur eine Alternative zu „retaliatory measures“ dar, Griller, JIEL 2000, 441[453]. In dieser Form ist diese Aussage allerdings nicht zutreffend, zumal diese Maßnahmen - da nur vorübergehend - gar keine echte Alternative darstellen sollen.

745 Schlußanträge des GA Tesauro vom 13.11.1997 zu EuGH, Urteil vom 16.06.1998, Rs. C-53/96, Slg. 1998, I-3603[3606, 3628] Zf. 29 Fn. 52- Hermès; Timmermans, RMUE 1994, 175[178], dagegen sieht die Gefahr eines „provisoire qui dure“ wohl als Argument gegen die unmittelbare Anwendbarkeit an. Dem ist jedoch zu widersprechen. Denn es ist und bleibt dennoch eine Ausnahme. Außerdem hat ein evtl. Provisorium auf Dauer mit der Rechtsqualität der Normen nichts zu tun. Ferner gibt es auch im Rahmen der EG Ausnahmen.

746 So auch Kuschel, EuZW 1996, 645[647].

747 Vgl. auch Desmedt, Legal Issues of Economic Integration 2000, 93[100].

748 Vgl. auch Schlußanträge des GA Tesauro vom 13.11.1997 zu EuGH, Urteil vom 16.06.1998, Rs. C-53/96, Slg. 1998, I-3603[3606, 3628] Zf. 29 Fn. 52- Hermès.

749 So auch Griller, JIEL 2000, 441[453 f] und [454] Fn. 70.

ten noch davon, welche Maßnahmen im Falle der Nichtbefolgung ergriffen werden können.[750]

d) Geringere Flexibilität des WTO-Systems als Argument für die unmittelbare Anwendbarkeit

Die Gegner der unmittelbaren Anwendbarkeit jedoch halten dem neuen Streitbeilegungsverfahren entgegen, daß es nicht stark genug verrechtlicht und im übrigen nicht durchsetzungsfähig sei, wie die „Bananenstreitigkeiten" gezeigt hätten.[751] Insbesondere von Seiten der Gemeinschaft wird dies vorgebracht. Dem läßt sich allerdings entgegenhalten, daß die Gemeinschaft einen starken Einfluß auf die Vertragsgestaltung des WTO-Systems hatte[752] und daß die Europäische Gemeinschaft den Berufungsmechanismus vor unabhängigen Experten selbst vorgeschlagen hat.[753]

Außerdem ist davon auszugehen, daß sich dieser Streitbeilegungsmechanismus in Richtung eines internationalen Handelsgerichtshofes entwickelt.[754]

Dem alten GATT wurde - wie oben dargestellt - die unmittelbare Anwendbarkeit insbesondere mit Hinweis auf die Rechtsnatur seiner Bestimmungen abgesprochen. Dabei wurde wiederholt auf die Flexibilität des Abkommens sowie auf das auf Konsultation und politischen Ausgleich ausgerichtete Streitbeilegungsverfahren hingewiesen. So stellt GA Reischl in der Rechtssache SIOT die Behauptung auf, daß die unmittelbare Anwendbarkeit „offensichtlich ein Fremdkörper in einem durch Flexibilität charakterisierten Normenapparat wäre."[755]

Zwar sieht auch das neue WTO-System Konsultation und Verhandlungen vor. „Die Tatsache allein, daß die Vertragsparteien einen besonderen institutionellen Rahmen für Konsultationen und Verhandlungen untereinander über die Durchführung des Abkommens geschaffen haben, reicht [jedoch] nicht aus, jegliche Anwendung dieses Abkommens durch die Gerichte auszuschließen", wie der EuGH bereits in seiner Entscheidung Kupferberg zum alten GATT richtig

750 So auch Schlußanträge des GA Tesauro vom 13.11.1997 zu EuGH, Urteil vom 16.06.1998, Rs. C-53/96, Slg. 1998, I-3603[3606, 3628] Zf. 29 Fn. 52- Hermès.

751 Hilf/ Schorkopf, EuR 2000, 74[78], vertreten dagegen zutreffend die Auffassung, daß die Gegenargumente der Flexibilität und mangelnden Durchschlagskraft des Streitbeilegungsmechanismus hinfällig sind.

752 So stellte Ehlermann in London 1991 bei der Second Wilberforce Lecture, CML Rev. 1992, 213[219], zutreffend fest: „ ... the Community have had a remarkable 'legalizing' influence on the world's most important international economic body, the GATT." Vgl. auch Jackson, WTO, S. 61.

753 Ehlermann, CML Rev. 1992, 213[219 f]; Jackson, WTO, S. 62.

754 Schon zum alten System: Ehlermann, CML Rev. 1992, 213[220].

755 Schlußanträge des GA Reischl vom 14.12. 1982 zu EuGH, Urteil vom 16.03.1983, Rs. 266/81, Slg. 1983, 731[782, 790]- SIOT.

bemerkt.[756] Auch in der Rechtssache Chiquita Italia hat der EuGH entschieden, daß das im Vierten AKP-EWG-Abkommen vorgesehene besondere Streitbeilegungsverfahren der unmittelbaren Anwendbarkeit einzelner Bestimmungen nicht entgegenstehe.[757]

Es wird an dieser Stelle darauf hingewiesen, daß der EuGH in seiner Argumentation bezüglich des Streitbeilegungsverfahrens inkonsequent ist: Das Argument, die Existenz eines Streitbeilegungsverfahrens spreche gegen die unmittelbare Anwendbarkeit, ist nicht schlagkräftig. Dies zeigt schon ein Vergleich mit dem europäischen Rechtssystem: Auch hier läßt die Existenz des EuGH keinen Rückschluß auf eine fehlende unmittelbare Anwendbarkeit des EG-Vertrags in den Mitgliedstaaten zu.[758] Vielmehr handelt es sich um zwei unterschiedliche Formen der Durchsetzung völkerrechtlicher Abkommen, die miteinander kombiniert werden können, also nicht alternativ, sondern kumulativ bestehen: Zum einen die Durchsetzung mittels der nationalen bzw. gemeinschaftlichen Gerichte, die die unmittelbare Anwendbarkeit (im in dieser Arbeit verstandenen Sinne) der Verträge voraussetzt. Zum anderen die Durchsetzung mit Hilfe des im Abkommen vorgesehenen Streitbeilegungsverfahrens. Dem nationalen bzw. gemeinschaftlichen Richter wird ja nicht dadurch, daß das Welthandelssystem ein Streitbeilegungsverfahren vorsieht, seine Kompetenz, Welthandelsrecht anzuwenden, entzogen. Außerdem darf nicht übersehen werden, daß das Streitbeilegungsverfahren als Form einer internationalen Rechtsfeststellungs- bzw. Rechtsdurchsetzungsmöglichkeit durch die gleichzeitige Existenz nationaler bzw. gemeinschaftlicher Rechtsdurchsetzungsmöglichkeiten entlastet wird.[759] Infolgedessen kann das Streitbeilegungsverfahren nicht als Argument gegen die unmittelbare Anwendbarkeit verwendet werden.[760]

---

756 EuGH, Urteil vom 26.10.1982, Rs. 104/81, Slg. 1982, 3641[3644, 3664] R. 20-Kupferberg. Daß die Existenz eines internationalen Streitbeilegungsmechanismus nicht die unmittelbare Anwendbarkeit ausschließen kann, betont auch Drexl, FS Fikentscher, S. 822[846] Fn. 85.

757 EuGH, Urteil vom 12.12.1995, Rs. C-469/93, Slg. 1995, I-4533[4558, 4568] R. 36-Chiquita Italia.

758 So auch Petersmann, EuZW 1997, 651[653].
Eine andere Ansicht vertritt allerdings Spanien in der mündlichen Verhandlung in der Rechtssache Fruchthandelsgesellschaft Chemnitz. Es meint, daß das GATT nach ständiger Rechtsprechung des Gerichtshofs keine unmittelbare Wirkung entfalte, weil ansonsten das Rechtsprechungsmonopol des EuGH nach Art. 220 (ex-Art. 164) EGV durchbrochen werden würde, EuG, Urteil vom 28.09.1999, Rs. T-254/97, R. 23- Fruchthandelsgesellschaft mbH Chemnitz/ Kommission der Europäischen Gemeinschaften.

759 So auch Drexl, GRUR Int. 1994, 777[785].

760 So auch Drexl, Entwicklungsmöglichkeiten, S. 282, und S. 282 Fn. 129; Drexl, GRUR Int. 1994, 777[785]; Hilf, in: Hilf/ Petersmann, S. 11[47 f], entgegen Ehlermann, in: Hilf/ Petersmann, S. 203[218].

Ebensowenig stehen der grundsätzlichen unmittelbaren Anwendbarkeit eines Abkommens „Schutzklauseln ... , die den Parteien ein Abweichen von bestimmten Vorschriften des Abkommens gestatten“, entgegen.[761]

Dem GATT ´47 wurde - wie bereits erwähnt - die „große Geschmeidigkeit“ seiner Bestimmungen entgegengehalten. Diese zeige sich vor allem bei den Vorschriften über Abweichungen von den allgemeinen Regeln, über Maßnahmen, die bei außergewöhnlichen Streitigkeiten getroffen werden könnten und über die Regelung von Meinungsverschiedenheiten.[762] In diesem Punkt besteht ein wesentlicher Unterschied zwischen GATT ´47 und WTO-System[763]: Bei letzterem ist nämlich das frühere System der Regel, Ausnahme und Sonderausnahme, die großzügig gewährt wurden, neu gestaltet. So soll die Vereinbarung von Zahlungsbilanzbestimmungen des Allgemeinen Zoll- und Handelsabkommens[764] „die nichttarifären restriktiven Maßnahmen, die Gegenstand einer unkontrollierten und vor allem bei Entwicklungsländern verbreiteten Praxis sind, strenger regeln und sie vor allem durchsichtiger machen.“[765] Von Bedeutung in diesem Zusammenhang ist auch das Übereinkommen über Schutzmaßnahmen[766] nach Art. XIX GATT, nach dessen zweiter Begründungserwägung „die multilaterale Kontrolle über Schutzmaßnahmen wiederherzustellen ist und ... die Maßnahmen zu beseitigen sind, die sich dieser Kontrolle entziehen“.

Wichtigste Änderung stellt die Umkehrung des Verhältnisses von Regeln und Ausnahmen dar, wobei die materiellen und verfahrensrechtlichen Voraussetzungen für die Gewährung von Ausnahmen mittlerweile genau und streng festgelegt sind[767]: Art. IX Abs. 3 WTOÜ beispielsweise legt fest, daß die Ministerkonfe-

---

761 EuGH, Urteil vom 26.10.1982, Rs. 104/81, Slg. 1982, 3641[3644, 3664] R. 21-Kupferberg.

762 EuGH, Urteil vom 12.12.1972, Verb. Rs. 21-24/72, Slg. 1972, 1219[1220, 1228], R. 21- International Fruit Company.

763 Daß die Flexibilität des GATT wegen konkreteren Normen der welthandelsrechtlichen Abkommen im materiellen Bereich und im Bereich der Streitschlichtung fraglich geworden ist, betonen insbes. auch folgende Autoren: Streinz, Jahrbuch des Technik- und Umweltrechts 1996, 435[456]; Streinz, in: Streinz (Hrsg.), Neuartige Lebensmittel, S. 239[256], mit Hinweis auf Griller, in: Beuss, S. 269[256]; Eckert, ZLR 1995, 363[391]; Schroeder/ Selmayr, JZ 1998, 344[348].

764 Benedek, Textausgabe, S. 141 ff; Understanding on thc Balance-of-Payments Provisions of the General Agreement on Tariffs and Trade 1994, GATT-Secretariat, The Legal Texts, S. 27 ff.

765 Schlußanträge des GA Tesauro vom 13.11.1997 zu EuGH, Urteil vom 16.06.1998, Rs. C-53/96, Slg. 1998, I-3603[3606, 3626] Zf. 29 Fn. 48- Hermès.

766 Benedek, Textausgabe, S. 377 ff.

767 Vgl. auch Schlußanträge des GA Tesauro vom 13.11.1997 zu EuGH, Urteil vom 16.06.1998, Rs. C-53/96, Slg. 1998, I-3603[3606, 3627] Zf. 29 und Zf. 49 Fn. 49-Hermès.

renz ein Mitglied von einer Verpflichtung aus dem WTOÜ oder aus einem multilateralen Handelsübereinkommen entbinden kann. Dies ist nach dieser Vorschrift jedoch nur unter außergewöhnlichen Umständen und nur mit einem Beschluß, der mit der Mehrheit von drei Vierteln der Mitglieder gefaßt wird, möglich. Dieser Beschluß muß nach Art. IX Abs. 4 WTOÜ die ihn rechtfertigenden außergewöhnlichen Umstände, die Bedingungen für die Anwendung der Ausnahmegenehmigung und das Ablaufdatum der Ausnahmegenehmigung nennen. Dabei werden Ausnahmegenehmigungen mit längerer Dauer als ein Jahr regelmäßig überprüft. Ferner kann ein Mitglied nach der Vereinbarung über Befreiungen von den Verpflichtungen nach dem Allgemeinen Zoll- und Handelsabkommen 1994[768] Zf. 3 unter Berufung auf Art. XXIII GATT '94 ein Streitbeilegungsverfahren einleiten, wenn es der Auffassung ist, ein Vorteil aufgrund des GATT '94 werde durch die einem anderen Mitglied gewährte Befreiung zunichte gemacht oder geschmälert.

Es sei darauf hingewiesen, daß das GATT '47 früher fast ausschließlich als Verhandlungsforum betrachtet wurde. Das WTO-System dagegen kann nicht mehr ausschließlich als Forum angesehen werden, im Rahmen dessen man verhandelt und eher zu Lösungen als zu bindenden Abkommen gelangt[769], sondern muß auch als unbedingte Rechtsordnung angesehen werden.[770]

Außerdem kann hinzugefügt werden: „The GATT is not a caricature of an international agreement, but is obligatory on the Community and Member States. It must be taken seriously by the institutions and the Court".[771]

Der Argumentation des EuGH, das GATT sei zu unbestimmt, um unmittelbare Anwendbarkeit entfalten zu können, ist entgegenzuhalten, „daß viele GATT-Vorschriften bewußt als inhaltlich präzise, unbedingte und teils ungewöhnlich detaillierte Rechtsnormen formuliert wurden, um ihre unmittelbare Anwendung durch innerstaatliche Gerichte und Behörden zu ermöglichen."[772]

Damit kann auch der Meinung Jacksons, das GATT bestehe eher aus „norms of aspiration" als aus „norms of obligation", nicht gefolgt werden.[773]

---

768 Benedek, Textausgabe, (S. 150); Understanding in Respect of Waivers of Obligations under the General Agreement on Tariffs and Trade 1994, GATT-Secretariat, The Legal Texts, S. 34 f.

769 Schlußanträge des GA Tesauro vom 13.11.1997 zu EuGH, Urteil vom 16.06.1998, Rs. C-53/96, Slg. 1998, I-3603[3606, 3628] Zf. 30 Fn. 55- Hermès; vgl. auch Cottier, in: Forschungsinstitut, S. 121[135], in bezug auf das GATT.

770 Hahn/ Schuster, EuR 1993, 261[279], zum alten System.

771 Everling, CML Rev. 1996, 401[422].

772 Petersmann, GATT als EWG-Mitglied, S. 119[131]; vgl. auch Jackson (1969), S. 12 Anm. 1, beide sogar schon zum alten System.

773 Jackson (1969), S. 761 f. Ähnlich äußert sich auch Kapteyn, The International Lawyer 1974, 74[81]: „GATT provisions are recommendable guidelines for interna-

Auffällig ist jedoch, daß der EuGH verschiedene Maßstäbe beim GATT und anderen internationalen Abkommen anlegt.[774] Bei Assoziationsabkommen beurteilt er die Frage der unmittelbaren Anwendbarkeit sehr großzügig. So bejaht er sie beispielsweise bei Art. 6 Abs. 1 und 2 des Assoziationsratsbeschlusses 1/80[775] und den entsprechenden Art. 2 Abs. 1 lit. b und Art. 7 des Assoziationsratsbeschlusses 2/76[776], die sich auf die Beschäftigung und Freizügigkeit türkischer Arbeitnehmer beziehen, obwohl Art. 6 Abs. 3 des Beschlusses 1/80 bzw. der gleichlautende Art. 2 Abs. 2 des Beschlusses 2/76 eine Durchführungsbestimmung[777] enthalten. Dieser mißt der EuGH jedoch nur konkretisierende Bedeutung zu; die Mitgliedstaaten hätten durch sie keinen eigenen Gestaltungsspielraum.[778]

Zusammenfassend läßt sich also festhalten, daß das WTO-System eine geringere Flexibilität als das alte GATT aufweist, was für die grundsätzliche unmittelbare Anwendbarkeit der neuen welthandelsrechtlichen Abkommen spricht.

---

tional policy, rather than a set of clear-cut obligations for the behaviour of the Contracting Parties".

774 So auch Montañà I Mora, Col. J. of Transnat'l L. 1993, 103[172].

775 Abgedruckt in: Rat der Europäischen Gemeinschaften (Hrsg.), Assoziierungsabkommen und Protokolle EWG-Türkei sowie andere Basisdokumente, Brüssel, 1992, S. 327 ff, nach Schmalenbach, in: Calliess/ Ruffert, Art. 310 R. 29 Fn. 69.

776 Vgl. EuGH, Urteil vom 20.09.1990, Rs. 192/89, Slg. 1990, I-3461[3497, 3504] R. 26- Sevince.

777 Diese lautet: „Die Einzelheiten der Durchführung der Absätze 1 und 2 werden durch einzelstaatliche Vorschriften festgelegt."

778 Schmalenbach, in: Calliess/ Ruffert, Art. 310 R. 29 und R. 29 Fn. 73; EuGH, Urteil vom 30.09.1997, Rs. C-98/96, Slg. 1997, I-5179[5193, 5201 f] R. 24, 28- Kasim Ertanir/ Land Hessen (Vorabentscheidungsersuchen des Verwaltungsgerichts Darmstadt); EuGH, Urteil vom 20.09.1990, Rs. 192/89, Slg. 1990, I-3461[3497, 3503 f] R. 22- Sevince.
Dagegen lehnt der Gerichtshof im Urteil vom 10.09.1996, Rs. 277/94, Slg. 1996, I-4085[4100, 4112 f] R. 33, 37 f- Z. Taflan-Met u.a./ Bestuur van de Sociale Verzekeringsbank und O. Akol/ Bestuur van de Nieuwe Algemene Bedrijfsvereniging (Vorabentscheidungsersuchen der Arrondissementsrechtbank Amsterdam) die unmittelbare Anwendbarkeit des Assoziationsratsbeschlusses 3/80 (abgedruckt in: Assoziierungsabkommen und Protokolle EWG-Türkei sowie andere Basisdokumente, Rat (Hrsg.), S. 349 ff) ab, weil dieser trotz einiger eindeutiger und bestimmter Vorschriften dazu bestimmt sei, durch einen weiteren Rechtsakt des Rates ergänzt und in der Gemeinschaft durchgeführt zu werden. Zu diesem Schluß kommt er nach einem Vergleich mit einem durchführungsbedürftigen sekundären Gemeinschaftsrechtsakt, auf den der Assoziationsratsbeschluß verweist.

e) Materiell-rechtliche Fortschritte

Gleichzeitig hat die WTO materiellrechtlich Fortschritte gemacht: Inhaltlich befaßte sich das GATT ´47 nur mit Handels- und Zollfragen in einigen Bereichen des Warenaustausches; erst die WTO schließt zusätzlich insbesondere Dienstleistungen und geistiges Eigentum ein. Außerdem sind die Vorschriften nun präziser abgefaßt. Darüber hinaus konkretisierten sich - wie gezeigt - die Voraussetzungen für Schutzmaßnahmen nach Art. XIX GATT.

f) Rechtsnatur der welthandelsrechtlichen Vorschriften

Als wesentliches Argument für die Ablehnung der unmittelbaren Anwendbarkeit bringt der EuGH den bedingten Charakter der GATT ´47-Bestimmungen vor, die durch viele Ausnahmen und abweichende Vorschriften gekennzeichnet seien. Da die GATT-Vorschriften nicht wesentlich geändert wurden, könnte dieses Argument immer noch zur Geltung kommen.[779] Hierbei handelt es sich jedoch nicht um eine Begründung, die pauschal für oder gegen die unmittelbare Anwendbarkeit der welthandelsrechtlichen Vorschriften angeführt werden kann.[780] Die Existenz einzelner unbestimmter Normen steht nicht generell der unmittelbaren Anwendbarkeit eines völkerrechtlichen Abkommens entgegen.[781] Vielmehr ist jeweils die einzelne Norm[782] auf ihre inhaltliche Bestimmtheit und Unbedingtheit - wie oben dargestellt - zu untersuchen.[783] Außerdem sind nicht alle GATT-Normen flexibel.[784] Zum Teil sind sie sogar identisch oder konkreter als gemeinschaftsrechtliche Vorschriften.[785] So hat bereits Generalanwalt Gulman in der Rechtssache Deutschland/ Rat anerkannt: „Die Vorschriften des GATT sind, selbst wenn sie auch bis zu einem gewissen Grade einen ungenauen Inhalt haben, jedenfalls was den größten Teil betrifft, hinreichend klar und unbedingt, so daß sie gegebenenfalls vom Gerichtshof angewandt werden können“.[786]

---

779 So auch Becker-Çelik, EWS 1997, 12[15].

780 So auch Becker-Çelik, EWS 1997, 12[15]; Cottier, in: Jacot-Guillarmod/ Schindler/ Cottier, S. 139[174].

781 So auch für viele: Cottier, in: Jacot-Guillarmod/ Schindler/ Cottier, S. 139[174].

782 Schlußanträge des GA Tesauro vom 13.11.1997 zu EuGH, Urteil vom 26.06.1998, Rs. C-53/96, Slg. 1998, I-3603[3606, 3628] Zf. 30- Hermès.

783 Vgl. Ausführungen unter K.I.9.a).

784 So auch Becker-Çelik, EWS 1997, 12[15]; Becker-Çelik, S. 137.

785 Vgl. hierzu Ausführungen unter K.III.6.

786 Schlußanträge des GA Gulmann vom 08.06.1994 zu EuGH, Urteil vom 05.10.1994, Rs. 280/93, Slg. 104, I-4973[4980, 5025] Zf. 141- Deutschland/ Rat.

Nicht übersehen werden darf, daß flexible Vorschriften kennzeichnend sind für das internationale Wirtschaftsrecht und sich sogar im EG-Vertrag, etwa in Art. 81 (ex-Art. 85) Abs. 3 EGV[787] (Befreiung vom allgemeinen Kartellverbot), finden.[788] Ferner sind letztlich alle Normen flexibel und bedingt.[789]

Die wesentliche Änderung des WTO-Systems im Vergleich zum GATT '47, insbesondere die Institutionalisierung des Systems sowie die Verrechtlichung des Streitbeilegungsverfahrens schwächen das frühere Argument des EuGH bezüglich des Charakters der welthandelsrechtlichen Vorschriften.[790] Daher rechtfertigt die bisherige Argumentation des EuGH die Ablehnung der unmittelbaren Anwendbarkeit nicht mehr.[791]

g) Fazit: Wesentliche Unterschiede zwischen GATT '47 und neuem Welthandelssystem

Wie obige Ausführungen belegen, bestehen zwischen dem GATT '47 und dem neuen WTO-System grundlegende Unterschiede, vor allem in den Aspekten, die der EuGH zum Anlaß nahm, dem GATT '47 die unmittelbare Anwendbarkeit abzusprechen, wie dem Streitbeilegungsverfahren, Verhältnis von Regel und Ausnahme, Struktur der WTO (internationale Organisation) sowie bei Zuschnitt und Tragweite der Regelung.[792]

---

787 Obwohl diese Norm nicht unmittelbar anwendbar ist, wird daraus und aus ihrer Flexibilität nicht automatisch der Schluß gezogen, daß auch die übrigen Bestimmungen des EG-Vertrags zu flexibel seien, um unmittelbar anwendbar zu sein. Ebensowenig ist daher die Schlußfolgerung von einer für die unmittelbare Anwendbarkeit zu flexiblen welthandelsrechtlichen Norm auf die Gesamtheit des welthandelsrechtlichen Normengefüges zulässig.

788 So auch Becker-Çelik, EWS 1997, 12[15]; Becker-Çelik, S. 137.

789 So auch Trachtman, EJIL 1999, 655[664], der hieraus folgert: „the correct question to ask relates to the degree to which they are flexible and conditional." (Hervorhebung der Verfasserin).

790 So auch Becker-Çelik, EWS 1997, 12[15]; Becker-Çelik, S. 136 f; Beneyto, EuZW 1996, 295[298 f]; Montañà I Mora, Col. J. Transnat'l L. 1993, 103[173].

791 So auch Becker-Çelik, EWS 1997, 12[15]; Becker-Çelik, S. 137; Beneyto, EuZW 1996, 295[298 f], äußert sich allerdings etwas zurückhaltender in dem Sinne, daß eine Rechtsprechungsänderung des EuGH nicht ausgeschlossen werden kann; Montañà I Mora, Col. J. Transnat'l L. 1993, 103[173].

792 So auch GA Tesauro in seinen Schlußanträgen vom 13.11.1997 zu EuGH, Urteil vom 16.06.1998, Rs. C-53/96, Slg. 1998, I-3603[3606, 3626] Zf. 28- Hermès: „Zweifellos präsentiert sich das WTO-System gegenüber dem GATT '47 in sehr veränderter Gestalt, und die Gesichtspunkte, die für die Ausrichtung der Rechtsprechung bestimmend waren, sind von Grund auf überarbeitet worden."
Hingewiesen sei jedoch an dieser Stelle der Vollständigkeit halber auf das neue Urteil des EuGH vom 23.11.1999 in der Rechtssache C-149/96- Portugal/ Rat, Slg.

Wie gezeigt ist gegenüber dem unzulänglichen System des GATT '47 eine wesentliche Verrechtlichung eingetreten, die auf entscheidenden institutionellen und inhaltlichen Unterschieden beruht.[793] Das heißt, daß die Argumente des EuGH gegen die unmittelbare Anwendbarkeit des GATT '47 dem neuen Welthandelssystem nicht mehr entgegengehalten werden können.[794] Auch in der Literatur wird überwiegend die Auffassung vertreten, die Argumente, die gegen die unmittelbare Anwendbarkeit des alten GATT-Systems vorgebracht wurden, können nicht auf das neue Welthandelssystem übertragen werden.[795]

1999, I-8395 ff, in dem der Gerichtshof zumindest im Ergebnis an seiner bisherigen Rechtsprechung festhält, die nach der Verfasserin unzutreffend ist. So kommentiert Desmedt, JIEL 2000, 191 f (entspricht Legal Issues of Economic Integration 2000, 93[94]), dieses Urteil wie folgt: „... this judgement seems to indicate that the fundamental changes in the GATT/ WTO system did not influence the Court's consistent refusal to exercise legality control over Community acts on the basis of GATT/WTO agreements." Hingewiesen wird auch auf Zonnekeyn, 34 JWT 3/2000, 111[112, 125]: „... the judgement is doing injustice to the WTO system, as it undermines the relevance of the WTO Agreements as restraints on the conduct of the EC institutions and the grounds for individuals and Member States to challenge that conduct." Auch daher kann folgender Äußerung Trachtmans, EJIL 1999, 655[658], nicht gefolgt werden: „On a more theoretical note, one might point out that WTO law was 'designed' for application by the WTO dispute settlement process, and would have different binding effect, and different consequences, from those intended if transplanted to the European court system through the doctrine of direct effect." Denn ebensowenig wie das Gemeinschaftsrecht nur für die Anwendung durch den EuGH „bestimmt" ist, ist das Welthandelsrecht nur für die Anwendung durch die welthandelsrechtlich vorgesehenen Mechanismen gedacht.

793 So auch Nagel, S. 273. Oppermann spricht in diesem Zusammenhang von einem „qualitativen Wandel ersten Ranges im System der Genfer Welthandelsorganisation", RIW 1995, 919[924], sowie Oppermann, EG in der WTO, S. 29.

794 Zu einem vergleichbaren Ergebnis kommen beispielsweise auch Castillo de la Torre, 29 JWT 1/1995, 53[68]; Drexl, GRUR Int. 1994, 777[784]; Nagel, S. 273; Schlußanträge des GA Tesauro zu EuGH, Urteil vom 13.11.1998, Rs. C-53/96, Slg. 1998, I-3603[3606, 3628] Zf. 30- Hermès; Spuhler, S. 242; Tomuschat, in: GTE, Art. 228 R. 66 ff; Weber/ Moos, EuZW 1999, 229[230].
Vgl. aber auch die a.A.: Schlußanträge des GA Elmer 24.06.1997 zu EuGH, Urteil vom 10.03.1998, Verb. Rs. C-364/95 und C-365/95, Slg. 1998, I-1023[1026, 1033] Zf. 29- Port: „Die Rechtsprechung des Gerichtshofes zum GATT 1947 läßt sich nach meiner Meinung entsprechend auf das GATT 1994 übertragen." Wie oben dargelegt, ist die a.A. jedoch unzutreffend.

795 So etwa von Bogdandy/ Makatsch, EuZW 2000, 261[266]: „Angesichts des umfassenden Ausbaus des GATT 1947 zur WTO und des massiv fortentwickelten Systems rechtlicher Streitbeilegung wäre es aber möglich gewesen, auf der Grundlage dieser Rechtsprechung zu einer unmittelbaren Wirksamkeit der WTO-Übereinkünfte zu gelangen"; Drexl, GRUR Int. 1994, 777[783, 786]: „Die Umgestaltung des GATT-Systems in eine Welthandelsorganisation macht eine Neubewertung vergan-

So kann mit Generalanwalt Tesauro festgestellt werden: „Letztlich bin ich der Auffassung, daß sich die Lage im Vergleich zum GATT 1947 geändert hat und daß die Einwände, die der Gerichtshof bisher erhoben hat, gegenüber dem WTO-Kontext als überwunden anzusehen sind ... . Unter diesem Blickwinkel müßte daher die Einhaltung der WTO-Übereinkommen, darunter des TRIPS [[796]], von nun an von den einzelnen vor Gericht geltend gemacht werden können, wohlgemerkt nur bei den Bestimmungen, die dafür in Frage kommen."[797] Er schlägt daher dem EuGH vor, seine Rechtsprechung zum GATT ´47 aufzugeben.[798]

2. Alleinige Entscheidungskompetenz des EuGH bezüglich gleicher oder unterschiedlicher Behandlung von GATT ´47 und WTO

Wie bereits oben ausgeführt, hat Generalanwalt Elmer in der Rechtssache Port ausdrücklich darauf hingewiesen, daß seines Erachtens die Rechtsprechung des EuGH zum GATT ´47 auf das GATT ´94 übertragen werden kann.[799]

Die Kommission vertritt unter Berufung auf den Ratsbeschluß 94/800/EG[800] ebenfalls die Auffassung, daß die Argumente, die der EuGH gegen die unmittelbare Anwendbarkeit des GATT ´47 vorgebracht hat, auch noch dem GATT ´94 entgegengehalten werden können. Es fragt sich, welche Bedeutung es hat, daß

---

gener Argumente unumgänglich. Erhalten bleiben jene Gründe, die gegen eine unmittelbare Anwendbarkeit sprechen, soweit sie sich allein aus dem Gemeinschaftsrecht selbst ergeben. Sofern in der Vergangenheit Schlüsse aus der Rechtsnatur des GATT gezogen wurden, ist die Rechtsprechung des EuGH zu überprüfen."; Eckert, ZLR 1995, 363[391]; Herdegen, Internationales Wirtschaftsrecht, 2. Aufl. 1995, § 7 R. 40 (S. 122); Ott, S. 223; Rabe, ZLR 1998, 129[139]: „Ob der Gerichtshof diese Rechtsprechung jedenfalls mit der Begründung aufrechterhalten kann, auf die er sie bisher gestützt hat, wird mit Recht bezweifelt"; Schröder/ Selmayr, JZ 1998, 344[348]; Stein, EuZW 1998, 261[263 f]; vgl. auch Stoll/ Ress, EWS 1996, 37[41], die im übrigen anführen, die Kriterien des EuGH seien „überzogen"; Oppermann, RIW 1995, 919[927]; Wetzig, S. 95.

796 Rechtschreibung des Originals.

797 Schlußanträge des GA Tesauro vom 13.11.1997 zu EuGH, Urteil vom 26.06.1998, Rs. C-53/96, Slg. 1998, I-3603[3606, 3628] Zf. 30- Hermès.

798 Schlußanträge des GA Tesauro vom 13.11.1997 zu EuGH, Urteil vom 26.06.1998, Rs. C-53/96, Slg. 1998, I-3603[3606, 3631] Zf. 36- Hermès.

799 Schlußanträge des GA Elmer vom 24.06.1997 zu EuGH, Urteil vom 10.03.1998, Verb. Rs. C-364/95 und C-365/95, Slg. 1998, I-1023[1026, 1033] Zf. 29- Port, vgl. Wortlaut zitiert in Fn. 794.

800 Vgl. hierzu Ausführungen unter K.III.3.

Rat[801], Kommission[802] und Europäisches Parlament einer Meinung in dieser Sache sind. Denkbar wäre, in der übereinstimmenden Meinung von Rat, Kommission und Europäischem Parlament - wie schon oben gesagt - eine Übung im Sinne von Art. 31 Abs. 3 lit. b WVRK/ WVRK II seitens der EG zu sehen, die auch vom EuGH zu berücksichtigen ist.[803] Wie der Wortlaut dieser Bestimmung der WVRK ergibt, ist die Übung jedoch nicht bindend, sondern lediglich „zu berücksichtigen".[804] Das heißt, diese Übung kann an der alleinigen Entscheidungsbefugnis des EuGH nichts ändern.[805] Allein ihm steht es zu[806], darüber zu befinden, ob die Unterschiede von GATT '47 und neuem WTO-System möglicherweise nicht ausreichend sind, um unter dem neuen System zu einer anderen Antwort bezüglich der Frage nach der unmittelbaren Anwendbarkeit als unter dem alten zu gelangen. Dies gilt selbstverständlich nur, wenn er als gemeinschaftliches Gericht zur Entscheidung befugt ist. Wenn die nationalen Gerichte kompetent sind, haben diese über die Frage der unmittelbaren Anwendbarkeit zu entscheiden.

Auch Art. IX Abs. 2 WTOÜ, nach dem die Ministerkonferenz und der Allgemeine Rat ausschließlich zur Auslegung der Abkommen befugt sind, kann am Ergebnis, daß allein der Gerichtshof zur Entscheidung über die unmittelbare

---

801 Beschluß 94/800/EG des Rates vom 22.12.1994 über den Abschluß der Übereinkünfte im Rahmen der multilateralen Verhandlungen der Uruguay-Runde (1986-1994) im Namen der Europäischen Gemeinschaft in bezug auf die in ihre Zuständigkeit fallenden Bereiche, ABl. Nr. L 336 vom 23.12.1994, S. 2, Erwägungsgrund 11.

802 Dok. KOM (94) 143 endg. vom 15.04.1994, 94/0114/AVC, Vorschlag für einen Beschluß des Rates über die Annahme der Ergebnisse der multilateralen Handelsverhandlungen im Rahmen der Uruguay-Runde (1986-1994) (von der Kommission vorgelegt), S. 6a, 7a.

803 So Manin, RTDE 1997, 399[427 f]; Wetzig, S. 98 f.

804 So auch Manin, RTDE 1997, 399[427]. Allerdings kommen Manin, a.a.O., und Wetzig, S. 99, unter Beachtung der Tatsache, daß auch andere wichtige WTO-Parteien die unmittelbare Anwendbarkeit ablehnen, dennoch zum Ergebnis, daß sich der EuGH über diese übereinstimmende Übung nicht hinwegsetzen könne. Manin, a.a.O. Fn. 73, weist allerdings darauf hin, daß dies nur für diejenigen Teile der Abkommen gelte, die in die Gemeinschaftskompetenz fallen.

805 So auch Schlußanträge des GA Tesauro vom 13.11.1997 zu EuGH, Urteil vom 16.06.1998, Rs. C-53/96, Slg. 1998, I-3603[3606, 3624] Zf. 25 und Zf. 25 Fn. 38- Hermès; vgl. auch Einhorn, CML Rev. 1998, 1069[1095]; Timmermanns, RMUE 1994, 175[177].

806 Auch Krenzler, in: Grabitz/ Hilf, E 1 R. 84, stellt fest, daß diese Feststellung des Rates den EuGH nicht bindet; so auch Kuijper, 29 JWT 6/1995, 49[65]; vgl. auch Rabe, ZLR 1998, 129[139], der feststellt, die Erklärung des Rates könne die von den Gerichten zu entscheidende Rechtsfrage nicht präjudizieren. So auch Schlußanträge des GA Saggio vom 25.02.1999 zu EuGH, Urteil vom 23.11.1999, Rs. C-149/96, Slg. 1999, I-8395[8397, 8411] Zf. 20- Portugal/ Rat.

Anwendbarkeit berufen ist, nichts ändern. Denn diese Bestimmung betrifft lediglich die völkerrechtliche Ebene, kann also die Zuständigkeit des EuGH gar nicht tangieren, zumal durch diese Vorschrift keine Wirkung auf die EG-Ebene ausgeübt wird.

Timmermanns zieht aus Art. IX Abs. 2 WTOÜ den Schluß, die politischen WTO-Organe könnten die Panel-Entscheidungen durch Auslegung umgehen.[807] Diese Folgerung ist - auch, weil praxisfern - jedoch nicht korrekt. Denn rechtliche Bestimmungen werden regelmäßig nach Maßgabe der Rechtsprechung - in concreto nach den rechtsprechungsähnlichen Streitbeilegungsentscheidungen - ausgelegt. Die so vorgenommene Auslegung stellt bekanntlich eine maßgebliche Richtlinie für die Auslegung durch die Exekutive dar. In diesem Zusammenhang sind Art. 3 Abs. 2 S. 1 und S. 2 DSU zu beachten: „Das Streitbeilegungssystem der WTO ist ein zentrales Element zur Schaffung von Sicherheit und Vorhersehbarkeit im multilateralen Handelssystem. Die Mitglieder erkennen an, daß es dazu dient, die Rechte und Pflichten der Mitglieder aus den unter die Vereinbarung fallenden Übereinkommen zu bewahren und die geltenden Bestimmungen dieser Übereinkommen im Einklang mit den herkömmlichen Regeln der Auslegung des Völkerrechts zu klären."[808]

3. *Auffassung der Gemeinschaftsorgane*

a) *Auffassung des Rates*

Der Ministerrat hat in der Präambel zu seinem Beschluß über den Abschluß der WTO-Übereinkünfte festgestellt, daß das WTOÜ einschließlich seiner Anhänge nicht unmittelbar anwendbar ist.[809] Im Erwägungsgrund elf[810] des Beschlusses 94/800/ EG des Rates vom 22.12.1994 über den Abschluß der Übereinkünfte im Rahmen der multilateralen Verhandlungen der Uruguay-Runde (1986-1994) im Namen der Europäischen Gemeinschaft in bezug auf die in ihre Zuständigkeit fallenden Bereiche heißt es: „Das Übereinkommen zur Errichtung der Welthandelsorganisation einschließlich seiner Anhänge ist nicht so angelegt, daß es unmittelbar vor den Rechtsprechungsorganen der Gemeinschaft und der Mitgliedstaaten angeführt werden kann."[811] Der Rat stellt hier ausdrücklich klar, daß

807 Timmermanns, RMUE 1994, 175[178].
808 Hervorhebung durch die Verfasserin.
809 Vgl. auch obige Ausführungen unter D.I.
810 Mengozzi, RMUE 1994, 165[168 f], kritisiert diese Begründungserwägung vehement.
811 Beschluß 94/800/EG des Rates vom 22.12.1994 über den Abschluß der Übereinkünfte im Rahmen der multilateralen Verhandlungen der Uruguay-Runde (1986-1994) im Namen der Europäischen Gemeinschaft in bezug auf die in ihre

auch die multilateralen Handelsübereinkommen von dieser Aussage erfaßt sind. Dies ergibt sich allerdings schon aus Art. II Abs. 2 WTOÜ, nach dem die multilateralen Handelsübereinkommen Bestandteil des Übereinkommens sind.

Hintergrund dieser Äußerung des Rates ist die Rechtslage in den USA:[812] Sec. 102 (a) (1) des U.S. Uruguay Round Agreements Act (1994) legt fest: „No provision of any of the Uruguay Round Agreements, nor the application of any such provisions to any person or circumstance, that is inconsistent with any law of the United States shall have effect."[813] Art. 102 (b) (2) (A) bestimmt weiter, daß nationales US-Recht nicht wegen Unvereinbarkeit mit den welthandelsrechtlichen Abkommen aufgrund der Initiative einzelner für ungültig erklärt werden darf. Das heißt, die Vereinigten Staaten ordnen das Welthandelsrecht ihrem eigenen internen Recht unter.[814]

Zuständigkeit fallenden Bereiche, ABl. Nr. L 336 vom 23.12.1994, S. 2, Erwägungsgrund 11.
Vgl. auch den Beschluß des Rates vom 25.06.1996 zur Annahme der Ergebnisse der Verhandlungen der Welthandelsorganisation über Finanzdienstleistungen und den grenzüberschreitenden Verkehr natürlicher Personen im Namen der Europäischen Gemeinschaft in bezug auf die in ihre Zuständigkeit fallenden Bereiche (96/412/EG), ABl. vom 06.07.1996 Nr. L 167/23 ff, der in Erwägungsgrund 11 lautet: „Das Abkommen zur Errichtung der Welthandelsorganisation und die Protokolle des Allgemeinen Übereinkommens über den Handel mit Dienstleistungen sind nicht so angelegt, daß sie vor den Rechtsprechungsorganen der Gemeinschaft und der Mitgliedstaaten unmittelbar angefochten werden könnten".
Es sei auch darauf hingewiesen, daß es in Art. 1 Abs. 1 des Beschlusses des Rates 94/800/EG heißt: „Im Namen der Europäischen Gemeinschaft werden hinsichtlich des in ihre Zuständigkeit fallenden Teils die folgenden multilateralen Übereinkünfte sowie Rechtsakte genehmigt"; Art. 2 Abs. 1 des genannten Beschlusses lautet: „Die plurilateralen Übereinkünfte ... werden im Namen der Europäischen Gemeinschaft hinsichtlich des in ihre Zuständigkeit fallenden Teils genehmigt." Auch Art. 1 Abs. 1, Abs. 3, 2 Abs. 1 und Abs. 3 des Beschlusses des Rates 96/412/EG enthalten einen ähnlichen Wortlaut „in bezug auf den in ihre Zuständigkeit [der Gemeinschaft] fallenden Teil".

812 So auch Drexl, in: Beier/ Schricker (Hrsg.), From GATT to TRIPs, S. 18[39]; Timmermanns, RMUE 1994, 175[177].

813 Zitiert nach: Drexl, in: Beier/ Schricker, From GATT to TRIPs, S. 18[39].

814 So auch Drexl, in: Beier/ Schricker, From GATT to TRIPs, S. 18[39]. Vgl. auch Ausführungen unter Fn. 848 sowie The Uruguay Round Agreements Act, 103D Congress, 2nd Session, House Document 103-316, Vol. 1, 1994, 659: „The WTO will have no power to change U.S.law. If there is a conflict between U.S. law and any of the Uruguay Round agreements, section 102 (a) of the implementing bill makes clear the U.S. law will take precedence: No provision of any of the Uruguay Round agreements, nor the application of any such provision to any person or circumstances, that is inconsistent with any law of the United States shall have effect. Moreover, as explained in greater detail in this Statement in connection with the

In diesem Zusammenhang ist auch der dritte Erwägungsgrund der Verordnung (EWG) Nr. 2423/88 des Rates vom 11.07.1988[815] über den Schutz gegen gedumpte oder subventionierte Einfuhren aus nicht zur Europäischen Wirtschaftsgemeinschaft gehörenden Ländern zu erwähnen, die gemäß Art. VI GATT angenommen wurde. Hier heißt es: „Bei der Anwendung dieser Regeln ist es zur Aufrechterhaltung des mit diesen Übereinkommen angestrebten Gleichgewichts zwischen Rechten und Pflichten notwendig, daß die Gemeinschaft der Auslegung dieser Regeln durch ihre wichtigsten Handelspartner, wie sie in den Rechtsvorschriften oder Praktiken zum Ausdruck kommt, Rechnung trägt."

Fraglich ist, welche rechtliche Bedeutung diesen Äußerungen des Rates zuzumessen ist. Soweit ersichtlich behandelt die Literatur - wenn überhaupt - diese Frage nur in bezug auf den Beschluß 94/800/ EG. Sie sieht in dessen Formulierung teilweise einen legislativen Ausschluß der unmittelbaren Anwendbarkeit.[816] So meint Trachtman beispielsweise: „Once we think of direct effect in terms of preferences, rather than in abstract theory, it becomes strange for a scholar to insist upon direct effect when political institutions have spoken so clearly in contradiction."[817] Dabei problematisiert er die Frage der Rechtsnatur und Bedeutung dieser Äußerung des Rates jedoch nicht und übersieht, daß mangels Festlegung der Frage der unmittelbaren Anwendbarkeit im Abkommen allein die Gerichte hierüber zu entscheiden befugt sind.[818]

Dispute Settlement Understanding, WTO dispute settlement panels will not have any power to change U.S. law or order such a change. Only Congress and the Administration can decide whether to implement a WTO panel recommendation and, if so, how to implement it", zitiert nach von Bogdandy/ Makatsch, EuZW 2000, 261[266].

815 ABl. Nr. L 209/1 ff vom 02.08.1988.

816 Davon gehen Hilf, S. 18 und S. 20, sowie wohl Schäfers, GRUR Int. 1996, 763[774 f], aus, ohne dies jedoch näher zu begründen; vgl. Schäfers, GRUR Int. 1996, 763[775]: „Ausgangspunkt ist, daß ... die Entscheidung der zuständigen Organe der EG, eine Berufung auf die Bestimmungen des WTO-Übereinkommens und seiner Annexe vor den Gerichten der Gemeinschaft und der Mitgliedstaaten für den gemeinschaftsrechtlich abgedeckten Bereich auszuschließen, grundsätzlich zu respektieren ist"; Spuhler, S. 80, legt „Im Hinblick auf den Gemeinschaftsanteil ... die eindeutige Stellungnahme des Rates" seiner Auffassung zugrunde, ohne jedoch deren rechtliche Qualität für die Frage der unmittelbaren Anwendbarkeit überhaupt zu problematisieren; Tomuschat, in: GTE, Art. 228 R. 69.
An dieser Stelle sei nochmals darauf hingewiesen, daß in bezug auf das GATT ´47 teils die Auffassung vertreten wird, daß die Vertragspraxis, die nach Art. 31 Abs. 3 lit. b) WVRK/ WVRK II im Rahmen der systematischen Auslegung zu berücksichtigen ist, von einem Vorbehalt ausgehe, vgl. Drexl, Entwicklungsmöglichkeiten, S. 282.

817 Trachtman, EJIL 1999, 655[676].

818 Vgl. Ausführungen unter K.III.2.

Gegen die Auffassung, in der Äußerung des Rates einen legislativen Ausschluß der unmittelbaren Anwendbarkeit zu sehen, spricht die Tatsache, daß diese in den Begründungserwägungen steht, nicht jedoch im verfügenden Beschlußteil.[819] Dadurch verringert sich ihre rechtliche Bedeutung[820] erheblich, wie auch Generalanwalt Tesauro in der Rechtssache Hermès betont.[821] Zudem darf nicht übersehen werden, daß es sich bei dieser Äußerung des Rates um einen einseitigen Beschluß handelt.[822] Dieser hat weder völkerrechtliche Bedeutung noch innerhalb der Gemeinschaft Bedeutung. Denn völkerrechtlich kann eine derartige einseitige Auslegung im Rahmen der Einführung von Welthandelsrecht in die Gemeinschaftsrechtsordnung außerhalb des Mechanismus der Vorbehalte[823] die Wirkung von Welthandelsrecht nicht beschränken.[824] Und innerhalb

---

819 So auch GA Tesauro in seinen Schlußanträgen vom 13.11.1997 zu EuGH, Urteil vom 26.06.1998, Rs. C-53/96, Slg. 1998, I-3603[3606, 3623] Zf. 24- Hermès.

820 Vgl. auch Schlußanträge des GA Saggio vom 25.02.1999 zu EuGH, Urteil vom 23.11.1999, Rs. C-149/96, Slg. 1999, I-8395[8397, 8411] Zf. 20- Portugal/ Rat: „Die Erklärung in der elften Begründungserwägung hat daher meines Erachtens ... rein politischen Charakter und kann sich als solche nicht auf die Zuständigkeit des Gemeinschaftsrichters oder der nationalen Gerichte für die Auslegung der Bestimmungen der WTO-Übereinkünfte auswirken." (Hervorhebung der Verfasserin). Der EuGH schließt sich dieser Auffassung des GA jedoch unzutreffend nicht an, EuGH, Urteil vom 23.11.1999, Rs. C-149/96, Slg. 1999, I-8395[8425, 8439] R. 49- Portugal/ Rat.

821 Schlußanträge des GA Tesauro vom 13.11.1997 zu EuGH, Urteil vom 26.06.1998, Rs. C-53/96, Slg. 1998, I-3603[3606, 3623] Zf. 24- Hermès.

822 Hierauf weisen z.B. auch Kuijper, EJIL 1995, 222[236], Streinz, JuS 2000, 909[910], und Wetzig, S. 98, hin.
Nach Wetzig, S. 99, ist dieser Ratsbeschuß trotz fehlender unmittelbarer Bindung für den EuGH allerdings nicht bedeutungslos. In Verbindung mit der inhaltsgleichen Äußerung der Kommission und der Äußerung des Europäischen Parlaments sei diese Auffassung als übereinstimmende Übung im Sinne des Art. 31 Abs. 3 lit. b WVRK seitens der EG anzusehen, so Wetzig, S. 99, und Manin, RTDE 1997, 399[427 f]. Wie der Wortlaut dieser Bestimmung der WVRK ergibt, ist die Übung jedoch nicht bindend - wie schon oben erwähnt -, sondern lediglich „zu berücksichtigen", so auch Manin, RTDE 1997, 399[427]. Allerdings kommen Manin, a.a.O., und Wetzig, a.a.O., unter Beachtung der Tatsache, daß auch andere wichtige WTO-Parteien die unmittelbare Anwendbarkeit ablehnen, zum unzutreffenden Ergebnis, daß sich der EuGH über diese übereinstimmende Übung nicht hinwegsetzen könne. Manin, a.a.O. Fn. 73, weist jedoch darauf hin, daß dies nur für diejenigen Teile der Abkommen gelte, die in die Gemeinschaftskompetenz fallen.

823 Dafür, daß es sich nicht um einen Vorbehalt im Sinne von Art. 2 lit. 1 d) WVRK/ Art. 2 Abs. 1 lit. d) WVRK II handelt, sprechen sich auch Schmalenbach, in: Calliess/ Ruffert, Art. 300 R. 69, und Streinz, JuS 2000, 909[910], aus. Ferner sei in diesem Kontext an Art. XVI Abs. 5 S. 1 WTOÜ erinnert, der Vorbehalte ausschließt bzw. einschränkt, vgl. Ausführungen unter H.II.

der Gemeinschaftsrechtsordnung sind die Organe gemäß Art. 300 (ex-Art. 228) Abs. 7 EGV an die Gesamtheit der welthandelsrechtlichen Abkommen gebunden.[825]

Außerdem widerspräche es dem völkerrechtlichen Grundsatz von Treu und Glauben sowie dem „Grundsatz des Rechtsschutzes für Individualrechte in einer demokratischen Gesellschaft"[826], wenn auf diese Art und Weise ein Abkommen nachträglich einseitig geändert werden könnte.[827] Die Vertragsparteien hätten ja eine Regelung bezüglich der internen Wirkungen des Abkommens treffen können, wie der EuGH ausdrücklich in seinem Urteil Kupferberg anerkennt.[828] Da die Parteien dies aber nicht getan haben, obwohl ein derartiger Vorschlag existierte[829], darf dieses bewußte Unterlassen einer Regelung im Abkommen selbst nicht durch eine nachträgliche einseitige Änderung umgangen werden. Ansonsten könnte auch jederzeit durch einen einfachen Erwägungsgrund die mittelbare Wirkung im Sinne der Fediol- und Nakajima-Rechtsprechung ausgeschlossen werden[830], wovon der EuGH aber gerade nicht ausgeht.

Abgesehen davon wäre es mit den Prinzipien der Gewaltenteilung und der Rechtsstaatlichkeit unvereinbar, wenn der Gesetzgeber Normen aufstellt, sie aber gleichzeitig zum unüberprüfbaren justizfreien Hoheitsakt erklären würde.

Als einseitige Erklärung kann sie ebensowenig den Willen der Vertragsparteien widerspiegeln, Schmalenbach, in: Calliess/ Ruffert, Art. 300 R. 69, und Streinz, JuS 2000, 909[910].

824 So mittlerweile auch Schlußanträge des GA Saggio vom 25.02.1999 zu EuGH, Urteil vom 23.11.1999, Rs. C-149/96, Slg. 1999, I-8395[8397, 8411] Zf. 20- Portugal/ Rat. Vgl. auch Art. 31-33 WVRK.

825 So mittlerweile auch Schlußanträge des GA Saggio vom 25.02.1999 zu EuGH, Urteil vom 23.11.1999, Rs. C-149/96, Slg. 1999, I-8395[8397, 8411] Zf. 20- Portugal/ Rat, der jedoch lediglich eine pauschale Äußerung trifft, ohne auf die Problematik der verschiedenen Zuständigkeitsbereiche im Rahmen des gemischten Abkommens einzugehen.

826 Schlußanträge des GA Tesauro vom 13.11.1997 zu EuGH, Urteil vom 26.06.1998, Rs. C-53/96, Slg. 1998, I-3603[3606, 3623] Zf. 24 Fn. 37- Hermès.

827 Pescatore, in: Pescatore/ Davey/ Löwenfeld, S. 11 Fn. 3.

828 EuGH, Urteil vom 26.10.1982, Rs. 104/81, Slg. 1982, 3641[3644, 3663] R. 17- Kupferberg.

829 Dieser Vorschlag geht - wie bereits erwähnt - auf eine Schweizer Initiative, die den welthandelsrechtlichen Abkommen unmittelbare Anwendbarkeit zusichern wollte, zurück, wurde jedoch zurückgewiesen, vgl. Fn. 527.

830 Vgl. Berrisch/ Kamann, EWS 2000, 89[96].

Aus diesen Gründen ist die Äußerung des Rates als bloße Meinungsäußerung aufzufassen.[831] Infolgedessen ist diese Feststellung des Rates für den EuGH[832] nicht bindend.[833]

Dieses Ergebnis läßt sich auch dadurch bestätigen, daß es dem EuGH im Rahmen seiner Zuständigkeit obliegt, die Frage der unmittelbaren Anwendbarkeit eines Abkommens im Rahmen der Auslegung zu klären, zumal von den Gemeinschaftsorganen keine Vereinbarung getroffen wurde, welche Wirkungen die Abkommensbestimmungen in der internen Rechtsordnung haben sollen.[834] Gebunden wäre er nur, soweit sich aus dem Abkommen nach den verschiedenen Interpretationsmethoden selbst Anhaltspunkte ergeben. So erkennt der EuGH - wie bereits erwähnt - an, daß die Vertragsparteien im Abkommen selbst eine Regelung treffen können, welche Wirkungen dessen Vorschriften in der Rechtsordnung der Vertragspartner haben sollen. Er weist aber gleichzeitig darauf hin, daß, „wenn diese Frage nicht geregelt worden ist, ... die zuständigen Gerichte und insbesondere der Gerichtshof im Rahmen seiner Zuständigkeit aufgrund des Vertrages über diese Frage ebenso wie über jede andere Auslegungsfrage in Zusammenhang mit der Anwendung des Abkommens in der Gemeinschaft zu entscheiden“[835] haben.

---

831 So auch Gabler, S. 120. Ähnlich äußern sich auch Ritter, nach dem eine derartige Aussage des Rates den Inhalt eines völkerrechtlichen Vertrages nicht ändern könne, sondern höchstens ein Indiz darstellen könne, EuZW 1997, 133[136], sowie Ritter, in: Streinz/ Dannecker/ Sieber/ Ritter, S. 311[325], und Streinz, Jahrbuch des Umwelt- und Technikrechts 1996, 435[457], mit Hinweis auf Kuijper, EJIL 1995, 222[236], sowie Streinz, in: Streinz (Hrsg.), Neuartige Lebensmittel, S. 239[257].

832 Der EuGH schließt sich jedoch in seinem Urteil vom 23.11.1999, Rs. C-149/96, Slg. 1999, I-8395[8425, 8439] R. 48- Portugal/ Rat, unter Verweis auf diesen Beschluß des Rates dessen Auffassung an, ohne überhaupt die Rechtsnatur dieses Beschlusses zu problematisieren. Dies tut er entgegen den Schlußanträgen von GA Saggio vom 25.02.1999 in dieser Rechtssache, Slg. 1999, I-8395[8397, 8411] Zf. 20- Portugal/ Rat.

833 Einhorn, CML Rev. 1998, 1069[1095], unter Verweis auf Art. 164 EGV (nun Art. 220 EGV); im Ergebnis wie hier: Spuhler, S. 248, allerdings ohne jede Begründung, und Weber, ArchVR 1997, 295[310], der allerdings auch keine detaillierte Begründung für seine Ansicht liefert, lediglich aus der „Formulierung des Erwägungsgrundes“ schließt, daß „es sich eher um eine nichtbindende Auslegungserklärung“ handelt, a.a.O. Fn. 121.

834 Vgl. auch EuGH, Urteil vom 23.11.1999, Rs. C-149/96, Slg. 1999, I-8395[8425, 8436] R. 34- Portugal/ Rat.
Vgl. ferner Ausführungen unter K.III.2.

835 EuGH, Urteil vom 26.10.1982, Rs. 104/81, Slg. 1982, 3641[3644, 3663] R. 17- Kupferberg. Vgl. auch EuGH, Urteil vom 23.11.1999, Rs. C-149/96, Slg. 1999, I-8395[8425, 8436] R. 34- Portugal/ Rat.

Die Äußerung des Rates kann auch nicht als Bedingung der unmittelbaren Anwendbarkeit des Welthandelsrechts, die ja - wie dargelegt - eine inhaltlich bestimmte und unbedingte Norm voraussetzt, entgegenstehen. Denn wie bereits ausgeführt, ist zum einen für die Frage der unmittelbaren Anwendbarkeit jede Norm gesondert zu untersuchen. Zum anderen kann die Aussage des Rates als einseitige Erklärung - wie ebenfalls schon erläutert - keine Auswirkung auf die Wirkung der welthandelsrechtlichen Normen haben.

b) Auffassung der Kommission

Nach Ansicht der Kommission können sich natürliche oder juristische Personen des Privatrechts nicht vor den Gerichten auf die Vorschriften der unter dem Dach der WTO geschlossenen Abkommen berufen, weil die Verträge zwischen Regierungen geschlossen worden sind.[836] Dies liegt jedoch in der Natur der Sache von völkerrechtlichen Abkommen. Mit diesem Argument ließe sich die unmittelbare Anwendbarkeit sämtlicher internationaler Verträge ablehnen.[837]

Außerdem beruft sich die Kommission auf das Argument der Reziprozität. Da einige Staaten, wie die USA, eine unmittelbare Anwendbarkeit ausdrücklich ausschlössen, müsse auch die Gemeinschaft sie ablehnen. Ansonsten käme es zu Ungleichgewichten bei der praktischen Durchführung der Pflichten der Gemeinschaft und dieser Staaten.[838] Hierbei handelt es sich jedoch nicht um ein juristisches, sondern um ein politisches Argument[839], das im nächsten Kapitel[840] näher erläutert wird. Infolgedessen weist auch Generalanwalt Saggio in seinen Schlußanträgen in der Rechtssache Portugal/ Rat zutreffend darauf hin, daß die zitierte Äußerung des Rates, die der Auffassung der Kommission entspricht, einen rein politischen Charakter habe.[841]

Daher kann die Meinung des Rates und der Kommission bezüglich der Ablehnung der unmittelbaren Anwendbarkeit an der von diesen Auffassungen un-

836 Dok. KOM (94) 143 endg. vom 15.04.1994, 94/0114/AVC, Vorschlag für einen Beschluß des Rates über die Annahme der Ergebnisse der multilateralen Handelsverhandlungen im Rahmen der Uruguay-Runde (1986-1994) (von der Kommission vorgelegt), S. 6a, 7a.

837 So auch Mengozzi, RMUE 1994, 165[168].

838 Dok. KOM (94) 143 endg. vom 15.04.1994, 94/0114/AVC, Vorschlag für einen Beschluß des Rates über die Annahme der Ergebnisse der multilateralen Handelsverhandlungen im Rahmen der Uruguay-Runde (1986-1994) (von der Kommission vorgelegt), C. letzter Absatz, S. 5a.

839 So auch Mengozzi, RMUE 1994, 165[169].

840 Vgl. Ausführungen unter K.III.4.

841 Schlußanträge des GA Saggio vom 25.02.1999 zu EuGH, Urteil vom 23.11.1999, Rs. C-149/96, Slg. 1999, I-8395[8397, 8411] Zf. 20- Portugal/ Rat.

abhängigen alleinigen Entscheidungsbefugnis der nationalen bzw. gemeinschaftlichen Gerichte über die Frage der unmittelbaren Anwendbarkeit nichts ändern.[842]

4. Fehlende Reziprozität

Die fehlende Gegenseitigkeit[843], die ja auch schon von der Kommission vorgebracht wird, und nach ihr Hintergrund für die Begründungserwägung im Beschluß 94/800 war[844], könnte ein Argument gegen die unmittelbare Anwendbarkeit darstellen. Dies nimmt der EuGH in seinem neuen Urteil Portugal/ Rat[845] entgegen den Schlußanträgen des GA Saggio[846] an.[847]

Zwar erkennt keiner der wichtigsten Handelspartner eine unmittelbare Anwendbarkeit der GATT-Vorschriften an. Insbesondere die USA[848], aber auch Kanada und Japan lehnen die unmittelbare Anwendbarkeit ab. Würde die Gemeinschaft hier eine Vorleistung erbringen, so könnte es zu Ungleichgewichten zwischen den verschiedenen Vertragspartnern kommen.[849]

---

842 So auch Schlußanträge des GA Tesauro vom 13.11.1997 zu EuGH, Urteil vom 16.06.1998, Rs. C-53/96, Slg. 1998, I-3603[3606, 3624] Zf. 25 und Zf. 25 Fn. 38- Hermès, und mittlerweile Schlußanträge des GA Saggio vom 25.02.1999 zu EuGH, Urteil vom 23.11.1999, Rs. C-149/96, Slg. 1999, I-8395[8397, 8411] Zf. 20- Portugal/ Rat, in bezug auf den Beschluß des Rates.

843 Zur Reziprozität im Völkerrecht vgl. Simma, Das Reziprozitätselement im Zustandekommen völkerrechtlicher Verträge, Berlin 1972.

844 Vgl. K.III.2 und K.III.3.

845 Vgl. auch obige Ausführungen zum Urteil Portugal/ Rat unter K.II.2.b).

846 Schlußanträge des GA Saggio vom 25.02.1999 zu EuGH, Urteil vom 23.11.1999, Rs. C-149/96, Slg. 1999, I-8395[8397, 8411 f] Zf. 21- Portugal/ Rat.

847 EuGH, Urteil vom 23.11.1999, Rs. C-149/96, Slg. 1999, I-8395[8425, 8438] R. 43 ff- Portugal/ Rat.

848 Vgl. Uruguay Round Agreements Act, H.R. 5110, 103 d. Cong., § 102 (c), 19 U.S.C. § 3512, zitiert nach Trachtman, EJIL 1999, 655[675]. Das US-System ist insofern widersprüchlich, als einerseits nur die Bundesregierung im Rahmen der WTO-Abkommen Klage erheben darf, soweit nationales nicht GATT-konformes Recht betroffen ist, andererseits jedoch Private die Nichtübereinstimmung von fremden nationalen Rechtsordnungen mit dem GATT im Rahmen des Section 301-Mechanismus vorbringen können, vgl. auch Trachtman, EJIL 1999, 655[675]: „Section 301 is a one-way mirror that allows US persons to complain about foreign systems, but denies foreign persons rights to complain about US systems." Vgl. auch obige Ausführungen unter K.III.3.a) .

849 Vgl. Tomuschat, FS Constantinesco, S. 801[818 ff]; Schlußanträge des GA Tesauro vom 13.11.1997 zu EuGH, Urteil vom 26.06.1998, Rs. C-53/96, Slg. 1998, I-3603[3606, 3629] Zf. 31- Hermès: „Zweifellos hat der Umstand nicht unerhebliche Folgen, da anzuerkennen ist, daß die unmittelbare Wirkung der betreffenden Be-

GA Saggio dagegen betont in seinen Schlußanträgen in der Rechtssache Portugal/ Rat zutreffend, daß das Verhalten anderer Vertragsparteien keinen Einfluß auf die Fragen der Bindung und der unmittelbaren Anwendbarkeit haben kann.[850] Er verweist in diesem Zusammenhang richtigerweise auf Art. 60 WVRK[851], nach dem ein Vertrag infolge Vertragsverletzung beendet oder suspendiert werden kann.

Zwar ist es richtig, daß dem WTO-System der Reziprozitätsgrundsatz bekannt ist: WTOÜ und GATT nennen ihn in ihren Präambeln[852] und das GATT daneben in Art. XXVIII Abs. 2. Bei dem Reziprozitätsargument handelt es sich jedoch nicht um ein rechtliches, sondern ein politisches Argument, das infolgedessen rechtlich intern nicht schlagkräftig ist.[853] Drexl bemerkt daher richtiger-

---

stimmung mangels Gegenseitigkeit darauf hinauslaufen würde, daß die Wirtschaftsteilnehmer der Gemeinschaft gegenüber den ausländischen Wettbewerbern bestraft würden. Während nämlich diese sich vor den Gerichten der Mitgliedstaaten auf die ihnen günstigen Bestimmungen berufen könnten, könnten dies die Wirtschaftsteilnehmer der Gemeinschaft in den Staaten nicht tun, die erklärt haben, die unmittelbare Wirkung der WTO-Bestimmungen auszuschließen."

Auf das eventuelle Ungleichgewicht weist auch Ullrich, GRUR Int. 1995, 326[638], hin. Er folgert hieraus eine Schwächung des TRIPs im Streitbeilegungsverfahren. Wie Ullrich lehnen etwa auch Lee/ Kennedy, JWT 1996, 67[87], sowie Sack, EuZW 1997, 650 f und 688, insbesondere wegen der fehlenden Reziprozität die unmittelbare Anwendbarkeit ab.

Meng, S. 1063[1076], bestreitet dagegen sogar ein Ungleichgewicht bei der Durchsetzung.

Wie in der vorliegenden Arbeit im Ergebnis: Staehelin, AJP 1996, 1488[1496], der zwar auch die Gegenseitigkeit problematisiert, aber dennoch die unmittelbare Anwendbarkeit bejaht.

850 Schlußanträge des GA Saggio vom 25.02.1999 zu EuGH, Urteil vom 23.11.1999, Rs. C-149/96, Slg. 1999, I-8395[8397, 8411 f] Zf. 21- Portugal/ Rat: „Ebenso unerheblich sind etwaige Erklärungen anderer WTO-Mitglieder, die die unmittelbare Wirkung der Übereinkommensbestimmungen verneinen; sie wirken sich nicht auf die Tragweite dieser Bestimmungen aus und somit auch nicht auf deren bindende Wirkung innerhalb der Gemeinschaft. Es ist also schwerlich vorstellbar, daß allein solche Erklärungen den zwingenden Charakter der WTO-Übereinkünfte im ganzen gegenüber allen anderen Vertragsstaaten beschränken können."

851 Art. 60 WVRK entspricht Art. 60 WVRK II inhaltlich.

852 Man beachte in diesem Kontext auch Desmedts Äußerung, Legal Issues of Economic Integration 2000, 93[98]: „ ... even though WTO agreements have been concluded in order to enter into *'reciprocal and mutually advantageous arrangements'*, ... it can hardly be argued that some of the rules contained in the agreements are reciprocal trade concessions." Vgl. auch a.a.O., S. 99: „ ... the Court's reliance on the reciprocal character of the WTO agreements seems erroneous." (Hervorhebung im Original).

853 So auch Drexl, GRUR Int. 1994, 777[784], mit Hinweis auf Petersmann, CML Rev. 1983, 397[424 ff], schon zum GATT ´47.

weise, daß es politische[854] Freiheit nicht geben könne, soweit das GATT hinreichend bestimmte rechtliche Verpflichtungen formuliere.[855]

Da die Anerkennung der unmittelbaren Anwendbarkeit nach richtiger Auffassung[856] jedoch nicht von derartigen Erwägungen hinsichtlich der Reziprozität abhängt[857], dürfen diese auch keine Auswirkung auf die Beantwortung der Frage nach der unmittelbaren Anwendbarkeit haben.[858] Im Urteil Pabst[859] beispielsweise hat selbst der EuGH die unmittelbare Anwendbarkeit einer Bestimmung des Assoziationsabkommens zwischen der EWG und Griechenland bejaht, ohne zu prüfen, ob auch die anderen Vertragsparteien die unmittelbare Anwendbarkeit anerkennen, obwohl dieses Abkommen auf dem Grundsatz der Gegenseitigkeit aufbaut[860], was nach dem Gerichtshof in der Rechtssache Portugal/ Rat Prüfung und Vorliegen der Reziprozität erforderlich macht.[861] Auch der Rechtssache

---

854 In diesem Kontext soll darauf hingewiesen werden, daß die unmittelbare Anwendbarkeit teilweise mehr als politische denn als juristische Frage betrachtet wird, vgl. auch Drexl, GRUR Int. 1994, 777[784], mit Verweis auf Petersmann, CML Rev. 1983, 397[424 ff].

855 Vgl. Trachtman, EJIL 10 (1999), 655[664]: „... the grant of direct effect to a legal rule is a political decision." Derselbe, a.a.O., S. 677: „The EC and US have shown us this with their positions on direct effect of WTO/ GATT obligations: the question of direct effect is not a question for scholars or even, in the first instance, judges. Rather, it is a policy question to be answered in political terms." In dieser Absolutheit kann diese Aussage jedoch nicht stehenbleiben. Trachtman erwähnt ja sogar selbst a.a.O. auf S. 678: „it is a realistic recognition that law and politics must coexist".

856 A.A. teilweise in der Literatur, so etwa Mengozzi, RMUE 1994, 165[166, 172].

857 So auch Schlußanträge des GA Tesauro vom 13.11.1997 zu EuGH, Urteil vom 26.06.1998, Rs. C-53/96, Slg. 1998, I-3603[3606, 3629] Zf. 32- Hermès; Heinemann, in: Beier/ Schricker, From GATT to TRIPs, S. 401[402, 403], a.a.O., S. 403: Zumindest aus dem deutschen Recht ist das „Waffengleichheits-Argument" weitgehend verschwunden; Drexl, in: Beier/ Schricker (Hrsg.), From GATT to TRIPs, S. 18[39], für viele.

858 Drexl, GRUR Int. 1994, 777[786] Fn. 99, weist darauf hin, daß nicht ausgeschlossen werden kann, „daß der EuGH aus politischen Erwägungen eine unmittelbare Anwendbarkeit von TRIPs-Vorschriften generell verneinen wird." Unzutreffenderweise verneint der EuGH im Urteil Portugal/ Rat allerdings die unmittelbare Anwendbarkeit insbesondere unter Bezugnahme auf die fehlende Reziprozität, EuGH, Urteil vom 23.11.1999, Rs. C-149/96, Slg. 1999, I-8395[8425, 8436 ff] R. 36 ff. Vgl. zu diesem Urteil die Ausführungen unter K.II.2.b).

859 EuGH, Urteil vom 29.04.1982, Rs. 17/81, Slg. 1982, 1331[1333, 1350] R. 27- Pabst.

860 Vgl. auch Petersmann, CML Rev. 1983, 397[425].

861 EuGH, Urteil vom 29.04.1982, Rs. 17/81, Slg. 1982, 1331[1333, 1350] R. 27- Pabst: Hier geht es um die unmittelbare Anwendbarkeit von Art. 53 I des Assoziierungsabkommens zwischen der EWG und Griechenland, der Art. 95 EWG ähnelt. Er lautet wie folgt: „Eine Vertragspartei erhebt auf Waren der anderen Vertragspartei weder unmittelbar noch mittelbar höhere inländische Abgaben gleich welcher Art, als gleichartige inländische Waren unmittelbar oder mittelbar zu tragen haben." (Zit. nach EuGH, a.a.O., S. 1350 R. 25.)

Kupferberg, in der der EuGH sogar ausdrücklich darauf hinweist, daß die fehlende Reziprozität der unmittelbaren Anwendbarkeit von Bestimmungen des Freihandelsabkommens zwischen der EWG und Portugal nicht entgegensteht, liegt ein vom Grundsatz der Gegenseitigkeit geprägtes Abkommen zugrunde.[862] In der Rechtssache Bresciani kommt der EuGH zu einem ähnlichen Ergebnis wie in den Entscheidungen Pabst und Kupferberg: „Das Ungleichgewicht zwischen den Verpflichtungen der Gemeinschaft und denen der assoziierten Staaten, das im Wesen des Abkommens selbst begründet ist, schließt nicht aus, daß die Gemeinschaft die unmittelbare Geltung[863] bestimmter Vorschriften des Abkommens anerkennt".[864] Auch zieht der Gerichtshof in dem jüngeren Urteil Chiquita Italia[865] unter Bezugnahme auf die Rechtssache Bresciani einen ähnlichen Schluß[866], obwohl er zuvor ausdrücklich die Frage aufgeworfen hat, ob die unmittelbare Wirkung der Vorschriften des Vierten AKP-EWG-Abkommens nicht deshalb abzulehnen sei, weil „Die von den Vertragsparteien in diesem Abkommen eingegangenen Verpflichtungen ... von ganz unterschiedlichem Gewicht [sind]"[867]. Denkbar wäre, aus den zitierten Urteilen den Umkehrschluß zu ziehen, daß die unmittelbare Anwendbarkeit von Gemeinschaftsabkommen von der Gegenseitigkeit abhängen könnte, „falls das betreffende Abkommen gleichgewichtige Verpflichtungen vorsähe und daher letztlich bei seiner Durchführung

---

862 So auch Petersmann, CML Rev. 1983, 397[425].

863 Hier sei auf schon oben unter K.I festgestellte begriffliche Konfusion hingewiesen.

864 EuGH, Urteil vom 05.02.1976, Rs. 87/75, Slg. 1976, 129[130, 141] R. 22/23- Bresciani, zur Auslegung des Jaundé-Abkommens. Vgl. auch EuGH, Urteil vom 31.01.1991, Rs. C-18/90, Slg. 1991, I-199[221, 226] R. 21- Kziber, bezüglich Kooperationsabkommen EWG- Marokko, ohne daß a.a.O. ausdrücklich das Wort „Ungleichgewicht" verwendet wird; EuGH, Urteil vom 12.12.1995, Rs. C-469/93, Slg. 1995, I-4533[4558, 4567] R. 34- Chiquita Italia, dessen Gegenstand das Vierte AKP-EWG-Abkommen von Lomé ist; EuGH, Urteil vom 04.05.1999, Rs. C-262/96, Slg. 1999, I-2685[2743, 2766] R. 72- Sema Sürül/ Bundesanstalt für Arbeit (Vorabentscheidungsersuchen des Sozialgerichts Aachen), das das Assoziierungsabkommen EWG- Türkei betrifft.

865 In diesem Urteil erkennt der EuGH die unmittelbare Anwendbarkeit des Vierten AKP-EWG-Abkommens an, allerdings ohne die einzelnen Vorschriften zu prüfen. Als Begründung führt er lediglich an, daß das Vierte AKP-EWG-Abkommen und die Assoziierungsabkommen dem GATT gegenüber „nicht gleichartig" seien, EuGH, Urteil vom 12.12.1995, Rs. C-469/93, Slg. 1995, I-4533[4558, 4567] R. 31; vgl. auch a.a.O. S. 4567 f R. 34- 37- Chiquita Italia.

866 EuGH, Urteil vom 12.12.1995, Rs. C-469/93, Slg. 1995, I-4533[4558, 4567] R. 34- Chiquita Italia.

867 EuGH, Urteil vom 12.12.1995, Rs. C-469/93, Slg. 1995, I-4533[4558, 4567] R. 32- Chiquita Italia. Hierauf weist auch der GA in der Rechtssache Hermès hin: Schlußanträge des GA Tesauro vom 13.11.1997 zu EuGH, Urteil vom 26.06.1998, Rs. C-53/96, Slg. 1998, I-3603[3606, 3629] Zf. 32- Hermès.

Gegenseitigkeit erforderlich wäre."[868] Allerdings bemerkt der EuGH in der Rechtssache Kupferberg, in der es um ein Freihandelsabkommen ging, das heißt um ein Abkommen, das Gegenseitigkeit voraussetzt, selbst, daß allein - wie schon dargelegt - in der Tatsache, „daß die Gerichte der einen Partei möglicherweise einigen Bestimmungen des Abkommens unmittelbare Geltung[[869]] zuerkennen, während die Gerichte der anderen Partei diese unmittelbare Geltung möglicherweise ablehnen, für sich allein noch keine fehlende Gegenseitigkeit bei der Durchführung des Abkommens zu sehen"[870] ist.[871]

Der Generalanwalt Tesauro ist der Auffassung, „daß das Fehlen der Gegenseitigkeit bei der Anwendung ein entscheidender Punkt sein könnte, wenn in ihm das Fehlen der Gegenseitigkeit bei der Anwendung des Abkommens insgesamt zu erblicken wäre, und zum anderen, daß es auf die Erfüllung der eingegangenen Verpflichtungen ankommt, mit welchen rechtlichen Mitteln auch immer, sofern diese für die Erreichung des Zieles geeignet sind."[872] Er hält es „für richtiger, die Anerkennung der unmittelbaren Wirkung im Grundsatz der Gegenseitigkeit bei der Durchführung des Abkommens zu verankern, als Formeln zu bekräftigen, die zwar in bezug auf das GATT 1947 gefestigt sind, im Rahmen der WTO-Übereinkommen aber keine Daseinsberechtigung mehr haben und daher lediglich die schon verbreitete Meinung bestärken würden, wonach eine solche Lösung eher eine politische als eine rechtliche wäre."[873] Infolgedessen schlägt er dem EuGH vor, „bei seiner Entscheidung auf die Gegenseitigkeit abzustellen - falls er sich nicht mit dem Gedanken trägt, die Auslegung und ganz allgemein die „Verwaltung" der uns hier beschäftigenden Abkommensbestimmungen den „politischen" Organen, d.h. der Kommission und dem Rat, zu überlassen."[874] Dem ist der EuGH mittlerweile in seinem neuesten Urteil Portugal/ Rat in bezug auf die unmittelbare Anwendbarkeit gefolgt.

---

868 Schlußanträge des GA Tesauro vom 13.11.1997 zu EuGH, Urteil vom 26.06.1998, Rs. C-53/96, Slg. 1998, I-3603[3606, 3630] Zf. 33- Hermès.

869 Auch an dieser Stelle wird zur besseren Illustration nochmals auf oben unter K.I festgestellte begriffliche Konfusion hingewiesen.

870 EuGH, Urteil vom 26.10.1982, Rs. 104/81, Slg. 1982, 3641[3644, 3664] R. 18- Kupferberg.

871 Meessen, CML Rev. 1976, 485[494], vertritt a.a.O. den gegenteiligen Standpunkt, der jedoch insbesondere seit dem Kupferberg-Urteil nicht mehr haltbar ist.

872 Schlußanträge des GA Tesauro vom 13.11.1997 zu EuGH, Urteil vom 26.06.1998, Rs. C-53/96, Slg. 1998, I-3603[3606, 3630] Zf. 33- Hermès.

873 Schlußanträge des GA Tesauro vom 13.11.1997 zu EuGH, Urteil vom 26.06.1998, Rs. C-53/96, Slg. 1998, I-3603[3606, 3631] Zf. 35- Hermès.

874 Schlußanträge des GA Tesauro vom 13.11.1997 zu EuGH, Urteil vom 26.06.1998, Rs. C-53/96, Slg. 1998, I-3603[3606, 3631] Zf. 35- Hermès. Vgl. auch Schlußanträge des GA Tesauro vom 13.11.1997 zu EuGH, Urteil vom 26.06.1998, Rs. C-

Allerdings ist dem - wie bereits oben erwähnt - nicht zuzustimmen. Die unmittelbare Anwendbarkeit hängt nämlich nicht davon ab, daß die Gerichte der anderen Vertragsparteien ebenfalls die unmittelbare Anwendbarkeit anerkennen.[875] Vielmehr sind ausschließlich die oben angeführten Kriterien von Relevanz.[876] Damit kann es auch nicht auf den Aspekt der Gegenseitigkeit bei den Verhandlungen oder der Gegenseitigkeit bei der Durchführung ankommen.[877] Der für völkerrechtliche Verträge selbstverständliche Reziprozitätsgrundsatz darf nicht zur Annahme verleiten, daß die wirtschaftlichen Vorteile und die Rechtsverbindlichkeit der GATT-Regeln von ihrer Einhaltung durch andere GATT-Vertragsparteien abhängen.[878] In diesem Zusammenhang ist darauf hinzuweisen, daß aus Sicht eines Teiles der Wirtschaftstheorie sogar die nur einseitige unmittelbare Anwendbarkeit der GATT-Regeln für einen Staat von Vorteil ist.[879] Nach Petersmann beruhe die Sorge, die einseitige Anerkennung der unmittelbaren Anwendbarkeit würde die Handlungsfreiheit der Kommission einschränken, auf einem Mißverständnis.[880] Denn die völkerrechtliche Zuständigkeit der Vertragsparteien des GATT zur Interpretation von GATT-Bestimmungen werde hierdurch nicht beeinträchtigt. Die Kommission könnte sich also trotz unmittelbarer

---

53/96, Slg. 1998, I-3603[3606, 3631] Zf. 35 Fn. 65- Hermès: „Diesen Eindruck [bzgl. der „Verwaltung“ der Abkommensbestimmungen, vgl. Zitat im Text] gewinnt man nämlich notwendig beim Urteil Deutschland/ Rat ... , in dem der Gerichtshof ausgeführt hat, daß diese Besonderheiten des GATT, die einer Anerkennung der unmittelbaren Wirkung entgegenstehen, es auch ausschließen, die Bestimmungen des GATT für die Beurteilung der Rechtmäßigkeit einer Verordnung im Rahmen einer von einem Mitgliedstaat nach Artikel 173 [nun Art. 230] Absatz 1 EWG-Vertrag erhobenen Klage heranzuziehen (R. 109). Dieser Eindruck wird dadurch bestärkt, daß die gleichen Bestimmungen nach Auffassung des Gerichtshofes sehr wohl als gültiger Parameter dienen können, um bei einer Klage der Kommission nach Artikel 169 [nun Art. 226] die Vereinbarkeit einer nationalen Praxis oder Regelung mit den im GATT übernommenen Verpflichtungen zu prüfen (vgl. Urteil vom 10.09.1996 in der Rechtssache C-61/94, Kommission/ Deutschland, Slg. 1996, I-3989).“

875 So auch EuGH, Urteil vom 16.10.1982, Rs. 104/81, Slg. 1982, 3641[3644, 3664] R. 18- Kupferberg.

876 Vgl. Ausführungen unter K.I.9.

877 Diese Differenzierung nimmt GA Tesauro in seinen Schlußanträgen vom 13.11.1997 zu EuGH, Urteil vom 26.06.1998, Rs. C-53/96, Slg. 1998, I-3603[3606, 3631] Zf. 34 ff- Hermès, vor.

878 So auch Petersmann, GATT als EWG-Mitglied, S. 119[133]; vgl. auch Petersmann, CML Rev. 1983, 397[424 ff].

879 Becker-Çelik, EWS 1997, 12[16]; Becker-Çelik, S. 138; mit Hinweis auf Montañà I Mora, Col. J. of Transnat'l L. 1993, 103[175]; Drexl, FS Fikentscher, S. 822[836 ff, 850]; Petersmann, in: Hilf/ Petersmann, S. 119[162].

880 Petersmann, in: Hilf/ Petersmann, S. 119[162 f].

Anwendbarkeit der GATT-Vorschriften im Rahmen des GATT für eine andere Auslegung durch die Vertragsparteien des GATT einsetzen.[881]

An dieser Stelle sei auf eine Äußerung Tomuschats hingewiesen, der meint, die Gemeinschaft sei „päpstlicher als der Papst", wenn sie sich beim GATT auf eine Erfüllung festlege, die das Abkommen selbst nicht fordert, womit auch „der kontinuierliche Verhandlungsprozeß in den Gremien des GATT" gestört würde.[882] In diesem Kontext darf allerdings nicht übersehen werden, daß der Gemeinschaft nach wie vor die allgemeinen Reaktionsmöglichkeiten des Art. 60 WVRK/ WVRK II zur Verfügung stehen.[883]

Daß allein die fehlende Reziprozität kein stichhaltiges Argument gegen die unmittelbare Anwendbarkeit sein kann[884], zeigt sich auch daran, daß das GATT heute - wie schon in anderem Zusammenhang erwähnt - nicht mehr ausschließlich als Verhandlungsforum, sondern auch als unbedingte Rechtsordnung angesehen wird.[885]

Der neuen Rechtsprechung des EuGH in der Rechtssache Portugal/ Rat ist ferner entgegenzuhalten, daß bei ihrer konsequenten Anwendung auch in den Fallgestaltungen, die der Fediol- und Nakajima-Rechtsprechung entsprechen, die unmittelbare Anwendbarkeit bei fehlender Gegenseitigkeit zu verneinen wäre. Gerade dies nimmt der Gerichtshof aber nicht an.[886] Vielmehr hält er diese Rechtsprechung ausdrücklich aufrecht.[887]

Ferner kann dem Abstellen auf die Reziprozität in der Rechtssache Portugal/ Rat auch deshalb nicht beigepflichtet werden, weil zahlreiche Normen des Welthandelsrechts überhaupt keine gegenseitigen Handelskonzessionen enthalten, wie etwa der Inländerbehandlungsgrundsatz.[888]

---

881 Petersmann, in: Hilf/ Petersmann, S. 119[163].

882 Tomuschat, in: GTE, Art. 228 R. 68.

883 So auch Berrisch/ Kamann, EWS 2000, 89[93]; Schlußanträge des GA Saggio vom 25.02.1999 zu EuGH, Urteil vom 23.11.1999, Rs. C-149/96, Slg. 1999, I-8395[8397, 8412] Zf. 21- Portugal/ Rat. Dem steht auch Art. 23 DSU nicht entgegen. Zu Unrecht kritisch hierzu: Rosas, CML Rev. 2000, 797[812].

884 Eeckhout, CML Rev. 1997, 11[48 f], stellt fest, daß sich das Gegenargument der Reziprozität durch ein effektives Streitbeilegungssystem abschwächen lasse.

885 So auch Hahn/ Schuster, EuR 1993, 261[279]; Gabler, S. 118. Man beachte in diesem Kontext auch Desmedts Äußerung, Legal Issues of Economic Integration 2000, 93[99]: „ ... in fact, the WTO has matured from a multilateral trade platform to an international rule-based system where obligations are enforced through a binding dispute settlement system. ... the Court's reliance on the reciprocal character of the WTO agreements seems erroneous."

886 So auch Berrisch/ Kamann, EWS 2000, 89[95].

887 EuGH, Urteil vom 23.11.1999, Rs. C-149/96, Slg. 1999, I-8395[8425, 8435] R. 30, [8439 f] R. 49-51- Portugal/ Rat.

888 So auch Zonnekeyn, 34 JWT 3/2000, 111[121]: „ ... The „national treatment" principle, for example, is a rule that is susceptible of being invoked by both EC nation-

Nicht außer acht bleiben darf in diesem Zusammenhang, daß im Laufe der WTO-Verhandlungen vorgeschlagen wurde, explizit in die Übereinkommen aufzunehmen, daß ihre Bestimmungen nicht unmittelbar anwendbar seien.[889] Dieser Vorschlag wurde allerdings nicht realisiert. Dem ist zu entnehmen, daß die Vertragsparteien nicht beabsichtigten, die unmittelbare Anwendbarkeit von vornherein generell auszuschließen, auch nicht für den Fall der mangelnden Reziprozität.

5. Einschränkung der diplomatischen Handlungsfähigkeit (Verlagerung von der Exekutiven auf die Judikative)

Auch das Argument, die Gemeinschaftsorgane würden durch die Anerkennung der unmittelbaren Anwendbarkeit politisch eingeengt, zumal ihre Maßnahmen durch die Rechtsprechung kontrolliert und dadurch blockiert werden könnten, was zu einer Verlagerung von der Exekutiven auf die Judikative führe[890], ist nicht schlagkräftig.[891] Die Rechtmäßigkeitskontrolle dient der Durchsetzung des auch vom EuGH an sich anerkannten Vorrangs der GATT-Normen vor sekundärem Gemeinschaftsrecht. Es ist ja nach Art. 230 (ex-Art. 173) Abs. 1 EGV sogar Aufgabe des Gerichtshofs, die Rechtmäßigkeit der Handlungen der Gemeinschaftsorgane zu überwachen. Daß damit eine Einengung der Gemeinschaftsorgane verbunden ist, also eine „Einschränkung der diplomatischen Handlungsfähigkeit“[892], ist als Begleiterscheinung hinzunehmen.[893] Außerdem kontrolliert der EuGH auch andere internationale Verträge.[894]

---

als and non-EC nationals. That principle constitutes a general rule of law under the WTO and is not a trade concession that the EC exchanged in order to obtain a reciprocal concession from its trading partners.“; vgl. auch Zonnekeyn, ELR 2000, 293[300]: „For the application of these rules, the question of reciprocity is simply not relevant. In view of the evolution of the WTO system, the Court's reliance on the reciprocal character of the WTO Agreements is anachronistic.“

889 Nach den Schlußanträgen des GA Tesauro vom 13.11.1997 zu EuGH, Urteil vom 26.06.1998, Rs. C-53/96, Slg. 1998, I-3603[3606, 3630] Zf. 34 Fn. 62- Hermès.

890 Cottier, in: Jacot-Guillarmod/ Schindler/ Cottier, S. 139[175].

891 Vielmehr liefe es letztlich „auf eine Verschiebung des Gewaltengleichgewichts hinaus, wenn sich der Gerichtshof bei der Beurteilung der GATT-Regeln zurückhalte, sich also zugunsten der Gemeinschaftsexekutive selbst entmachte.“, wie Hilf, in: Hilf/ Petersmann, S. 11[51], zutreffend feststellt. In diese Richtung argumentieren auch Petersmann, in: Hilf/ Petersmann (Hrsg.), S. 119[159], und Tomuschat, FS Constantinesco, S. 801[818 f].

892 Drexl, FS Fikentscher, S. 822[825].

893 So auch Becker-Çelik, EWS 1997, 12[16]; Becker-Çelik, S. 138 f.

894 So hat der EuGH etwa für das Vierte AKP-EWG-Abkommen (EuGH, Urteil vom 12.12.1995, Rs. 469/93, Slg. 1995, I-4533[4558, 4567] R. 35- Chiquita Italia) und

Es sei an dieser Stelle angemerkt, daß Trachtmans Behauptung, die Ablehnung der unmittelbaren Anwendbarkeit und „weak mechanisms of compliance" könnten nicht notwendigerweise als „gaps in compliance" sondern als „mechanisms to reinforce democratic legitimacy" gesehen werden[895], zwar einen Funken Wahrheit enthält, wenn man darauf abstellt, daß dann die Vertragsparteien im Wege der Verhandlung Lösungen finden müssen. Jedoch darf nicht übersehen werden, daß der Verhandlungsweg den großen, mächtigen Staaten Vorteile bietet. Damit kann von einer ausgewogenen demokratischen Legitimation zwischen den verschiedenen Vertragsparteien nicht die Rede sein.

In diesem Kontext soll auf eine Äußerung Ehlermanns verwiesen werden, die einen wichtigen Zusammenhang zwischen unmittelbarer Anwendbarkeit und Streitbeilegung herausstellt: „Die Gemeinschaft wäre gezwungen, ihre grundsätzliche Haltung zur Streitbeilegung im GATT zu ändern, wenn sich der Gerichtshof für die Direktwirkung wichtiger Vorschriften des GATT ausgesprochen hätte. Die Streitschlichtung auf der Grundlage des Konsensus ist praktisch nur so lange möglich, wie die Auslegung des GATT in den Händen der vertragschließenden Parteien verbleibt. Wird die Interpretation des GATT dagegen von einem Gericht übernommen, so wird die für die Streitbeilegung schlechthin entscheidende Vorfrage, nämlich die nach der Beachtung oder Verletzung des GATT, durch das gerichtliche Urteil präjudiziert und damit der einvernehmlichen Regelung durch die streitenden Parteien entzogen."[896] Die von Ehlermann zitierte Überlegung, „zeigt ... : Die Anerkennung der Direktwirkung völkerrechtlicher Normen führt zu einer grundlegenden Verlagerung der Verantwortung von der Exekutiven zur Judikativen. Die Judikative übernimmt Aufgaben, die normalerweise der Exekutiven zustehen."[897] Diese Überlegungen von Ehlermann sind allerdings rechtspolitischer Natur, die hier nicht maßgeblich sind.

---

für das Jaundé-Abkommen (EuGH, Urteil vom 05.02.1976, Rs. 87/75, Slg. 1976, 129[130, 141] R. 26- Bresciani) die Möglichkeit der unmittelbaren Anwendbarkeit und subjektiver Rechte bzw. Pflichten bejaht. Vgl. auch Becker-Çelik, S. 139.

895 Trachtman, EJIL 1999, 655[677].

896 Ehlermann, in: Hilf/ Petersmann (Hrsg.), S. 203[218].

897 Ehlermann, in: Hilf/ Petersmann (Hrsg.), S. 203[218]. Vgl. auch die Äußerung der Kommission in: EuGH, Urteil vom 09.02.1982, Rs. 270/80, Slg. 1982, 329[330, 343]- Polydor: „Unter einem anderen Gesichtspunkt werfe die Frage der unmittelbaren Wirkung das Problem der richtigen Verteilung der Befugnisse und Zuständigkeiten zwischen dem Gesetzgeber und der Exekutive auf der einen und der Judikative auf der anderen Seite im Rahmen der Rechtsordnung der Gemeinschaft auf."

6. Verwandtschaft der gemeinschaftsrechtlichen und welthandelsrechtlichen Bestimmungen

Denkbar wäre, die grundsätzliche unmittelbare Anwendbarkeit für welthandelsrechtliche Bestimmungen im Gegensatz zu gemeinschaftsrechtlichen Vorschriften abzulehnen mit der Begründung, zwischen Gemeinschaftsrecht und Welthandelsrecht bestünden grundlegende Unterschiede: Im Unterschied zu Gemeinschaftsabkommen wird das Gemeinschaftsrecht von den Grundsätzen der Einheitlichkeit, Funktionsfähigkeit und Solidarität der Mitgliedstaaten geprägt.[898]

In diesem Kontext darf allerdings nicht übersehen werden, daß der EuGH - obwohl GATT ′47-Vorschriften zum Teil Pate standen für Bestimmungen des EGV - den gemeinschaftsrechtlichen Bestimmungen unmittelbare Anwendbarkeit zuspricht, während er sie bei den GATT ′47-Normen ablehnt.[899] Verwandte Bestimmungen des GATT ′94 und EGV sind beispielsweise folgende Vorschriften: ex-Art. 9 (nun Art. 23) und ex-Art. 12 (nun Art. 25) EGV[900] sind mit Art. V Abs. 3 GATT verwandt, ex-Art. 30 ff (nun Art. 28 ff) EGV[901] mit Art. XI Abs. 1 GATT, ex-Art. 36 (nun Art. 30) EGV mit Art. XX GATT, ex-Art. 95 (nun Art. 90) EGV[902] mit Art. III Abs. 2 GATT, ex-Art. 223 f (nun Art. 296) EGV mit Art. XXI GATT.[903] Die Rechtsprechung des EuGH ist auch insofern zu

898 Vgl. auch Vedder, in: Grabitz/ Hilf, Art. 228 R. 48; Bebr, EuR 1983, 128[157].

899 Nicht außer acht gelassen werden darf in diesem Zusammenhang jedoch - wie an anderer Stelle erläutert (vgl. obige Ausführungen unter K.I.9.c)bb) und Fn. 462) - , daß gleichlautende Vorschriften des Gemeinschafts- und Welthandelsrechts nicht notwendigerweise gleich auszulegen sind; vgl. auch Röttinger, in: Lenz, 2. Aufl. 1999, Art. 310 R. 4.; vgl. ferner Gutachten erstattet auf der Grundlage von Art. 228 Abs. 1 UA 2 EWGV, „Entwurf eines Abkommens zwischen der Gemeinschaft einerseits und den Ländern der Europäischen Freihandelsassoziation andererseits über die Schaffung des Europäischen Wirtschaftsraums“, Gutachten des Gerichtshofes vom 14.12.1991, Slg. 1991, I-6079[6100, 6101] R. 14- Gutachten 1/91, der dies bezüglich Bestimmungen des EWR-Abkommens und des Gemeinschaftsrechts feststellt.

900 Art. 12 EGV (nun Art. 25 EGV) wird vom EuGH als unmittelbar anwendbar angesehen, EuGH, Urteil vom 05.02.1963, Rs. 26/62, Slg. 1963, 1 ff- van Gend & Loos.

901 Art. 34 EGV (nun Art. 29 EGV) wird vom EuGH als unmittelbar anwendbar angesehen, EuGH, Urteil vom 09.06.1992, Rs. C-47/90, Slg. 1992, I-3669[3704, 3711] R. 28 f- Éts. Delhaize frères & Cie „Le Lion“ SA/ Promalvin SA und AGE Bodegas Unidas SA.

902 Art. 95 EGV (nun Art. 90 EGV) wird vom EuGH als unmittelbar anwendbar angesehen, EuGH, Urteil vom 16.06.1966, Rs. 57/65, Slg. 1966, 257[258, 266]- Firma Alfons Lütticke GmbH/ Hauptzollamt Saarlouis.

903 Vgl. auch Ott, S. 224.

kritisieren, als viele GATT-Bestimmungen hinsichtlich ihres Konkretisierungsgrades Vorschriften des EG-Vertrages nicht nachstehen.[904] Das GATT-/ WTO-Recht regelt beispielsweise die verschiedenen Arten nichttarifärer Handelshemmnisse präziser und unbedingter als die Generalklauseln und Pauschalermächtigungen des EGV.[905]

Die Ablehnung der unmittelbaren Anwendbarkeit kann daher auch unter dem Gesichtspunkt der Verwandtschaft der welthandelsrechtlichen Bestimmungen mit gemeinschaftsrechtlichen nicht aufrechterhalten werden, um so mehr als, wie oben dargestellt[906], das neue WTO-System die Unzulänglichkeiten des GATT ′47 nicht übernommen hat.[907]

---

904 So auch Grabitz/ von Bogdandy/ Nettesheim, S. 68; Petersmann, CML Rev. 1983, 397[419], schon zum alten GATT; Petersmann, in: Müller-Graff (Hrsg.), S. 81, der in diesem Zusammenhang Art. 25, 28, 29 EGV einerseits und Art. II, III, XI-XIII GATT andererseits anführt, derselbe, a.a.O., S. 81 f: „Aus grund- und verfassungsrechtlicher Sicht müssen präzise und unbedingt formulierte, für die EG und alle EG-Mitgliedstaaten völkerrechtsverbindliche Freiheitsgarantien und Diskriminierungsverbote grundsätzlich als unmittelbar anwendbare Freiheitsgarantien zugunsten der EG-Bürger ausgelegt werden. Das für WTO-Handelsverhandlungen praktizierte, politische Gegenseitigkeitsprinzip steht diesem verfassungsrechtlich gebotenem Rechtsschutz der Bürger in keiner Weise entgegen.“; Petersmann, FS Fikentscher, S. 966[969], a.a.O. S. 970: „Anders als beim internen Zollunionrecht hat der EuGH beim Außenhandelsrecht der EG es bislang jedoch noch nicht gewagt, die präzisen und unbedingten GATT-Verbote von Zöllen und nichttarifären Handelsbeschränkungen auch gegenüber den EG-Organen durchzusetzen.“; Neuwahl, in: Emiliou/ O′Keeffe, S.313[326 f]: „ ... in matters of guarantees of freedom, non-discrimination, transparent policy-making and the use of proportionate policy instruments, the GATT obligations provide norms which are much more precise than the corresponding EC provisions.“

905 Petersmann, EuZW 1997, 651[652]; Wetzig, S. 96.

906 Vgl. Ausführungen unter K.III.1.

907 Man beachte aber auch Weber, ArchVR 1997, 295[314]: „Völkerrechtliche Verträge der Gemeinschaft sind damit in der Regel zurückhaltender zu interpretieren als das eigentliche Gemeinschaftsrecht. In seinem ersten Gutachten zum EWR-Vertrag hat der EuGH sogar ausgesprochen, daß der gleiche Wortlaut von Gemeinschaftsrecht und Abkommen selbst dann noch keine gleiche Auslegung gewährleistet, wenn eine ergänzende Bestimmung das so vorsieht ...[Fn. 151: EuGH, Slg. 1991, I-6079[6101ff]: „im Falle des EWR-Abkommens sehen die Art. 6 und 104 ausdrücklich eine übereinstimmende Auslegung vor.“]. Da aber gleicher Wortlaut im Regelfall doch auch auf identische Bedeutung hinweist, wird man trotzdem von einer entsprechenden Vermutung ausgehen können, während umgekehrt bei unterschiedlichen Formulierungen eher auch unterschiedliche Rechtsfolgen anzunehmen sind. ... In Ausnahmefällen können allerdings auch nach der Rechtsprechung des EuGH die Bestimmungen völkerrechtlicher Verträge durchaus dieselbe Reichweite wie das vergleichbare Gemeinschaftsrecht besitzen.“

7. Adressat

Gegen die unmittelbare Anwendbarkeit der Vorschriften des GATT könnte das Kriterium „Adressat" sprechen: Die unter dem Dach der WTO geschlossenen Abkommen richten sich an souveräne Einzelstaaten, nicht jedoch an Individuen. Allerdings werden ja alle völkerrechtlichen Verträge zwischen Staaten geschlossen, so daß die Staaten stets formelle Adressaten sind. Vom formellen Adressaten („wer in einer Rechtsvorschrift ausdrücklich als Rechts- oder Pflichtsubjekt bezeichnet ist") ist jedoch der materielle Normadressat („jeder, den die Norm angeht") zu unterscheiden.[908] Denn „Wer als formeller Adressat einer Staatsvertragsnorm erscheint, ist für die Frage ihrer unmittelbaren Anwendbarkeit nicht entscheidend. Auch Vorschriften völkerrechtlicher Verträge, die sich formell, d.h. ihrem Wortlaut nach, (nur) an den Staat wenden, können im innerstaatlichen Bereich unmittelbar anwendbar sein."[909] Ausschlaggebend für die unmittelbare Anwendbarkeit ist nach Koller damit faktisch der materielle Normadressat[910], zumal es weitgehend vom Redaktionszufall abhängt, ob eine Rechtsnorm als objektive Norm oder als subjektive Berechtigung bzw. Verpflichtung formuliert wird.[911] Nach dem in dieser Arbeit festgelegten Begriff der unmittelbaren Anwendbarkeit ist jedoch für die Frage der unmittelbaren Anwendbarkeit gar nicht der Normadressat entscheidend, sondern allein die Beschaffenheit der Norm. Jedoch kommt es für die Frage der subjektiven Rechte bzw. Pflichten auf den materiellen Normadressaten an.

Nicht übersehen werden darf, welchen Zielen die unter dem Dach der WTO geschlossenen Abkommen gemäß der Präambel des WTOÜ dienen sollen: „Erhöhung des Lebensstandards", „Sicherung der Vollbeschäftigung und eines hohen und ständig steigenden Umfangs des Realeinkommens und der wirksamen Nachfrage". Diese Ziele belegen, daß auch die einzelnen Staatsbürger als (materielle) Adressaten der WTO-Abkommen in Betracht kommen. Das heißt, aus dem Adressaten-Kriterium kann kein Argument gegen die unmittelbare Anwendbarkeit bzw. subjektive Rechte und Pflichten gezogen werden.[912]

---

908 Koller, S. 108.

909 Wie Koller, S. 109, zutreffend feststellt.

910 Vgl. auch Tomuschat, FS Constantinesco, S. 801[811]: „Es kann nicht darauf ankommen, wer als Verpflichteter oder Berechtigter genannt ist. Auch ein primär an die Adresse des Gesetzgebers gerichtetes Gebot kann seinen harten Kern enthalten, dem die unmittelbare Vollzugsfähigkeit eignet."

911 Vgl. Koller, S. 108.

912 Buchs äußert sich zwar ebenfalls kritisch in bezug auf das Adressaten-Kriterium als Gegenargument, allerdings zurückhaltender: Mit diesem Kriterium sei ein „vorsichtiger Umgang" geboten, Buchs, S. 87.

8. Effiziente Rechtsdurchsetzung und Weiterentwicklung der Weltwirtschaft

Darüber hinaus spricht die Effizienz der Rechtsdurchsetzung und des Welthandelsrechts für die unmittelbare Anwendbarkeit.[913] Denn trotz Verbesserungen des Streitbeilegungssystems sind nur Staaten verfahrenslegitimiert, weder aber Privatpersonen noch Unternehmen.[914]

Einen möglichen Wendepunkt im Zusammenhang mit der Verfahrenslegitimation Privater und Unternehmen könnte die Revisionsentscheidung des SAB im Shrimps-Turtle-Verfahren darstellen.[915] Hier hat der SAB entschieden, daß auch die gegenwärtige Fassung des Streitbeilegungsübereinkommens einer unmittelbaren Beteiligung von Unternehmen und privaten Verbänden an den Streitbeilegungsverfahren nicht zwingend entgegensteht. Nach dem SAB können die Streitbeilegungsorgane der WTO Stellungnahmen ebenso wie unaufgeforderte Stellungnahmen nichtstaatlicher Organisationen, die den Schriftsätzen der Parteien und der Streitgenossen beigefügt sind, bei ihrer Entscheidungsfindung berücksichtigen[916]. Diese SAB-Entscheidung ändert aber nichts daran, daß nur die Mitgliedstaaten der WTO an einem Streitbeilegungsverfahren teilnehmen können, sei es als Partei oder als Dritte. Nur deren Stellungnahmen hat das Panel entgegenzunehmen und zu berücksichtigen."[917] Sind Stellungnahmen von Nichtregierungsorganisationen oder Unternehmen Anlage zu einem Schriftsatz der Parteien, so sind sie Teil dessen. Das heißt, diese Art der Vorlage stellt keine Besonderheit dar. Aber auch der selbständige unaufgeforderte amicus curiae briefs stellt keine Abweichung davon dar, daß nur WTO-Mitgliedstaaten Parteien eines Streitbeilegungsverfahrens werden können. Denn aus welchen Quellen sich ein Panel die für die Streitbeilegungsentscheidung erforderlichen Informationen beschafft, bleibt ihm überlassen, so daß es auch unaufgefordert eingereichte Schreiben berücksichtigen kann, allerdings nicht muß. Die Ausübung dieser Befugnis steht also im Ermessen des Panels bzw. des SAB. Das

---

913 So auch Drexl, GRUR Int. 1994, 777[785, 787]; Jackson, AJIL 1992, 310[322]; Kuilwijk, S. 90; Petersmann, CML Rev. 1983, 397[426], schon zum GATT '47.

914 Man beachte in diesem Kontext auch Reiterer, in: Köck, S. 159[166]: „De facto nehmen weiters Anwälte im steigenden Ausmaß an Streitbeilegungsverfahren teil, auch wenn sie formell Teil der staatlichen Delegationen sind."

915 EuZW 1999, 150 ff, mit Anmerkung hierzu von Ohlhoff, EuZW 1999, 139 ff. Dabei drängt sich auch die Vermutung auf, daß diese Entscheidung des SAB mit großer verfahrensrechtlicher Bedeutung eine Antwort auf die weitgehende Verweigerung des EuGH gegenüber den WTO-Streitbeilegungsentscheidungen darstellt: Wenn der EuGH schon eine Berufung auf Normen der WTO-Abkommen und damit letztlich auch deren Vorrang verneint, soll zumindest die Rechtsschutzmöglichkeit im Rahmen der WTO erweitert werden.

916 Ohlhoff, EuZW 1999, 139.

917 Ohlhoff, EuZW 1999, 139[141], mit Hinweis auf Zf. 101 der Streitbeilegungsentscheidung.

heißt, das Shrimps-Turtle-Verfahren ändert nichts daran, daß nur Staaten, nicht aber Privatpersonen und Unternehmen, im Rahmen des welthandelsrechtlichen Streitbeilegungssystems verfahrenslegitimiert sind.[918]

Könnten sich Unternehmen mangels unmittelbarer Anwendbarkeit auch vor dem EuGH[919] nicht auf welthandelsrechtliche Vorschriften berufen, so blieben sie auf die Verfolgung ihrer Interessen durch „ihren" Staat angewiesen. Dies wäre allerdings angesichts der fortschreitenden Globalisierung für multinationale Unternehmen selbst dann, wenn man die Achtung des Welthandelsrechts durch diesen Staat voraussetzt, insofern unbefriedigend, als die multinationalen Unternehmen aufgrund ihrer grenzüberschreitenden Tätigkeit kaum einem Staat zuzuordnen sind.[920] In diesem Kontext darf nicht übersehen werden, daß primär nicht die Staaten, sondern die einzelnen Wirtschaftsteilnehmer, insbesondere Unternehmen, die Entwicklung der Weltwirtschaft fördern. Unternehmen investieren aber nur, wenn dies auf rechtlich gesicherter Basis möglich ist.[921] Dafür müssen sie sich aber auf das WTO-Regelwerk beziehen können.

---

918 Zur Rolle der Privatwirtschaft in Streitschlichtungsverfahren der WTO vgl. etwa Jansen, ZEuS 2000, 293-305; vgl. auch Witt, RIW 2000, 691[insbes. 692-694]. Vgl. in diesem Kontext auch Mavroidis/ Zdouc, JIEL 1998, 407[432]: „At this stage of world integration, it is too early to imagine access of private parties before the WTO dispute settlement procedures. For both reasons of political expediency as well as concerns of practical order (inadequate infrastructure), such an option is unrealistic." Vgl. in diesem Kontext auch Panel Discussion, moderated by Mavroidis, 32 JWT 2/1998, 147 ff.

919 Der EuGH prüft die unmittelbare Anwendbarkeit sowohl bei Klagen von Mitgliedstaaten (z.B. EuGH, Urteil vom 05.10.1994, Rs. C- 280/93, Slg. 1994, I-4973 ff- Deutschland/ Rat) als auch bei Klagen von Privaten bzw. Unternehmen (z.B. EuGH, Urteil vom 10.03.1998, Verbundene Rs. C-364/95 und C-365/95, Slg. 1998, I-1023 ff- Port).

920 So auch Backes, RIW 1995, 916.

921 So auch Hilf, S. 34. Vgl. auch Hilf, in: Müller-Graff (Hrsg.), S. 89[94]: „Es wird die Wirtschaft selbst sein, die die Trieb- und Schubkräfte bereitstellen wird, um Politik und Recht zu veranlassen, zu einem transparenten und rechtlich durchformten System der WTO-Rechtsordnung und natürlich auch des Rechtssystems der EG zu kommen." Vgl. auch folgenden Report of the Panel, United States - Sections 301-310 of the Trade Act of 1974, Report of the Panel vom 22.12.1999, WT/DS152/R, para. 7.73: „ ... , it would be entirely wrong to consider that the position of individuals is of no relevance to the GATT/WTO legal matrix. Many of the benefits to Members which are meant to flow as a result of the acceptance of various disciplines under the GATT/WTO depend on the activity of individual economic operators in the national and global market places. The purpose of many of these disciplines, indeed one of the primary objects of the GATT/WTO as a whole, is to produce certain market conditions which would allow this individual activity to flourish.", zitiert nach der Veröffentlichung auf der Homepage der WTO: http://www.wto/org/ddf/ep/D5/D5454e.doc Toc46670678 (Hervorhebung der Verfasserin);
vgl. auch Tietje, Einführung, in: Welthandelsorganisation, Textausgabe, S. IX[XX].

Außerdem werden einzelne Bürger bzw. Unternehmen - wie die „Bananen-Fälle“ gezeigt haben - auch nicht ausreichend durch das EG-Recht geschützt, zumal dieses ja nicht immer GATT-konform ist.[922]

So stellt Trachtman[923] auch zu Recht fest: „ ... directly effective law, by virtue of its use of the domestic legal system to provide a kind of ′automatic′ implementation, has a greater binding effect than international law that is not directly effective. ... By invoking the domestic legal system, directly effective international law takes advantage of a ′traditional′ sovereign, and its powers to make law binding, even against the domestic state itself, in its own court system. By comparison, international law that lacks direct effect must look to international legal mechanism for binding effect. These international legal mechanisms may result in compliance, but they have different dynamics. For example, direct effect shifts control to private litigants, while individuals have less formal access to international legal mechanisms.“[924]

Auffällig ist, daß bezüglich der Heranziehung des Effektivitätsprinzips im Völkerrecht konträre Auffassungen vertreten werden: Während Meessen die Ansicht vertritt, das „effet utile“-Argument sei im Zusammenhang mit völkerrechtlichen Verträgen der Gemeinschaft nicht anwendbar oder zumindest nur im Rahmen der teleologischen Interpretation[925], stellt Bleckmann das Völkerrecht aufgrund seines sich zum Kooperationsvölkerrecht wandelnden Charakters und das Gemeinschaftsrecht nahezu gleich.[926]

Auch wenn es im internationalen Recht keine allgemeine Verpflichtung gibt, internationales Recht unmittelbar anwendbar zu machen[927], entspricht die Anerkennung der unmittelbaren Anwendbarkeit[928] - wie soeben dargestellt - dem im Völkerrecht geltenden Grundsatz der Effektivität.[929] Darüber hinaus hat sie auch

---

922 Dies ist Ehlermann, in: Hilf/ Petersmann, S. 203[215, 219 ff], entgegenzuhalten, der die Auffassung des EuGH mit der Begründung teilt, daß auch ohne unmittelbare Anwendbarkeit ausreichender Rechtsschutz bestehe. Wenn nämlich das EG-Recht nicht GATT-konform ist, und der EuGH das Welthandelsrecht faktisch nicht anerkennt, besteht kein hinreichender Rechtsschutz.

923 Trachtman, EJIL 1999, 655[659]. Dennoch spricht sich Trachtman unzutreffend gegen die unmittelbare Anwendbarkeit aus, EJIL 1999, 655[660]: „It is this kind of socially immanent give and take, calibration and adjustment that is natural - automatic direct effect is not.“

924 Der zuletzt genannte Aspekt wurde in diesem Kapitel bereits herausgearbeitet.

925 Meessen, CML Rev. 1976, 485[488].

926 Bleckmann, DÖV 1996, 137[138 f].

927 Vgl. Trachtman, EJIL 1999, 655[668].

928 Trachtman, EJIL 10 1999, 655[665], stellt fest: „The question of direct effect is a question of allocation of power, as well as a technical question of degree of compliance.“

929 In diesem Sinne auch von Bogdandy, CML Rev. 1999, 663[670]: „ ... direct applicability is a forceful instrument to ensure the implementation of international

positive Auswirkungen auf das Gemeinschaftsrecht, zumal hierdurch der effet utile-Grundsatz verstärkt wird.[930] Insbesondere in den Bereichen, in denen die gemeinschaftsrechtlichen Regelungen grundsätzlich mit den welthandelsrechtlichen übereinstimmen, wie beispielsweise im Immaterialgüterrecht, hat die unmittelbare Anwendbarkeit für die Umsetzungseffizienz wesentliche Vorteile.[931]

In diesem Zusammenhang sei auch erwähnt, daß das neue Urteil Portugal/ Rat dadurch, daß es die unmittelbare Anwendbarkeit in Abhängigkeit vom Reziprozitätsprinzip stellt, nicht zur Steigerung der Effektivität des Welthandelsrechts beiträgt. Es ruft im Gegenteil sogar große Rechtsunsicherheit hervor.[932] Denn zum einen ist offen, wie der EuGH künftig bei anderen Gemeinschaftsabkommen entscheiden wird, zumal diese WTO-Rechtsprechung sich von der ständigen Rechtsprechung seit der Rechtssache Kupferberg zu Gemeinschaftsabkommen unterscheidet. Zum anderen fragt es sich, wie der EuGH den Grundsatz der Gegenseitigkeit, aufgrund dessen er ja die unmittelbare Anwendbarkeit beim Welthandelsrecht ablehnt, anwenden wird. Nach der Argumentation des EuGH in der Rechtssache Portugal/ Rat wäre die Ablehnung der unmittelbaren Anwendbarkeit nicht mehr gerechtfertigt, wenn auch die anderen Vertragsparteien und wichtigen Handelspartner der Gemeinschaft die unmittelbare Anwendbarkeit anerkennen. Unklar bleibt[933] nach dem Urteil Portugal/ Rat jedoch, ob dies bereits der Fall wäre, wenn nur ein bzw. die wichtigsten Handelspartner dies täte(n), und ob die unmittelbare Anwendbarkeit dann nur diesem bzw. diesen gegenüber zu bejahen wäre.[934]

---

agreements for which the Union is internationally responsible. Moreover, since the autonomy of Community law from international law is recognized, the ECJ is developing a general line of case law that entrenches international law." Hieran kann auch die gescheiterte Ministerkonferenz vom 03.12.1999 in Seattle nichts ändern. Vgl. hierzu auch May, Internat. Politik 2000, 49[50], der den politischen Fehlstart in Seattle mit einem Fehlstart beim Marathonlauf vergleicht: „Ein Fehlstart ist peinlich, führt immer zu einer Zeitverzögerung - aber er sagt nichts über den Verlauf, das Ergebnis oder den Gewinner des Rennens aus."

Vgl. zum Grundsatz der Effektivität im Völkerrecht allgemein: Verdross/ Simma, §§ 68 ff (S. 51 ff).

930 Spuhler, S. 241, allerdings ohne weitere Hinweise.

931 Drexl, FS Fikentscher, S. 822[848].

932 Dies scheint Zonnekeyn, JWT 2000, Bd. 3, S. 111[112, 125], zu übersehen, weil er unzutreffend behauptet: „The judgement will undoubtedly settle much of the uncertainty surrounding the status of the WTO Agreements in EC law."

933 Vgl. hierzu auch Berrisch/ Kamann, EWS 2000, 89[94].

934 Die Beantwortung dieser Fragen erübrigt sich jedoch, zumal die unmittelbare Anwendbarkeit in Abhängigkeit von der Reziprozität in dieser Arbeit schon im Ansatz abgelehnt wird.

9. Auslegung

Gegen die unmittelbare Anwendbarkeit könnte einzuwenden sein, daß bei ihrer Bejahung die Gefahr unterschiedlicher Auslegungen bei den verschiedenen Gerichten der Mitgliedstaaten und der Gemeinschaft bestehen könnte. Dies soll um so mehr gelten, als der Großteil der Juristen mit Welthandelsrecht in der Ausbildung nicht vertraut gemacht wurde.[935] Nur deshalb die unmittelbare Anwendbarkeit abzulehnen, ist jedoch nicht gerechtfertigt, zumal der Gefahr unterschiedlicher Auslegungen beispielsweise durch weitere Auslegungsvereinbarungen begegnet werden kann. Ferner wäre an eine Art Vorlagepflicht des EuGH und der nationalen Gerichte zu denken (ähnlich der Vorschrift des Art. 234 (ex-Art. 177) EGV).[936] Außerdem wird mit zunehmender Durchdringung des Gemeinschaftsrechts und der nationalen Rechte durch das Welthandelsrecht die Kenntnis der Juristen auf dem Gebiet des Welthandelsrechts wachsen.

10. Keine Erwähnung der unmittelbaren Anwendbarkeit in den Verträgen

Ebensowenig stichhaltig kann die Tatsache sein, daß die unter dem Dach der WTO geschlossenen Abkommen ihre unmittelbare Anwendbarkeit nicht explizit festlegen. Denn dies ist bei internationalen Verträgen die Ausnahme und damit keine WTO-Besonderheit. Außerdem schließen die WTO-Verträge die unmittelbare Anwendbarkeit auch nicht ausdrücklich aus.[937]

Die Staaten sind zwar verpflichtet, den Abkommen in ihrer nationalen Rechtsordnung Geltung zu verschaffen (vgl. etwa auch Art. XVI Abs. 4 WTOÜ, Art. 1 Abs. 1 TRIPs). Jedoch sind sie in der Wahl der Mittel hierzu frei. Infolgedessen kann aus der fehlenden Festlegung der unmittelbaren Anwendbarkeit in den Abkommen kein Schluß auf die Ablehnung der unmittelbaren Anwendbarkeit gezogen werden.[938]

---

935 Vgl. Cottier/ Schefer, JIEL 1998, 83[121].

936 Siehe auch Neugärtner/ Puth, JuS 2000, 640[644]; Tomuschat, FS Constantinesco, S. 801[818].

937 Vgl. hierzu auch Drexl, FS Fikentscher, S. 822[829]: „Während bei der reinen politischen Sichtweise begründet werden müßte, daß das GATT bzw. WTO-Abkommen die unmittelbare Anwendbarkeit nicht nur >>nicht gebietet<< - so der EuGH mit dem wörtlichen Hinweis auf die fehlende Verpflichtung ... , sondern sie sogar >>verbietet<<, werden die Möglichkeiten flexibler Rechtsetzung übergangen." Außerdem sah ein Schweizer Vorschlag - wie bereits erwähnt - eine Regelung bezüglich der unmittelbaren Anwendbarkeit des Welthandelsrechts vor, wurde jedoch zurückgewiesen, vgl. Fn. 527.

938 So auch Drexl, GRUR Int. 1994, 777[785].

11. Art. 300 (ex-Art. 228) Abs. 7 EGV und integrierender Bestandteil der Gemeinschaftsrechtsordnung

Art. 300 (ex-Art. 228) Abs. 7 EGV erteilt den Rechtsanwendungsbefehl an die Gemeinschaftsorgane und die Mitgliedstaaten. Das heißt, völkerrechtliche Bestimmungen, die der unmittelbaren Anwendbarkeit fähig sind, werden damit in der Gemeinschaft unmittelbar anwendbar. Art. 300 (ex-Art. 228) Abs. 7 EGV ordnet jedoch nicht für die Normen, die nicht der unmittelbaren Anwendbarkeit fähig sind, einseitig die unmittelbare Anwendbarkeit an.[939] Dies stellt allerdings kein Argument gegen die generelle Möglichkeit, welthandelsrechtlichen Normen unmittelbare Anwendbarkeit zuzuerkennen, dar. Vielmehr bestätigt es die hier vertretene Auffassung, daß für die unmittelbare Anwendbarkeit auf die einzelne Norm abzustellen ist.

Auf der Grundlage des Art. 300 (ex-Art. 228) Abs. 7 EGV sind die welthandelsrechtlichen Abkommen, zu deren Vertragsparteien auch die Gemeinschaft gehört, in konsequenter Fortsetzung der EuGH-Rechtsprechung zu gemischten Abkommen „integrierender Bestandteil“ der Gemeinschaftsrechtsordnung[940]. Es wird vertreten, daß dies zumindest die Vermutungswirkung zugunsten einer unmittelbaren Anwendbarkeit der welthandelsrechtlichen Vorschriften auslöst.[941]

12. Grundsatz von Treu und Glauben

Die als Völkergewohnheitsrecht geltenden Art. 26 und 31 der beiden Wiener Konventionen über das Recht der Verträge sehen vor, daß Verträge nach Treu und Glauben erfüllt und ausgelegt werden müssen. Hieraus kann abgeleitet werden, daß einer Vorschrift, die der unmittelbaren Anwendbarkeit fähig ist, nicht die unmittelbare Anwendbarkeit abgesprochen werden darf.[942] Das heißt, sowohl der EuGH als auch die Gemeinschaftsorgane verletzen mit der Ablehnung der unmittelbaren Anwendbarkeit diese Vorschriften der WVRK/ WVRK II bzw. entsprechendes Völkergewohnheitsrecht. Außerdem verstößt die Gemeinschaft gegen den Grundsatz „venire contra factum proprium“, der eine Forderung des Grundsatzes der bona fides darstellt[943]. Denn sie mißachtet einerseits, wenn es zu

---

939 So auch Roth, WRP 1978, 409[414 f].

940 Siehe Ausführungen unter I.I.1.

941 Reinisch, EuZW 2000, 42[48]; Schroeder/ Selmayr, JZ 1998, 344[348]; Weber/ Moos, EuZW 1999, 229[230].

942 So auch Meng, S. 1063.

943 Verdross/ Simma, § 60 (S. 46).

ihren Lasten ist, das GATT meist,[944] beruft sich aber andererseits, wenn es zu ihren Gunsten ist, darauf,[945] wie oben dargestellt.[946]

13. Konstitutionalisierung der Welthandelsordnung

Darüber hinaus wird mit Anerkennung der unmittelbaren Anwendbarkeit die Konstitutionalisierung der Welthandelsordnung einen weiten Schritt vorangebracht.[947]

So geht es nach Drexl den Vertretern der unmittelbaren Anwendbarkeit auch „um den Schutz der Rechte des einzelnen Wirtschaftsteilnehmers im Sinne einer Konstitutionalisierung der Weltwirtschaft".[948] Das Prinzip des Freihandels stelle eine Freiheitsgarantie für den einzelnen dar, die in den Abkommen ihre konkrete

---

944 Wie beispielsweise im Urteil Deutschland/ Rat, EuGH, Urteil vom 05.10.1994, Rs. C- 280/93, Slg. 1994, I-4973 ff.

945 Wie etwa in der Rechtssache Kommission/ Deutschland, EuGH, Urteil vom 10.09.1996, Rs. C-61/94, Slg. 1996, I-3989 ff.

946 Vgl. Ausführungen oben unter K.II.2.

947 Schmid, NJW 1998, 190[195]; vgl. zur konstitutionellen Funktion der Welthandelsordnung: Stoll, ZaöRV 1997, 83 ff, und zur konstitutionellen Funktion allgemein: Petersmann, Constitutional Functions and Constitutional Problems of International Economic Law; „im Sinne einer >>internationalen Wirtschaftsverfassung<<, die konstitutionell verbürgte Wirtschaftsfreiheiten als internationale Grundrechte voraussetze" (Drexl, FS Fikentscher, S. 822[832]) äußert sich auch Petersmann, EuZW 1997, 325; Petersmann, EuZW 1997, 651; Petersmann, FS Fikentscher, S. 966 ff.
Man beachte in diesem Zusammenhang auch folgende Äußerung Hilpolds, RIW 2000, Heft 6, Die erste Seite: „Im Zuge der Schaffung der WTO ist häufig das Schlagwort des „Konstitutionalismus" oder der „Verfassung der Weltwirtschaftsordnung" verwendet worden, so als ob hier eine höherrangige Ordnung geschaffen worden sei, die sich ohne Zutun der Staaten gleichsam von selbst durchsetzen würde. Das Gegenteil ist wahr: Ein hochentwickeltes Rechtsgebilde wie jenes der WTO kann sich nur durch erhöhten ideellen und finanziellen Einsatz der Mitgliedstaaten behaupten. Ein Rückzug oder auch nur ein Zögern der beteiligten Staaten würde ein vergleichbares Experiment auf absehbare Zeit unmöglich machen. In diesem Sinne stellte der im Jahr 1999 eskalierte und nach wie vor schwelende Handelskrieg EU/USA eine fahrlässige Gefährdung des internationalen Handelssystems dar."

948 Drexl, FS Fikentscher, S. 822[825]; ähnlich auch Stoll/ Ress, EWS 1996, 37[41]: „Grundsätzlich erscheint eine ergänzende Fortentwicklung der internationalen Handelsordnung zu einer Weltwirtschaftsverfassung mit subjektiven Rechten wünschenswert. Daneben mögen subjektive Rechte funktional dem Freihandelsinteresse zu größerem Gewicht gegenüber gegenläufigen, gut organisierten Partikularinteressen verhelfen."

Gestalt angenommen hat.[949] Ganz allgemein stellt die unmittelbare Anwendbarkeit die Basis für weitere Fortschritte des Welthandelsrechts dar.[950]

14. Schutz der Grundfreiheiten

Für die unmittelbare Anwendbarkeit wird auch das Erfordernis des Schutzes der Grundfreiheiten als Ausprägung des Rechtsstaatsprinzips angeführt.[951] Indem die Gemeinschaftsorgane die unmittelbare Anwendbarkeit verneinen, leugnen sie „die Bedeutung des Individualschutzes als überragendes Prinzip des Gemeinschaftsrechts".[952]

In diesem Kontext ist die ständige Rechtsprechung des EuGH seit van Gend & Loos zu berücksichtigen. In diesem Urteil hat der EuGH entschieden, daß das Gemeinschaftsrecht eine eigenständige Rechtsordnung sui generis darstellt, in der der einzelne nicht nur Rechtsobjekt, sondern auch Rechtssubjekt ist, ihm also nicht nur Pflichten auferlegt, sondern auch Rechte verliehen werden.[953] Wenn der EuGH diese Ansicht nicht in bezug auf internationale Verpflichtungen vertritt - wie im Urteil Portugal/ Rat[954] geschehen -, bedeutet dies zugleich eine Beeinträchtigung des Gemeinschaftssystems.[955]

---

949 Hilf/ Schorkopf, EuR 2000, 74[76].

950 Vgl. auch Heinemann, in: Beier/ Schricker, From GATT to TRIPs, S. 401[403], unter Bezugnahme auf das TRIPs; Drexl, in: Beier/ Schricker, From GATT to TRIPs, S. 18 ff.
In diesem Zusammenhang sind auch die Ausführungen zur Effektivität des Welthandelsrechts unter K.III.8 zu beachten.

951 Hilf, in: Hilf/ Petersmann, S. 11[51]: „Es laufe letztlich auf eine Verschiebung des Gewaltengleichgewichts hinaus, wenn sich der Gerichtshof bei der Beurteilung der GATT-Regeln zurückhalte, sich also zugunsten der Gemeinschaftsexekutive selbst entmachte." In diese Richtung argumentieren auch Petersmann, in: Hilf/ Petersmann (Hrsg.), S. 119[159], und Tomuschat, FS Constantinesco, S. 801[818 f].

952 Drexl, FS Fikentscher, S. 822[832]; in diesem Sinne auch Mengozzi, RMUE 1994, 165[169 f].

953 EuGH, Urteil vom 05.02.1963, Rs. 26/62, Slg. 1963, 1[25]- van Gend & Loos.

954 EuGH, Urteil vom 23.11.1999, Rs. C-149/96, Slg. 1999, I-8395 ff- Portugal/ Rat.

955 Einhorn, CML Rev. 1998, 1069[1096]; in diesem Sinne auch Mengozzi, RMUE 1994, 165[174]. In der Literatur wird hieraus teilweise gefolgert, daß die demokratische Legitimität der Gemeinschaft damit faktisch in Gefahr gerate, Einhorn, CML Rev. 1998, 1069[1096], mit Verweis auf Mestmäcker, RabelsZ 1994, 615[624 f]. In diesem Zusammenhang ist Absatz 3 der Präambel des EU-Vertrags zu beachten, der ein ausdrückliches „Bekenntnis(ses) zu den Grundsätzen der Freiheit, der Demokratie und der Achtung der Menschenrechte und Grundfreiheiten und der Rechtsstaatlichkeit" enthält.

15. Entschädigung und Aussetzung von Zugeständnissen

Daß das DSU als Reaktion auf die Verletzung des Abkommens in Art. 22 Abs. 3 als Ultima ratio die Entschädigung und die Aussetzung von Zugeständnissen oder sonstigen Pflichten vorsieht, steht der unmittelbaren Anwendbarkeit ebenfalls nicht entgegen.[956] Denn ähnliches wird als allgemeines völkerrechtliches Prinzip in bezug auf die PVÜ diskutiert, bei der vielen Vorschriften die unmittelbare Anwendbarkeit zugesprochen wird.[957] Auch erschwert die unmittelbare Anwendbarkeit der welthandelsrechtlichen Vorschriften nicht das Aussetzen von Vergünstigungen. Dies ist ebenso wie bei fehlender unmittelbarer Anwendbarkeit durch ein Recht von gleichem Rang, das die Aussetzung anordnet, möglich.[958] Zudem handelt es sich bei den in Art. 22 Abs. 2 DSU genannten Maßnahmen nur um vorübergehende. Eine Entschädigung stellt also keine Alternative zu WTO-gemäßem Handeln dar, wie sich auch aus Art. XVI Abs. 4 WTOÜ ergibt.[959] Abgesehen davon wird völkerrechtlichen Abkommen, die Entschädigungspflichten vorsehen, nicht automatisch die unmittelbare Anwendbarkeit abgesprochen, wie das Beispiel der Europäischen Menschenrechtskonvention verdeutlicht.[960]

16. Art. 307 (ex-Art. 234) Abs. 3 EGV

In der Literatur werden teilweise noch weitergehende Argumente als die des EuGH gegen die unmittelbare Anwendbarkeit im Sinne des EuGH angeführt: So beruft sich Langer beispielsweise auf Art. 307 (ex-Art. 234) Abs. 3 EGV. Kennzeichen der Europäischen Gemeinschaften sei gerade die auf den Binnenmarkt begrenzte unmittelbare Wirkung der Marktfreiheiten.[961] Wären zusätzlich auch die GATT-Vorschriften unmittelbar anwendbar, so käme es zu einer „weltweiten Erstreckung der unmittelbaren Anwendbarkeit, die im *Widerspruch zu dem auf die EG-Mitgliedstaaten begrenzten Gegenseitigkeitsversprechen des Art. 234 Abs. 3 EGV* stände."[962] Zwar ist richtig, daß Art. 307 (ex-Art. 234) Abs. 3 EGV sich nur auf die Mitgliedstaaten bezieht - das liegt in der Natur der Sache des EG-Vertrags. Jedoch sind europäisches Gemeinschaftsrecht und Welthandels-

956 So auch Berrisch/ Kamann, EWS 2000, 89[93].
957 So auch Drexl, GRUR Int. 1994, 777[786].
958 Drexl, GRUR Int. 1994, 777[786].
959 So auch Berrisch/ Kamann, EWS 2000, 89[93].
960 Vgl. Art. 41 EMRK.
961 Langer, S. 160.
962 Langer, S. 160 (Hervorhebung im Original).

recht zwei unterschiedliche Rechtsordnungen. Das Gemeinschaftsrecht kann nicht mittels Art. 307 (ex-Art. 234) Abs. 3 EGV das Welthandelsrecht beeinflussen.

17. EFTA (European Free Trade Association)

Nicht außer acht gelassen werden darf die Tatsache, daß für die EFTA-Vorschriften weitgehend unmittelbare Anwendbarkeit angenommen wird.[963] Da die EFTA zum Teil ähnliche Ziele wie die WTO verfolgt, kann auch dies als Argument für die unmittelbare Anwendbarkeit des Welthandelsrechts herangezogen werden.

18. Politische Ebene

Vielfach wird die Problematik der unmittelbaren Anwendbarkeit des Welthandelsrechts mit dem Argument, es handle sich hier primär um eine Frage auf der politischen Ebene, beiseite geschoben.[964] Zwar ist richtig, daß die Gegner der unmittelbaren Anwendbarkeit überwiegend politisch argumentieren. Jedoch ist die Frage der unmittelbaren Anwendbarkeit streng nach juristischen Kriterien zu prüfen.

In diesem Kontext ist zu erwähnen, daß der EuGH - soweit ersichtlich - bisher nur dem GATT, jedoch keinem anderen internationalen Abkommen aufgrund seiner Rechtsnatur, seines Zieles und seiner ihm innewohnenden Merkmale generell die Fähigkeit abgesprochen hat, unmittelbar anwendbare Vorschriften zu besitzen.[965] Zwar hat der EuGH Bestimmungen anderer internationaler Abkommen für nicht unmittelbar anwendbar befunden, jedoch ging er

---

963 Heinemann, in: Beier/ Schricker, From GATT to TRIPs, S. 401[403]; Drexl, in: Beier/ Schricker, From GATT to TRIPs, S. 18 ff.

964 Vgl. etwa Ullrich, GRUR Int. 1995, 623[639], zum TRIPs: „TRIPs ist nun einmal das Ergebnis einer internationalen Politisierung des geistigen Eigentums. Diese kann nicht durch Verleihung auch noch der unmittelbaren Wirkung gewissermaßen im Rechtswege verleugnet werden.“ Allerdings ist für die unmittelbare Anwendbarkeit nur der Inhalt des Vertrages entscheidend, nicht dagegen, daß er Resultat einer wirtschaftlichen Machtauseinandersetzung ist, wie Drexl, FS Fikentscher, S. 822[846] Fn. 86, zutreffend bemerkt. Ansonsten könnte ja stets die unmittelbare Anwendbarkeit völkerrechtlicher Abkommen bestritten werden.

965 Vgl. auch Schlußanträge des GA Tesauro vom 13.11.1997 zu EuGH, Urteil vom 26.06.1998, Rs. C-53/96, Slg. 1998, I-3603[3606, 3628] Zf. 30 Fn. 54- Hermès.

dabei nie davon aus, daß diese Abkommen allgemein jeglicher unmittelbarer Anwendbarkeit entbehrten.[966]

19. Beispiel TRIPs

Insbesondere beim TRIPs dürfte es dem EuGH schwer fallen, die fehlende unmittelbare Anwendbarkeit plausibel zu begründen. Denn vergleicht man das TRIPs mit anderen internationalen immaterialgüterrechtlichen Übereinkommen wie etwa der PVÜ und der RBÜ, deren Regelungen in den meisten Mitgliedstaaten, darunter auch der Bundesrepublik Deutschland[967], unmittelbare Anwendbarkeit zuerkannt wird, soweit die Bestimmungen hinreichend genau und bestimmt formuliert sind[968], stellt man zahlreiche Parallelen fest.[969] Dies legt es nahe, zumindest die den Vorschriften dieser Abkommen entsprechenden TRIPs-Regelungen als unmittelbar anwendbar anzusehen.[970] Für dieses Ergebnis liefert

---

966 Vgl. auch Schlußanträge des GA Tesauro vom 13.11.1997 zu EuGH, Urteil vom 26.06.1998, Rs. C-53/96, Slg. 1998, I-3603[3606, 3628] Zf. 30 Fn. 54- Hermès.

967 Vgl. etwa BGHZ 11, 135[138].

968 Drexl, GRUR Int. 1994, 777[779].

969 Beispielsweise finden sich in allen drei Übereinkommen Regelungen zur Inländerbehandlung: Art. 2 PVÜ, Art. 5 RBÜ, Art. 3 TRIPs.

970 So auch Drexl, GRUR Int. 1994, 777[786 f]; Drexl, in: Beier/ Schricker (Hrsg.), From GATT to TRIPs, S. 18[48]; Einhorn, CML Rev. 1998, 1069[1097]; Katzenberger, GRUR Int. 1995, 447[459].
Man beachte aber auch Ullrich, der in GRUR Int. 1995, 623[637], Drexl widerspricht, indem er ihm vorhält, die Unterschiede zwischen TRIPs und den immaterialgüterrechtlichen Konventionen nicht zu beachten. Das TRIPs, so Ullrich a.a.O., sehe anders als die PVÜ keine bloßen und insoweit ohne weiteres durchsetzbaren Mindestrechte vor. Anstelle eines Mindestschutzes sei ein Vollschutz nach Industrieländerstandard verwirklicht worden, a.a.O., S. 637 Fn. 120. Hierbei handelt es sich jedoch nicht um ein Weniger, sonder sogar um ein Mehr, das der unmittelbaren Anwendbarkeit des TRIPs nicht entgegensteht. Außerdem, so Ullrich, a.a.O., S. 638 Fn. 124, bezwecke das TRIPs nicht, Ausländern Inlandsschutz zu gewähren, sondern verpflichte in erster Linie die Mitgliedstaaten, angemessenen Inlandsschutz einzuführen. Beide Ziele stehen allerdings nicht in Widerspruch zueinander, sondern liegen dem TRIPs kumulativ zugrunde.
Ullrich führt als Argument gegen die unmittelbare Anwendbarkeit insbesondere an, daß das TRIPs in mehrfacher Hinsicht der Konkretisierung bedürfe, z.B. die Begriffe der Erfindung, Neuheit und erfinderischen Neuheit, a.a.O. Fn. 122, oder die Ausnahmetatbestände des Art. 13 oder 30 TRIPs, a.a.O. [637] Fn. 122. Daß einzelne Begriffe zu konkretisieren sind, steht der unmittelbaren Anwendbarkeit der betreffenden Norm jedoch insofern nicht entgegen, als die Auslegung dieser Begriffe eine klassische Aufgabe der Judikative ist. Daß Ausnahmebestände noch der Konkretisierung durch die Legislative oder Exekutive bedürfen, stellt auch kein Argument gegen die grundsätzliche unmittelbare Anwendbarkeit dar, sondern spricht höchstens gegen die unmittelbare Anwendbarkeit der konkreten Vorschrift.

auch die Denkschrift des Bundestages und Begründung zum deutschen Vertragsgesetz einen wichtigen Anhaltspunkt: Hier heißt es nämlich, daß ein Teil der Vorschriften, zumindest aus dem TRIPs, unmittelbar anwendbar sei.[971] In der genannten Denkschrift wird auch erwähnt, daß das Abkommen Mindeststandards festlegt, die teilweise als unmittelbar anwendbare Normen gestaltet sind, teilweise die Mitglieder ermächtigen oder verpflichten, bestimmte Maßnahmen zu treffen. Bei der Umsetzung des TRIPs in das nationale Recht sollen diejenigen Vorschriften unmittelbar anwendbar sein, die nach ihrem Wortlaut dafür geeignet sind. Dies sei beispielsweise der Fall für Art. 3 (Inländerbehandlung) und Art. 4 (Meistbegünstigung).[972] Dagegen gelte dies nicht für Teil III (Durchsetzung der Rechte des geistigen Eigentums).[973] Daß das TRIPs nicht nur einen angemessenen Fremdenschutz sichern will, sondern ein für In- und Ausländer geltendes Schutzsystem bestimmt, spricht nicht gegen die grundsätzliche unmittelbare Anwendbarkeit.[974]

Darüber hinaus bezeichnet die Präambel des TRIPs die in diesem Abkommen geregelten Rechte ausdrücklich als „private Rechte".[975] Private Rechte werden aber typischerweise von ihren Inhabern am besten verteidigt, so daß die Ablehnung der unmittelbaren Anwendbarkeit zur Beeinträchtigung dieser Rechte führt.[976]

---

971 Deutscher Bundestag- 12. Wahlperiode, Drucksache 12/7655 (neu), S. 7, S. 337. Ullrich, GRUR Int. 1995, 623[637], stellt diese von der deutschen Bundesregierung angenommene unmittelbare Anwendbarkeit in Frage, wobei er als Begründung das „TRIPs-Ziel der Wahrung international gleichartigen Wettbewerbs, ... [den] Funktionsmechanismus von TRIPs im Rahmen von GATT/ WTO, nämlich materielle Reziprozität und Handelskonzessionalität, und das der innovations- und handelspolitischen Instrumentalisierung des geistigen Eigentums zugrundeliegende Rechtsverständnis" anführt. Dem kann allerdings nicht gefolgt werden, insbesondere wegen der Besonderheiten des TRIPs und der in der Präambel von WTOÜ und TRIPs genannten Ziele, auf die im Text hingewiesen wird.

972 Deutscher Bundestag- 12. Wahlperiode, Drucksache 12/7655 (neu), S. 344 f, insbes. S. 345 Zf. 5.3 letzter Absatz.

973 Deutscher Bundestag- 12. Wahlperiode, Drucksache 12/7655 (neu), S. 347. Zur Untersuchung des Umfangs der Berechtigungen bzw. Verpflichtungen anhand ausgewählter Vorschriften der unter dem Dach der WTO geschlossenen Abkommen vgl. im einzelnen die Ausführungen unter M.IV.

974 Eine a.A. vertritt allerdings unzutreffend Ullrich, GRUR Int. 1995, 623[637 f], vgl. Fn. 970.

975 Während Ullrich, GRUR Int. 1995, 623[639], und Roth, WRP 1978, 413, die Präambel mit der Formulierung „private Rechte" unzutreffend als Argument gegen die unmittelbare Anwendbarkeit verstehen, verwendet Drexl, GRUR Int. 1994, 777[785], sie richtigerweise wie diese Arbeit als Argument für die unmittelbare Anwendbarkeit.

976 So auch Einhorn, CML Rev. 1998, 1069[1097].

Trotz dieser zahlreichen Argumente, daß das TRIPs als solches der unmittelbaren Anwendbarkeit einzelner Vorschriften seines Abkommens nicht entgegensteht, verneint die Kommission in der Rechtssache Hermès, daß „allgemein das TRIPs als Ganzes unmittelbar vor den nationalen Gerichten geltend gemacht werden könnte(n)„[977]. Ausschlaggebend hierfür sei Art. 1 Abs. 1 S. 2 TRIPs, in dem es heißt: „Die Mitglieder dürfen in ihr Recht einen umfassenderen Schutz als den durch dieses Übereinkommen geforderten aufnehmen, vorausgesetzt, dieser Schutz läuft diesem Übereinkommen nicht zuwider, sie sind dazu aber nicht verpflichtet." Diese Begründung der Kommission ist allerdings nicht schlagkräftig. Die zitierte Formulierung des Art. 1 TRIPs taucht in ähnlicher Form oft auch in anderen internationalen Abkommen auf. Nur hieraus den Schluß bezüglich der Rechtsqualitäten der TRIPs-Vorschriften zu ziehen, wäre „zumindest gewagt".[978] Außerdem läßt sich die soeben zitierte TRIPs-Formulierung vielmehr für die hier vertretene Auffassung heranziehen: Auch wenn die Mitgliedstaaten einen umfassenderen Schutz einrichten dürfen, müssen sie dennoch die Mindestbestimmungen des TRIPs einhalten, die infolgedessen auch von den einzelnen gerichtlich geltend gemacht werden können, sofern sie klar, genau und unbedingt sind.[979]

Dem Gegenargument von Ullrich kann nicht gefolgt werden. Er meint, die Bejahung der unmittelbaren Anwendbarkeit verspreche eine Rechtlichkeit, die sie nicht einhalten könne, was letztlich auf Kosten derjenigen gehe, die sie eigentlich schützen wolle, nämlich der einzelnen Wettbewerber auf internationalen Märkten.[980] Allerdings sind die Wettbewerber ohne Anerkennung der unmittelbaren Anwendbarkeit weitgehend schutzlos, zumal sie auf das Einschreiten „ihrer"[981] Staaten und den guten Willen des EuGH angewiesen sind.

Hingewiesen werden soll darauf, daß teilweise in der Literatur vertreten wird, „daß die EG-Rechtsetzungsorgane im Sinne der *Nakajima*-Ausnahme die Voraussetzungen für die Inzidentkontrolle sekundären Gemeinschaftsrechts am Maßstab von TRIPs geschaffen haben".[982] Um mit dem TRIPs in Einklang zu stehen, mußte die Gemeinschaft ihr Gemeinschaftsmarkensystem ändern. So

---

977 Zitiert nach Schlußanträgen des GA Tesauro vom 13.11.1997 zu EuGH, Urteil vom 26.06.1998, Rs. C-53/96, Slg. 1998, I-3603[3606, 3632] Zf. 36- Hermès.

978 Schlußanträge des GA Tesauro vom 13.11.1997 zu EuGH, Urteil vom 26.06.1998, Rs. C-53/96, Slg. 1998, I-3603[3606, 3632] Zf. 37- Hermès.

979 So auch Schlußanträge des GA Tesauro vom 13.11.1997 zu EuGH, Urteil vom 26.06.1998, Rs. C-53/96, Slg. 1998, I-3603[3606, 3632] Zf. 37- Hermès.

980 Ullrich, GRUR Int. 1995, 623[640].

981 Wie bereits erwähnt, stellt sich angesichts zunehmender Globalisierung die Frage, welchem Staat ein Unternehmen zuzuordnen ist.

982 Drexl, FS Fikentscher, S. 822[829]; Drexl, in: Beier/ Schricker, From GATT to TRIPs, S. 18[46 f]. (Hervorhebung im Original).

lautet die Verordnung Nr. 3288/94 zur Anpassung der Gemeinschaftsmarken-Verordnung vom 22.12.1994[983], die die Verordnung (EG) 40/94 über Gemeinschaftsmarken[984] ändert: „Um sicherzustellen, daß alle einschlägigen Rechtsvorschriften der Gemeinschaft mit dem TRIPs-Übereinkommen im Einklang stehen, muß die Gemeinschaft bestimmte Maßnahmen in bezug auf die geltenden Gemeinschaftsakte über den Schutz der Rechte des geistigen Eigentums treffen. Zu diesen Maßnahmen gehört in einigen Fällen die Änderung von Gemeinschaftsrechtsakten. Zu diesen Maßnahmen gehört auch die Ergänzung der geltenden Gemeinschaftsrechtsakte."[985] Drexl folgert hieraus und aus der die Bedeutung von Nakajima unterstreichenden ersten „Bananen-Entscheidung", daß der Gemeinschaftsgesetzgeber damit seine Absicht zum Ausdruck bringe, sich an das TRIPs halten zu wollen. Damit dürfte diesbezüglich die Nakajima-Rechtsprechung einschlägig sein. Daraus folgt, daß diesbezüglich jeder immaterialgüterrechtliche Sekundärrechtsakt der Gemeinschaft im Rahmen der Rechtmäßigkeitsprüfung auch am Maßstab von TRIPs von den Gerichten in der Union überprüft werden kann. „Die politischen Organe hätten sich also der >>Freiheit zum völkerrechtlichen Vertragsbruch<< begeben." [986] Ähnlich verhält es sich auch bei der neuen Antidumping-Verordnung Nr. 3283/94[987]. Aus deren Erwägungsgründen läßt sich die Absicht entnehmen, die Verpflichtung aus Art. VI GATT und des neuen Antidumping-Abkommens umzusetzen.[988]

Hinzugefügt sei, daß „Das Immaterialgüterrecht ... ein Gegenstand [ist], der nicht der Handelskonzessionalität preisgegeben werden sollte ... [[989]]. Dann ist es auch konsequent, die Umsetzung der TRIPs-Verpflichtungen durch richterliche Kontrolle möglichst effizient zu gestalten[[990]]."[991]

---

983 Verordnung (EG) Nr. 3288/94 vom 22.12.1994 zur Änderung der Verordnung (EG) Nr. 40/94 über die Gemeinschaftsmarke zur Umsetzung der im Rahmen der Uruguay-Runde geschlossenen Übereinkünfte, ABl. EG vom 31.12.1994, Nr. L 349/83 ff.

984 Verordnung (EG) Nr. 40/94 des Rates über die Gemeinschaftsmarke vom 20.12.1983, ABl. EG Nr. L 11/1 vom 14.01.1994.

985 A.a.O. (vgl. Fn. 983), S. 83 Erwägungsgrund 2.

986 Drexl, FS Fikentscher, S. 822[830].

987 Verordnung vom 22.12.1994 über den Schutz gegen gedumpte Einfuhren aus nicht zur Europäischen Gemeinschaft gehörenden Ländern, ABl. EG vom 31.12.1994 Nr. L 349/1.

988 So auch Drexl, FS Fikentscher, S. 822[830].

989 Eeckhout, CML Rev. 1997, 11[33]. Dagegen Ullrich, GRUR Int. 1995, 623[637 ff], der jedoch Nakajima und die Umsetzungsakte der Gemeinschaft zum Immaterialgüterrecht außer acht läßt.

990 Auch Staehelin, AJP 1996, 1488[1494], unterstreicht das Effektivitäts-Argument.

991 Drexl, FS Fikentscher, S. 822[830].

Das Beispiel TRIPs zeigt also, daß die Frage nach der unmittelbaren Anwendbarkeit nicht beantwortet werden kann, ohne auf die einzelnen Vorschriften des jeweiligen Abkommens abzustellen.[992] Da die unter dem Dach der WTO geschlossenen Abkommen aufgrund ihrer vielfachen Verflechtung und Verknüpfung, etwa durch den „Single package-Ansatz" oder die „Cross-retaliation-Maßnahmen", nicht isoliert betrachtet werden können, ist von der grundsätzlichen unmittelbaren Anwendbarkeit aller Abkommen auszugehen, soweit es ihre einzelnen Bestimmungen erlauben.[993]

20. Fazit: Anerkennung der unmittelbaren Anwendbarkeit der welthandelsrechtlichen Vorschriften in Abhängigkeit von der einzelnen Vorschrift

Als Ergebnis ist daher festzuhalten, daß die Vorschriften der unter dem Dach der WTO geschlossenen Abkommen, soweit die einzelne Vorschrift es zuläßt, unmittelbar anwendbar sind sowie subjektive Rechte bzw. Pflichten vermitteln können.[994] Denn obige Ausführungen verdeutlichen, daß Sinn, Zweck und

---

992 Für viele: Schlußanträge des GA Mayras zu EuGH, Urteil vom 12.12.1972, Verb. Rs. 21-24/72, Slg. 1972, 1219[1231, 1236 f]- International Fruit Company: „Um die Frage zu klären, ob ein völkerrechtlicher Vertrag eine solche unmittelbare Wirkung hat, genügt es nicht, ihn global zu betrachten. Die Prüfung muß vielmehr bei den besonderen Vorschriften ansetzen, deren Verletzung geltend gemacht wird, zumal gerade völkerrechtliche Verträge unmittelbar anwendbare Bestimmungen und gleichzeitig andere Bestimmungen enthalten können, die nicht unmittelbar gelten."

993 Auch Ullrich, GRUR Int. 1995, 623[638], weist auf den Zusammenhang zwischen Anerkennung der unmittelbaren Anwendbarkeit des TRIPs und der übrigen GATT-Regelungen hin, wobei er sich allerdings kritisch zur unmittelbaren Anwendbarkeit äußert.
So mißdeutet auch Spuhler, S. 248, S. 248 Fn. 182, die Äußerungen der Bundesregierung zum WTO-Übereinkommen, die er für ambivalent hält. Er sieht darin, daß die Bundesregierung einerseits betont, ein Teil der TRIPs-Vorschriften sei unmittelbar anwendbar, und andererseits auf die Einheitlichkeit des WTO-Übereinkommens hinweist, eine Ambivalenz. Hierbei handelt es sich jedoch nicht um einen Widerspruch. Denn vielmehr spricht die Tatsache, daß das TRIPs grundsätzlich unmittelbar anwendbar ist, und alle unter dem Dach der WTO geschlossenen Abkommen einheitlich zu betrachten sind, in Verbindung mit der Tatsache, daß auch die übrigen Abkommen eine wesentliche Verrechtlichung im Vergleich zum alten GATT erfahren haben, - wie dargestellt - für die grundsätzliche unmittelbare Anwendbarkeit aller welthandelsrechtlichen Abkommen.

994 So auch Arnold, in: Dauses, K. I. R. 33; Drexl, GRUR Int. 1994, 777[785], der sich in seiner Argumentation allerdings im wesentlichen auf das TRIPs beschränkt; in diesem Sinne wohl auch Giardina, S. 263[272], allerdings noch nicht zum Welthandelsrecht, der zu Recht feststellt, daß der EuGH wohl deswegen die „self-executing"-Eigenschaft vieler völkervertragsrechtlicher Normen ablehnt, weil er nicht auf

Rechtsnatur der WTO-Abkommen ihrer unmittelbaren Anwendbarkeit nicht entgegenstehen.

Auch das Gemeinschaftsrecht hat sich in Art. 300 (ex-Art. 228) EGV dafür entschieden, daß es allein von den maßgeblichen völkerrechtlichen Vorschriften abhängt, ob diese unmittelbar anwendbar sind oder nicht.[995] Weder verbietet das Gemeinschaftsrecht nämlich die unmittelbare Anwendbarkeit völkerrechtlicher Vorschriften völlig noch hält es jede völkerrechtliche Norm unabhängig davon, ob sie unter Völkerrecht als unmittelbar anwendbar angesehen werden kann, für unmittelbar anwendbar.[996]

IV. Wirkungen der Streitbeilegungsentscheidungen

1. Streitbeilegungssystem unter dem GATT ´47 und dem WTO-System[997]

a) Streitbeilegungssystem unter dem GATT ´47

Um die Argumente des EuGH im Rahmen des GATT ´47 zu verstehen, soll kurz auf das alte Streitbeilegungssystem[998] eingegangen werden.

Nach ihm mußten Entscheidungen einstimmig gefaßt werden, das heißt, es gab praktisch ein Vetorecht für den das GATT verletzenden Staat.[999] Dies führte ebenso zur Uneffektivität wie der fehlende Zeitrahmen[1000]. Dazu trug auch die Tatsache bei, daß jeder Bereich des GATT-Vertragswerkes früher ein eigenes Panel hatte.[1001]

---

die einzelnen Vorschriften abstelle; Hilf, EuR 1985, 95[96] Zf. 9; Hilf, in: Hilf/ Petersmann, S. 11[53 f], vertritt schon 1989 die Ansicht, daß eine „generelle Bewertung des allgemeinen >>Systems<< des GATT nicht möglich sei, vielmehr auf den Einzelfall abzustellen sei; für die unmittelbare Anwendbarkeit spricht sich auch Kuilwijk, S. 156 ff, aus; Meng, S. 1063[1085]; in diesem Sinne auch Tomuschat, in: GTE, Art. 228 R. 70.

995 Vgl. Meessen, CML Rev. 1976, 485[493].

996 Siehe auch Meessen, CML Rev. 1976, 485[493].

997 Vgl. hierzu auch Petersmann, CML Rev. 1994, 1157 ff.

998 Vgl. hierzu auch Bast/ Schmidt, RIW 1991, 929 ff.

999 Siehe auch Ehlermann, in: Hilf/ Petersmann (Hrsg.), S. 203[217 f]: „Die Arbeits- oder Sondergruppen (panels) treffen keine Entscheidungen, die die streitenden Parteien binden. Ihre Rolle ist die von Hilfsorganen, die Ansichten, Stellungnahmen, Empfehlungen äußern. Verbindliche Entscheidungen sind den vertragsschließenden Parteien vorbehalten. Dabei wird in der Praxis einstimmig entschieden, d.h. mit der Zustimmung desjenigen, dem eine Verletzung des GATT vorgeworfen wird."

1000 Dagegen sieht das neue WTO-System im DSU Zeitrahmen vor, vgl. etwa Art 12 Abs. 8 S. 1, S. 2, Abs. 9 S. 2 DSU.

1001 Backes, RIW 1995, 916[917], nennt dies „Forum Shopping".

Es sei an dieser Stelle jedoch auch angemerkt, daß bereits das Streitbeilegungsverfahren unter dem GATT '47 als wirksam betrachtet wurde: „ ... quelle que soit la façon de caractériser le système de règlement des litiges du GATT, on peut sans doute dire qu'il s'agit d'un des systèmes les plus efficaces de règlement des différends existant entre Etats aujourd'hui".[1002]

Schon zum alten Streitbeilegungssystem schrieb Benedek, daß gegenüber der zentralen Pflicht der Vertragsparteien zur Beachtung der Vorschriften die Kooperationspflicht, die Informations-, Konsultations- und Überwachungspflichten beinhaltet, die Streitschlichtungsfunktion und die institutionelle Seite des GATT an Bedeutung gewonnen haben.[1003] Dieser Kooperationspflicht sei auf der Grundlage des Multilateralismus des GATT nachzukommen. „Dessen Hauptfunktion ist die Beschränkung arbiträrer Machtausübung, die Kontrolle der Macht durch das Völkerrecht bzw. eine qualifizierte internationale Öffentlichkeit".[1004]

Die Funktion des Streitschlichtungsverfahrens war zwischen den GATT-Parteien umstritten: Während die EG, Japan und die GATT-Sekretariatsmitglieder das Streitschlichtungsverfahren „als Mittel der Konfliktentschärfung und Kompromißförderung" betrachteten, „aus dem kein Staat als „Verlierer" herausgehen dürfe"[1005], zogen die USA, viele Entwicklungsländer und die herrschende Meinung in der Literatur eine juristische Betrachtungsweise des Streitschlichtungssystems vor, nach der es der Rechtsfortbildung diente, und dessen Entscheidung der unterlegene Staat zu beachten hatte.[1006]

b) Streitbeilegungssystem unter dem WTO-System

Das neue Streitbeilegungssystem[1007] unterscheidet sich - wie bereits oben dargestellt - dadurch wesentlich vom alten System, daß es nicht mehr das Erfordernis der Einstimmigkeit für die Entscheidungen[1008] und für die Einsetzung von Pa-

---

1002 Hahn/ Schuster, RGDIP 1995, 367[381].
1003 Benedek, S. 460 f.
1004 Benedek, S. 461.
1005 Becker-Çelik, EWS 1997, 12[14] Fn. 25, m.w.H.
1006 Becker-Çelik, EWS 1997, 12[14] Fn. 25, m.w.H.
1007 Vgl. zum neuen Streitbeilegungsverfahren insbesondere: Cottier, CML Rev. 1998, 325-378; Gabler, Das Streitbeilegungssystem der WTO und seine Auswirkungen auf das Antidumping-Recht der Europäischen Gemeinschaften; Jackson, JIEL 1998, 329 ff; Kim, JIEL 1999, 457 ff; Leier, EuZW 1999, 204 ff; Pescatore/ Davey/ Löwenfeld, Handbook of WTO/ GATT Dispute Settlement; Petersmann, The GATT/ WTO Dispute Settlement System; Petersmann, CML Rev. 1994, 1157 ff; Ruiz-Fabri, Journal du droit international 3/1997, 709 ff; Sittmann, RIW 1997, 749-753; Thomas, 30 JWT 2/1996, 53 ff.
1008 Vgl. Art. 16 Abs. 4 DSU.

nels[1009] vorsieht. Außerdem legt es einen Zeitrahmen für das Panel-Verfahren fest. Darüber hinaus existieren neue Mittel, getroffene Entscheidungen durchzusetzen. Ferner hat das WTO-System einen einheitlichen Dispute Settlement Body (DSB, Streitbeilegungsgremium) für alle Bereiche des Vertragswerks geschaffen sowie eine Revisionsinstanz (SAB).

Nichts geändert hat sich dagegen bezüglich der Verfahrenslegitimation[1010]: Nach wie vor können nur Staaten, nicht aber Privatpersonen oder Unternehmen am Streitbeilegungsverfahren[1011] beteiligt sein.[1012]

Dieser kurze Überblick über die Neuerungen belegt die Verrechtlichung des Streitbeilegungssystems. So sagte der frühere WTO-Generaldirektor[1013] Renato Ruggiero auf der ersten Ministerkonferenz in Singapur: „One success that stands out above all the rest is the strengthening of the **dispute settlement** mechanism.

1009 Vgl. Art. 6 Abs. 1 DSU.

1010 Vgl. hierzu auch die Ausführungen in dieser Arbeit unter K.III.8.

1011 Angemerkt sei noch, daß das Streitbeilegungsverfahren sich in vier Phasen aufteilen läßt: zunächst das bilaterale Streitschlichtungsverfahren der Parteien ohne unmittelbare Beteiligung des DSB, dann das Verfahren vor dem Panel, daran ggf. anschließend das Verfahren vor dem neu eingeführten SAB und schließlich die Durchsetzung der Entscheidungen der DSB-Organe, vgl. Backes, RIW 1995, 916[917].

1012 Vgl. auch Backes, RIW 1995, 916. Erwähnenswert ist in diesem Zusammenhang folgende Äußerung Reiterers, in: Köck, S. 159[174]: „Aus meiner Sicht stellt sich vor diesem Hintergrund die Frage, ob nicht eine radikale Änderung des Konzepts des multilateralen Systems der WTO notwendig ist, indem langfristig ein Rechtsetzungsmechanismus angestrebt wird, der eine weitergehende Partizipation der Öffentlichkeit, der unmittelbar Betroffenen vorsieht", sowie folgende Äußerung Reiterers, in: Köck, S. 159[175]: „Angesichts der direkten Auswirkungen des WTO-Rechts auf die Betroffenen erscheint es mir unumgänglich, daß ein Mehr an direkter Beteiligung der Öffentlichkeit eingeführt wird, damit im Rahmen der WTO ein Weltwirtschaftsrecht durch politische Verhandlungen geschaffen und im Anschluß auch implementiert werden kann, das den neuen Herausforderungen, die die Globalisierung mit sich bringt, gerecht wird."
Man beachte auch Reiterer, in: Köck, S. 159[172]: „Es stellt sich ... die Frage, ob aus dem Recht auf einen Panel, wie er nunmehr statuiert ist, und angesichts des zunehmenden Einflusses von WTO-Regeln auf das innerstaatliche Recht, dem betroffenen Unternehmen oder den betroffenen Unternehmensvereinigungen bzw. NGOs das Recht eingeräumt werden sollte, von ihrer Regierung die Einsetzung eines Panels fordern zu können. (Im Kontext der EU erscheint es allerdings aufgrund der Verfahrensstruktur schwierig, ein Recht auf einen Panel direkt zu fordern, da sich ein Mitgliedstaat der Union mit den anderen Mitgliedstaaten und der Kommission abstimmen muß.)"

1013 Seit 01.09.1999 ist der Neuseeländer Mike Moore, dessen Amtszeit bis zum 31.08.2002 dauert, als Nachfolger von Renato Ruggiero Generaldirektor. Anschließend übernimmt der Thailänder Supachai Panitchpakdi das Amt bis zum 31.08.2005.

This is the heart of the WTO system."[1014] Der aktuelle Generaldirektor der WTO Mike Moore bezeichnete das Streitbeilegungsverfahren „wegen seiner Schlagkräftigkeit einmal als „Kronjuwel" der gesamten WTO-Abkommen".[1015] Die eminente Bedeutung des Streitbeilegungssystems verdeutlichen auch Art. 3 Abs. 2 S. 1 und S. 2 DSU: „Das Streitbeilegungssystem der WTO ist ein zentrales Element zur Schaffung von Sicherheit und Vorhersehbarkeit im multilateralen Handelssystem. Die Mitglieder erkennen an, daß es dazu dient, die Rechte und Pflichten der Mitglieder aus den unter die Vereinbarung fallenden Übereinkommen zu bewahren und die geltenden Bestimmungen dieser Übereinkommen im Einklang mit den herkömmlichen Regeln der Auslegung des Völkerrechts zu klären."

Trotz dieser Verbesserungen, Neuerungen und Verrechtlichung wird das WTO-Streitbeilegungssystem teilweise immer noch kritisiert. Sehr weitgehend in seiner Kritik ist Kopke: „*Erstens* sind die bisherigen Interpretationsleistungen aber gänzlich ungenügend. *Zweitens* darf diese Rechtsprechung die Anbindung an vorgängige Normen nicht verlieren, muß sich im gesellschaftlichen Gesamtgefüge ausreichend absichern und rückversichern können. Diese Leistung ist den WTO-Streitschlichtungs-Panels nicht zuzutrauen. Hier betätigen sich die falschen Personen."[1016] Dieser Vorwurf ist allerdings insofern nicht gerechtfertigt, als sowohl die Qualität der Streitbeilegungsentscheidungen als auch der Panel-Zusammensetzung gut ist.[1017] Kritik wird auch an der mangelnden Stringenz

---

1014 WTO Focus, Newsletter August/ September 1996, No. 12, S. 7 (Hervorhebung im Original). Vgl. auch Jansen, EuZW 2000, Heft 19 vom 10.10.2000, Editorial, der darauf hinweist, daß die Durchführung von Entscheidungen völkerrechtlicher Gerichte oder gerichtsähnlicher Instanzen „„Achillesferse" des Völkerrechts" genannt werden. Ott, DZWir 1998, 84, weist darauf hin, daß „das Streitbeilegungsverfahren mit seinen Panels eine juristische Eigendynamik entwickelt [hat], die an den Zauberlehrling mit dem Besen erinnert". Daher, so Ott, a.a.O., „wächst die Angst in Brüssel und Washington bei den weltweit mächtigsten Handelsblöcken ... , daß mit den Panel-Entscheidungen eine Rechtsfortentwicklung des GATT/WTO-Rechts begründet wird, die nicht mehr auf dem Boden der ausgehandelten WTO-Abkommen stehen könnte." Weber/ Moos, EuZW 1999, 229: „Die Regeln und Verfahren zur Streitschlichtung stellen das Rückgrat der gesamten Welthandelsorganisation dar", und Weekes, in: Jackson, WTO, Prefatory remarks, S. xiii[xiv], Ambassador John M. Weekes, Government of Canada Ambassador the World Trade Organization, and negotiator for Canada at the Uruguay Round, der das neue Streitbeilegungssystem zu Recht „a predictable and definitive dispute settlement system, unprecedented in international law" nennt. (Hervorhebungen der Verfasserin).

1015 Zitiert nach Jürgensen, RIW 2000, 577[578].

1016 Kopke, S. 292 (Hervorhebung im Original).

1017 So weist etwa Schmid, NJW 1998, 190[196], auf die „hochkarätig" besetzten SAB und die bisher qualitativ hochstehenden Entscheidungen der Streitbeilegungsorgane hin.

und Effektivität des Streitbeilegungsverfahrens geübt, zumal Art. 22 Abs. 1 und Abs. 2 DSU die Möglichkeit der Entschädigung und der Aussetzung von Zugeständnissen und sonstigen Pflichten vorsehen. Hierbei handle es sich um Maßnahmen, die es einem Mitglied der WTO gestatten, sich von der Herstellung eines Zustandes, wie er von einem Panel oder von der Berufungsinstanz gefordert wird, „freizukaufen".[1018] Diese Möglichkeit entspreche der Systematik des Welthandelsrechts, das nicht auf den Kriterien von Recht und Unrecht aufgebaut sei, sondern das Gleichgewicht von ausgehandelten Rechten und Pflichten (Konzessionen) sichern wolle.[1019] Dem ist jedoch entgegenzuhalten, daß - wie schon dargelegt - primär Erfüllung der Streitbeilegungsentscheidungen geschuldet ist, und Entschädigung sowie Aussetzung erst an zweiter Stelle stehen und zudem nur vorübergehender Natur sind.

2. Rechtscharakter des Streitbeilegungsverfahrens

Vorab ist zunächst festzustellen, daß das DSU selbst keinen Hinweis auf die völkerrechtliche Qualität des WTO-Streitbeilegungsverfahrens enthält.

Hinzuweisen ist auch darauf, daß die Tatsache, daß die Streitparteien das Verfahren jederzeit mit einer einvernehmlichen Lösung beenden können, ohne Einfluß auf die rechtliche Natur des Streitbeilegungsverfahrens ist.[1020] Denn auch in nationalen Rechtsordnungen existiert stets die Möglichkeit für die Parteien, einen Streit auf dem Verhandlungswege zu beenden.[1021]

Sowohl das Panel-Verfahren als auch das Verfahren vor dem SAB unterscheiden sich in wesentlichen Punkten von gerichtlichen Verfahren: So müssen weder Panel- noch Revisionsinstanz-Mitglieder Juristen sein (vgl. Art. 8 Abs. 1 DSU und Art. 17 Abs. 3 DSU). Außerdem ist die Öffentlichkeit ausgeschlossen (vgl. Art. 14 Abs. 1 und 2 sowie Art. 17 Abs. 10 S. 1 DSU) und natürliche Personen, juristische Personen des Privatrechts und Unternehmen haben keinen Zugang zum Streitbeilegungsverfahren.[1022]

Im übrigen ist bei Beantwortung der Frage nach dem Rechtscharakter des Streitbeilegungsverfahrens zwischen den Panels und der Revisionsinstanz zu differenzieren:

Das WTO-Panelverfahren ist dadurch gekennzeichnet, daß die Streitparteien keinen unmittelbaren Einfluß auf den Inhalt des Abschlußberichts eines Panels

1018 Reiterer, in: Köck, S. 159[172].
1019 Reiterer, in: Köck, S. 159[172].
1020 So auch Letzel, S. 344.
1021 So auch Hahn, S. 239, und Letzel, S. 344.
1022 Vgl. auch Hilf, in: Müller-Graff (Hrsg.), S. 89[90].

ausüben können, zumal die Panels - wenn auch auf der Basis der tatsächlichen und rechtlichen Angaben der Parteien - ihre eigene tatsächliche und rechtliche Sichtweise in Abwesenheit der Parteien finden, die ihren Abschlußberichten und deren Empfehlungen an das DSB zugrundeliegt (Art. 14 Abs. 2 DSU).[1023] Jedoch scheitert es bei den Panels - man beachte auch die bereits vorgebrachten Argumente gegen den gerichtlichen Charakter - bereits an einem essentiellen Merkmal eines internationalen Gerichthofes, nämlich der ständigen Einrichtung.[1024] Zwar kann das Sekretariat gemäß Art. 8 Abs. 4 DSU zur Erleichterung der Auswahl der Mitglieder eines Panels auf eine Expertenliste zurückgreifen. Allerdings geschieht dies zum einen in der Praxis nicht immer, zum anderen wechselt die Panelbesetzung üblicherweise von Fall zu Fall. Damit fehlt den Panels das Wesensmerkmal einer ständigen Einrichtung. Hieran kann auch die rechtliche Unterstützung durch das Sekretariat nach Art. 27 Abs. 1 DSU nichts ändern.[1025] Damit besitzt das Panel-Verfahren zwar keinen gerichtlichen, aber quasigerichtlichen Charakter.[1026]

Fraglich ist, ob wenigstens die Entscheidungen der Revisionsinstanz trotz obiger Gegenargumente als gerichtlich einzustufen sind. Hierfür läßt sich der Sprachgebrauch in der englischen Originalfassung in den Art. 17 ff DSU anführen: Die Revisionsinstanz wird „Standing Appelate Body" genannt, was eine begriffliche Anlehnung an den englischen gerichtlichen Sprachgebrauch[1027] darstellt.[1028] Für den Charakter eines internationalen Gerichtshofes läßt sich ferner anführen, daß es sich beim SAB, wie schon sein Name „Standing Appelate Body" (auf Deutsch: „Ständiges Berufungsgremium", Art. 17 Abs. 1 DSU) sagt, um eine ständige Einrichtung handelt.[1029] Die Revisionsinstanz setzt sich nämlich aus sieben Personen zusammen (Art. 17 Abs. 1 S. 3 DSU), die für eine Amtszeit von vier Jahren ernannt werden (Art. 17 Abs. 2 S. 1 DSU). Während dieser Periode können die Revisionen keinen anderen Personen vorgelegt werden. Außerdem trifft der SAB seine Entscheidungen - wie ein Gericht - anhand von Rechtsnormen, nämlich des Welthandelsrechts, vgl. Art. 1 und 17 Abs. 6 DSU sowie Art. 3 Abs. 2 DSU, der darüber hinaus die herkömmlichen Regeln

1023 Letzel, S. 279 f.

1024 So auch Letzel, S. 346.

1025 So wohl auch Cottier, CML Rev. 1998, 325[349]; Letzel, S. 347.

1026 So auch Letzel, S. 279 f; Lorenz, S. 53 und S. 54; Steinmetzler, DZWir 1997, 494[503], der von „einer „quasi"-justiziellen Überprüfung" der handelspolitischen Maßnahmen der EG vor den Schiedsgerichten der WTO spricht.

1027 Vgl. auch den Wortlaut von Art. 17 Abs. 1 S. 2 DSU: „The Appelate Body shall hear appeals from panel cases." (Hervorhebung durch die Verfasserin).

1028 So auch Letzel, S. 347.

1029 So auch Letzel, S. 349.

der Auslegung des Völkerrechts nennt. Auch könnte für den Charakter als internationales Gericht die Unabhängigkeit der in der Revisionsinstanz tätigen Experten vom DSB sprechen. So resultiert etwa die Unparteilichkeit der Mitglieder der Revisionsinstanz aus Art. 18 Abs. 1 DSU. Allerdings ist deren persönliche Unabhängigkeit sehr eingeschränkt, zumal sie - wie sich aus Art. 17 Abs. 2 S. 4 DSU ergibt - jederzeit absetzbar sind.[1030] Dies stellt ein Argument gegen die Annahme eines Gerichts dar. Ferner entscheidet die Revisionsinstanz weder in eigenem Namen noch in eigener Verantwortung. Denn der Bericht des SAB muß vom DSB angenommen werden, wie Art. 17 Abs. 14 S. 1 DSU belegt. Damit besteht keine konsequente Gewaltenteilung zwischen den politischen Organen der WTO[1031], insbesondere dem DSB[1032], und den Rechtsprechungorganen.[1033] Wie obige Argumente belegen, kann die Revisionsinstanz zwar als gerichtsähnlich bezeichnet werden, jedoch nicht als internationales Gericht.[1034]

Zusammenfassend kann festgehalten werden, daß es sich bei den Streitbeilegungsentscheidungen - wie bereits dargelegt - um sekundäres Welthandelsrecht handelt[1035], und das Streitbeilegungsverfahren, sowohl das Panel-Verfahren als auch das Verfahren vor der Revisionsinstanz, gerichtsähnliche Elemente aufweist[1036]. In Anbetracht der Tatsache, daß die Streitbeilegungsentscheidungen sekundäres Welthandelsrecht darstellen, ist die Frage, ob es sich beim neuen Streitbeilegungsverfahren der WTO um ein gerichtliches oder gerichtsähnliches Verfahren handelt, allerdings für die im folgenden zu untersuchenden Fragen der

---

1030 Letzel, S. 359, spricht in diesem Kontext von einem „Einfallstor für indirekte politische Einflußnahmen des DSB auf die inhaltliche Arbeit der WTO-Revisionsinstanz".

1031 Vgl. hierzu allgemein Art. IV WTOÜ (Aufbau der WTO).

1032 Gemäß Art. IV Abs. 3 S. 1 WTOÜ tritt der Allgemeine Rat (vgl. Art. IV Abs. 2 WTOÜ) gegebenenfalls zusammen, „um die Aufgaben des in der Vereinbarung über Streitbeilegung vorgesehenen Streitbeilegungsgremiums wahrzunehmen."

1033 So auch Letzel, S. 371, der auf S. 372 sogar eine noch stärkere Ausdrucksweise wählt: „Daß diese rechtliche Konstruktion der Revisionsinstanz als bloßes Hilfsorgan des DSB ersterer die Gerichtsqualität vorenthält, steht außer Frage". Auf diesen Aspekt weist auch Kuilwijk, S. 150, hin, der sich a.a.O. allerdings zurückhaltender äußert: „Only from a purely formal point of view, the dispute settlement system is a non-judicial one; the decision on adoption of the report is still taken by a political body."

1034 So auch Letzel, S. 373, 375 f.

1035 Benedek, S. 95, allerdings zum GATT '47; zum neuen System: wohl auch Lorenz, S. 118, 130, 149, 168; Ott, S. 242 f; Ott, DZWir 1998, 84[86].

1036 So auch Letzel, S. 279 f sowie S. 346 ff, insbesondere S. 375; Lorenz, S. 53 und S. 54; Steinmetzler, DZWir 1997, 494[503], der von „einer „quasi"-justiziellen Überprüfung" der handelspolitischen Maßnahmen der EG vor den Schiedsgerichten der WTO spricht.

Bindung an die Streitbeilegungsentscheidungen, ihren Rang im Gemeinschaftsrecht und nationalen Recht sowie die Frage der unmittelbaren Anwendbarkeit irrelevant.

3. Bindung der Europäischen Gemeinschaften auf völkerrechtlicher Ebene

a) Rechtslage unter dem GATT ′47

Der EuGH fühlte sich im Rahmen des GATT ′47 nicht an die Panel-Entscheidungen gebunden.[1037] Teilweise ignorierte er sie sogar, vorausgesetzt die Gemeinschaft hat sie überhaupt zustande kommen lassen. Denn unter dem GATT ′47 mußten die Streitbeilegungsentscheidungen ja einstimmig gefaßt werden, was gleichbedeutend ist mit einem Vetorecht für den das GATT verletzenden Staat. So blockierte die Gemeinschaft meist schon im Ansatz die gegen sie gerichteten Streitbeilegungsentscheidungen, indem sie ihnen ihre Zustimmung versagte. Dies geschah etwa bei den Streitbeilegungsverfahren zur Bananenmarktordnung, die teilweise noch unter dem alten System stattfanden.

b) Rechtslage unter dem WTO-System

Im Gegensatz zum alten System ist - wie dargestellt - für die Annahme von Panel-Berichten (Art. 16 Abs. 4 DSU) und Berichten des Berufungsgremiums (Art. 17 Abs. 14 Satz 1 DSU) keine Einstimmigkeit mehr erforderlich. Mit Einführung des negativen Konsensprinzips stellt die Nichtannahme einer Streitbeilegungsentscheidung nunmehr die Ausnahme dar.[1038] Die Panel- und SAB-Entscheidungen können also nicht mehr durch das Veto einer Partei, auch nicht durch das der Gemeinschaft, blockiert werden. Dies bedeutet, daß die Streitparteien den Eintritt der rechtlichen Verbindlichkeit[1039] des Verfahrensergebnisses für sie jetzt nicht mehr verhindern können.[1040]

Da die EG Vertragspartei der im Rahmen der WTO geschlossenen Abkommen ist (Art. XI Abs. 1 WTOÜ), hat sie sich gemäß dem Single-package-Ansatz wie die übrigen WTO-Mitglieder auch dem im DSU verankerten neuen Streit-

1037 So auch Becker-Çelik, S. 139.

1038 Kuijper, 29 JWT 6/1995, 49[50] formuliert dies sogar noch weitergehender: „ ... it will, in fact, be impossible to reject the panel report."

1039 Jansen, EuZW Heft 19/2000, Editorial, bezeichnet es als „Besonderheit(en) der WTO, dass die Entscheidungen ihres Streitschlichtungsorgans verbindlich und vollstreckbar sind."

1040 So auch Letzel, S. 343 f.

beilegungssystem unterworfen, ist also ebenso wie die anderen WTO-Vertragsparteien an die Vorschriften des DSU gebunden (vgl. Art. XVI Abs. 4 WTOÜ sowie Art. II Abs. 2 WTOÜ[1041], jeweils in Verbindung mit Anlage 2). Darüber hinaus stellt die EG diejenige Vertragspartei dar, die von dem Streitbeilegungsverfahren am intensivsten Gebrauch macht.[1042] Es wäre nun aber in sich widersprüchlich, wenn die EG ein System in Anspruch nähme und damit von ihm profitieren würde, selbst aber nicht daran gebunden sein sollte. Auch aus Art. 23 Abs. 1 DSU ergibt sich der obligatorische Charakter der WTO-Streitbeilegungsverfahren.[1043]

Entgegen der obigen Argumentation äußert sich Generalanwalt Tesauro in einer aktuellen Rechtssache, nämlich Hermès, wie folgt: „Man müßte sich zum Beispiel fragen, warum das nationale Gericht oder auch die Verwaltung - bei der Anwendung der Bestimmungen von Abkommen, an denen im wesentlichen nur der Staat (und nicht auch die Gemeinschaft) beteiligt wäre - an die Auslegung des Gerichtshofes gebunden sein sollte und nicht, wie ich einmal annehmen will, an die von ihnen selbst oder von einem WTO-Ausschuß im Rahmen der Streitbeilegung gegebene Auslegung, wobei noch an die unvermeidbaren Auswirkungen unter dem Blickwinkel der Haftung zu denken wäre".[1044] Dieses Zitat verdeutlicht, daß dem Streitbeilegungsmechanismus von der Gemeinschaft wohl keine Verbindlichkeit zuerkannt wird. Dem entspricht auch das Verhalten der Gemeinschaft etwa in den Bananenstreitigkeiten.

Damit setzt sich die Gemeinschaft allerdings zur früheren Rechtsprechung des EuGH in Widerspruch: Schon im Gutachten 1/91 stellt er fest, daß für den Fall, daß ein von der Gemeinschaft geschlossenes internationales Abkommen ein eigenes Streitschlichtungssystem, wie in dem Fall ein gerichtliches System mit einem Gericht vorsieht, das für die Regelung von Streitigkeiten zwischen den Vertragsparteien dieses Abkommens und damit für die Auslegung seiner Bestimmungen zuständig ist, die Entscheidungen dieses Gerichts für die Gemeinschaftsorgane einschließlich des EuGH verbindlich sind. Dies gilt auch dann, wenn der EuGH über die Auslegung des Abkommens als Bestandteil der Rechtsordnung der Gemeinschaft zu entscheiden hat.[1045]

1041 Art. II Abs. 2 WTOÜ lautet: „Die Übereinkommen und die dazugehörigen Rechtsinstrumente, die in den Anlagen 1, 2 und 3 enthalten sind (im folgenden als „Multilaterale Handelsübereinkommen" bezeichnet), sind Bestandteil dieses Übereinkommens und für alle Mitglieder verbindlich."

1042 Lavranos, EuR 1999, 289[298], mit Verweis auf Cottier, CML Rev. 1998, 370.

1043 So auch Kuijper, 29 JWT 6/1995, 49[50]; Letzel, S. 350.

1044 Schlußanträge des GA Tesauro vom 13.11.1997 zu EuGH, Urteil vom 26.06.1998, Rs. C-53/96, Slg. 1998, I-3603[3606, 3618] Zf. 19- Hermès.

1045 EuGH, Gutachten des Gerichtshofes vom 14.12.1991, Slg. 1991, I-6079[6100, 6106] R. 39- Gutachten 1/91. Daß dort die EWR-Gerichtsbarkeit abgelehnt wird,

Der Bindung der Gemeinschaft an Streitbeilegungsentscheidungen kann auch Art. 22 Abs. 1 DSU nicht entgegenstehen. Denn dadurch, daß ein Mitglied Entschädigung und Aussetzung von Zugeständnissen oder sonstiger Pflichten akzeptiert, erkennt es an, daß es gegen Welthandelsrecht verstoßen hat. Damit bestätigt es konkludent die bindende Wirkung von Streitbeilegungsentscheidungen.[1046]

Nach richtiger Auffassung ist die Gemeinschaft daher ebenso wie ihre Mitgliedstaaten und die übrigen WTO-Mitglieder, wenn sie Streitpartei ist, an die im Rahmen des Streitbeilegungsverfahrens getroffenen Entscheidungen gebunden.[1047] In diesem Kontext wird darauf hingewiesen, daß die angenommenen Streitbeilegungsentscheidungen nur inter partes für den jeweiligen Fall, nicht jedoch erga omnes gelten.[1048] Dies hat der SAB selbst in einem Bericht betont: „... adopted panel reports are an important part of the GATT acquis. They are often considered by subsequent panels. They create legitimate expectations among WTO Members, and, therefore should be taken into account where they are relevant to any dispute. However, they are not binding, except with respect to resolving the particular dispute between the parties to that dispute".[1049] Dafür, daß

---

liegt in erster Linie an der Kompetenzüberschneidung mit dem EuGH, die der Gerichtshof für unvereinbar mit Art. 164 EGV (nun Art. 220 EGV) hält.

1046 So auch Zonnekeyn, 34 JWT 2/2000, 93[103]; Zonnekeyn, ELR 2000, 293[301 f]; Zonnekeyn, 34 JWT 3/2000, 111[123].

1047 Beneyto, EuZW 1996, 295[299]: „ ... the *Court of Justice* and the rest of the Community institutions should be bound by the interpretations of the WTO provisions given by the panels and the Appellate Body." (Hervorhebung im Original); Eeckhout, CML Rev. 1997, 11[52]: „decisions arrived at by panels or by the Appelate Body will be binding on the Community"; Montañà I Mora, Col. J. of Transnat'l L. 1993, 103[159], spricht schon den neuen Streitbeilegungsentscheidungen bindenden Charakter zu, in bezug auf deren Verbindlichkeit für den EuGH vgl. a.a.O. S. 175; Nagel, S. 274; so wohl auch Weber, EuZW 1997, 165[168]. Zugunsten der rechtlichen Bindungswirkung spricht sich auch Pauwelyn, AJIL 2000, 335[341], aus.
Nach Hippler Bello, AJIL 1996, 416[417], ist das WTO-Streitbeilegungssystem, auch wenn es weder Gefängnis noch Blauhelme noch sonstige Druckmittel kennt, dennoch bindend. Aufgrund dieser Besonderheit bezeichnet Hippler Bello daher a.a.O., S. 416 f, die WTO-Normen als „not „binding" in the traditional sense". Außerdem ist ihrer Auffassung nach die einzige wahre bindende WTO-Verpflichtung diejenige, das Gleichgewicht von ausgehandelten Konzessionen zwischen den Mitgliedern aufrechtzuerhalten, a.a.O., S. 418: „The only truly binding WTO obligation is to maintain the balance of concessions negotiated among members."

1048 Vgl. für viele: Jackson (1998), S. 83; Letzel, S. 374; so wohl auch Geller, GRUR Int. 1995, 935[941].

1049 Revisionsabschlußbericht zum Fall Japan - Taxes on Alcoholic Beverages, angenommen am 01.11.1996 WT/DS8/AB/R, WT/DS10/AB/R, WT/WT/DS11/AB/R S. 14, zitiert nach Letzel, S. 374.

angenommene Berichte keine erga-omnes-Wirkung entfalten, läßt sich auch Art. IX Abs. 2 WTOÜ anführen. Die dort geregelte Möglichkeit zur authentischen Interpretation für die Ministerkonferenz und den Allgemeinen Rat würde nämlich leer laufen, wenn auch der DSB im Rahmen von Annahmeentscheidungen authentisch interpretieren würde.[1050] Auch wenn die Streitbeilegungsentscheidungen streng juristisch betrachtet nur für den konkreten Streitfall zwischen den Streitparteien Wirkung entfalten, ist jedoch festzuhalten, daß sie rein faktisch Einfluß auf künftige Streitbeilegungsentscheidungen haben können[1051], wie auch das obige Zitat des SAB[1052] belegt.

Die Verbindlichkeit der DSB-Empfehlungen ist zwar nicht wie in Art. 59 I IGH-Statut oder in Art. 94 Abs. 1 UN-Charta explizit im DSU niedergeschrieben. Allerdings resultiert sie bereits aus dem gesamten Konzept des DSU.[1053] Dies ergibt sich insbesondere aus den Art. 1, 3 Abs. 2 S. 1 und S. 2, 17 Abs. 14, 23 Abs. 1 DSU. Art. 1 DSU legt Geltungsbereich und Anwendung des DSU fest. Auf dieser Basis bestimmt Art. 3 Abs. 2 S. 1 DSU, daß das Streitbeilegungssystem ein „zentrales Element zur Schaffung von Sicherheit und Vorhersehbarkeit im multilateralen Handelssystem“[1054] ist. Sicherheit und Vorhersehbarkeit können aber nur gewährleistet werden[1055], wenn die Streitbeilegungsentscheidungen auch verbindlich sind. Die bedingungslose Verbindlichkeit einer Entscheidung des Berufungsgremiums für die Parteien resultiert sogar aus Art. 17 Abs 14 S. 1 DSU. Darüber hinaus ist auch Art. 23 Abs. 1 DSU zu berücksichtigen, der die Regeln und Verfahren des DSU explizit für obligatorisch erklärt. Ferner ergibt sich die Verbindlichkeit der Streitbeilegungsentscheidungen aus dem Umkehrschluß zu Art. 26 Abs. 1 lit. b) DSU.[1056] Da es in dieser Bestimmung ausdrücklich heißt, daß für den in ihr geregelten Fall „keine Verpflichtung zur Einstellung der Maßnahme“[1057] besteht, bedeutet dies umgekehrt, daß in allen anderen Fäl-

---

1050 Vgl. Letzel, S. 325.

1051 So auch Jackson (1998), S. 83: „ ... a strict ´precedent effect´ or *stare decisis* is not operating, even though panels often do cite prior panel reports to support their conclusions. However, there clearly is a de facto precedential effect operating, albeit not strictly.“ (Hervorhebung im Original)

1052 Vgl. Zitat im Text sowie Fn. 1049.

1053 So auch Letzel, S. 373 f, der dies jedoch nicht weiter ausführt.

1054 Hervorhebung durch die Verfasserin.

1055 Hohmann, der in seinem Aufsatz die WTO-Streitbeilegung in den Jahren 1998 und 1999 untersucht, kommt zum Ergebnis, daß die 16 von ihm geprüften Entscheidungen im Rahmen des welthandelsrechtlichen Streitbeilegungsverfahrens tatsächlich „einen Beitrag zur Vorhersehbarkeit der Auslegung des WTO-Rechts - und damit der Rechtssicherheit - “ darstellen, Hohmann, EuZW 2000, 421[426].

1056 Vgl. hierzu auch Letzel, S. 374..

1057 Hervorhebung durch die Verfasserin.

len von Verletzungsbeschwerden die Empfehlungen des DSB an die verletzende Vertragspartei, die angefochtene Maßnahme zurückzunehmen oder anzupassen, verbindlich sind. Ansonsten wäre die ausdrückliche Festlegung der Unverbindlichkeit in Art. 26 Abs. 1 lit. b) DSU nicht erforderlich gewesen.[1058]

4. Rang der Streitbeilegungsentscheidungen

Bezüglich des Ranges von Streitbeilegungsentscheidungen wird auf obige Ausführungen zum Rang des Welthandelsrechts verwiesen[1059], zumal nach hier vertretener Auffassung die Streitbeilegungsentscheidungen sekundäres Welthandelsrecht darstellen[1060].

5. Unmittelbare Anwendbarkeit von Streitbeilegungsentscheidungen

Zu prüfen ist, wie die Frage der unmittelbaren Anwendbarkeit bei Streitbeilegungsentscheidungen zu beurteilen ist. Teilweise wird zwar nicht die grundsätzliche unmittelbare Anwendbarkeit des Welthandelsrechts bejaht, jedoch wird zumindest den Streitbeilegungsentscheidungen, die vom DSB angenommen worden sind, eine solche Wirkung zugesprochen.[1061]

Bevor jedoch auf das neue Streitbeilegungssystem eingegangen wird, soll ein kurzer Blick auf das alte System vorgeschaltet werden:

a) Rechtslage unter dem GATT '47

Da nach dem alten System für die Annahme eines Streitbeilegungsberichts das Konsensprinzip galt, scheiterte sein Verbindlichwerden regelmäßig am Veto des das GATT verletzenden Staates. Mangels Verbindlichkeit stellte sich damit die Frage der unmittelbaren Anwendbarkeit der Streitbeilegungsentscheidungen unter dem alten System nicht mehr.

1058 So auch Letzel, S. 374.

1059 Vgl. Kapitel I.III.2 und I.III.4.

1060 Vgl. obige Ausführungen unter C.I und unter K.IV.2.

1061 Beneyto, EuZW 1996, 295 ff; Eeckhout, CML Rev. 1997, 11[51 ff]; Schmid, NJW 1998, 190[196]; Weber/ Moos, EuZW 1999, 229[234 ff]; vgl. hierzu auch Reinisch, EuZW 2000, 42[48f]; Zonnekeyn, JIEL 1999, 713[716 f], hält es allerdings für fraglich, ob Berichte von Panels oder des SAB bezüglich ihrer Bindungswirkung und der Frage der unmittelbaren Anwendbarkeit überhaupt mit Assoziationsratsbeschlüssen gleichgesetzt werden können (näheres hierzu wird im folgenden erörtert).

b) Streitbeilegungssystem unter dem WTO-System

Im Gegensatz zum alten muß nach dem neuen Streitbeilegungssystem ein Panelbericht nicht mehr einstimmig angenommen werden. Mit seiner Annahme sind die Streitparteien an die Streitentscheidung gebunden.[1062] Damit ist aber noch keine Aussage über die unmittelbare Anwendbarkeit einer solchen Streitentscheidung getroffen.[1063]

Im wesentlichen lassen sich die existierenden Meinungen auf zwei Nenner bringen[1064]: Während die eine Seite sich auf den Verhandlungs- und Diplomatiecharakter beruft und damit dem Streitbeilegungsmechanismus seinen juristischen und gerichtlichen Charakter abspricht[1065], betont die andere Seite das streng festgelegte Verfahren.

Es fragt sich, ob die Frage der unmittelbaren Anwendbarkeit von Streitbeilegungsentscheidungen überhaupt unabhängig von der Frage der unmittelbaren Anwendbarkeit der welthandelsrechtlichen Abkommen beantwortet werden kann. Berrisch/ Kamann vertreten die Auffassung, daß sie insofern nicht losgelöst von der Frage der unmittelbaren Anwendbarkeit der welthandelsrechtlichen Abkommen betrachtet werden kann, als bei Ablehnung der unmittelbaren Anwendbarkeit der welthandelsrechtlichen Abkommen auch die unmittelbare Anwendbarkeit für die Streitbeilegungsentscheidungen verneint werden muß.[1066] Denn diese interpretierten die Abkommen ja verbindlich.[1067] Dem kann jedoch nicht zugestimmt werden. Für die unmittelbare Anwendbarkeit kommt es ja nur auf die oben dargestellten Kriterien an. Da die Rechtsnatur der WTO-Abkommen - wie dargestellt - einer grundsätzlichen unmittelbaren Anwendbarkeit der welthandelsrechtlichen Abkommen nicht entgegensteht, hindert sie auch Streitbeilegungsentscheidungen nicht daran, unmittelbar anwendbar zu sein.[1068]

Für die unmittelbare Anwendbarkeit von Streitbeilegungsentscheidungen kommt es (entsprechend der unmittelbaren Anwendbarkeit von welthandelsrechtlichen Abkommen) auf zwei Aspekte an: Zum einen auf Streitbeilegungsentscheidungen im allgemeinen, zum anderen die jeweilige Streitbeilegungsent-

1062 Vgl. hierzu für viele: Gabler, S. 135.

1063 Es wird an dieser Stelle darauf hingewiesen, daß - um nicht den Rahmen dieser Arbeit zu sprengen - die Frage der unmittelbaren Anwendbarkeit von Streitbeilegungsentscheidungen unter dem neuen Welthandelssystem in dieser Arbeit nicht in allen Details erörtert werden kann.

1064 Vgl. auch Jackson (1998), S. 60.

1065 So etwa Wetzig, S. 100; Wetzig, ZLR 2000, 11[19 f].

1066 Berrisch/ Kamann, EWS 2000, 89[96].

1067 Berrisch/ Kamann, EWS 2000, 89[96].

1068 Ob für die unmittelbare Anwendbarkeit von Sekundärrecht etwas anderes gelten würde, wenn bereits die Rechtsnatur des Primärrechts gegen die unmittelbare Anwendbarkeit spricht, kann hier - da nicht einschlägig - dahinstehen.

scheidung im besonderen. Die konkrete Streitbeilegungsentscheidung ist unmittelbar anwendbar, wenn sie unter Beachtung ihres Wortlauts und im Hinblick auf Sinn und Zweck von Streitbeilegungsentscheidungen eine klare und eindeutige Verpflichtung enthält, deren Wirkungen nicht mehr vom Erlaß eines weiteren Aktes abhängen. Nicht entscheidend sind dabei die Normen des primären Welthandelsrechts, die im Rahmen der Streitbeilegungsentscheidung von Bedeutung sind. Denn auch bei der Frage der unmittelbaren Anwendbarkeit von sekundärem Gemeinschaftsrecht wird nicht auf primäres Gemeinschaftsrecht abgestellt, sondern nur auf die betreffende Sekundärrechtsnorm. Zwar ist richtig, daß Streitbeilegungsentscheidungen oft eine Präzisierung oder Auslegung von welthandelsrechtlichen Vorschriften enthalten. Doch spricht dies nicht - wie Berrisch/ Kamann vertreten - gegen eine unmittelbare Anwendbarkeit von Streitbeilegungsentscheidungen, wenn die ihnen zugrundeliegenden primären welthandelsrechtlichen Normen der welthandelsrechtlichen Abkommen nicht unmittelbar anwendbar sind. Denn gerade die stärkere Präzision ist ein Argument für die unmittelbare Anwendbarkeit, deren Kriterien die Klarheit, Eindeutigkeit und Unbedingtheit sind. Für die Auffassung, daß Streitbeilegungsentscheidungen unabhängig von den zugrundeliegenden Abkommen unmittelbar anwendbar sein können, läßt sich auch die Rechtsprechung des EuGH heranziehen, nach der ein verbindlicher Assoziationsratsbeschluß sogar dann unmittelbar anwendbar sein kann, wenn - wie im Fall des Abkommens zwischen der EWG und der Türkei - der völkerrechtliche Vertrag selbst nicht unmittelbar anwendbar ist.[1069] Zieht man eine Parallele zwischen den Assoziationsratsbeschlüssen und den Streitbeilegungsentscheidungen, so bedeutet dies, daß die Streitbeilegungsentscheidungen auch dann unmittelbar anwendbar sein können, wenn der ihnen zugrundeliegende Vertrag es nicht ist.[1070]

Gegen die grundsätzliche unmittelbare Anwendbarkeit von Streitbeilegungsentscheidungen könnte sprechen, daß diese revisibel sind durch den SAB (Art. 17 DSU), damit also nicht unbedingt gelten könnten. Den angenommenen Beschlüssen des SAB jedenfalls kann dieses Argument aber nicht mehr entgegengehalten werden, so daß zumindest diesen unmittelbare Anwendbarkeit zukommt, vorausgesetzt, sie erfüllen die bereits ausgeführten Kriterien für die unmittelbare Anwendbarkeit. Aber auch die Panelberichte sind nach ihrer Annahme als unmittelbar anwendbar anzusehen[1071], soweit die oben dargestellten

1069 Schmalenbach, in: Calliess/ Ruffert, Art. 310 R. 28

1070 Berrisch/ Kamann, EWS 2000, 89[96] Fn. 84, kritisieren diese Auffassung als „nichtüberzeugend, da inkonsequent“ und beziehen sich bei ihrer Kritik auf Eeckhout, CML Rev. 1997, 11[54 f].

1071 Vgl. Eeckhout, CML Rev. 1997, 11[54], der bezüglich der unmittelbaren Anwendbarkeit insofern eine vermittelnde Position vertritt, als er die unmittelbare Anwendbarkeit der Bestimmungen der WTO-Abkommen ablehnt, allerdings eine unmittel-

Voraussetzungen für die unmittelbare Anwendbarkeit gegeben sind. Dies ergibt ein Vergleich zwischen Assoziationsratsbeschlüssen und Streitentscheidungen: Bei Beschlüssen von Assoziationsräten hat der EuGH nämlich seit seinem Urteil Sevince[1072] ausdrücklich deren Fähigkeit zur unmittelbaren Anwendbarkeit betont unter Hinweis auf den unmittelbaren Zusammenhang zwischen Assoziationsratsbeschluß und Assoziationsabkommen, das integrierender Bestandteil des Gemeinschaftsrechts ist.[1073] Ein derartiger unmittelbarer Zusammenhang besteht auch zwischen dem WTOÜ, DSU und den auf dem DSU beruhenden Streitbeilegungsentscheidungen.[1074] Diese teilen wie Assoziationsratsbeschlüsse das Schicksal der Verträge, von denen sie abgeleitet sind, das heißt, sie haben denselben Rang und wirken in der gemeinschaftsrechtlichen Rechtsordnung, ohne

---

bare Anwendbarkeit der Streitbeilegungsentscheidungen bejaht, wenn sie eine Verletzung der gemeinschaftsrechtlichen Verpflichtung feststellen. Auf eine Verletzung kann es richtigerweise jedoch nicht ankommen. Vgl. auch Schmid, NJW 1998, 190[196]: „Allerdings wird man als rechtsstaatliche Mindestanforderung verlangen müssen, daß die Direktwirkung zwingender Beschlüsse des WTO-Streitbeilegungsgremiums gerichtlich anzuerkennen ist.“

1072 Zuvor wurde ein nationaler Umsetzungsakt gefordert, um die unmittelbare Anwendbarkeit eines Assoziationsratsbeschlusses zu begründen, Schmalenbach, in: Calliess/ Ruffert, Art. 310 R. 31; BVerwGE 78, 192[196]; vgl. auch Gilsdorf, EuZW 1991, 459[460 f].

1073 EuGH, Urteil vom 20.09.1990, Rs. C-192/89, Slg. 1990, I-3461[3497, 3501] R. 14- Sevince. Vorgänger-Entscheidung dieses Urteils ist folgende Rechtssache: EuGH, Urteil vom 14.11.1989, Rs. 30/88, Slg. 1989, 3711[3733, 3738] R. 13- Griechenland/ Kommission; in folgenden Urteilen geht der Gerichtshof, ohne den unmittelbaren Zusammenhang zwischen Abkommen und Beschluß ausdrücklich zu erwähnen, von der unmittelbaren Anwendbarkeit von Bestimmungen eines Assoziationsratsbeschlusses aus: EuGH, Urteil vom 16.12.1992, Rs. C-237/91, Slg. 1992, I-6781[6807, 6816] R. 28, [6818] R. 36- Kazim Kus/ Landeshauptstadt Wiesbaden (Vorabentscheidungsersuchen des Hessischen Verwaltungsgerichtshofs); EuGH, Urteil vom 05.10.1994, Rs. C-355/93, Slg. 1994, I-5113[5131, 5137 f] R. 11, [5139 f] R. 17, [5141 f] R. 23- Hayriye Eroglu/ Land Baden-Württemberg (Vorabentscheidungsersuchen des Verwaltungsgerichts Karlsruhe), sowie in seinem neuen Urteil vom 04.05.1999, Rs. C-262/96, Slg. 1999, I-2685[2743, 2763 ff] R. 60 ff, insbesondere [2766] R. 74 - Sürül; EuGH, Urteil vom 10.02.2000, Rs. C-340/97, R. 28- Ömer Nazli/ Stadt Nürnberg. Vgl. auch Schmalenbach, in: Calliess/ Ruffert, Art. 310 R. 28; Weber, in: GTE, Art. 238 R. 49.

1074 Vgl. auch Gabler, S. 136 f: „Ein solcher unmittelbarer Zusammenhang besteht auch zwischen den WTO-Abkommen und den auf dem DSU fußenden Entscheidungen. Denn auch diese sind von dem Völkervertragsrecht, das für die Gemeinschaft Geltung besitzt, über das zuständige Organ abgeleitet, und besitzen selbst auch wiederum Geltung für die Gemeinschaft, wenn diese Partei des Streitverfahrens war. Damit käme man zu der Konsequenz, daß die Streitentscheidungen selbst Bestandteil des Gemeinschaftsrechts werden, und der unmittelbaren Anwendung fähig sind, ohne daß es auf die Frage der Reziprozität ankäme.“

hierzu einer Umsetzung zu bedürfen.[1075] Die Parallelität zwischen den Beschlüssen des Assoziationsrates und den Panel Reports des GATT '94 läßt sich auch an zwei weiteren Punkten belegen: Zum einen sind sowohl EG als auch Mitgliedstaaten Vertragsparteien des GATT '94. So verhält es sich auch beim Assoziierungsvertrag mit der Türkei in der Rechtssache Sevince. Zum anderen ist in beiden Fällen ein vertraglich vorgesehenes Organ berechtigt, bindende Rechtsakte zu erlassen.[1076]

Für die grundsätzliche Anerkennung der unmittelbaren Anwendbarkeit von Streitbeilegungsentscheidungen spricht außerdem, daß mit ihr die Gefahr der uneinheitlichen Auslegung des Welthandelsrechts gebannt und damit ein Systemkonflikt zwischen Gemeinschafts- und WTO-Recht vermieden wird.[1077] Ferner dient die unmittelbare Anwendbarkeit auch der „Schaffung von Sicherheit und Vorhersehbarkeit im multilateralen Handelssystem"[1078]. Zum multilateralen Handelssystem gehören nicht nur Staaten, sondern vor allem auch „individual economic operators".[1079] Dies spricht nicht nur für die grundsätzliche Anerkennung der unmittelbaren Anwendbarkeit, sondern auch von subjektiven Rechten bzw. Pflichten. Darüber hinaus kann ein Mitglied so seinen durch die Streitbeilegungsorgane festgestellten Verletzungen des Welthandelsrechts begegnen. Die

---

1075 Gabler, S. 138, vgl. Zitat unter Fußnote 1074.

1076 So auch Gilsdorf, EuZW 1991, 459[461]; Lavranos, EuR 1999, 289[297], mit Hinweis auf Vedder, EuR 1994, 202[210]. Lavranos führt a.a.O. die Analogie mit einem Rechtsakt eines Assoziationsrates allerdings nur im Zusammenhang mit der Bindungswirkung und dem Rangverhältnis, nicht jedoch der unmittelbaren Anwendbarkeit an.
Zonnekeyn, JIEL 1999, 713[717], hält es dagegen für fraglich, ob Panel- oder Appellate Body-Berichte mit den von Assoziationsräten getroffenen Beschlüssen gleichgesetzt werden können. Dabei verweist er a.a.O. auf folgende Unterschiede: Panels und SAB hätten eine „judicial function", während der Assoziationsrat als eine Art Exekutiv- oder Verwaltungsorgan handelt. Außerdem seien die Assoziationsratsbeschlüsse nicht zwingend, und es gäbe keine zweite Instanz wie im WTO-System. Dies sind allerdings keine schlagkräftigen Argumente gegen die unmittelbare Anwendbarkeit von Streitbeilegungsentscheidungen, weil Streitbeilegungsentscheidungen - wenn schon Assoziationsratsbeschlüsse trotz fehlender „judicial function" als grundsätzlich unmittelbar anwendbar anzusehen sind - erst recht der unmittelbaren Anwendbarkeit fähig sind.

1077 So auch Schmid, NJW 1998, 190[196]; Weber/ Moos, EuZW 1999, 229[235].

1078 Art. 3 Abs. 2 S. 1 DSU: „Das Streitbeilegungssystem der WTO ist ein zentrales Element zur Schaffung von Sicherheit und Vorhersehbarkeit im multilateralen Handelssystem."

1079 Report of the Panel, United States - Sections 301-310 of the Trade Act of 1974, Report of the Panel vom 22.12.1999, WT/DS152/R, para. 7.76, zitiert nach der Veröffentlichung auf der Homepage der WTO: http://www.wto/org/ddf/ep/D5/D5454e.doc_Toc46670678.

nationalen Gerichte könnten damit Welthandelsrecht sicher anwenden und den das Welthandelsrecht verletzenden Parteien die Möglichkeit nehmen, die welthandelsrechtswidrigen Maßnahmen fortzuführen.[1080] Auch läßt sich für die Bejahung der Fähigkeit zur unmittelbaren Anwendbarkeit von Streitbeilegungsentscheidungen anführen, daß diese regelmäßig die Kriterien erfüllen, die der EuGH an die unmittelbare Anwendbarkeit stellt. Streitbeilegungsentscheidungen sind nämlich in der Regel ausreichend klar und eindeutig sowie vorbehaltlos formuliert und bedürfen keiner weiteren Durchführungsakte[1081], sind also regelmäßig inhaltlich hinreichend bestimmt und unbedingt. Dies liegt insofern in ihrem Wesen, als Streitbeilegungsentscheidungen regelmäßig die welthandelsrechtlichen Pflichten konkretisieren und präzisieren.[1082] Mit Beschlüssen des Streitbeilegungsgremiums werden die Streitigkeiten bezüglich der Vereinbarkeit von Maßnahmen mit den welthandelsrechtlichen Abkommen endgültig und autoritativ geklärt, was eine Verstärkung des bindenden Charakters der welthandelsrechtlichen Abkommen bewirkt.[1083]

Daß Art. 22 Abs. 1 DSU auch Entschädigung und Aussetzung von Zugeständnissen vorsieht, kann an der Fähigkeit der Streitbeilegungsentscheidungen, unmittelbar anwendbar zu sein, nichts ändern. Denn die Streitbeilegungsentscheidungen werden, vorausgesetzt, sie haben diese Eigenschaften, nicht weniger klar, eindeutig und unbedingt. Dies gilt um so mehr, als es sich bei den Maßnahmen nach Art. 22 Abs. 1 DSU - wie bereits dargelegt - nur um vorübergehende handelt, die die Parteien nicht von ihrer Verpflichtung befreien, den Streitbeilegungsentscheidungen nachzukommen.

Jedoch könnte Art. 21 Abs. 3 DSU der unmittelbaren Anwendbarkeit von Streitbeilegungsentscheidungen entgegenstehen. Denn diese Vorschrift sieht vor, daß dem Mitglied ein „angemessener Zeitraum" (Art. 21 Abs. 3 S. 2 DSU) zur Umsetzung eingeräumt werden kann. Zwar handelt es sich hierbei um einen unbestimmten Rechtsbegriff. Jedoch konkretisiert Art. 21 Abs. 3 S. 3 DSU diesen Begriff. Außerdem wird auf der Sitzung des DSB, die innerhalb von 30 Tagen nach Annahme des Berichts abgehalten wird, der genaue Zeitraum festgelegt. Damit ist zwar die Streitbeilegungsentscheidungen während dieser 30 Tage noch nicht unbedingt, zumal evtl. Umsetzungsfristen noch nicht feststehen. Wenn in dieser DSB-Sitzung allerdings keine Umsetzungsfristen beschlossen werden, ist

1080 Hilf/ Schorkopf, EuR 2000, 74[78].

1081 Reinisch, EuZW 2000, 42[48 f]; EuGH, Urteil vom 20.09.1990, Rs. C-192/89, Slg. 1990, I-3461[3497, 3502] R. 15- Sevince, für Assoziationsratsbeschlüsse.

1082 So auch Reinisch, EuZW 2000, 42[48].

1083 Hierauf weist zwar auch Wetzig, S. 100, hin, jedoch kommt er dennoch zum gegenteiligen Ergebnis. Wie in dieser Arbeit: Eeckhout, CML Rev. 1997, 11[51 ff]; Schmid, NJW 1998, 190[196]; ähnliche Begründung bei Cottier, CML Rev. 1998, 325[370].

die Streitbeilegungsentscheidungen ab diesem Zeitpunkt unmittelbar anwendbar bzw. falls Umsetzungsfristen zugestanden werden, jedenfalls mit Ablauf dieser Umsetzungsfristen.

Auch Art. 21 Abs. 5 DSU steht der Fähigkeit der Streitbeilegungsentscheidungen, unmittelbar anwendbar zu sein, nicht entgegen. Denn auch schon, bevor eine Entscheidung bei Meinungsverschiedenheiten über Umsetzungsmaßnahmen getroffen wurde, ist eine Panel- bzw. SAB-Entscheidung, ihre Annahme vorausgesetzt, unmittelbar anwendbar, sofern sie klar, eindeutig und unbedingt ist.

An dieser Stelle sei darauf hingewiesen, daß das Gericht erster Instanz in seiner jüngsten Rechtsprechung die Frage, ob bindende Entscheidungen des Streitbeilegungsgremiums unmittelbar anwendbar sind, ausdrücklich offen läßt, weil es diesbezüglich am Vortrag der Klägerin fehle.[1084] Die Klägerin habe keinen rechtlichen Zusammenhang zwischen der Entscheidung des Streitbeilegungsgremiums und ihrer Klage dargetan, so das Gericht.[1085] Das Gericht erläutert weiter, daß nach der ständigen Rechtsprechung der Gemeinschaft eine Bestimmung einer nicht an den Betroffenen gerichteten Entscheidung ihm gegenüber nur dann unmittelbare Wirkung entfalten kann, wenn diese Bestimmung ihrem Adressaten eine unbedingte und hinreichend eindeutige, klare Verpflichtung gegenüber dem Betroffenen auferlegt.[1086] Auffällig ist, daß der EuGH an dieser Stelle unterschiedliche Gedankengänge andeutet: Zum einen die Frage der unmittelbaren Wirkung von Entscheidungen gegenüber Nicht-Adressaten. Zum anderen die Frage der eindeutigen, hinreichenden Verpflichtung als Voraussetzung der unmittelbaren Anwendbarkeit. In dieser Rechtssache geht es nicht um eine Entscheidung im Sinne des Art. 249 (ex-Art. 189) EGV, sondern um eine Entscheidung des Streitbeilegungsgremiums. Um die Frage der unmittelbaren Wirkung von Entscheidungen gegenüber Nicht-Adressaten geht es außerdem in den vom EuGH in der Rechtssache Fruchthandelsgesellschaft Chemnitz zitierten Urteilen (Kupferberg[1087], Deutschland/ Rat[1088], Grad[1089]) gar nicht. In diesen vom Gerichtshof genannten Fundstellen wird lediglich die Unbedingtheit als Voraussetzung der unmittelbaren Anwendbarkeit behandelt.

1084 EuG, Urteil vom 28.09.1999, Rs. T-254/97, R. 30- Fruchthandelsgesellschaft Chemnitz.

1085 EuG, Urteil vom 28.09.1999, Rs. T-254/97, R. 28- Fruchthandelsgesellschaft Chemnitz.

1086 EuG, Urteil vom 28.09.1999, Rs. T-254/97, R. 29- Fruchthandelsgesellschaft Chemnitz.

1087 EuGH, Urteil vom 26.20.1982, Rs. 104/81, Slg. 1982, 3641 ff- Kupferberg

1088 EuGH, Urteil vom 05.10.1994, Rs. C- 280/93, Slg. 1994, I-4973 ff- Deutschland/ Rat.

1089 EuGH, Urteil vom 06.10.1970, Rs. 9/70, Slg. 1970, 825 ff [826 ff, insbesondere 839] R. 9- Franz Grad.

Im Fall Atlanta stellt sich zwar die Frage der Wirkung von WTO-Streitbeilegungsentscheidungen. Jedoch beantwortet der EuGH sie nicht, zumal die Klägerin sich erst im Rahmen ihrer Erwiderung im Rechtsmittelverfahren auf die DSB-Entscheidung beruft.[1090]

Es ist also nach wie vor offen, wie der EuGH zur Frage der unmittelbaren Anwendbarkeit von Streitbeilegungsentscheidungen entscheiden wird.

Damit scheint die Auffassung, nur den Streitbeilegungsentscheidungen unmittelbare Anwendbarkeit zuzubilligen, als gewissermaßen vermittelnde Position zwischen den Extremen möglich[1091]. So vertritt etwa Eeckhout[1092] die Position, Streitbeilegungsentscheidungen, die einen Bruch der Verpflichtungen der Gemeinschaft feststellen, müßten unmittelbar anwendbar sein.[1093]

Zwar wird hier dieser Ansicht insofern gefolgt, als Streitbeilegungsentscheidungen als unmittelbar anwendbar angesehen werden, sofern sie die Kriterien der unmittelbaren Anwendbarkeit erfüllen. Jedoch ist die grundsätzliche unmittelbare Anwendbarkeit nach hier vertretener Auffassung nicht auf Streitbeilegungsentscheidungen beschränkt.

6. Subjektive Rechte bzw. Pflichten aus dem WTO-Streitbeilegungssystem

Nachdem die Fähigkeit von Streitbeilegungsentscheidungen zur unmittelbaren Anwendbarkeit als vorzugswürdige Ansicht dargestellt wurde, stellt sich nun die Frage, inwieweit der einzelne aus dem WTO-Streitbeilegungssystem subjektive Rechte bzw. Pflichten ableiten kann.

1090 EuGH, Urteil vom 14.10.1999, Rs. C-104/97 P, Slg. 1999, I-6983[7004, 7024 f] R. 17 ff, insbes. R. 20-22- Atlanta, der den Schlußanträgen des GA Mischo vom 06.05.1999 zu EuGH, Urteil vom 14.10.1999, Rs. C-104/97 P, Slg. 1999, I-6983[6987, 6988 f] Zf. 7 ff- Atlanta, folgt; hilfsweise weist der GA Mischo a.a.O., S. 6990 Zf. 23, unter Bezugnahme auf das Urteil Deutschland/ Rat darauf hin, „daß sich die Rechtsmittelführerin nicht auf eine mögliche Verletzung des GATT berufen könne.“
Vgl. auch die Ausführungen von Zonnekeyn, JIEL 1999, 713 ff.

1091 Vgl. auch Fn. 1071.

1092 Etwa Eeckhout, CML Rev. 1997, 11[54 f]. Berrisch/ Kamann, EWS 2000, 89[96] Fn. 84, kritisieren die von Eeckhout vertretene Auffassung als „nichtüberzeugend, da inkonsequent“. Vgl. auch Cottier, in: Forschungsinstitut, S. 127[133 ff].

1093 Diese Auffassung wurde durch einen Vorschlag im BASF-Fall, Schlußanträge von GA van Gerven vom 29.06.1993 zu EuGH, Urteil vom 15.06.1994, Rs. C-137/92 P, Slg. 1994, I-2555[2559, 2599] Zf. 49- Kommission der Europäischen Gemeinschaften/ BASF AG u.a., angeregt, vgl. Eeckhout, CML Rev. 1997, 11[54 f], und Hilpold, EuR 1999, 597[613].

Zwar sind weder einzelne noch Unternehmen verfahrenslegitimiert.[1094] Doch diese Tatsache allein sagt noch nichts darüber aus, ob und ggf. welche Rechte und Pflichten für sie aus den Streitbeilegungsentscheidungen resultieren können. Vielmehr ist diesbezüglich auf obige Ausführungen zu den subjektiven Rechten und Pflichten zu verweisen.[1095]

7. Nichtbefolgung einer Streitentscheidung durch die Gemeinschaft als ausbrechender Rechtsakt?

Es stellt sich die Frage, ob die Nichtbefolgung einer Streitentscheidung durch die Gemeinschaft aus der Perspektive der Mitgliedstaaten einen ausbrechenden Rechtsakt gemäß der Rechtsprechung des BVerfG zum Maastricht-Urteil[1096] darstellt.[1097]

Wie das Bundesverfassungsgericht[1098] zu Recht feststellt, besagt Art. 24 I GG (Art. 23 GG n.F.) bei richtiger Auslegung nicht nur, daß die Übertragung von Hoheitsrechten auf zwischenstaatliche Einrichtungen generell zulässig ist, sondern auch, daß der ursprünglich ausschließliche Hoheitsträger die Hoheitsakte der Organe dieser Einrichtungen, also auch Urteile des EuGH, anerkennen muß.[1099] Kritisch wird dies allerdings, wenn die Gemeinschaft gegen Welthandelsrecht verstößt, der EuGH in seinen Urteilen aber diesen Verstoß größtenteils leugnet, wie in den Bananenstreitigkeiten geschehen. Dann nämlich würden die Mitgliedstaaten bei blinder Hörigkeit dem EuGH gegenüber - wie bereits erwähnt - in die Haftung laufen.[1100] Problematisch ist dies auch, wenn der EuGH

1094 Vgl. hierzu obige Darstellung unter K.III.8.

1095 Vgl. obige Ausführungen unter K.I.6 und unter K.I.7.b)bb).

1096 BVerfGE 89, 155[188]: Das BVerfG prüft, „ob Rechtsakte der europäischen Einrichtungen und Organe sich in den Grenzen der ihnen eingeräumten Hoheitsrechte halten oder aus ihnen ausbrechen."

1097 Vgl. hierzu Hirsch, NJW 1996, 2457[2460]; Huber, EuZW 1997, 517 ff, zum Kooperationsverhältnis zwischen BVerfG und EuGH in Grundrechtsfragen; Kuschel, EuZW 1996, 645[649]; Weber, EuZW 1997, 165[167].
Daß die Nichtbefolgung einer Streitbeilegungsentscheidung einen ausbrechenden Rechtsakt darstellt, vertritt wohl Kuschel, EuZW 1996, 645[649]. Dagegen meint Weber, EuZW 1997, 165[169], für eine ultra-vires-Überprüfung von Gemeinschaftsrechtsakten durch nationale Gerichte bestehe zum einen kein Anlaß, zum anderen sei sie nicht mit dem Gemeinschaftsrecht vereinbar.

1098 BVerfGE 31, 145[174].

1099 Petersmann, in: Müller-Graff (Hrsg.), S. 81[82], bemerkt jedoch zutreffend: „Die EG-Mitgliedstaaten haben der EG als Rechtsgemeinschaft keine Kompetenz zum Völkerrechtsbruch übertragen."

1100 Vgl. Ausführungen unter E.

seinen Entscheidungen nicht die in der Gemeinschaft geltenden Rechtsprinzipien zugrunde legt. So hat er etwa bei der Prüfung der Bananenmarktordnung unter dem Aspekt des Verhältnismäßigkeitsprinzips nur untersucht, ob die Maßnahme geeignet sei, den beabsichtigten Zweck zu erreichen, nicht jedoch die weiteren Elemente der Verhältnismäßigkeit. Insbesondere hat er keine Abwägung mit dem Recht der einzelnen vorgenommen.[1101]

Eine Vorlage von sekundärem Gemeinschaftsrecht an das BVerfG nach Art. 100 Abs. 1 GG scheidet grundsätzlich aus.[1102] Insoweit ist der EuGH der gesetzliche Richter. Das heißt, ein nationales Gericht, das Bedenken gegen die Gültigkeit sekundären Gemeinschaftsrechts hat, muß zunächst dem EuGH die Frage gemäß Art. 234 (ex-Art. 177) EGV vorlegen, ob das sekundäre Gemeinschaftsrecht die Grundrechte wahrt bzw. mit dem GATT oder EG-Vertrag in Einklang steht. Bejaht der Gerichtshof dies, vertritt das vorlegende nationale Gericht jedoch noch immer die gegenteilige Auffassung, stellt sich die Frage nach den Grenzen des Anwendungsvorrangs des Gemeinschaftsrechts. Diese ergeben sich für die Bundesrepublik Deutschland aus Art. 23 Abs. 1 GG. Nur, wenn die Gemeinschaftsorgane im Rahmen der Grenzen der ihnen eingeräumten Hoheitsrechte handeln, kann das Gemeinschaftsrecht Vorrang vor nationalem Recht beanspruchen. Brechen dagegen Rechtsakte der Gemeinschaft aus diesen Grenzen aus[1103], können sie nationales Recht nicht verdrängen. Aufgrund des vom BVerfG festgestellten Kooperationsverhältnisses zwischen EuGH und nationalen Gerichten[1104] muß dem EuGH Gelegenheit gegeben werden, eine von nationaler Seite behauptete Kompetenzüberschreitung zu beseitigen.[1105]

Ein derartiger ausbrechender Rechtsakt sei, so stellt Weber zutreffend fest, weder hinsichtlich des GATT ´47 noch hinsichtlich des GATT ´94 erkennbar, weil die Gemeinschaft ihre Zuständigkeitsgrenzen nicht erkennbar überschritten habe.[1106]

1101 Dies kritisiert auch Everling, CML Rev. 1996, 401[419].
An dieser Stelle wird darauf hingewiesen, daß das BVerfG in seinem Beschluß vom 07.06.2000, EuZW 2000, 702 ff, die Frage der Kontrolldichte bei Grundrechtsprüfungen durch den EuGH gar nicht aufgreift, worauf auch Mayer, EuZW 2000, 685[686 f], hinweist.

1102 VG Frkf. EuZW 1997, 182[184].

1103 Diese Formulierung hat das BVerfG bereits in seinem Richtlinien-Beschluß verwendet, BVerfGE 75, 223[235, insbesondere 242].

1104 Vgl. hierzu Odendahl, JA 2000, 219 ff.

1105 So auch Streinz, EuZW 1994, 329[331].

1106 Weber, EuZW 1997, 165[168]. Dem ist zwar zuzustimmen. Jedoch irrt sich Weber, a.a.O., wie die sich mittlerweile bereits über mehrere Jahre hinziehende Bananen-Problematik zeigt, mit seiner Behauptung a.a.O., es sei unwahrscheinlich, daß der EuGH eine im Streitbeilegungsverfahren bestätigte Panel-Entscheidung negieren

In seinem mittlerweile ergangenen Beschluß vom 07.06.2000[1107] hat auch das BVerfG sich nicht im Sinne eines „ausbrechenden Rechtsaktes" geäußert. Vielmehr hat es schon die Zulässigkeit der Vorlage abgelehnt.[1108] Denn „Verfassungsbeschwerden und Vorlagen von Gerichten, die eine Verletzung in Grundrechten des Grundgesetzes durch sekundäres Gemeinschaftsrecht geltend machen, sind von vornherein unzulässig, wenn ihre Begründung nicht darlegt, dass die europäische Rechtsentwicklung einschließlich der Rechtsprechung des Europäischen Gerichtshof nach Ergehen der Solange II-Entscheidung ... unter den erforderlichen Grundrechtsstandard abgesunken sei."[1109] „Deshalb muss die Begründung der Vorlage oder einer Verfassungsbeschwerde im Einzelnen [Großschreibung im Original] darlegen, dass der jeweils als unabdingbar gebotene Grundrechtsschutz generell nicht gewährleistet ist. Dies erfordert eine Gegenüberstellung des Grundrechtsschutzes auf nationaler und auf Gemeinschaftsebene in der Art und Weise, wie sie das BVerfG in BVerfGE 73, 339(378 bis 381) ... geleistet hat."[1110] Das BVerfG stellt fest, daß die Begründung der Vorlage des VG Frankfurt am Main diese besondere Zulässigkeitsvoraussetzung schon im Ansatz verfehle, weil sie auf einem Missverständnis des Maastricht-Urteils basiere. Das BVerfG übe nämlich - im Gegensatz zur vom vorlegenden Gericht vertretenen Auffassung - seine Prüfungsbefugnis nach dem Maastricht-Urteil entgegen der Solange II-Entscheidung nicht wieder aus.[1111]

Ob die Nichtbefolgung einer Streitentscheidung durch die Gemeinschaft als ausbrechender Rechtsakt zu beurteilen ist, bleibt jedoch auch nach diesem BVerfG-Beschluß weiter offen.[1112] Dies hängt davon ab, ob unter „ausbrechender Rechtsakt" nur „die Frage der sachlichen Kompetenzüberschreitung" fällt[1113]

---

könnte, und die Verrechtlichung des Welthandelsrechts durch das neue Streitbeilegungssystem verfehle seine Wirkung auf die Rechtsprechung des Gerichtshofs kaum.

1107 BVerfG, 2 BvL 1/97 vom 07.06.2000, Absatz-Nr. (1-69), http://www.bverfg.de/ (entspricht EuZW 2000, 702 ff). Vgl. dazu Pressemitteilung des BVerfG - Pressestelle- Nr. 103/2000 vom 01.08.2000, Vorlage zur Bananenmarktordnung unzulässig, http://www.bundesverfassungsgericht.de/bverfg_cgi/pressemitteilungen/frames/bvg 103-00 (entspricht NJW 2000, Heft 35, S. XIV).
Vgl. hierzu Mayer, EuZW 2000, 685 ff.

1108 BVerfG, EuZW 2000, 702 ff. Es wird darauf hingewiesen, daß die Entscheidung einstimmig erfolgte, vgl. BVerfG, EuZW 2000, 702[704].

1109 BVerfG, EuZW 2000, 702, Leitsatz 1 des Gerichts, vgl. auch Text im Urteil, a.a.O. S. 703 R. 62. d).

1110 BVerfG, EuZW 2000, 702, Leitsatz 2 des Gerichts, vgl. auch Text im Urteil, a.a.O. S. 703 R. 62. d).

1111 BVerfG, EuZW 2000, 702[703] R. 64. und 65.

1112 So auch Mayer, EuZW 2000, 685[688 f].

1113 So Mayer, EuZW 2000, 658[688].

oder auch darüber hinausgehend sonstige rechtswidrige Akte. Für letzteres spräche zwar, daß nie eine Kompetenz zur Setzung rechtswidriger Akte besteht. Allerdings hätte die weitergehende Auffassung zur Folge, daß auch jeder europäische Rechtsakt, der mit Form- oder Verfahrensfehlern behaftet ist, ebenso wie grundrechtsverletzende europäische Rechtsakte ausbrechende Rechtsakte wären.[1114] Daß gerade letzteres aber nicht der Fall ist, belegt der vorliegende Beschluß des BVerfG. Denn das BVerfG verwendet im Zusammenhang mit den vom vorlegenden Gericht geltend gemachten Grundrechtsverletzungen gerade nicht den Begriff des ausbrechenden Rechtsakts. Bezüglich form- oder verfahrensfehlerhaften Rechtsakten ist festzuhalten, daß für derartige Fehler der EuGH der gesetzliche Richter ist.

Da eine umfassende und abschließende Erörterung der Problematik des ausbrechenden Rechtsakts, insbesondere im Zusammenhang mit der Mißachtung von Welthandelsrecht und Nichtbeachtung von Streitbeilegungsentscheidungen, den Rahmen dieser Arbeit sprengen würde, können die Ausführungen hierzu lediglich die Problemlage und den obigen Lösungsansatz darlegen. Darüber hinaus wird darauf hingewiesen, daß bereits erste Anzeichen erkennbar sind, daß sich diese Problematik auf Dauer nicht stellen wird, zumal die Gemeinschaft mittlerweile sogar im Bananenstreit einlenkt.[1115]

V. Zusammenfassung der zur unmittelbaren Anwendbarkeit welthandelsrechtlicher Vorschriften vertretenen Auffassungen

Folgende kurze Zusammenfassung soll einen Überblick über die im wesentlichen zur unmittelbaren Anwendbarkeit der welthandelsrechtlichen Bestimmungen vertretenen Auffassungen geben:

1. Keine unmittelbare Anwendbarkeit

Wie obige Ausführungen gezeigt haben, hat der EuGH die unmittelbare Anwendbarkeit des GATT ´47 aufgrund dessen Rechtsnatur stets abgelehnt. Die

1114 Vgl. hierzu auch Mayer, EuZW 2000, 658[688].

1115 Vgl. EuZW 2000, 578 f: „Zollkontingentsregelung für Bananen" mit Hinweis auf Quelle: Kom(2000) 431 endg. v. 5.7.2000; SZ Nr. 233 vom 10.10.2000, S. 27: „EU kommt im Bananenstreit voran"; SZ Nr. 234 vom 11.10.2000, S. 25: „Bananen-Regatta".

Nakajima[1116]- und Fediol[1117]-Rechtsprechung, die der Gerichtshof auch unter Geltung des neuen Welthandelsrechts aufrechterhält, stellt - wie dargelegt - keine Ausnahme von seinem Grundsatz dar, die unmittelbare Anwendbarkeit abzulehnen.[1118]

Diese die unmittelbare Anwendbarkeit ablehnende Auffassung wird teilweise sogar auf Vorschriften des neuen Welthandelsrechts übertragen. Da jedoch insbesondere wesentliche Unterschiede zwischen dem GATT ´47 und dem neuen Welthandelssystem bestehen, kann dieser Ansicht trotz des entgegenstehenden neuen Urteils Portugal/ Rat[1119] nicht zugestimmt werden[1120].

2. Unmittelbare Anwendbarkeit nur für Streitbeilegungsentscheidungen

Teilweise wird die unmittelbare Anwendbarkeit für die welthandelsrechtlichen Abkommen selbst zwar verneint, aber für die Streitbeilegungsentscheidungen bejaht. Wie schon oben erläutert, wird hier dieser Ansicht zwar insofern gefolgt, als Streitbeilegungsentscheidungen als unmittelbar anwendbar angesehen werden, sofern sie die dargestellten Kriterien für eine unmittelbare Anwendbarkeit erfüllen. Jedoch ist die unmittelbare Anwendbarkeit nach hier vertretener Auffassung nicht auf Streitbeilegungsentscheidungen beschränkt.

3. Unmittelbare Anwendbarkeit in Koppelung an Reziprozitätsgedanken

Generalanwalt Tesauro schlägt in der Rechtssache Hermès - wie oben dargelegt - eine Koppelung der unmittelbaren Anwendbarkeit an den Reziprozitätsgedanken

---

1116 Nach dieser Rechtsprechung hat der EuGH die Rechtmäßigkeit einer Gemeinschaftshandlung dann im Hinblick auf die Vorschriften des GATT zu prüfen, wenn die Gemeinschaft eine bestimmte, im Rahmen des GATT übernommene Verpflichtung erfüllen wolle, vgl. EuGH, Urteil vom 07.05.1991, Rs. C-69/89, Slg. 1991, I-2069[2169, 2178] R. 9- Nakajima.

1117 Nach dieser Rechtsprechung hat der EuGH die Rechtmäßigkeit einer Gemeinschaftshandlung dann im Hinblick auf die Vorschriften des GATT zu prüfen, wenn die Gemeinschaftshandlung ausdrücklich auf spezielle Bestimmungen dieses Abkommens verweist, vgl. EuGH, Urteil vom 22.06.1989, Rs. 70/87, Slg. 1989, 1781[1825, 1830 f] R. 19- Fediol III.

1118 Vgl. Kapitel K.II.2.a)bb) in dieser Arbeit.

1119 EuGH, Urteil vom 23.11.1999, Rs. C-149/96, Slg. 1999, I-8395 ff- Portugal/ Rat. Dieses Urteil ist zum einen noch nicht in Rechtskraft erstarkt, zum anderen unzutreffend, wie erörtert.

1120 Vgl. die ausführliche Darstellung unter K.II.2.b) und K.III.

vor.[1121] Das heißt, er bejaht die unmittelbare Anwendbarkeit, vorausgesetzt, daß auch die übrigen WTO-Mitglieder die unter dem Dach der WTO geschlossenen Abkommen effektiv durchführen. Hierfür tritt teilweise auch die Literatur ein.[1122]

In seinem neuen Urteil Portugal/ Rat[1123] schließt sich der EuGH dieser Auffassung an. Da die Reziprozität jedoch nicht Voraussetzung der unmittelbaren Anwendbarkeit ist, wird dieser Ansicht nicht gefolgt.

4. Hier vertretene Auffassung: Unmittelbare Anwendbarkeit abhängig von einzelner Vorschrift

Wie die Ausführungen in dieser Arbeit gezeigt haben, stehen der grundsätzlichen unmittelbaren Anwendbarkeit von welthandelsrechtlichen Vorschriften, seien sie primärer oder sekundärer Natur, einschließlich der Streitbeilegungsentscheidungen, keine überzeugenden Einwände entgegen. Daher kommt es für die Beurteilung der unmittelbaren Anwendbarkeit jeweils auf die einzelne Bestimmung an. Wenn diese hinreichend klar und eindeutig sowie unbedingt ist, also keiner weiteren Durchführungsvorschriften bedarf, ist sie unmittelbar anwendbar.

Von der unmittelbaren Anwendbarkeit zu unterscheiden ist - wie oben dargelegt[1124] - die Frage der subjektiven Rechte und Pflichten, das heißt die Frage, ob die Norm den einzelnen begünstigt und er sich daher auf sie berufen kann. Voraussetzung für die Gewährung von subjektiven Rechten bzw. Pflichten ist stets die unmittelbare Anwendbarkeit.

1121 Schlußanträge des GA Tesauro vom 13.11.1997 zu EuGH, Urteil vom 26.06.1998, Rs. C-53/96, Slg. 1998, I-3603[3606, 3631] Zf. 35- Hermès.

1122 Z.B. Ehlermann, in: Hilf/ Petersmann, S. 203 ff[216].

1123 EuGH, Urteil vom 23.11.1999, Rs. C-149/96, Slg. 1999, I-8395 ff- Portugal/ Rat.

1124 Vgl. Ausführungen unter K.I, insbesondere unter K.I.6 und K.I.7.b)bb).

L. Interpretation und Anwendung von Gemeinschaftsrecht bzw. nationalem Recht in Übereinstimmung mit WTO-Normen

I. Rechtsprechung des EuGH

In der Rechtssache Fediol hat der EuGH entschieden, daß Bestimmungen des GATT, in concreto vor allem der Grundsatz der Inländerbehandlung gemäß Art. III Abs. 1 und das Verbot mengenmäßiger Beschränkungen nach Art. XI Abs. 1, zur Auslegung und Anwendung von gemeinschaftsrechtlichen Verordnungen herangezogen werden können, wenn - wie in diesen Fällen - die Verordnung auf die Regeln des Völkerrechts und damit auch auf das GATT verweist.[1125] Nachfolgende Urteile, insbesondere das in der Rechtssache Kommission/ Deutschland[1126], belegen, daß eine Verweisung auf Völkerrecht bzw. das GATT jedoch nicht Voraussetzung ist. Vielmehr „gebietet es der Vorrang der von der Gemeinschaft geschlossenen völkerrechtlichen Verträge vor den Bestimmungen des abgeleiteten Gemeinschaftsrechts, diese nach Möglichkeit in Übereinstimmung mit diesen Verträgen auszulegen“[1127], wie der EuGH beispielsweise in seiner Entscheidung Kommission/ Deutschland betont. „Daß gleiches auch für die nationalen Bestimmungen gelten muß, bedarf kaum der Erwähnung“, wie GA Tesauro in seinen Schlußanträgen in der Rechtssache Hermès zutreffend bemerkt.[1128]

II. Grundsatz der völkerrechtskonformen Auslegung[1129]

Erlaubt eine gemeinschaftsrechtliche Vorschrift mehrere Auslegungsmöglichkeiten, so ist derjenigen der Vorzug zu geben, die in Einklang mit dem Welthan-

---

1125 EuGH, Urteil vom 22.06.1989, Rs. 70/87, Slg. 1989, 1781[1825, 1830 f] R. 19- Fediol III.

1126 EuGH, Urteil vom 10.09.1996, Rs. C-61/94, Slg. 1996, I-3989 ff- Kommission/ Deutschland.

1127 EuGH, Urteil vom 10.09.1996, Rs. C-61/94, Slg. 1996, I-3989[4006, 4021] R. 52- Kommission/ Deutschland.

1128 Schlußanträge des GA Tesauro vom 13.11.1997 zu EuGH, Urteil vom 26.06.1998, Rs. C-53/96, Slg. 1998, I-3603[3606, 3633] Zf. 38- Hermès.

1129 Vgl. auch Rabe, ZLR 1998, 129[140].

delsrecht steht.[1130] Ähnlich argumentiert der EuGH[1131] in den Fällen Werner[1132], Leifer[1133] und Kommission/ Deutschland[1134]. Dabei ist der Grundsatz der völkerrechtskonformen Auslegung nicht nur im Verhältnis von sekundärem Gemeinschaftsrecht zu Welthandelsrecht anzuwenden, sondern auch, wenn es um primäres Gemeinschaftsrecht[1135] oder nationales Recht geht. Dies ergibt sich aus Art. XVI Abs. 4 WTOÜ, der bestimmt, daß die Mitglieder ihre Rechtssysteme mit den entsprechenden Übereinkommen in Einklang bringen müssen. Die welthandelsrechtskonforme Auslegung stimmt auch mit den immer größer werdenden Zusammenhängen, die aus der Globalisierung folgen, überein. Abgesehen davon würde bei nicht welthandelsrechtskonformer Auslegung der Grundsatz „pacta sunt servanda" ausgehöhlt, und die Effektivität völkerrechtlicher Verträge gefährdet.

Aber nicht nur der EuGH betont den Grundsatz völkerrechtskonformer Auslegung, sondern auch das BVerfG in seinen Entscheidungen zum Eurocontrolsystem.[1136] Nicht übersehen werden darf, daß das deutsche Grundgesetz sehr völkerrechtsfreundlich ist, wie sich etwa an Art. 25 GG zeigt.[1137] Aber auch beispielsweise in der österreichischen Rechtsprechung[1138] und in der Schweiz[1139] ist die Methode der völkerrechtskonformen Interpretation ausdrücklich anerkannt.

Zu betonen ist, daß die europa- und völkerrechtskonforme Auslegung das Staats-, Europa- und Völkerrecht wechselseitig stärkt.[1140] Außerdem erfordert

---

1130 So auch Cottier/ Schefer, JIEL (1) 1998, 83[88], die von der „doctrine of consistent interpretation" sprechen.

1131 Vgl. EuGH, Urteil vom 14.07.1998, Rs. C-341/95, Slg. 1998, I-4355[4359, 4369] R. 20- Gianni Bettati/ Safety Hi-Tech Srl (Vorabentscheidungsersuchen der Pretura circondariale Avezzano): „Bestimmungen des Gemeinschaftsrechts sind nach Möglichkeit im Licht des Völkerrechts auszulegen, insbesondere wenn sie einen von der Gemeinschaft geschlossenen Vertrag durchführen sollen".

1132 EuGH, Urteil vom 17.10.1995, Rs. C-70/94, Slg. 1996, I-3189[3218, 3225] R. 23- Fritz Werner Industrie-Ausrüstungen GmbH/ Bundesrepublik Deutschland (Vorabentscheidungsersuchen des Verwaltungsgerichts Frankfurt am Main) .

1133 EuGH, Urteil vom 17.10.1995, Rs. C-83/94, Slg. 1996, I-3231[3235, 3247] R. 24- Strafverfahren gegen Peter Leifer u.a. (Vorabentscheidungsersuchen des Landgerichts Darmstadt).

1134 EuGH, Urteil vom 10.09.1996, Rs. C-61/94, Slg. 1996, I-3989[4006, 4015] R. 30, [4006, 4021] R. 52- Kommission/ Deutschland.

1135 So auch Cottier/ Schefer, JIEL 1998, 83[89].

1136 BVerfGE 58, 1[34]; 59, 63[89].

1137 Vgl. auch Geiger, § 31 I. (S. 162 f).

1138 Vgl. Öhlinger, S. 139.

1139 Thürer, SZIER 1999, 217[223].

1140 Petersmann, in: Müller-Graff (Hrsg.), S. 81[87], bezeichnet dies als „Sperrholzprinzip".

das in Art. 2 Spiegelstrich 4 EUV festgelegte Ziel der Europäischen Union, sich „als Raum der Freiheit, der Sicherheit und des Rechts“ zugunsten der EG-Bürger zu erhalten und weiterzuentwickeln, nicht nur die europarechtskonforme Interpretation des nationalen Rechts, sondern auch die völkerrechtskonforme Auslegung von Gemeinschaftsrecht und nationalem Recht.[1141]

III. Auslegung der WTO-Abkommen als gemischte Abkommen

Die oben dargestellte Diskussion über die Bindungswirkung[1142] bezüglich der unterschiedlichen Zuständigkeiten zwischen Europäischer Gemeinschaft und Mitgliedstaaten bei gemischten Abkommen setzt sich bei der Auslegung fort.

Es sei angemerkt, daß in der Literatur zum Teil die Vermutung aufgestellt wird, der EuGH wolle sich zur Reichweite seiner Auslegungskompetenz bei gemischten Abkommen nicht äußern.[1143] Bezüglich der Urteile Bresciani[1144], Haegemann[1145] und Demirel[1146] mag dies noch stimmen. So läßt der EuGH in der Rechtssache Demirel die Frage der Reichweite seiner Prüfungskompetenzen offen.[1147] Die Regierungen der Bundesrepublik Deutschland und des Vereinigten Königreichs vertreten in dieser Angelegenheit die Ansicht, der EuGH dürfe gemischte Abkommen insoweit nicht auslegen, als Vorschriften betroffen seien, die in den nationalen Zuständigkeitsbereich fallen.[1148] Der EuGH äußert sich

1141 Vgl. auch Petersmann, in: Müller-Graff (Hrsg.), S. 81[88].

1142 Siehe unter D.

1143 Bebr, CML Rev. 1983, 35[42]; Oehmichen, S. 76 ff; Ott, S. 215.

1144 EuGH, Urteil vom 05.02.1976, Rs. 87/75, Slg. 1976, 129[130, 140 ff] R.16 ff- Bresciani. In dieser Rechtssache ging es um das Jaundé-Abkommen, also ein Assoziierungsabkommen, das im Namen der Gemeinschaft zwischen der EWG und den mit dieser Gemeinschaft assoziierten afrikanischen Staaten und Madagaskar geschlossen wurde.

1145 EuGH, Urteil vom 30.04.1974, Rs. 181/73, Slg. 1974, 449 ff[450, 460] R. 2/6- Haegemann (Haegemann II).

1146 EuGH, Urteil vom 30.09.1987, Rs. 12/86, Slg. 1987, 3719[3747, 3751] R. 8 f- Demirel.

1147 EuGH, Urteil vom 30.09.1987, Rs. 12/86, Slg. 1987, 3719[3747, 3751] R. 8 f- Demirel.

1148 EuGH, Urteil vom 30.09.1987, Rs. 12/86, Slg. 1987, 3719[3747, 3751] R. 8- Demirel sowie Schlußanträge des GA Darmon vom 19.05.1987 zu EuGH, Urteil vom 30.09.1987, Rs. 12/86, Slg. 1987, 3719[3737, 3738] Zf. 5- Demirel.
Beide zogen sich jedoch von dieser Position im Laufe der Verhandlung zurück, indem sie die Frage für nicht relevant erklärten, vgl. Schlußanträge des GA Darmon vom 19.05.1987 zu EuGH, Urteil vom 30.09.1987, Rs. 12/86, Slg. 1987, 3719[3737, 3739] Zf. 6- Demirel.

diesbezüglich explizit nicht, da ein derartiger Fall in concreto nicht vorliege.[1149] In den Urteilen Haegemann[1150] und Bresciani[1151] legt der Gerichtshof gemischte Abkommen aus, ohne vorab die Frage geprüft zu haben, in wessen Regelungsbereich die fraglichen Bestimmungen fallen, in den der Gemeinschaft oder der Mitgliedstaaten. In beiden Fällen interpretiert der EuGH jedoch nur Vorschriften, die in die ausschließliche Vertragsschließungskompetenz der EG fallen.

Auch in den Rechtssache Bouhelier II[1152] und Pabst[1153] löst der EuGH die Frage nach der Reichweite seiner Prüfungskompetenz nicht.

Mit dem Urteil Hermès gibt der EuGH jedoch zu erkennen, daß er sich für befugt hält, auch die Vorschriften auszulegen, die in die ausschließliche Kompetenz der Mitgliedstaaten fallen.[1154]

Wenn man der oben unter F dargestellten Auffassung folgen würde, daß das gesamte gemischte Abkommen Teil des Gemeinschaftsrechts wäre[1155], wäre es nur konsequent, hieraus zu folgern, daß der EuGH zur Auslegung des gesamten gemischten Abkommens befugt wäre.[1156] Der Ansicht, daß das gesamte gemischte Abkommen Gemeinschaftsrecht darstellt, wird allerdings aus obigen Gründen nicht gefolgt. Infolgedessen ist die Frage der Reichweite der Auslegungskompetenz des EuGH näher zu beleuchten.

1149 EuGH, Urteil vom 30.09.1987, Rs. 12/86, Slg. 1987, 3719[3747, 3751] R. 9- Demirel.

1150 In dieser Rechtssache folgt der EuGH insofern nicht der Auffassung von GA Warner, als dieser dem EuGH die Befugnis zur Entscheidung über die Auslegung von Rechtsakten der im Assoziierungsabkommen mit Griechenland gegebenen Art abspricht. Nach Auffassung des GA reicht die Auslegungszuständigkeit des EuGH nur so weit, wie die Auslegung dieses Rechtsaktes für die Frage der Gültigkeit einer Handlung eines Gemeinschaftsorgans oder die Frage der Auslegung einer solchen Handlung erheblich ist. Vgl. Schlußanträge des GA Warner vom 02.04.1974 zu EuGH, Urteil vom 30.04.1974, Rs. 1818/73, Slg. 1974, 449[465, 473]- Haegemann. Der EuGH dagegen hält sich zur Vorabentscheidung befugt, zumal dieses Abkommen für die Gemeinschaft die Handlung eines Gemeinschaftsorgans im Sinne von Art. 177 [nun Art. 234] Abs. 1 lit. b EGV darstellt, EuGH, Urteil vom 30.04.1974, Rs. 1818/73, Slg. 1974, 449[450, 460] R. 2/6- Haegemann.

1151 Vgl. Fn. 1144.

1152 EuGH, Urteil vom 11.10.1979, Rs. 225/78, Slg. 1979, 3151 ff- Procureur de la République, Besançon/ Bouhelier u.a. (Bouhelier II) (Ersuchen um Vorabentscheidung, vorgelegt vom Tribunal correctionnel Besançon).

1153 EuGH, Urteil vom 29.04.1982, Rs. 17/81, Slg. 1982, 1331 ff- Pabst.

1154 EuGH, Urteil vom 26.06.1998, Rs. C-53/96, Slg. 1998, I-3603[3637, 3647 f] R. 28 ff - Hermès.

1155 Wie etwa Bleckmann, EuR 1976, 301[302 ff, 308]; Bleckmann, in: O'Keeffe/ Schermers, S. 155[156 ff]; Krück, Völkerrechtliche Verträge, S. 102 ff, 140, vertreten.

1156 Bleckmann, EuR 1976, 301[302 ff, 308].

Wie oben dargestellt, haben die Mitgliedstaaten der Gemeinschaft durch ihre WTO-Mitgliedschaft nicht nur gegenüber anderen Staaten, sondern auch gegenüber der Gemeinschaft eine Verpflichtung übernommen. Sowohl Gemeinschaft als auch Mitgliedstaaten sind an die Gesamtheit der welthandelsrechtlichen Abkommen gebunden.[1157] Daher begründet die Nichterfüllung des Abkommens jedenfalls die Haftung der Gemeinschaft neben der Einzelhaftung des betreffenden Staates, so daß ein Interesse der Gemeinschaft und insbesondere des Gerichtshofes an einer einheitlichen Anwendung, Durchführung und Auslegung aller Bestimmungen und eine entsprechende Befugnis besteht.[1158] Hierfür spricht auch die aus Art. 10 (ex-Art. 5) EGV folgende Pflicht zur gegenseitigen Kooperation für Gemeinschaft und Mitgliedstaaten.

Es ist also bei gemischten Abkommen wie den im Rahmen der WTO geschlossenen Abkommen die im vorliegenden Fall bedeutende Frage zu untersuchen, ob der EuGH nur solche Vorschriften auslegen darf, die in seinen Zuständigkeitsbereich fallen[1159] oder ob er alle Vorschriften interpretieren darf. Für ersteres spräche, daß die Gemeinschaft nicht allein zum Abschluß der gemischten Abkommen ermächtigt ist. So ist die Zuständigkeit für TRIPs und GATS, wie oben dargestellt, gemäß dem Gutachten 1/94 des EuGH[1160] zwischen der Gemeinschaft und den Mitgliedstaaten geteilt. Außerdem könnte der Abschluß eines gemischten Abkommens ansonsten „eine faktische Kompetenzübertragung“[1161] bedeuten.[1162] Der Zuständigkeitsübergriff durch die Gemeinschaft, der bei Abschluß des Abkommens durch die Wahl der Abschlußform des gemischten Abkommens vermieden wurde, könnte durch innergemeinschaftlich bindende Entscheidungen des EuGH durch die Hintertür eingeführt werden.[1163] Auch wird vorgebracht, daß der Abschluß eines Abkommens nur insoweit ein

1157 Vgl. hierzu obige Ausführungen unter D.

1158 So auch GA Tesauro in seinen Schlußanträgen vom 13.11.1997 zu EuGH, Urteil vom 26.06.1998, Rs. C-53/96, Slg. 1998, I-3603[3606, 3618] Zf. 18 Fn. 23- Hermès.

1159 So etwa Arnold, ArchVR 1980/81, 419[455]; Arnold, in: Dauses (1998), K.I. R. 101 (S. 37), dagegen differenzierend: eingeschränkte Auslegungskompetenz nur, wenn sich aus dem Parteiwillen eine Trennung bezüglich der Bindung ergibt- dagegen umfassende Interpretationskompetenz bei Bindung an den gesamten Vertragsinhalt; so wohl auch Ehlermann, in: O'Keeffe/ Schermers, S. 3[18 f]; Geiger, 2. Aufl. 1995, Art. 228 R. 32, jedoch ohne Begründung; a.A. allerdings in der Neuauflage von Geiger, 3. Aufl. 2000, Art. 300 R. 35; Giardina, S. 263[271]; Kuilwijk, S. 87; Louis, S. 108; Meessen, EuR 1980, 36[48]; Tomuschat, in: GTE, Art. 228, R. 89.

1160 Gutachten 1/94 des EuGH v. 15.11.1994, Slg. 1994, I- 5267 ff.

1161 Weber, S. 22; Meessen, EuR 1980, 36[48].

1162 Ähnlich auch Giardina, S. 263[272].

1163 So Meessen, EuR 1980, 36[48].

„Handeln“ von Gemeinschaftsorganen gemäß Art. 234 (ex-Art. 177) EGV darstellen könne, als die Gemeinschaftsorgane im Verhältnis zu den Mitgliedstaaten zum Abschluß kompetent waren. Die Zuständigkeitsverteilung zwischen der Gemeinschaft und den Mitgliedstaaten müsse auch im Bereich der Judikativen berücksichtigt werden.[1164]

Eine Trennung der Auslegungszuständigkeit zwischen Mitgliedstaaten und Gemeinschaft ist allerdings insofern problematisch, als Vorschriften miteinander verwoben sein können[1165], sei es durch ausdrückliche Verweisung, sei es aufgrund des inhaltlichen Zusammenhangs. So könnte beispielsweise ein nationales Gericht einen Begriff anders definieren als es der EuGH tut. Da davon auszugehen ist, daß in ein- und demselben Abkommen regelmäßig dieselben Begriffe auch identisch verwendet werden, würde dies einander widersprechende Auslegungen heraufbeschwören. Das hieße, daß sich eine nationale Auslegung auch auf die Anwendung von Gemeinschaftsvorschriften oder möglicherweise sogar auf das Funktionieren des Systems als Ganzes auswirken kann.[1166] Dies könnte letztlich die Rechtssicherheit und Einheit der Gemeinschaftsrechtsordnung gefährden.[1167] Auch kann es sich u.U. als schwierig erweisen, zu entscheiden, ob eine Bestimmung nur im nationalen Bereich oder (auch) im gemeinschaftsrechtlichen Bereich von Bedeutung ist.[1168] Ferner sind die Grenzen der Kompetenzen zwischen Mitgliedstaaten und Gemeinschaft teilweise nicht genau voneinander abzugrenzen.[1169] Dies sind ja letztlich auch die Hintergründe für den Abschluß als gemischtes Abkommen.

Aus Gründen der Rechtssicherheit[1170], der Effektivität des Welthandelsrechts und der Einheit der Gemeinschaftsrechtsordnung[1171] ist eine umfassende Ausle-

---

1164 So Meessen, EuR 1980, 36[48].

1165 So auch Schlußanträge des GA Tesauro vom 13.11.1997 zu EuGH, Urteil vom 26.06.1998, Rs. C-53/96, Slg. 1998, I-3603[3606, 3619] Zf. 20- Hermès.

1166 So auch Schlußanträge des GA Tesauro vom 13.11.1997 zu EuGH, Urteil vom 26.06.1998, Rs. C-53/96, Slg. 1998, I-3603[3606, 3619] Zf. 20- Hermès.

1167 So auch Oehmichen, S. 77.

1168 So auch Eeckhout, CML Rev. 1997, 11 ff; Oehmichen, S. 77; Rideau, RGDIP 1990, 289[347]; Schlußanträge des GA Tesauro vom 13.11.1997 zu EuGH, Urteil vom 26.06.1998, Rs. C-53/96, Slg. 1998, I-3603[3606, 3619] Zf. 20- Hermès.

1169 So auch Oehmichen, S. 77.

1170 Bleckmann, EuR 1976, 300[309 f]; wohl auch Drexl, GRUR Int. 1994, 783; Oehmichen, S. 77; Weber, in: GTE, Art. 238 R. 45, der seine Ansicht allerdings damit begründet, daß ansonsten im Rahmen der Fragen des Ranges und der unmittelbaren Anwendbarkeit unterschiedliche Ergebnisse einträten. Jedoch sind gemischte Abkommen in bezug auf Rang und unmittelbare Anwendbarkeit einerseits und Auslegung andererseits unterschiedlich zu behandeln, wie in dieser Arbeit gezeigt wird.

1171 Oehmichen, S. 77.

gungskompetenz des EuGH[1172] vorzugswürdig.[1173] Sonst bestünde - wie oben dargelegt - die Gefahr einer Vielzahl verschiedener Auslegungen durch die gemeinschaftlichen bzw. nationalen Gerichte.[1174]

Da es sich bei gemischten Abkommen um einheitliche Verträge zwischen Gemeinschaft und Mitgliedstaaten auf der einen Seite und Drittstaaten auf der anderen Seite handelt, müssen auch Auslegung und Anwendung einheitlich sein.[1175] Die Auslegung muß auch deshalb einheitlich sein, weil das Gesamtpaket der WTO-Übereinkommen ein einheitliches Ganzes darstellt, dessen Auslegung sich infolgedessen an denselben Kriterien orientieren muß.[1176] Da Abschlußzuständigkeit der Gemeinschaft und Auslegungszuständigkeit des Gerichtshofes nicht vollkommen und notwendig parallel sind - dies ergibt sich schon daraus, daß die Abschlußzuständigkeit auf effektive und aktuelle Befugnisse der Gemeinschaft zurückzuführen ist, die Auslegungszuständigkeit dagegen auch aus „potentiellen" Befugnissen der Gemeinschaft abzuleiten ist -, kann der EuGH auch diejenigen Vorschriften der WTO-Übereinkommen auslegen, die nicht in seinen Zuständigkeitsbereich fallen.[1177]

Auch die gesamtschuldnerische Haftung ist ein Argument für die Befugnis des EuGH, das gesamte gemischte Abkommen auszulegen.[1178] Die völkerrecht-

---

1172 So auch Weber, in: GTE, Art. 238 R. 45, 5. Aufl., zu als gemischten Abkommen geschlossenen Assoziierungsabkommen.

1173 Es sei an dieser Stelle angemerkt, daß die Auslegung von welthandelsrechtlichen Bestimmungen durch den EuGH für WTO-Vertragsparteien, die nicht zur Gemeinschaft gehören, nicht bindend sind, so auch Schmalenbach, in: Calliess/ Ruffert, Art. 300 R. 85.

1174 Ähnlich argumentiert der EuGH in der Rechtssache Sevince, Urteil vom 20.09.1990, Rs. C-192/89, Slg. 1990, I-3461[3497, 3501]- R.11.

1175 Schlußanträge des GA Tesauro vom 13.11.1997 zu EuGH, Urteil vom 26.06.1998, Rs. C-53/96, Slg. 1998, I-3603[3606, 3616] Zf. 16- Hermès, der hier Äußerungen der Kommission wiedergibt.
Auch Ott, S. 219, vertritt die Auffassung, „daß sich die Auslegungskompetenz des EuGH auf gemischte Abkommen und ihre sämtlichen Vertragsbestandteile erstreckt. Weiterhin hat der EuGH nach seiner ständigen Rechtsprechung die Kompetenz zur Auslegung des gemeinschaftlichen Völkervertragsrechts wie des sekundären Völkervertragsrechts - z. B. in der Form von Organbeschlüssen der Assoziationsorgane." Allerdings ist ihre Ansicht mit Einschränkungen verbunden, wie noch zu zeigen sein wird.

1176 Schlußanträge des GA Tesauro vom 13.11.1997 zu EuGH, Urteil vom 26.06.1998, Rs. C-53/96, Slg. 1998, I-3603[3606, 3616] Zf. 16- Hermès.

1177 Schlußanträge des GA Tesauro vom 13.11.1997 zu EuGH, Urteil vom 26.06.1998, Rs. C-53/96, Slg. 1998, I-3603[3606, 3616] Zf. 16- Hermès.

1178 So auch Hilpold, S. 64; Ott, S. 216. Hilpold verweist in diesem Zusammenhang a.a.O. auf die Rechtssache Demirel. Dieser Hinweis ist jedoch insofern nicht korrekt, als der EuGH in diesem Urteil die „Frage, ob der Gerichtshof für die Entscheidung über die Auslegung einer Bestimmung eines gemischten Abkommens liche Bindung bewirkt ja, wie oben dargestellt, die völkerrechtliche Haftung für das Gesamtpaket der Abkommen. Daher hat die Gemeinschaft auch das Gesamtpaket ratifiziert. Infolgedessen kann der komplette Inhalt des Vertrages als Handlung im Sinne des Art. 234 (ex-Art. 177) Abs. 1 lit. b) EGV betrachtet werden.[1179]

Abgesehen davon trägt nur die umfassende Auslegungskompetenz des EuGH der dynamischen Kompetenzentwicklung, insbesondere im Rahmen des TRIPs, Rechnung.[1180]

Erwähnt sei im Kontext der welthandelsrechtskonformen Auslegung auch Otts Ansicht: Sie vertritt die Auffassung, daß der Gerichtshof zwar das gesamte Abkommen in den Verfahren nach Art. 234 (ex-Art. 177) Abs. 1 lit. b und Art. 300 (ex-Art. 228) Abs. 6 EGV insofern auslegen könne, als es um die Feststellung der Zuständigkeit gehe. Jedoch könne er die Auswirkungen in den nationalen Rechtsordnungen nicht vorschreiben, soweit die betroffene welthandelsrechtliche Vorschrift nicht in die ausschließliche Zuständigkeit der Gemeinschaft falle. Infolgedessen müsse „zwischen der Zuständigkeitsauslegung des Vertrages und der weitergehenden Auswirkungsbestimmung unterschieden werden“.[1181] Das heißt, nach Ott dient die Auslegungskompetenz bei gemischten Abkommen vor allem dazu, festzustellen, wie sich die Kompetenzen zwischen den Mitgliedstaaten und der Gemeinschaft verteilen. Soweit die Grenzen der gemeinschaftlichen Kompetenzen feststehen, könne der Gerichtshof keine weitergehende Wirkungsbestimmung für das Recht der Mitgliedstaaten vornehmen.[1182] Wie Ott vertritt Tomuschat sozusagen eine Zwischenstufe zwischen der Auffassung, der EuGH dürfe nur Vorschriften auslegen, die in seinen Kompetenzbereich gehören, und der weitergehenden Auffassung in der Rechtssache Hermès, der Gerichtshof dürfe unabhängig davon, in wessen Zuständigkeitsbereich die Vorschriften fallen, alle Bestimmungen auslegen. Er ist der Ansicht, der EuGH dürfe an sich nur Bestimmungen aus seinem Zuständigkeitsbereich auslegen, jedoch dürfe er alle Bestimmungen auslegen, um die Kompetenzgrenze festzulegen.[1183]

---

zuständig ist, die eine Verpflichtung enthält, die nur die Mitgliedstaaten im Bereich ihrer eigenen Zuständigkeiten übernehmen konnten“ ausdrücklich offen läßt, zumal sie sich seiner Auffassung nach nicht stelle, EuGH, Urteil vom 30.09.1987, Rs. 12/86, Slg. 1987, 3719[3747, 3751] R. 9- Demirel. Die Regierungen von Deutschland und des Vereinigten Königreichs hatten in diesem Streit, wie bereits erläutert, die einheitliche Auslegungsbefugnis des EuGH abgelehnt, a.a.O., R. 8.

1179 Hilf, S. 11[42]; Ott, S. 217.

1180 So auch Ott, S. 217.

1181 Ott, S. 219.

1182 Ott, S. 219.

1183 Tomuschat, in: GTE, Art. 228 R. 89, mit Verweis auf Stein, S. 188.

In diesem Zusammenhang wird darauf hingewiesen, daß bei gemischten Verträgen, insbesondere den WTO-Abkommen, aufgrund oben dargelegter Argumente, eine generelle Vorlagepflicht der nationalen Gerichte nach Art. 234 (ex-Art. 177) EGV anzunehmen ist.[1184]

Der EuGH entscheidet in seinem Urteil Hermès[1185] bezüglich seiner Auslegungskompetenz in umfassenderem Sinne als Ott und Tomuschat. Er stellt hier klar, daß er für die Auslegung auch solcher Vorschriften des TRIPs zuständig ist, die wie diejenigen über die „Durchsetzung der Rechte am geistigen Eigentum" mangels Ausübung der internen Zuständigkeit der Gemeinschaft im wesentlichen noch in die Zuständigkeit der Mitgliedstaaten fallen. Er begründet dies damit, daß das WTOÜ von der Gemeinschaft und ihren Mitgliedstaaten ratifiziert wurde, wobei die jeweiligen Verpflichtungen gegenüber den anderen Vertragsparteien zwischen ihnen nicht aufgeteilt worden sind.[1186] Außerdem bestehe „ein klares Interesse der Gemeinschaft" an einer einheitlichen Auslegung.[1187]

An dieser Stelle sei darauf hingewiesen, daß ein Vergleich der Argumentation des EuGH in den Rechtssachen Racke und Hermès trotz ähnlicher Ausgangssituationen erstaunliche Unterschiede zeigt. In beiden Fällen wird die Zuständigkeit des Gerichtshofs in Zweifel gezogen. In der Angelegenheit Racke wendet die Kommission ein, daß der EuGH nicht zuständig sei, wenn ein einzelner sich auf Völkergewohnheitsrecht beruft, um die Ungültigkeit von gemeinschaftsrechtlichem Sekundärrecht zu erreichen.[1188] Im Urteil Hermès brachten die Regierungen von den Niederlanden, Frankreich und Großbritannien vor, der EuGH sei nicht zuständig, über die Auslegung von Art. 50 TRIPs zu entscheiden, zumal diese Vorschrift in die ausschließliche Zuständigkeit der Mitgliedstaaten falle. Zwar hält sich der EuGH in beiden Fällen für zuständig, jedoch mit unterschiedlicher Begründung: Während er sich in der Entscheidung Racke auf ex-Art. 177 Abs. 3 EGV (nun Art. 234 Abs. 3 EGV) beruft, stützt er sich im Ur-

---

1184 So auch Ott, S. 218.

1185 EuGH, Urteil vom 16.06.1998, Rs. C-53/96, Slg. 1998, I-3603 ff- Hermès (entspricht EuZW 1998, 572 ff). Vgl. hierzu obige Ausführungen insbesondere unter K.II.2.b).

1186 EuGH, Urteil vom 16.06.1998, Rs. C-53/96, Rs. C-53/96, Slg. 1998, I-3603[3637, 3547] R. 24- Hermès (entspricht EuZW 1998, 572[573] R. 24- Hermès).

1187 EuGH, Urteil vom 16.06.1998, Rs. C-53/96, Rs. C-53/96, Slg. 1998, I-3603[3637, 3648] R. 32- Hermès (entspricht EuZW 1998, 572[574] R. 32- Hermès). So auch der GA Tesauro in seinen Schlußanträgen vom 13.11.1997 zu EuGH, Urteil vom 26.06.1998, Rs. C-53/96, Slg. 1998, I-3603[3606, 3616] Zf. 16 (Wiedergabe der Auffassung der Kommission), [3619 ff] Zf. 20, 21- Hermès. Im konkreten Fall ging es um die Auslegungsbefugnis bezüglich Art. 50 Abs. 6 TRIPs, die der EuGH bejahte.

1188 Schlußanträge des GA Jacobs vom 04.12.1997 zu EuGH, Urteil vom 16.06.1998, Rs. C-162/96, Slg. 1998, I-3655[3659, 3673] R. 56- Racke.

teil Hermès nicht auf diese Norm, sondern auf seine Rechtsprechung hinsichtlich seiner Auslegungskompetenz.[1189]

Daß die Problematik des Auslegungsumfangs nicht neu ist, belegt folgende vom Vereinigten Königreich in Aussicht gestellte Reaktion, zitiert nach einer Äußerung von Generalanwalt Tesauro in der Rechtssache Hermès: „Für den Fall, daß der Gerichtshof seine eigene Zuständigkeit zur Auslegung des gesamten WTO-Übereinkommenspakts bejahen sollte, erwägt das Vereinigte Königreich für die Zukunft eine größere Zurückhaltung der Mitgliedstaaten bei der Unterzeichnung gemischter Abkommen und zum anderen eine stärkere Hinwendung zu völlig anderen Regelungsbereichen."[1190]

Bedeutsam an dem Urteil Hermès ist, daß der EuGH die enge Verzahnung von Welthandelsrecht und Gemeinschaftsrecht erkennt, ausdrücklich betont und dementsprechend entscheidet.[1191] Er erkennt hier also ausdrücklich die welthandelsrechtskonforme Auslegung des Gemeinschaftsrechts[1192] an.

Zusammenfassend läßt sich festhalten, daß bei gemischten Abkommen eine Differenzierung bezüglich Bindung, Rang und unmittelbarer Anwendbarkeit vorzunehmen ist. Nur wenn die Gemeinschaft ausschließlich zuständig ist, richten sich die Fragen der Bindungsgrundlage, des Rangs und der unmittelbaren Anwendbarkeit[1193] nach Gemeinschaftsrecht, im übrigen nach nationalem Recht.[1194] Eine Sonderstellung nimmt allerdings die Frage der Auslegung inso-

1189 So auch Gagliardi, ELR 1999, 276[278].

1190 Schlußanträge des GA Tesauro vom 13.11.1997 zu EuGH, Urteil vom 26.06.1998, Rs. C-53/96, Slg. 1998, I-3603[3606, 3618] Zf. 19 Fn. 25- Hermès.

1191 EuGH, Urteil vom 16.06.1998, Rs. C-53/96, Slg. 1998, I-3603[3637, 3647 f] R. 28- Hermès (entspricht EuZW 1998, 572[574] R. 28)- Hermès.

1192 Der Grundsatz völkerrechtskonformer Auslegung hängt eng mit dem Grundsatz der völkerrechtskonformen Integration, der in Art. 307 (ex-Art. 234) EGV anerkannt wird, zusammen. Er entspricht u.a. dem Prinzip „pacta sunt servanda", das als völkergewohnheitsrechtliches Prinzip in Art. 26 beider Wiener Vertragsrechtskonventionen verankert ist, sowie der Vermeidung völkerrechtlicher Vertragskollisionen (Art. 34 ff WVRK), Petersmann, in: GTE, Art. 234 R. 1.

1193 Daß diese Differenzierung nach den Kompetenzbereichen für die Beurteilung der unmittelbaren Anwendbarkeit in der Rechtsordnung der Bundesrepublik Deutschland praktisch keine unterschiedlichen Rechtsfolgen hat, ist unerheblich, zumal für Staaten wie etwa Großbritannien - wie gezeigt - die Konsequenzen erheblich sind.

1194 So im Ergebnis auch Ott, S. 214; Kuilwijk, S. 87.
An dieser Stelle wird auf folgende zutreffende Feststellung Cottiers, in: Müller-Graff (Hrsg.), S. 179[185], hingewiesen: Da die Mitgliedstaaten aufgrund der Rechtsnatur des WTO-Abkommens als gemischtes Abkommen eine eigenständige Beurteilung der Frage der unmittelbaren Anwendbarkeit vornehmen können, „ist denkbar, dass ... der Prozess der Verrechtlichung induktiv durch unmittelbare Anwendung auf der Ebene der Mitgliedstaaten vorangetrieben werden wird." Dabei ist hervorzuheben, daß Nicht-EG-Mitgliedstaaten einen größeren Spielraum haben,

fern ein, als der EuGH die Auslegungsbefugnis über sämtliche Teile der WTO-Abkommen hat.

IV. Bedeutung der welthandelsrechtskonformen Auslegung

Der welthandelsrechtskonformen Interpretation kommt mehrfache Bedeutung zu:

1. Selbst Gegner der unmittelbaren Anwendbarkeit müssen aus oben genannten Gründen die gemeinschaftsrechtlichen Vorschriften zumindest welthandelsrechtskonform auslegen.[1195]

2. Die welthandelsrechtskonforme Auslegung[1196] muß auch für solche Regelungen, die nach der Einzelfallprüfung keine subjektiven Rechte bzw. Pflichten vermitteln und/ oder als nicht unmittelbar anwendbar anzusehen sind, gelten.[1197] Darüber hinaus können auch Vorschriften, die keine subjektiven

---

insbesondere kleinere und mittlere Länder, in denen Retorsionen eine geringere Rolle spielen. Bemerkenswert ist in diesem Zusammenhang, daß das schweizerische Bundesgericht früher in bezug auf das alte GATT die unmittelbare Anwendbarkeit abgelehnt hat, unter dem neuen WTO-System diese Frage aber offen gelassen hat. Vgl. Cottier, a.a.O..

1195 Auf die Bedeutung der welthandelsrechtskonformen Auslegung weist auch Desmedt, Legal Issues of Economic Integration 2000, 93[101] (entspricht Desmedt, JIEL 2000, 191[192]), hin, nachdem er aus dem Urteil Portugal/ Rat (EuGH, Urteil vom 23.11.1999, Rs. C-149/96, Slg. 1999, I-8395 ff) abgeleitet hat, daß es für einzelne schwierig würde, vor Gericht geltend zu machen, nationale oder gemeinschaftliche Maßnahmen seien mit dem Welthandelsrecht unvereinbar: „ ... the principle, that where possible, national or Community measures have to be interpreted consistently with international obligations may well become the most effective method for private parties to invoke WTO rules.“

1196 Es sei jedoch an dieser Stelle angemerkt, daß es sich bei der welthandelsrechtskonformen Auslegung um eine Auslegungsregel handelt, die an die Wortlautschranke gebunden ist, so daß Welthandelsrecht auf dieser Basis nur insoweit Berücksichtigung finden kann, als es darunter subsumiert werden kann. Die eigentlichen Konflikte zwischen Welthandelsrecht und Gemeinschaftsrecht bleiben auch, wenn man diesem Auslegungsansatz folgt, ungelöst. Vgl. Hilpold, EuR 1999, 597[614].

1197 Hier kann eine Parallele zur Rechtsprechung des EuGH zur richtlinienkonformen Auslegung der nationalen Rechtsordnungen auch in den Fällen, in denen eine Richtlinie nicht unmittelbar anwendbar ist (vgl. EuGH, Urteil vom 10.04.1984, Rs. 14/83, Slg. 1984, 1891[1892, 1909] R. 26- Sabine von Colson und Elisabeth Kamann/ Land Nordrhein-Westfalen (Ersuchen um Vorabentscheidung, vorgelegt vom Arbeitsgericht Hamm); EuGH Urteil vom 10.04.1984, Rs. 79/83, Slg. 1984, 1921[1922, 1942] R. 26- Dorit Harz/ Deutsche Tradax GmbH (Ersuchen um Vorabentscheidung, vorgelegt vom Arbeitsgericht Hamburg), gezogen werden.

Rechte und Pflichten beinhalten, und/ oder nicht unmittelbar anwendbare Vorschriften als Maßstab bei Ermessensentscheidungen herangezogen werden.[1198]

3. Das WTO-Recht hat nicht nur für die Auslegung des sekundären Gemeinschaftsrechts und des nationalen Rechts Bedeutung, sondern auch für die Auslegung des primären Gemeinschaftsrechts.[1199] Denn es erweitert die Freiheit und Rechtsgleichheit der EG-Bürger über das Gemeinschaftsrecht hinaus.[1200]

4. Über die welthandelsrechtskonforme Auslegung lassen sich schon zahlreiche Probleme im Verhältnis Welthandelsrecht und nationales Recht bzw. Gemeinschaftsrecht lösen.[1201]

1198 So auch Weber, ArchVR 1997, 295[306], mit Hinweis auf Oehmichen, S. 114.
1199 So auch Petersmann, in: Müller-Graff (Hrsg.), S. 81[82].
1200 So Petersmann, in: Müller-Graff (Hrsg.), S. 81[82].
1201 Cottier, in: Müller-Graff (Hrsg.), S. 179[185].

M. Untersuchung des Umfangs der Berechtigungen bzw. Verpflichtungen anhand ausgewählter Vorschriften der unter dem Dach der WTO geschlossenen Abkommen

Vorab soll nochmals klargestellt werden, daß auch welthandelsrechtliche Normen, die weder unmittelbar anwendbar sind noch subjektive Rechte und Pflichten enthalten, für die Gemeinschaft und ihre Organe sowie für die Mitgliedstaaten der WTO verbindlich sind und als Rechtsnormen anzuwenden sind. Die Frage der unmittelbaren Anwendbarkeit und der subjektiven Rechte bzw. Pflichten spielt jedoch eine entscheidende Rolle für die tatsächliche Durchsetzung des Normeninhalts.[1202]

Im folgenden soll der Umfang der Berechtigungen und Verpflichtungen der unter dem Dach der WTO geschlossenen Abkommen anhand einiger exemplarischer Vorschriften näher untersucht werden.[1203] Dabei werden im folgenden die oben dargestellten Auslegungsregeln[1204] angewandt, soweit sie im Einzelfall von Bedeutung sind. Nicht mehr eingegangen wird auf die allgemein vorgebrachten Argumente pro und contra unmittelbare Anwendbarkeit bzw. subjektive Rechte und Pflichten. Diesbezüglich wird auf obige Ausführungen insbesondere unter K.III verwiesen.

Zunächst ist vorab festzuhalten, daß weder aus Sicht der Gemeinschaft noch aus innerstaatlicher Sicht der Bundesrepublik Deutschland der grundsätzlichen Anerkennung der unmittelbaren Anwendbarkeit rechtliche Hindernisse entgegenstehen. Insbesondere ist die erforderliche Zustimmung des Bundestages gemäß Art. 59 Abs. 2 GG ebenso erfolgt wie die Veröffentlichung der WTO-Abkommen im Bundesgesetzblatt.

1202 Vgl. auch Epiney, EuZW 1999, 5[6 f] Fn. 24.

1203 Da es den Rahmen dieser Arbeit sprengen würde, können weder alle Vorschriften noch alle Absätze und alle Sätze einer ausgewählten Vorschrift dargelegt werden. Die Auswahl erfolgte nach verschiedenen Kriterien. Entscheidend waren insbesondere folgende Aspekte: die Bedeutung der Vorschrift (beispielsweise überragende Rolle des Meistbegünstigungsgrundsatzes und der Inländerbehandlung); die Frage, ob die Vorschrift auch Grundlage von EuGH-Entscheidungen war (wie etwa Art. 50 Abs. 6 TRIPs); besonders geeignete Beispiele für die jeweilige Kategorie; die Tatsache, daß für jede der drei Kategorien (unmittelbar anwendbare Vorschriften, subjektive Rechte bzw. Pflichten, weder subjektive Rechte bzw. Pflichten noch unmittelbar anwendbare Vorschriften) aus den untersuchten Abkommen Bestimmungen angeführt werden.

1204 Vgl. Ausführungen unter K.I.9.d).

I. WTOÜ

1. Bedeutung des WTOÜ

Das WTOÜ stellt ein Rahmenabkommen dar. Dennoch ist es von nicht zu unterschätzender Bedeutung, weil es die WTO errichtet und den institutionellen Rahmen für die Wahrnehmung der Handelsbeziehungen bildet. Auch erkennt das WTOÜ in Art. VIII Abs. 1 der Welthandelsorganisation Rechtspersönlichkeit zu. Ferner sieht das WTOÜ das Streitbeilegungssystem vor (Art. IV Abs. 3 WTOÜ).

2. Untersuchung ausgewählter Vorschriften des WTOÜ auf aus ihm resultierende Berechtigungen und Verpflichtungen

a) Unmittelbar anwendbare Vorschriften im WTOÜ

aa) Art. II Abs. 2 WTOÜ

Art. II Abs. 2 WTOÜ ist unmittelbar anwendbar. Denn diese Bestimmung ist klar und eindeutig formuliert und damit inhaltlich hinreichend bestimmt: Diese Norm spezifiziert nämlich ganz eindeutig, auf welche Übereinkommen und dazugehörigen Rechtsinstrumente sie sich bezieht, daß diese Bestandteil des WTOÜ sind und für alle Mitgliedstaaten verbindlich[1205] sind. Die Unbedingtheit dieser Vorschrift ergibt sich daraus, daß ihre Anwendung nicht vom Erlaß von Durchführungsvorschriften abhängt, so daß die innerstaatlichen bzw. gemeinschaftlichen Behörden und Gerichte aus ihr Rechtsfolgen für den Einzelfall ableiten dürfen.

bb) Art. II Abs. 3 S. 1 WTOÜ

Auch Absatz 3 Satz 1 des Art. II WTOÜ ist aufgrund seiner Klarheit und Eindeutigkeit inhaltlich bestimmt. Ferner kann diese Vorschrift als solche angewandt werden, ist also unbedingt. Daher ist Art. II Abs. 3 S. 1 WTOÜ unmittelbar anwendbar. Dem steht nicht entgegen, daß sich die Vorschrift nicht an den einzelnen, sondern an die „Mitglieder" der WTO wendet. Denn wie oben dargestellt, entscheidet der formelle Normadressat ja nicht über die Fragen der unmittelbaren Anwendbarkeit und der subjektiven Rechte bzw. Pflichten.

1205 Hingewiesen wird darauf, daß der französische Wortlaut „contraignant" („zwingend") im Vergleich zur englischen Fassung „binding" und zur deutschen (- wie bereits gesagt - allerdings nicht verbindlichen) Übersetzung „verbindlich" stärker im Ausdruck ist, was allerdings im Ergebnis nichts ändert.

cc) Art. XVI Abs. 3 WTOÜ

Art. XVI Abs. 3 WTOÜ ist unmittelbar anwendbar. Denn dieser Artikel legt sowohl klar und eindeutig fest, um welchen Fall der Normenkollision und um welche Normen es sich handelt[1206] als auch, welche Rechtsfolge diese Normenkollision nach sich zieht[1207]. Damit ist er inhaltlich bestimmt. Die Rechtsfolgen dieser Bestimmung treten ohne Erlaß weiterer Akte ein, so daß diese Vorschrift auch unbedingt ist.

b) Keine subjektiven Rechte und Pflichten im WTOÜ

Das WTOÜ enthält zwar unmittelbar anwendbare Vorschriften, jedoch keine Bestimmungen, die subjektive Rechte bzw. Pflichten vermitteln.[1208] So ist zwar beispielsweise Art. II Abs. 3 S. 1 WTOÜ unmittelbar anwendbar, wie oben dargelegt. Jedoch enthält diese Norm kein subjektives Recht, weil sie den einzelnen[1209] nicht begünstigt, und dieser sich daher nicht auf diese Vorschrift berufen kann. Ebensowenig kann sich der einzelne auf die übrigen Bestimmungen des WTOÜ berufen, zumal diese den einzelnen nicht begünstigen wollen. Das WTOÜ enthält daher keine subjektiven Rechte bzw. Pflichten. Dies stimmt auch mit seiner Eigenschaft als Rahmenabkommen[1210] überein.

1206 Vgl. Wortlaut des Art. XVI Abs. 3 WTOÜ: „Normenkollision zwischen einer Bestimmung dieses Übereinkommens und einer Bestimmung eines der Multilateralen Handelsübereinkommen".

1207 Vgl. Wortlaut des Art. XVI Abs. 3 WTOÜ: „ ... hat die Bestimmung dieses Übereinkommens im Ausmaß der Normenkollision Vorrang."

1208 Es wird an dieser Stelle darauf hingewiesen, daß die in den Kapiteln „unmittelbar anwendbare Vorschriften" für unmittelbar anwendbar befundenen Normen, soweit sie subjektive Rechte bzw. Pflichten vermitteln, auch in die Kapitel „subjektive Rechte bzw. Pflichten" aufgenommen werden. Wenn die als unmittelbar anwendbar eingestuften Bestimmungen dagegen keine subjektiven Rechte bzw. Pflichten enthalten, so wird dies im Regelfall nicht gesondert vermerkt; die entsprechende Norm wird eben nur nicht in den Kapiteln „subjektive Rechte bzw. Pflichten" aufgeführt.

1209 Es wird daran erinnert, daß der Begriff „der einzelne" auch in diesem Kapitel wie sonst in dieser Arbeit nicht nur natürliche Personen, sondern auch Unternehmen sowie juristische Personen des Privatrechts und des öffentlichen Rechts erfaßt.

1210 Vgl. Schäfers, GRUR Int. 1996, 763[768]: „Das Übereinkommen zur Errichtung der WTO ist primär als Verfassungs- und Verfahrensinstrument angelegt; inhaltliche Aussagen enthält es nur bezüglich der Aufgaben der WTO." (Hervorhebung der Verfasserin).

c) Weder subjektive Rechte und Pflichten noch unmittelbar anwendbare Vorschriften im WTOÜ

aa) Art. III Abs. 1 Halbs. 1 WTOÜ

Art. III Abs. 1 Halbs. 1 WTOÜ ist nicht unmittelbar anwendbar, weil die Formulierung „Die WTO *erleichtert*[[1211]] die Durchführung, die Verwaltung und die Wirkungsweise dieses Übereinkommens und der Multilateralen Handelsübereinkommen sowie die Verwirklichung ihrer Ziele“[1212] nicht präzise genug ist. Denn es bleibt offen, wie diese Erleichterungen aussehen sollen. Die Wirkungen der Vorschrift sind daher von weiteren Akten abhängig, so daß die Norm auch nicht unbedingt ist. Da die Bestimmung schon nicht unmittelbar anwendbar ist, vermittelt sie auch keine subjektiven Rechte bzw. Pflichten.[1213]

bb) Art. III Abs. 2 S. 1 und S. 2 WTOÜ

Ebensowenig wie Art. III Abs. 1 Halbs. 1 WTOÜ sind Art. III Abs. 2 S. 1 und S. 2 unmittelbar anwendbar. Satz 1 und Satz 2 dieser Norm sind nicht hinreichend klar formuliert, zumal nicht näher definiert wird, was in Satz 1 unter „Die WTO dient als Forum für Verhandlungen“ und in Satz 2 unter „Die WTO kann auch als Forum für weitere Verhandlungen ... sowie als Rahmen für die Durchführung der Ergebnisse solcher Verhandlungen dienen“ verstanden wird. Außerdem ergeben sich aus dieser Vorschrift keine hinreichend bestimmten Rechtsfolgen. Damit fehlt ihr die Bestimmtheit und die Unbedingtheit, weil gemeinschaftliche bzw. innerstaatliche Behörden bzw. Gerichte aus ihr keine Rechtsfolgen für den Einzelfall ableiten können.

cc) Art. III Abs. 3 und Abs. 4 WTOÜ

Mangels inhaltlicher Bestimmtheit und Unbedingtheit (offen bleibt in diesen Absätzen, wie die „Verwaltung“ stattfinden soll) sind auch Art. III Abs. 3 und Art. III Abs. 4 WTOÜ nicht unmittelbar anwendbar.

1211 Weder der englische Wortlaut „facilitate“ noch der französische - vom englischen abweichende - „facilitera“ und „favorisera“ sind konkreter.

1212 Hervorhebung der Verfasserin.

1213 Wie oben dargestellt setzen subjektive Rechte und Pflichten u.a. die unmittelbare Anwendbarkeit voraus, so daß bei Verneinung der unmittelbaren Anwendbarkeit automatisch auch keine subjektiven Rechte bzw. Pflichten gegeben sein können. Auf diese logische Rechtsfolge wird - um unnötige Wiederholungen und Ausführungen zu vermeiden - jeweils bei Prüfung der einzelnen Vorschriften, die nicht unmittelbar sind, im folgenden (auch beim GATT, GATS und TRIPs) nicht gesondert hingewiesen.

dd) Art. III Abs. 5 WTOÜ

Auch Art. III Abs. 5 WTOÜ fehlt die Bestimmtheit und damit die Fähigkeit, unmittelbar anwendbar zu sein, weil aus ihm nicht hervorgeht, wie die erwähnte „Zusammenarbeit" stattfinden soll.

ee) Art. IV Abs. 1 S. 2 WTOÜ

Art. IV Abs. 1 S. 2 WTOÜ ist nicht unmittelbar anwendbar. Diese Vorschrift ist nämlich nicht präzise genug. Es bleibt offen, was unter „dafür erforderlichen Maßnahmen" verstanden wird. Außerdem ergeben sich aus dieser Norm nicht direkt hinreichend bestimmte Rechtsfolgen.

ff) Art. IV Abs. 3 S. 1 WTOÜ

Art. IV Abs. 3 S. 1 WTOÜ ist mangels hinreichender Bestimmtheit („gegebenfalls"[1214]) nicht unmittelbar anwendbar.

gg) Art. IV Abs. 3 S. 2 WTOÜ

Art. IV Abs. 3 S. 2 WTOÜ ist mangels hinreichender Bestimmtheit („kann") und mangels Unbedingtheit („und legt die Verfahrensregeln fest, die es zur Erfüllung dieser Aufgaben für notwendig erachtet") nicht unmittelbar anwendbar.

hh) Art. V Abs. 1 und Abs. 2 WTOÜ

Weder Abs. 1 noch Abs. 2 des Art. V WTOÜ ist unmittelbar anwendbar, zumal es an der hinreichenden Bestimmtheit fehlt. Zum einen geht aus dieser Vorschrift nicht hervor, um welche „zwischenstaatlichen Organisationen" (Abs. 1) bzw. „nichtstaatliche Organisationen" (Abs. 2) es sich handelt. Zum anderen bleibt unklar, was unter „geeignete[n] Vorkehrungen" (Abs. 1 und Abs. 2) verstanden wird.

ii) Art. XVI Abs. 4 WTOÜ

Es fragt sich, ob Art. XVI Abs. 4 WTOÜ unmittelbar anwendbar ist. Zwar könnte dafür sprechen, daß diese Bestimmung die Verpflichtung der WTO-Mit-

---

1214 Die deutsche Übersetzung ist hier zwar nicht ganz exakt. Jedoch ändert sich auch unter Berücksichtigung der englischen („as appropriate") und der französischen Fassung („selon qu'il sera approprié") nichts im Ergebnis, zumal auch diese Fassungen nicht bestimmter sind.

glieder betont, die welthandelsrechtlichen Abkommen zu respektieren. Dagegen spricht jedoch die Formulierung „Jedes Mitglied *stellt sicher*“[1215]. Denn der Wortlaut dieser Norm läßt offen, wie das Mitglied sicherzustellen hat, „daß seine Gesetze, sonstigen Vorschriften und Verwaltungsverfahren mit seinen Verpflichtungen aufgrund der als Anlage beigefügten Übereinkommen in Einklang stehen.“ Es handelt sich hierbei um einen typischen politischen Auftrag an die WTO-Mitglieder, der weiterer Durchführungsakte durch die Legislative der Mitglieder bedarf.

II. GATT ´94

1. Bedeutung des GATT ´94

Es wird darauf hingewiesen, daß die GATT-Vorschriften vor allem in den Beziehungen zwischen der Gemeinschaft und den USA mangels umfassenden Handelsabkommens von besonderer Bedeutung sind. Darüber hinaus wird oft in Handelsabkommen auf die Prinzipien des GATT Bezug genommen.[1216] Erwähnt werden soll in diesem Zusammenhang auch, daß bereits unter dem alten System das GATT als „Verfassung des Welthandels“[1217] und „Magna Charta des Welthandels“[1218] bezeichnet wurde.[1219]

2. Untersuchung ausgewählter Vorschriften des GATT ´94 auf aus ihm resultierende Berechtigungen und Verpflichtungen

Im folgenden sollen konkret ausgewählte Vorschriften des GATT ´94 auf ihre unmittelbare Anwendbarkeit und ihre Fähigkeit, subjektive Rechte bzw. Pflichten zu vermitteln, untersucht werden.

1215 Hervorhebung der Verfasserin.

1216 Vgl. Weber, ArchVR 1997, 295[299].

1217 Vgl. z.B. Ritter, Wigand, S. 107, der weiter feststellt: „Das GATT ist die eigentliche *Verfassung des Welthandels* und dringt mit seinen Bestimmungen zum Wettbewerbsrecht und zu Subventionspraktiken weit in die inneren Angelegenheiten der Staaten ein. ... Die bevorstehende [Ritters Werk erschien vor Gründung der WTO, Anmerkung der Verfasserin] Eingliederung des GATT in die neue WTO (World Trade Organization) und deren Abrundung durch analoge Abkommen über Dienstleistungen und geistiges Eigentum verstärkt diesen verfassungsartigen Aspekt.“ (Hervorhebung im Original)

1218 Hailbronner/ Bierwagen, Das GATT- Die Magna Charta des Welthandels, JA 1988, 318.

1219 Zu den Aufgaben des Welthandels vgl. etwa Ritter, Wigand, S. 22 ff.

a) Unmittelbar anwendbare Vorschriften im GATT

aa) Art. I Abs. 1 GATT

Art. I Abs. 1 GATT (allgemeine Meistbegünstigung) ist klar und eindeutig formuliert.[1220] Denn die Norm regelt sowohl die Voraussetzungen als auch die Rechtsfolgen des Meistbegünstigungsgrundsatzes präzise. Damit ist diese Vorschrift hinreichend bestimmt für eine unmittelbare Anwendbarkeit.[1221] Sie erfordert auch keinen Erlaß von ausführenden nationalen Vorschriften. Den in Art. I Abs. 1 GATT vorgeschriebenen Vergleich kann der Richter nämlich selbst vornehmen, ohne daß er hierfür noch auf eine besondere gesetzliche Gleichsetzung zurückgreifen müßte.[1222] Diese Norm ist daher auch unbedingt und infolgedessen unmittelbar anwendbar.[1223] Weder in den GATT-Streitbeilegungsverfahren noch in den WTO-Streitbeilegungsverfahren wurde jemals - soweit ersichtlich - von einer Partei das Gegenteil vertreten, auch nicht von den EG-Mitgliedstaaten.[1224] Der unmittelbaren Anwendbarkeit steht auch nicht entgegen, daß in Abs. 2 und 3 der Vorschrift Ausnahmen von Art. I Abs. 1 vorgesehen sind. Denn diese sind ihrerseits nur nach präzisen materiellrechtlichen Bestimmungen möglich.

1220 So auch Kuschel, EuZW 1995, 689[690], allgemein zu Art. I GATT.

1221 Daß GATT-Vorschriften hinreichend präzise formuliert sind, wird selbst von Gegnern der unmittelbaren Anwendbarkeit nicht bestritten. Vgl. Sack, EuZW 1997, 650, der diese Aussage allerdings nur pauschal, ohne Bezugnahme auf konkrete Vorschriften, macht. Dagegen hält er die GATT-Bestimmungen nicht für hinreichend unbedingt. Dies kann jedoch so generell nicht festgestellt werden, vielmehr ist hierfür - wie schon dargelegt - auf die einzelnen Vorschriften abzustellen.

1222 Vgl. auch Drexl, Entwicklungsmöglichkeiten, S. 280, schon zur gleichlautenden Vorschrift des GATT '47.

1223 So auch Ott, S. 225; vgl. ferner Petersmann, EuZW 1997, 651[652]: Dieses Diskriminierungsverbot ist „präzise, unbedingt und justiziabel formuliert". Man beachte in diesem Kontext auch Hudec, in: Hilf/ Petersmann, S. 243[262] (zum GATT '47): „Der Wortlaut deutet darauf hin, daß das Abkommen zur unmittelbaren Anwendbarkeit bestimmt war, da die Verpflichtungen, von wenigen Ausnahmen abgesehen, als eindeutige Bestimmungen formuliert sind. Die eindeutige Formulierung als >>Muß-Bestimmung<< deutet in der Regel darauf hin, daß die Vorschriften ohne weiteren Durchführungsakt unmittelbar angewendet werden sollen."

1224 Petersmann, EuZW 1997, 651[652]. Petersmann betont a.a.O. mit Verweis auf Petersmann (Hrsg.), International Trade Law, auch, daß mehr als 20 GATT-Rechtsexperten aus aller Welt in ihren Beiträgen zu einem Handbuch über das GATT/ WTO-Streitbeilegungsssytem den unbedingten und justiziablen Charakter dieser Bestimmung bestätigen.

bb) Art. II Abs. 1 lit. a) GATT

Es fragt sich, ob auch Art. II Abs. 1 lit. a) GATT unmittelbar anwendbar ist. Dies könnte insofern zweifelhaft sein, als die Norm an sich - ohne Hinzuziehen der dort erwähnten Listen - nicht hinreichend bestimmt ist. Da aber diese Bestimmung ausdrücklich die Listen erwähnt, ist sie in Zusammenschau mit diesen zu lesen und damit klar und eindeutig. Dies ergibt sich a minore ad maius aus einem Vergleich mit dem Strafrecht. Denn wenn schon im Strafrecht, einem Rechtsgebiet, das von strengeren Bestimmtheitsgrundsätzen (vgl. nullum-crimen-Grundsatz) als das Völkerrecht beherrscht wird, sog. Blankette-Vorschriften als hinreichend bestimmt anerkannt werden, muß dies erst recht für das Völkerrecht gelten. Daher ist Art. II Abs. 1 lit. a) GATT hinreichend bestimmt und unbedingt, so daß er unmittelbar anwendbar ist.[1225] Soweit ersichtlich wurde in den GATT- und WTO-Streitbeilegungsverfahren nie von einer Partei das Gegenteil vertreten, auch nicht von den EG-Mitgliedstaaten.[1226]

cc) Art. III Abs. 1 GATT

Fraglich ist, ob Art. III Abs. 1 GATT (Gleichstellung ausländischer mit inländischen Waren auf dem Gebiet der inneren Abgaben und Rechtsvorschriften) hinreichend bestimmt für eine unmittelbare Anwendbarkeit und unbedingt formuliert ist.[1227] Daß die Frage der unmittelbaren Anwendbarkeit in bezug auf Art. III GATT nicht so leicht zu beantworten ist, zeigen unterschiedliche Auffassungen in den Mitgliedstaaten: Während deutsche Gerichte[1228] dieser Vorschrift die unmittelbare Anwendbarkeit absprechen, kommen italienische Urteile zum

---

1225 Diese Freiheitsgarantie ist „präzise, unbedingt und justiziabel formuliert", wie auch Petersmann, EuZW 1997, 651[652], zutreffend feststellt.

1226 Petersmann, EuZW 1997, 651[652], mit Verweis auf Petersmann (Hrsg.), International Trade Law, vgl. Fn. 1224.

1227 Dies vertreten auch Kuschel, EuZW 1995, 689[690] und wohl Petersmann, EuZW 1997, 651[652]: Dieses Diskriminierungsverbot ist „präzise, unbedingt und justiziabel formuliert". Beide differenzieren im Rahmen des Art. III GATT allerdings nicht zwischen den einzelnen Absätzen und Sätzen.

1228 Vgl. etwa BFHE 69, 604[612]: „durch den Beitritt zum GATT ist aber lediglich die Bundesrepublik zu einem bestimmten handelspolitischen Verhalten, in Art. III zur Gleichstellung ausländischer Waren mit inländischen, verpflichtet worden. Ein unmittelbarer persönlicher im steuergerichtlichen Rechtsmittelverfahren verfolgbarer Anspruch, wie die Bfin. [Beschwerdeführerin] meint, ist aber damit nicht geschaffen worden."; FG München, EFG 1970, 145; „Art. III des GATT ist nicht geeignet, unmittelbare Wirkungen zu erzeugen und individuelle Rechte des einzelnen zu begründen, welche die nationalen Gerichte zu beachten haben."

gegenteiligen Ergebnis[1229]. Gegen die Bestimmtheit könnte der Wortlaut „erkennen an“ (Zeile 1) sowie „sollen“ (vorletzte Zeile) sprechen. Diese Formulierungen könnten es nahelegen, daß es sich nur um eine Art politischer „Wunschvorschrift“ handelt.[1230] Allerdings beschränkt sich die Auslegung nicht auf den Wortlaut, wie oben dargestellt. Die übrigen Interpretationsmethoden sind kumulativ, nicht nur hilfsweise, heranzuziehen. Die Verbindung von grammatikalischer, systematischer und teleologischer Interpretation ergibt sich auch aus Art. 31 Abs. 1 und Abs. 2 WVRK/ WVRK II.[1231] Letztlich ist der Sinn des Wortlauts - wie sich aus den genannten Vorschriften der WVRK ergibt - auch nur aus dem System und Ziel und Zweck des Vertrags zu verstehen. Der in Art. III GATT verankerte Grundsatz der Inländerbehandlung stellt, wie auch der Präambel des GATT und des WTOÜ zu entnehmen ist, ein wesentliches Element des Welthandelssystems dar. Neben dem Ziel dieses Artikels darf auch seine Systematik nicht außer acht gelassen werden. Nur alle Absätze zusammen können die Gleichstellung ausländischer mit inländischen Waren zur Erreichung der in den Präambeln von GATT und WTOÜ genannten Ziele sicherstellen. Daher gebietet es die systematische und teleologische Auslegung, Art. III Abs. 1 GATT als hinreichend bestimmt und unbedingt und damit unmittelbar anwendbar anzusehen, obwohl der reine Wortlaut daran Zweifel entstehen lassen könnte. Dies ergibt sich aus einer Gesamtschau von Art. III GATT, insbesondere der Verbindung von seinem Abs. 1 und Abs. 2.[1232] Daß die Vorschrift unbedingt ist, ergibt sich auch daraus, daß sie keinen Erlaß von ausführenden nationalen bzw. gemeinschaftlichen Vorschriften erfordert. Den in dieser Bestimmung vorgeschriebenen Vergleich kann der Richter nämlich - wie auch bei Art. I Abs. 1 GATT - selbst vornehmen, ohne daß er hierfür noch auf eine besondere gesetzliche Gleichsetzung zurückgreifen müßte.[1233] Außerdem wurde auch in Bezug auf Art. III Abs. 1 GATT weder in den GATT- noch in den WTO-Streitbeilegungsver-

---

1229 Kapteyn, The International Lawyer 1974, 74[77]. Vgl. auch Riesenfeld, AJIL 1971, 548.

1230 Vgl. Ott, S. 226, die dieser Vorschrift die „unmittelbare Wirkung“ abspricht, weil sie eine „allgemeine(n) Selbstverpflichtung“ darstelle.

1231 Art. 31 Abs. 1 WVRK/ WVRK II: „Ein Vertrag ist nach Treu und Glauben in Übereinstimmung mit der gewöhnlichen, seinen Bestimmungen in ihrem Zusammenhang zukommmenden Bedeutung und im Lichte seines Zieles und Zweckes auszulegen.“ (Hervorhebung der Verfasserin).
Art. 31 Abs. 2 WVRK/ WVRK II: „Für die Auslegung des Vertrags bedeutet der Zusammenhang außer dem Vertragswortlaut samt Präambel und Anlagen ...“ (Hervorhebung der Verfasserin).

1232 Art. III Abs. 2 S. 2 verweist sogar ausdrücklich auf die „Grundsätze(n) des Absatzes 1“.

1233 Drexl, Entwicklungsmöglichkeiten, S. 280, schon zur gleichlautenden Vorschrift des GATT ′47.

fahren jemals - soweit ersichtlich - von einer Partei eine andere Auffassung vertreten, auch nicht von den EG-Mitgliedstaaten.[1234]

Ferner erscheint geboten, Art. III GATT mit Art. 90 (ex-Art. 95) EGV zu vergleichen. Letzterem wurde ja die unmittelbare Anwendbarkeit zugesprochen. Doch hängt dies u.a. mit der besonderen Rechtsnatur des primären Gemeinschaftsrechts zusammen, die sich von der gewöhnlicher internationaler Abkommen unterscheidet.[1235]

dd) Art. III Abs. 2 S. 1 und S. 2 GATT

Art. III Abs. 2 S. 1 und S. 2 GATT[1236] (gleiche Besteuerung importierter und heimischer Waren) sind ebenfalls unmittelbar anwendbar. Denn diese Vorschriften beschreiben klar und eindeutig, um welche Waren es sich handelt und wie diese zu behandeln sind. Die Bestimmungen sind also inhaltlich bestimmt. Außerdem ergeben sich die Wirkungen direkt aus den Normen, ohne daß weitere Akte erforderlich sind, so daß sie auch unbedingt sind.

In diesem Zusammenhang wird auch darauf hingewiesen, daß der EuGH in der Rechtssache Pabst Art. 53 Abs. 1[1237] des Assoziierungsabkommens zwischen der EWG und Griechenland, der Art. 95 EWG (nun Art. 90 EGV) ähnelt, die unmittelbare Anwendbarkeit zuspricht.[1238] Begründet hat er dies zum einen damit, daß diese Vorschrift im Rahmen der Assoziation die gleiche Funktion wie Art. 95 EWG (nun Art. 90 EGV) erfülle.[1239] Zum anderen enthalte diese Be-

---

1234 Petersmann, EuZW 1997, 651[652], mit Verweis auf Petersmann (Hrsg.), International Trade Law, vgl. Fn. 1224.

1235 So auch Riesenfeld, AJIL 1971, 548[549], mit Hinweis auf FG Hamburg, Urteil vom 29.10.1969 (IV a 353/66), Außenwirtschaftsdienst des Betriebs- Beraters 1970, 92[93].
In diesem Zusammenhang wird auf Oehmichen, S. 189, hingewiesen, der grundsätzlich zutreffend feststellt: „Nur bei Vergleichbarkeit der Ziele des Gemeinschaftsabkommens mit jenen des EWGV kann eine wortgleiche EWGV-Vorschrift als Auslegungshilfe dienen."

1236 Zu Art. III Abs. 2 GATT ergingen bereits unter Geltung des alten GATT-Systems zahlreiche Entscheidungen von italienischen Gerichten. Eine gute übersichtliche Darstellung über die italienische Rechtsprechung zur unmittelbaren Anwendbarkeit des GATT ´47 findet sich bei Mastellone, CML Rev. 1983, 559 ff.

1237 Art. 53 Abs. 1 des Assoziierungsabkommens zwischen der EWG und Griechenland wurde oben unter R. 861 nach EuGH, Urteil vom 29.04.1982, Rs. 17/81, Slg. 1982, 1331[1333, 1350] R. 25- Pabst, zitiert.

1238 EuGH, Urteil vom 29.04.1982, Rs. 17/81, Slg. 1982, 1331[1333, 1350] R. 27- Pabst.

1239 EuGH, Urteil vom 29.04.1982, Rs. 17/81, Slg. 1982, 1331[1333, 1350] R. 26- Pabst.

stimmung „eine klare und eindeutige Verpflichtung, deren Erfüllung oder deren Wirkungen nicht vom Erlaß eines weiteren Rechtsakts abhängig sind.“[1240] Art. III Abs. 2 Satz 1 GATT entspricht im wesentlichen der genannten und zitierten Vorschrift des Assoziationsabkommens sowie Art. 90 (ex-Art. 95) EGV, die beide unmittelbar anwendbar sind. Dies stellt ein weiteres Argument für seine unmittelbare Anwendbarkeit dar. Die Tatsache, daß der EGV aufgrund seines Integrationsgedankens andere Ziele als die WTO verfolgt, kann an diesem Ergebnis nichts ändern.

ee) Art. V Abs. 3 Halbs. 1, 2 und 3 GATT

Auch Art. V Abs. 3 Halbs. 1, 2 und 3 GATT sind unmittelbar anwendbar.[1241]

Denn Halbs. 1 legt klar und eindeutig sowie unbedingt[1242] fest, daß jede Vertragspartei verlangen kann, „daß der Durchfuhrverkehr durch ihr Gebiet beim zuständigen Zollamt angemeldet wird“. Dem steht auch nicht entgegen, daß die Vertragspartei es nur verlangen „kann“. Denn hier handelt es sich nicht um eine juristische Unbestimmtheit, sondern nur um eine tatsächliche Ungewißheit. Außerdem sind keine weiteren Akte seitens der Legislative oder Exekutive erforderlich. Für Sachverhalte, in denen die Vertragspartei von ihrem Recht Gebrauch macht, ist die Rechtsfolge hinreichend bestimmt. Die Ausnahme „außer bei Verletzung der Zollvorschriften“ steht der unmittelbaren Anwendbarkeit nicht entgegen, weil sie ihrerseits präzise formuliert ist.

Auch Halbs. 2 ist hinreichend bestimmt, zumal er festlegt, daß der Durchfuhrverkehr nicht unnötig verzögert oder beschränkt werden darf, außer in genau geregelten Fällen. An der Bestimmtheit kann auch die Formulierung „nicht unnötig verzögert oder beschränkt“ nichts ändern. [1243] Hierbei handelt es sich zwar um einen auslegungsbedürftigen Begriff. Er ist allerdings in Gesetzen oder Verträgen gebräuchlich und geht nicht über das auslegungsfähige Maß hinaus, so daß die Rechtsfolge dieser Vorschrift dennoch hinreichend bestimmt ist, und Behörden und Gerichte die Norm anwenden können, ohne daß es weiterer Maßnahmen bedarf. Diese Auslegungsbedürftigkeit steht der unmittelbaren Anwend-

---

1240 EuGH, Urteil vom 29.04.1982, Rs. 17/81, Slg. 1982, 1331[1333, 1350] R. 27- Pabst.

1241 Diese Auffassung vertritt auch SIOT, wiedergegeben in den Schlußanträgen des GA Reischl vom 14.12.1982 zu EuGH, Urteil vom 16.03.1983, Rs. 266/81, Slg. 1983, 731[782, 791] Zf. 2- SIOT.

1242 Auch im Fall des Art. V GATT äußert sich Petersmann, EuZW 1997, 651[652], wie folgt: Diese Freiheitsgarantie ist „präzise, unbedingt und justiziabel formuliert“, wiederum allerdings, ohne die einzelnen Absätze und Sätze getrennt zu betrachten.

1243 GA Reischl vertritt in seinen Schlußanträgen vom 14.12.1982 zu EuGH, Urteil vom 16.03.1983, Rs. 266/81, Slg. 1983, 731[782, 791] Zf. 2- SIOT, unzutreffend das Gegenteil.

barkeit also nicht entgegen. Entscheidend ist vielmehr, daß die Norm nicht derart unbestimmt ist, daß weitere Rechtsakte seitens der Legislativen bzw. der Exekutiven erforderlich sind. Auch Halbs. 2 ist also unmittelbar anwendbar.

Dasselbe gilt für Halbs. 3. Auch hier sind Voraussetzungen, Ausnahmen und Rechtsfolge klar, eindeutig und unbedingt formuliert.

Der gesamte Abs. 3 des Art. V GATT ist also unmittelbar anwendbar.[1244]

ff) Art. V Abs. 5 GATT

Art. V Abs. 5 GATT enthält ein Meistbegünstigungsprinzip hinsichtlich der Durchfuhr, das inhaltlich hinreichend bestimmt und unbedingt ist, so daß es unmittelbar anwendbar ist.[1245]

gg) Art. XI Abs. 1 GATT

Art. XI Abs. 1 GATT regelt klar und eindeutig die allgemeine Beseitigung von mengenmäßigen Beschränkungen sowie die Ausnahmen (ebenfalls klar und eindeutig in Abs. 1 und Abs. 2 definiert) hiervon, ohne daß es weiterer Akte für die Wirkung dieser Norm bedarf. Diese Vorschrift ist daher inhaltlich bestimmt und

---

1244 Wie bei den bereits geprüften GATT-Vorschriften hat auch zu Art. V GATT weder in den GATT- noch in den WTO-Streitbeilegungsverfahren - soweit ersichtlich - eine Partei das Gegenteil vertreten, auch nicht die EG-Mitgliedstaaten, Petersmann, EuZW 1997, 651[652], mit Verweis auf Petersmann (Hrsg.), International Trade Law, vgl. Fn. 1224.
So auch die Auffassung von SIOT, wiedergegeben in den Schlußanträgen des GA Reischl vom 14.12.1982 zu EuGH, Urteil vom 16.03.1983, Rs. 266/81, Slg. 1983, 731[782, 791] Zf. 2- SIOT. Der Generalanwalt und der EuGH sprechen Art. V des alten (mit dem neuen wortgleichen) GATT in der Rechtssache SIOT dagegen unzutreffend die unmittelbare Anwendbarkeit ab. Dabei geht der Gerichtshof allerdings auf die Vorschrift an sich nicht mehr ein, weil seiner Auffassung nach wie schon in der Rechtssache International Fruit die unmittelbare Anwendbarkeit des GATT aus allgemeinen Erwägungen zu Sinn und Aufbau des Abkommens nicht in Frage kommt, EuGH, Urteil vom 16.03.1983, Rs. 266/81, Slg. 1983, 731[733, 780 f] R. 28 ff- SIOT.

1245 So auch Ott, S. 225: „der unmittelbaren Anwendbarkeit fähig“. An dieser Stelle sei angemerkt, daß sich die von Ott zugrunde gelegte Definition nicht hinreichend deutlich aus ihrem Werk ergibt.
Es wird jedoch der Vollständigkeit halber erwähnt, daß der EuGH in seinem Urteil vom 14.12.1982, Rs. 266/81, Slg. 1983, 731[733, 780] R. 28- SIOT, Art. V GATT die unmittelbare Anwendbarkeit abgesprochen hat, wobei auch in diesem Urteil die begriffliche Konfusion des EuGH deutlich wird: „Da diese Vorschrift ... keine unmittelbare Wirkung entfalten kann, können sich die einzelnen nicht auf sie berufen ...“

unbedingt[1246], also unmittelbar anwendbar.[1247] Ausgenommen sind nach dieser Vorschrift ausdrücklich Zölle, Abgaben und sonstige Belastungen, was der unmittelbaren Anwendbarkeit aufgrund der Bestimmtheit und Unbedingtheit dieser Ausnahmen allerdings nicht entgegensteht. Ergänzend hingewiesen wird auf die Parallele dieser Bestimmung zu Art. 28 (ex-Art. 30) EGV, der seinerseits unmittelbar anwendbar ist.

hh) Art. XIII Abs. 1 GATT

Art. XIII Abs. 1 GATT legt klar und eindeutig sowie unbedingt[1248] die nichtdiskriminierende Anwendung mengenmäßiger Beschränkungen fest, ist also unmittelbar anwendbar.[1249]

b) Subjektive Rechte und Pflichten im GATT

aa) Art. I Abs. 1 GATT

Es stellt sich die Frage, ob diese Vorschrift nicht nur - wie oben festgestellt - unmittelbar anwendbar ist, sondern auch subjektive Rechte bzw. Pflichten vermittelt.[1250] Dies ist dann der Fall, wenn die Norm den einzelnen begünstigt bzw. in die Pflicht nimmt, der einzelne sich auf die Vorschrift berufen kann. Der Wortlaut der Norm (insbesondere „ ... unverzüglich und bedingungslos ... gewährt ...") weist darauf hin, daß damit subjektive Rechte intendiert sind. Diese Vorschrift gibt dem einzelnen das Recht, sich gegenüber Staaten oder Unter-

---

1246 Auch diese Freiheitsgarantie hält Petersmann, EuZW 1997, 651[652], für „präzise, unbedingt und justiziabel formuliert".

1247 Weder in den GATT- noch in den WTO-Streitbeilegungsverfahren hat eine Partei, auch keiner der EG-Mitgliedstaaten, das Gegenteil vertreten, Petersmann, EuZW 1997, 651[652], vgl. Fn. 1224.
Es sei an dieser Stelle angemerkt, daß der EuGH in der Entscheidung International Fruit Company die unmittelbare Anwendbarkeit von Art. XI GATT verneint. Dieses Urteil erging zwar zum GATT ´47. Jedoch enthält das GATT ´94 diesbezüglich den gleichen Wortlaut. Allerdings war für diese Entscheidung des EuGH nicht der Wortlaut, sondern die Rechtsnatur des GATT ´47 ausschlaggebend.

1248 Petersmann, EuZW 1997, 651[652], hält auch dieses Diskriminierungsverbot für „präzise, unbedingt und justiziabel formuliert".

1249 Weder in den GATT- noch in den WTO-Streitbeilegungsverfahren hat eine Partei, auch keiner der EG-Mitgliedstaaten, das Gegenteil vertreten, Petersmann, EuZW 1997, 651[652], vgl. Fn. 1224.

1250 Dies scheint Drexl zu vertreten, zumal er äußert, daß die Vorschrift „von ihrer Formulierung her einer Anwendung als nationales Fremdenrecht fähig [ist].", Drexl, Entwicklungsmöglichkeiten, S. 280, noch zum (allerdings bezüglich Art. I Abs. 1 wortgleichen) alten GATT.

nehmen bzw. einzelnen, auf „alle Vorteile, Vergünstigungen, Vorrechte oder Befreiungen, die eine Vertragspartei für eine Ware gewährt, welche aus einem anderen Land stammt oder für dieses bestimmt ist“ zu berufen.

Daß Art. I Abs. 1 GATT unmittelbar anwendbar ist und subjektive Rechte gewährt, ist auch konsequent, zumal der Meistbegünstigungsgrundsatz als zentrales Element des WTO-Systems der Realisierung von wesentlichen in der Präambel des GATT[1251] und des WTOÜ[1252] genannten Zielen dient, die sich auf den einzelnen beziehen.

bb) Art. II Abs. 1 lit. a) GATT

Diese Vorschrift ist - wie dargelegt - unmittelbar anwendbar und gewährt darüber hinaus auch subjektive Rechte bzw. Pflichten. Denn der einzelne kann sich nach dieser Norm darauf berufen, „eine nicht weniger günstige Behandlung, als in dem betreffenden Teil der entsprechenden Liste zu diesem Abkommen vorgesehen ist“ gewährt zu bekommen. Die Norm begünstigt also den einzelnen.[1253]

cc) Art. III Abs. 1 GATT

Art. III Abs. 1 GATT ist unmittelbar anwendbar. Darüber hinaus wird der einzelne durch diese Vorschrift auch begünstigt. Er kann sich darauf berufen, „daß

1251 Präambel des GATT '47, Abs. 2: „in der Erkenntnis, daß ihre Handels- und Wirtschaftsbeziehungen auf die Erhöhung des Lebensstandards, auf die Verwirklichung der Vollbeschäftigung, auf ein hohes und ständig steigendes Niveau des Realeinkommens und der wirksamen Nachfrage ... gerichtet sein sollen“.

1252 Präambel des WTOÜ, Abs. 1: „in der Erkenntnis, daß ihre Handels- und Wirtschaftsbeziehungen auf die Erhöhung des Lebensstandards, auf die Sicherung der Vollbeschäftigung und eines hohen und ständig steigenden Realeinkommens und der wirksamen Nachfrage ... gerichtet sind“.

1253 Aber in der Rechtssache Schlüter hat der EuGH unzutreffend entschieden, „daß Art. II des GATT nach dem Zusammenhang, in den er gestellt ist, kein Recht der Gemeinschaftsangehörigen begründen kann, sich vor Gericht auf ihn zu berufen.“, EuGH, Urteil vom 24.10.1973, Rs. 9/73, Slg. 1973, 1135[1137, 1157] R. 30- Schlüter, zur alten (insoweit wortgleichen) GATT-Bestimmung. Zum selben Ergebnis in bezug auf Art. II GATT kommt der EuGH entsprechend den Schlußanträgen von GA Reischl vom 14.12.1982 (Slg. 1983, 801[834, 841]) im Urteil vom 16.03.1983, Rs. 267-269/81, Slg. 1983, 801[803, 830] R. 23- Amministrazione delle finanze dello Stato/ Società Petrolifera Italiana S.p.A. (SPI) und S.p.A. Michelin Italiana (SAMI) (Ersuchen um Vorabentscheidung, vorgelegt von der Corte suprema di cassazione), ebenfalls zum alten (insoweit wortgleichen) GATT. In der Rechtssache Schlüter lehnt der Gerichtshof mit derselben Begründung wie im Urteil International Fruit die unmittelbare Anwendbarkeit des Art. II GATT ab, nämlich ohne den Wortlaut überhaupt nur zu untersuchen, sondern nur unter Bezugnahme auf den Zusammenhang.

die inneren Abgaben und sonstigen Belastungen, ... nicht derart angewendet werden sollen, daß die inländische Erzeugung geschützt wird." Das heißt, Art. III Abs. 1 GATT stellt auch ein subjektives Recht bzw. eine Pflicht dar.[1254]

dd) Art. III Abs. 2 S. 1 und S. 2 GATT

Art. III Abs. 2 S. 1 und S. 2 GATT sind - wie oben dargelegt - unmittelbar anwendbar. Außerdem begünstigen beide Sätze des Art. III Abs. 2 GATT den einzelnen, der sich auf diese Vorschriften berufen kann. Daher vermitteln beide Sätze subjektive Rechte bzw. Pflichten. Dies entspricht auch dem Sinn und Zweck des Grundsatzes der Inländerbehandlung.

ee) Art. V Abs. 3 Halbs. 2 und 3 GATT

Art. V Abs. 3 Halbs. 2 und 3 GATT sind nicht nur unmittelbar anwendbar, sondern vermitteln auch subjektive Rechte bzw. Pflichten, weil der einzelne dahingehend begünstigt wird, daß der Durchfuhrverkehr aus oder nach dem Gebiet einer anderen Vertragspartei „nicht unnötig verzögert oder beschränkt werden" darf.

ff) Art. V Abs. 5 GATT

Das Meistbegünstigungsprinzip des Art. V Abs. 5 GATT vermittelt subjektive Rechte bzw. Pflichten, weil es unmittelbar anwendbar ist und den einzelnen begünstigt. Dieser kann sich nämlich darauf berufen, hinsichtlich aller im Zusammenhang mit der Durchfuhr bestehenden Belastungen, Vorschriften und Förmlichkeiten in bezug auf den Durchfuhrverkehr aus und nach dem Gebiet einer anderen Vertragspartei nicht weniger günstig behandelt zu werden als der Durchfuhrverkehr nach oder aus einem dritten Land.

gg) Art. XI Abs. 1 GATT

Wie oben dargelegt, ist Art. XI Abs. 1 GATT unmittelbar anwendbar. Außerdem wird der einzelne von Art. XI Abs. 1 GATT begünstigt. Er kann sich darauf berufen, daß „eine Vertragspartei bei der Einfuhr einer Ware aus dem Gebiet einer anderen Vertragspartei oder bei der Ausfuhr einer Ware oder ihrem Verkauf

---

1254 So auch Drexl, Entwicklungsmöglichkeiten, S. 280, schon zum alten (insoweit wortgleichen) GATT; vgl. auch Zonnekeyn, 34 JWT 3/2000, 111[121], wenn auch in anderem Kontext: „The „national treatment" principle, for example, is a rule that is susceptible of being invoked by both EC nationals and non-EC nationals."

zwecks Ausfuhr in das Gebiet einer anderen Vertragspartei Verbote oder Beschränkungen, sei es in Form von Kontingenten, Einfuhr- und Ausfuhrbewilligungen oder in Form von anderen Maßnahmen, weder erlassen noch beibehalten" darf. Daher ergeben sich aus Art. XI Abs. 1 GATT subjektive Rechte bzw. Pflichten.

hh) Art. XIII Abs. 1 GATT

Als Ausfluß des Nichtdiskriminierungsgrundsatzes will Art. XIII Abs. 1 GATT den einzelnen begünstigen. Er kann sich also auf diese Vorschrift berufen, die daher subjektive Rechte bzw. Pflichten enthält.[1255]

c) Weder subjektive Rechte und Pflichten noch unmittelbar anwendbare Vorschriften im GATT

aa) Art. III Abs. 9 S. 1 und S. 2 GATT

Art. III Abs. 9 GATT ist sowohl in seinem S. 1 als auch in seinem S. 2 nicht unmittelbar anwendbar. Mit Satz 1 ist schon keine bestimmte Rechtsfolge verbunden. Auch Satz 2 ist inhaltlich nicht hinreichend bestimmt („berücksichtigen, um schädigende Wirkungen soweit wie möglich zu vermeiden.")[1256]

bb) Art. VI Abs. 1 S. 1 GATT

Auch aus Art. VI Abs. 1 S. 1 GATT läßt sich keine hinreichend bestimmte Rechtsfolge herleiten („erkennen an", „zu verurteilen ist"), so daß er nicht unmittelbar anwendbar ist.

1255 GA Reischl hat in der Rechtssache Dürbeck festgestellt, daß es sich bei dem alten (mit dem neuen wortgleichen) Art. XIII GATT „nicht um eine Vorschrift handelt, die Rechte einzelner begründet, und daß daraus die Ungültigkeit einer Gemeinschaftsverordnung nicht hergeleitet werden kann." Als Begründung führt er an, „daß insofern in Artikel XIII des GATT für andere, mit mengenmäßigen Beschränkungen nicht einverstandene Vertragspartner nur ein Verfahren der Konsultation gemäß Artikel XXIII des GATT vorgesehen ist.", Schlußanträge des GA Reischl vom 24.02.1981 zu EuGH, Urteil vom 05.05.1981, Rs. 112/80, Slg. 1981, 1095[1123, 1138] Zf. 6- Dürbeck. Dem GA ist dabei jedoch schon vorzuhalten, daß er nicht zwischen den einzelnen Absätzen und Sätzen differenziert. Außerdem verhindern der vom GA erwähnte Art. XXIII bzw. evtl. die Konsultationen nach Art. XXII GATT nicht, daß Normen des GATT unmittelbar anwendbar sind.

1256 Hervorhebung der Verfasserin.

cc) Art. IX Abs. 2 Halbs. 1 und Halbs. 2 GATT

Art. IX Abs. 2 Halbs. 1 GATT ist nicht unmittelbar anwendbar. Denn diese Vorschrift kann mangels Klarheit („erkennen an, daß ... auf ein Mindestmaß herabgesetzt werden sollen") von Behörden und Gerichten als solche nicht angewendet werden. Dasselbe gilt für Halbs. 2 des Art. IX Abs. 2 GATT („dabei ist ... gebührend zu berücksichtigen").

dd) Art. XXIV Abs. 12 GATT

Art. XXIV Abs. 12 GATT ist mangels inhaltlicher Bestimmtheit und mangels Unbedingtheit nicht unmittelbar anwendbar.[1257] Zwar heißt es „Jede Vertragspartei wird alle in ihrer Macht stehenden geeigneten Maßnahmen treffen ..."[1258] Das heißt, es handelt sich um eine Muß-Vorschrift. Jedoch sind die Formulierungen „in ihrer Macht stehenden geeigneten Maßnahmen"[1259] weder klar noch eindeutig noch unbedingt. Vielmehr sind weitere Rechtsakte erforderlich, damit die Rechtsfolgen eintreten können, nämlich die Beachtung des GATT „durch die regionalen und örtlichen Regierungs- und Verwaltungsstellen sicherzustellen".

III. GATS

1. Bedeutung des GATS[1260]

Das GATS stellt eine wesentliche Neuerung dar, die die Uruguay-Runde in das Welthandelsrecht einführte. Zuvor enthielt das Welthandelsrecht nämlich keine Vorschriften bezüglich des Handels mit Dienstleistungen.[1261]

1257 So auch Hudec, in: Hilf/ Petersmann, S. 243[262] Fn. 43.
1258 Hervorhebung der Verfasserin.
1259 Hervorhebung der Verfasserin.
1260 Vgl. ausführlicher zum GATS: Barth, EuZW 1994, 455-460; Barth, ZEuS 2000, 273-292, zu den GATS 2000-Verhandlungen; Eckert, Die Liberalisierung internationaler Finanzdienstleistungen durch das General Agreement on Trade in Services, Eiteljörge, in: Klein/ Meng/ Rode, S. 137-173; Koehler, Das Allgemeine Übereinkommen über den Handel mit Dienstleistungen (GATS): Rahmenregelung zur Liberalisierung des internationalen Dienstleistungsverkehrs unter besonderer Berücksichtigung des grenzüberschreitenden Personalverkehrs von Dienstleistungsanbietern.
1261 Vgl. in diesem Zusammenhang die Dissertation von Sindelar, Martina: „Das GATT-Handelsordnung für den Dienstleistungsverkehr? Eine handelspolitische Untersuchung am Beispiel des internationalen Seeverkehrs", die sich schon 1987 eingehend mit dem Zusammenhang von GATT und Dienstleistungsverkehr befaßt.

2. Untersuchung ausgewählter Vorschriften des GATS auf aus ihnen resultierende Berechtigungen und Verpflichtungen

Vorab stellt sich die Frage, ob die Bestimmungen des GATS überhaupt unmittelbar anwendbar sein können. Zwar enthalten die welthandelsrechtlichen Abkommen keine Vorschriften darüber, wie sie im Gemeinschaftsrecht wirken. Jedoch stellt die Einführungsregelung der nationalen Verpflichtungskataloge im GATS fest, daß diese Verpflichtungskataloge keinen self-executing-Effekt haben und Individuen keine subjektiven Rechte verleihen.[1262] Es ist davon auszugehen, daß der Begriff self-executing bei dieser Introductory note im Sinne unmittelbarer Anwendbarkeit verwendet wird.[1263] Es fragt sich also, welche Wirkung diese Festlegung hat. Berrisch/ Kamann vertreten die Auffassung, daß es sich hier um eine Ausnahme davon handelt, daß die WTO-Abkommen keine Regelung bezüglich ihrer Wirkung im Gemeinschaftsrecht völkerrechtlich vorgeben.[1264] Möglicherweise könnte es sich bei der zitierten Zf. 3 der Introductory note um einen Vorbehalt im völkerrechtlichen Sinne handeln.[1265] Nach Art. 19 WVRK/ WVRK II ist ein solcher Vorbehalt nur zulässig, „sofern nicht

---

1262 Zf. 3 der Introductory Note der Specific Commitments der Europäischen Gemeinschaft und ihrer Mitgliedstaaten, GATS/SC/31 15.04.1994 (94-1029), Homepage der WTO: http://www.wto.org/wto/services/22-specm.htm (Stand: 14.06.2000) bzw. http://www.wto.org/english/tratop_e/serv_e/sc31.wpf (Stand 15.11.2000): „The rights and obligations arising from the GATS, including the schedule of commitments, shall have no self-executing effect and thus confer no rights directly to individual natural persons or juridical persons." (Hervorhebung der Verfasserin). Es wird an dieser Stelle darauf hingewiesen, daß die WTO anscheinend ihre Homepage des öfteren umstellt, zumal allein während der Erstellung dieser Arbeit die Fundstellen für obiges Zitat wechselten. Angegeben wurden die beiden zeitlich letzten Fundstellen, unter denen das Zitat aufzufinden war.
Vgl. auch die deutsche Fassung im BGBl. 1994, Teil II, S. 1678 ff (allerdings ist nur der englische Wortlaut verbindlich).
(Legal Instruments Embodying the Results of the Uruguay Round of Multilateral Trade Negotiations Done at Marrakesch on 15 April 1994, Vol. 28, S. 23557, nach Berrisch/ Kamann, EWS 2000, 89[93] Fn. 48.)

1263 Wären mit dem Begriff „self-executing" subjektive Rechte bzw. Pflichten gemeint, würde die zitierte Satzfortführung „and thus confer no rights directly ..." keinen Sinn machen.

1264 Berrisch/ Kamann, EWS 2000, 89[93] und [93] Fn. 48.

1265 Nach der Begriffsbestimmung in Art. 2 Abs. 1 lit. d) WVRK „bedeutet „Vorbehalt" eine wie auch immer formulierte oder bezeichnete, von einem Staat bei der Unterzeichnung, Ratifikation, Annahme oder Genehmigung eines Vertrags oder bei dem Beitritt zu einem Vertrag abgegebene einseitige Erklärung, durch die der Staat bezweckt, die Rechtswirkung einzelner Vertragsbestimmungen in der Anwendung auf diesen Staat auszuschließen oder abzuändern".

a) der Vertrag den Vorbehalt verbietet;

b) der Vertrag vorsieht, daß nur bestimmte Vorbehalte gemacht werden dürfen, zu denen der betreffende Vorbehalt nicht gehört, oder

c) in den unter Buchstabe a oder b nicht bezeichneten Fällen der Vorbehalt mit Ziel und Zweck des Vertrags unvereinbar ist."

Art. XVI Abs. 5 S. 2 WTOÜ gestattet Vorbehalte zu Multilateralen Handelsübereinkommen, zu denen auch das GATS gehört, „nur ... , soweit dies in den betreffenden Übereinkommen vorgesehen ist." Es fragt sich also nun, ob Art. XVI GATS mit seinem System spezifischer Verpflichtungen einen Vorbehalt vorsieht. Dagegen spricht aber schon, daß die Erklärung der Gemeinschaften in bezug auf die spezifischen Verpflichtungen nicht bezweckt, die Rechtswirkung einzelner Vertragsbestimmungen in der Anwendung auf einen bzw. mehrere Staaten auszuschließen oder zu ändern. Ferner handelt es sich nicht um eine einseitige Erklärung. Vielmehr bilden die Listen spezifischer Verpflichtungen gemäß Art. XX Abs. 3 GATS einen „wesentlichen Bestandteil des Übereinkommens". Dies bestätigt auch folgender sämtlichen spezifischen Verpflichtungen voranstehender Wortlaut: „The following are the documents containing the schedules of specific commitments resulting from the negotiations on trade in services during the Uruguay Round."[1266] Damit handelt es sich also nicht um einen Vorbehalt, sondern einen Vertragsbestandteil.

Wenn nun aber die Abkommen ihre Wirkung selbst vorsehen, was sie nach der oben dargestellten EuGH-Rechtsprechung können, sind die Gerichte hieran gebunden. Nur wenn völkerrechtliche Verträge hierzu keine Aussage treffen, liegt die Entscheidungsbefugnis allein bei den Gerichten.[1267] Das heißt also, die Gerichte sind an Zf. 3 der Einführungsregelung zu den spezifischen Verpflichtungen gebunden.

Es stellt sich nun die Frage, ob die genannte Zf. 3 dem gesamten GATS die unmittelbare Anwendbarkeit und subjektive Rechte bzw. Pflichten absprechen kann. Hierfür ließe sich der Wortlaut anführen. Zf. 3 formuliert: „The rights and obligations arising from the GATS, including the schedule of commitments, shall have no self-executing effect and thus confer no rights directly to individual natural persons or juridical persons."[1268] Dieser Wortlaut erwähnt nur das GATS allgemein, nicht aber einzelne Bestimmungen des GATS. Auch die übrigen Ziffern der Introductory note enthalten keinen expliziten Hinweis auf konkrete einzelne GATS-Normen. Außerdem könnte der Zusatz „including the

---

1266 Homepage der WTO: http://www.wto.org/english/tratop_e/serv_e/22-specm.htm (Stand: 15.11.2000); vgl. zu den Fundstellen auf der Internet-Homepage der WTO im übrigen auch Fn. 1262.

1267 Vgl. Ausführungen unter K.III.2.

1268 Hervorhebung der Verfasserin.

schedule of commitments“ gerade darauf hindeuten, daß bei der Formulierung dieser Ziffer an das GATS allgemein gedacht war. Allerdings kann diese Parenthese auch anders verstanden werden, nämlich so, daß nur die Vorschriften des Teil III des GATS gemeint waren, zusätzlich („including the schedule of commitments“[1269]) aber auch die sich auf diesen Teil beziehenden spezifischen Verpflichtungen. Hierfür spricht, daß auch ohne ausdrücklichen Verweis auf Art. XVI ff GATS im Wege der systematischen Interpretation die Reichweite der Introductory note und damit ihrer Zf. 3 auf Teil III des GATS beschränkt werden muß. Denn die Einführungsregelung steht ja unter der Überschrift „Schedule of Specific Commitments“, die nur in Teil III des GATS stehen. Auch Zf. 1 der Einführungsregelung erwähnt die „specific commitments“. Ferner schließt eine systematisch-teleologisch-historische Betrachtung aus, daß Zf. 3 die unmittelbare Anwendbarkeit sowie subjektive Rechte bzw. Pflichten für das gesamte GATS ablehnen wollte. Denn dann hätte diese Ziffer an anderer Stelle, etwa im GATS selbst oder zumindest einem Anhang, der sich auf das gesamte GATS bezieht, normtechnisch platziert werden müssen. Außerdem darf nicht übersehen werden, daß der schweizerische Vorschlag, eine ausdrückliche Regelung bzgl. der unmittelbaren Anwendbarkeit von Welthandelsrecht aufzunehmen, - wie bereits erwähnt - nicht angenommen wurde.[1270]

Damit kann Zf. 3 der Einführungsregelung zu den spezifischen Verpflichtungen nicht für das gesamte GATS die unmittelbare Anwendbarkeit ausschließen.

Hingewiesen werden soll an dieser Stelle auch darauf, daß die zitierte Äußerung der Gemeinschaften in Zf. 3 der Introductory note zu den „Specific commitments“ insofern nicht mit der Auffassung der Bundesrepublik Deutschland übereinstimmt, als die Bundesrepublik Deutschland ja einen Teil der welthandelsrechtlichen Vorschriften für unmittelbar anwendbar hält.[1271] In diesem Zusammenhang ist allerdings zum einen daran zu erinnern, daß der EuGH ja gemäß dem Hermès-Urteil auch zur Auslegung von Vorschriften zuständig ist, die in den ausschließlichen Kompetenzbereich der Mitgliedstaaten fallen, zum anderen daran, daß sowieso der Großteil des GATS in die ausschließliche Kompetenz der Gemeinschaft fällt[1272]. Das bedeutet, daß sich insoweit die Fragen von Bindung, Rang, unmittelbarer Anwendbarkeit ausschließlich nach Gemeinschaftsrecht beurteilen und sich auch die nationalen Rechtsordnungen danach zu richten haben.

1269 Hervorhebung der Verfasserin.

1270 Vgl. Fn. 527.

1271 Denkschrift der Bundesregierung, BT-Drucksache 12/7655 (neu), S. 7 f, 337 Zf. 6 Abs. 1.

1272 So auch Ott, S. 213.

a) Unmittelbar anwendbare Vorschriften im GATS

aa) Art. II Abs. 1 GATS

Art. II Abs. 1 GATS stellt als Meistbegünstigungsgrundsatz ein zentrales Element des GATS dar. Die Vorschrift regelt klar und eindeutig, welche Maßnahmen[1273] von der Meistbegünstigung erfaßt werden, was unter Meistbegünstigung verstanden wird („eine Behandlung, die nicht weniger günstig ist als diejenige, die es den gleichen Dienstleistungen[[1274]] oder Dienstleistungserbringern[[1275]] eines anderen Landes gewährt") sowie die Tatsache, daß die Meistbegünstigung „sofort und bedingungslos" zu gewähren ist. Daß die Definitionen zu einzelnen Begriffen nicht in dieser Vorschrift selbst enthalten sind, steht der unmittelbaren Anwendbarkeit nicht entgegen, zumal die Vorschrift in Zusammenschau mit den Normen über Begriffsbestimmungen zu lesen ist.[1276] Die Wirkungen dieser Vorschrift hängen nicht vom Erlaß eines weiteren Aktes ab. Daher ist Art. II Abs. 1 GATS inhaltlich bestimmt und unbedingt, also unmittelbar anwendbar. Daß Art. XIII Abs. 1 GATS u.a. Art. II GATS für den Bereich des öffentlichen Beschaffungswesens ausschließt, steht der unmittelbaren Anwendbarkeit von Art. II Abs. 1 GATS nicht entgegen, weil die Ausnahmen in Art. XIII Abs. 1 GATS ihrerseits nur nach präzisen materiellrechtlichen Bestimmungen möglich sind. Auch Art. II Abs. 2 GATS steht der unmittelbaren Anwendbarkeit von seinem Abs. 1 nicht entgegen. Denn die Aufrechterhaltung einer Maßnahme, die mit Art. II Abs. 1 GATS nicht vereinbar ist, kann nur nach den in Abs. 2 und der Anlage zu Art. II GATS klar, eindeutig und unbedingt festgelegten Kriterien erfolgen.

bb) Art. III Abs. 1 S. 1 GATS

Auch Art. III Abs. 1 S. 1 GATS formuliert die in ihm vorgesehene Verpflichtung zur Veröffentlichung hinreichend bestimmt und unbedingt. Sowohl Zeitpunkt der Veröffentlichung („veröffentlicht umgehend und ... spätestens zum Zeitpunkt ihres Inkrafttretens") als auch die zu veröffentlichenden Maßnahmen („alle einschlägigen allgemeingültigen Maßnahmen, die sich auf die Anwendung dieses Übereinkommens beziehen oder sie beeinträchtigen") sind klar und eindeutig genannt. Die Vorschrift ist daher unmittelbar anwendbar. Art. III Abs. 2 GATS steht der unmittelbaren Anwendbarkeit nicht entgegen, weil hier lediglich ausle-

---

1273 Was unter „Maßnahmen" verstanden wird, legt Art. XXVIII lit. a) GATS fest.

1274 Dieser Begriff wird in Art. I Abs. 3 lit. b) GATS definiert.

1275 Vgl. Definition in Art. XXVIII lit. g) GATS.

1276 Dies ergibt sich, wie schon ausgeführt, aus einem Erst-Recht-Schluß aus dem Strafrecht, wo Blankette-Vorschriften als hinreichend bestimmt eingestuft werden.

gungsbedürftige Begriffe (etwa „nicht durchführbar") verwendet werden, die in jeder Rechtsnorm bekannt sind und nicht das auslegungsfähige Maß überschreiten.

cc) Art. III Abs. 1 S. 2 GATS

Auch Art. III Abs. 1 S. 2 GATS ist aufgrund inhaltlicher Bestimmtheit und Unbedingtheit ebenfalls unmittelbar anwendbar.

b) Subjektive Rechte und Pflichten im GATS

aa) Art. II Abs. 1 GATS

Art. II Abs. 1 GATS ist unmittelbar anwendbar. Darüber hinaus begünstigt er als Meistbegünstigungsgrundsatz den einzelnen, der sich auf diese Vorschrift berufen kann. Art. II Abs. 1 GATS vermittelt daher subjektive Rechte bzw. Pflichten.

bb) Art. III Abs. 1 S. 1 und S. 2 GATS

Wie oben dargelegt, ist der gesamte Art. III Abs. 1 GATS unmittelbar anwendbar. Außerdem dient das in dieser Norm fixierte Transparenzprinzip u.a. dem Informationsbedürfnis des einzelnen, der sich daher hierauf berufen kann. Aus Art. III Abs. 1 GATS fließen infolgedessen subjektive Rechte bzw. Pflichten.

c) Weder subjektive Rechte und Pflichten noch unmittelbar anwendbare Vorschriften im GATS

aa) Art. III Abs. 5 GATS

Art. III Abs. 5 GATS ist mangels Klarheit und Eindeutigkeit („nach seiner Auffassung") nicht unmittelbar anwendbar.

bb) Art. VI Abs. 1 GATS

Ebensowenig ist Art. VI Abs. 1 GATS unmittelbar anwendbar. Denn diese Vorschrift ist nicht hinreichend bestimmt („stellen die Mitglieder sicher"[1277],

---

1277 Diese deutsche Übersetzung entspricht dem englischen Wortlaut „shall ensure", während die französische Fassung hiervon wörtlich - jedoch nicht dem Sinn nach - abweichend die Formulierung „fera en sorte que" verwendet, die jedoch auch nicht bestimmter ist.

„angemessen[[1278]], objektiv und unparteiisch angewendet werden"). Außerdem ist sie auch nicht unbedingt, weil für ihre Erfüllung weitere Akte erforderlich sind.

cc) Art. XVI Abs. 1 GATS

Wie oben festgestellt steht der unmittelbaren Anwendbarkeit von Art. XVI Abs. 1 GATS Zf. 3 der Einleitung zu den spezifischen Verpflichtungen entgegen, zumal Art. XVI Abs. 1 GATS zu Teil III „Spezifische Verpflichtungen" gehört. Damit können aus Art. XVI Abs. 1 GATS schon keine subjektive Rechte bzw. Pflichten abgeleitet werden. Ferner schließt Zf. 3 der Einleitung zu den spezifischen Verpflichtungen sogar - wie oben zitiert - subjektive Rechte ausdrücklich aus. Hintergrund ist dabei, daß im Rahmen der spezifischen Verpflichtungen des Teil III ein abgestuftes System von Verpflichtungen geschaffen werden sollte.

dd) Art. XVII Abs. 1 GATS

Aus denselben Gründen vermittelt auch Art. XVII GATS weder subjektive Rechte bzw. Pflichten noch ist er unmittelbar anwendbar.

ee) Art. XXII Abs. 1 S. 1 GATS

Art. XXII Abs. 1 S. 1 GATS ist nicht hinreichend bestimmt, zumal die Mitglieder nicht zu Konsultationen verpflichtet werden, sondern die „Möglichkeit zu Konsultationen" nur „wohlwollend prüfen und angemessene Gelegenheit dazu geben", ohne daß diese Begriffe näher definiert würden.[1279] Diese Vorschrift ist also nicht unmittelbar anwendbar.

IV. TRIPs

Das TRIPs regelt die handelsbezogenen Aspekte der Rechte des geistigen Eigentums. Es hat den Zweck, „einen wirksamen und angemessenen Schutz der

1278 Diese deutsche Übersetzung ist an sich nicht korrekt. Allerdings sind der englische („in a reasonable .... manner") und der französische Wortlaut („d´une manière raisonnable") auch nicht hinreichend bestimmt.

1279 Ein Blick auf die verschiedenen sprachlichen Fassungen ist hier sehr interessant, zumal englische („shall accord sympathetic consideration to") und französische Fassung („examinera avec compréhension") sich nicht wörtlich übersetzt entsprechen, und die deutsche Version nochmals eine andere Übersetzung („wohlwollend prüfen") wählt. Hierbei handelt es sich jedoch um sprachliche Untersuchungen, die hier - zumal sie am juristischen Ergebnis der Prüfung nichts ändern - außen vor bleiben müssen.

Rechte des geistigen Eigentums zu fördern".[1280] Da das GATT '47 diese Aspekte bisher nicht beinhaltet hat, stellt das TRIPs[1281] insofern ein absolutes Novum dar. Sein hoher Stellenwert resultiert aus der großen Bedeutung des geistigen Eigentums, die daher im folgenden näher dargestellt werden soll:

1. Bedeutung des geistigen Eigentums

Die Bedeutung des geistigen Eigentums und des TRIPs, das das geistige Eigentum in seinen handelsbezogenen Aspekten regelt, darf nicht unterschätzt werden.

Mit dem steigenden Anteil am geistigen Eigentum steigt auch die Mißachtung der geistigen Eigentumsrechte. Geistiges Eigentum zieht immer auch Plagiat nach sich. Immaterialgüterrechte sind insofern von besonderer Wichtig-

---

1280 Erwägungsgründe der Präambel des TRIPs Absatz 1.

1281 Vgl. zu Einzelheiten des TRIPs insbesondere: Bayer, Die neuen Welthandelsregeln zum Schutz geistigen Eigentums (TRIPS), Wien, 1995; Becker, GATT/ TRIPs aus Sicht der chemisch-pharmazeutischen Industrie, in: GATT 94 und die Welthandelsorganisation (Hrsg.: Thürer/Lux), S. 205 ff; Beier/ Schricker, From GATT to TRIPs- The Agreement on Trade-Related Aspects of Intellectual Property Rights, IIC Studies, Studies in Industrial Property and Copyright Law, Weinheim/ New York/ Basel/ Cambridge/ Tokyo 1996; Blakeney, Trade Related Aspects of intellectual Property Rights: A concise guide to the TRIPs Agreement, London, 1996; Cottier, Das Abkommen über handelsbezogene Aspekte des geistigen Eigentums (TRIPS), in: Thürer, Daniel/ Lux, Stephan, GATT 94 und Welthandelsorganisation, S. 193-204; Dreier, TRIPs und die Durchsetzung von Rechten des geistigen Eigentums, GRUR Int. 1996, 205-218; Drexl, Nach „GATT" und „WIPO": Das TRIPs-Abkommen und seine Anwendung in der Europäischen Gemeinschaft, GRUR Int. 1994, 777-788; Fikentscher, Wettbewerbsrecht im TRIPS-Agreement der Welthandelsorganisation, GRUR Int. 1995, 529-534; Geller, Geistiges Eigentum auf dem Weltmarkt: Welche Bedeutung hat die Streitbeilegung nach TRIPs?, GRUR Int. 1995, 935-944; Gervais, The TRIPS Agreement, London 1998; Heinemann, Das Kartellrecht des geistigen Eigentums im TRIPS-Übereinkommen der Welthandelsorganisation, GRUR Int. 1995, 535-539; Hilpert, TRIPs und das Interesse der Entwicklungsländer am Schutz von Immaterialgüterrechten in ökonomischer Sicht, GRUR Int. 1998, 91-99; Katzenberger, TRIPs und Urheberrecht, GRUR Int. 1995, 447-468; Kur, TRIPs und das Markenrecht, GRUR Int. 1994, 987-997; Reinbothe, Der Schutz des Urheberrechts und der Leistungsschutzrechte im Abkommensentwurf GATT/ TRIPs, GRUR Int. 1992, 707-715; Spuhler, Das System des internationalen und supranationalen Schutzes von Marken und geographischen Herkunftsangaben, 1999; Staehelin, Das TRIPs-Abkommen: Immaterialgüterrechte im Licht der globalisierten Handelspolitik, Bern 1997; Straus, Bedeutung des TRIPs für das Patentrecht, GRUR Int. 1996, 179-204; Ullrich, Technologieschutz nach TRIPS: Prinzipien und Probleme, GRUR Int. 1995, 623-641.

keit[1282], als sie den Berechtigten Ausschließlichkeitsrechte an ihren geistigen Leistungen verleihen und diese Ausschließlichkeitsrechte Voraussetzung sind für die Möglichkeit, die geistigen Leistungen zu vermarkten.[1283]

Von Roman Herzog stammt daher die zutreffende These, „daß eine Gesellschaft, die das geistige Eigentum nicht schützt, keine wirklich freie Gesellschaft ist."[1284] Außerdem ist geistiges Eigentum eng verknüpft mit dem Recht auf Entfaltung der freien Persönlichkeit, das durch Art. 2 Abs. 1 GG verfassungsrechtlich geschützt ist. Die große Bedeutung, die dem geistigen Eigentum zugemessen wird, läßt sich auch an seiner verfassungsrechtlichen Verankerung ablesen: Das geistige Eigentum wird durch Art. 14 GG geschützt. Im Gegensatz zum Grundgesetz erwähnt Art. 162 BV das geistige Eigentum sogar ausdrücklich.[1285]

Obige Ausführungen zeigen, daß die wirtschaftliche Bedeutung des geistigen Eigentums schon bisher sehr groß war.[1286] Angesichts der explosiven Entwicklungen insbesondere im EDV- und Multimedia-Bereich, aber auch immer neuen Forschungs- und Entwicklungsergebnissen auf allen anderen Sektoren, wird der Schutz des geistigen Eigentums für die Zukunft eine herausragende Stellung einnehmen.

2. Untersuchung ausgewählter Vorschriften des TRIPs auf aus ihnen resultierende Berechtigungen und Verpflichtungen

Aufgrund der geringen Anzahl von EuGH-Urteilen zur unmittelbaren Anwendbarkeit des TRIPs, bietet die Rechtsprechung des Gerichtshofs wenig Anhaltspunkte. Lediglich in der Rechtssache Hermès wurde über die unmittelbare

---

1282 Hingewiesen sei auch auf die wirtschaftliche Bedeutung des Schutzes des geistigen Eigentums. Ein unzureichender Schutz des geistigen Eigentums zieht sowohl aus handelspolitischer wie aus unternehmerischer Sicht negative Konsequenzen nach sich: Ist der Schutz des geistigen Eigentums nicht hinreichend gewährleistet, so kommt es zu Verzerrungen des Handels sowie zu Absatz- und Erlöseinbußen. Die Auswirkungen sind umso gravierender, als der Zusammenhang zwischen dem Schutz des geistigen Eigentums und ungehindertem Güterhandel zunehmend enger wird, so auch Hauser/ Schanz, S. 223.

1283 Kilian, R. 641.

1284 Herzog, S. 62[68].

1285 Art. 162 BV lautet: „Das geistige Eigentum, das Recht der Urheber, Erfinder und Künstler genießen den Schutz und die Obsorge des Staates."

1286 Man beachte auch folgende Feststellung im Bericht zum Gutachtenantrag des Gutachtens 1/94: „Es werde davon ausgegangen, daß das Fehlen eines wirksamen Schutzes des geistigen Eigentums in bestimmten Drittländern für „Waren, an denen gewerbliche Eigentumsrechte bestehen", genauso wirke wie jede andere Einfuhrbeschränkung.", Bericht zum Gutachtenantrag des Gutachtens 1/94 des Gerichtshofes, EuGH, Slg. 1994, I-5267[5294] B. 1.

Anwendbarkeit des TRIPs verhandelt. In seiner Entscheidung beantwortet der EuGH diese Frage dennoch nicht, weil sie ihm im Verfahren nach Art. 234 (ex-Art. 177) EGV nicht vorgelegt worden ist. Allerdings nimmt der Generalanwalt in seinen Schlußanträgen hierzu ausführlich Stellung, wie bereits oben erwähnt.[1287]

Vorab soll geprüft werden, ob die Tatsache, daß Art. 65 und 66 TRIPs Übergangsregelungen enthalten und den Entwicklungsländern und am wenigsten entwickelten Ländern Zugeständnisse machen, die Unbedingtheit aller Vorschriften des TRIPs beseitigt. Generalanwalt Cosmas sieht in seinen Schlußanträgen in der Rechtssache Affish die Unbedingtheit der Bestimmungen des Übereinkommens über die Anwendung gesundheitspolizeilicher und pflanzenschutzrechtlicher Maßnahmen[1288] dadurch widerlegt, daß dessen Art. 14 vorsieht, daß die am wenigsten entwickelten Mitglieder die Durchführung des Übereinkommens um fünf Jahre, andere Entwicklungsländer um zwei Jahre aufschieben können.[1289] Die Art. 65 Abs. 1, 2 und 3 des TRIPs jedenfalls stehen der Unbedingtheit nicht entgegen, weil die hier genannten Übergangsfristen bereits abgelaufen sind.

Problematisch sind also allenfalls Art. 65 Abs. 4 und Art. 66 TRIPs, zumal die hierin vorgesehenen Fristen von weiteren fünf Jahren bzw. von zehn Jahren noch nicht abgelaufen sind. Jedoch können diese Normen nicht die Unbedingtheit des gesamten TRIPs beseitigen, zumal ja stets - wie dargelegt - auf die einzelne Vorschrift abzustellen ist. Für die in Art. 66 TRIPs genannten Länder gilt die Besonderheit, daß mit Ausnahme der Art. 3, 4 und 5 die Bestimmungen des TRIPs nicht anzuwenden sind und damit auch nicht unmittelbar anwendbar sein können. Art. 65 Abs. 4 TRIPs betrifft auch nur bestimmte Länder.

Ebenfalls vorab soll untersucht werden, ob das TRIPs unter die unmittelbare Anwendbarkeit bzw. mittelbare Anwendbarkeit im Sinne der Nakajima-Rechtsprechung fällt.[1290] Hierfür spricht beispielsweise die Präambel der Verordnung des Rates Nr. 3288/94[1291], die insofern einen Umsetzungsakt im Sinne dieser Rechtsprechung darstellt[1292]: „Um sicherzustellen, daß alle einschlägigen Rechtsvorschriften der Gemeinschaft mit dem TRIPs-Übereinkommen im Ein-

---

1287 Vgl. Ausführungen unter K.II.2.b).

1288 Benedek, Textausgabe, S. 182 ff; GATT-Secretariat, The Legal Texts, S. 69 ff.

1289 Schlußanträge von GA Cosmas vom 10.12.1996 zu EuGH, Urteil vom 17.07.1997, Rs. C-183/95, Slg. 1997, I-4315[4317, 4356] Zf. 123- Affish.

1290 Vgl. Einhorn, CML Rev. 1998, 1069[1096].

1291 Verordnung (EG) Nr. 3288/94 des Rates vom 22.12.1994 zur Änderung der Verordnung (EG) Nr. 40/94 über die Gemeinschaftsmarke zur Umsetzung der im Rahmen der Uruguay-Runde geschlossenen Übereinkünfte, ABl. Nr. L 349/83 ff vom 31.12.1994.

1292 So auch Berrisch/ Kamann, EWS 2000, 89[96].

klang stehen, muß die Gemeinschaft bestimmte Maßnahmen in bezug auf die geltenden Gemeinschaftsrechtsakte über den Schutz der Rechte des geistigen Eigentums treffen."[1293] Es sei klargestellt, daß die Grundsätze der Nakajima-Rechtsprechung zur mittelbaren Anwendbarkeit allerdings nur bzgl. der jeweiligen Verordnung gelten können, nicht jedoch pauschal für das TRIPs.

a) Unmittelbar anwendbare Vorschriften im TRIPs

aa) Art. 3 Abs. 1 S. 1 TRIPs

Art. 3 TRIPs regelt die Inländerbehandlung.[1294]

Art. 3 Abs. 1 S. 1 TRIPs ist unmittelbar anwendbar.[1295] Denn diese Norm regelt klar, eindeutig und unbedingt die Inländerbehandlung. Was unter „geistigem Eigentum" zu verstehen ist, definiert Art. 1 Abs. 2 TRIPs. Daß die Vorschrift eine Einschränkung vorsieht („vorbehaltlich der jeweils bereits in der Pariser Verbandsübereinkunft (1967), der Berner Übereinkunft (1971), dem Rom-Abkommen oder dem Vertrag über den Schutz des geistigen Eigentums im Hinblick auf integrierte Schaltkreise vorgesehenen Ausnahmen"), steht ihrer unmittelbaren Anwendbarkeit nicht entgegen, da diese wiederum klar, eindeutig und unbedingt formuliert ist. Ebensowenig schließt Absatz 2 dieser Vorschrift, nach dem Ausnahmen möglich sind, die unmittelbare Anwendbarkeit aus. Denn Absatz 2 ist selbst inhaltlich bestimmt und unbedingt.

Auch Art. 5 TRIPs steht der unmittelbaren Anwendbarkeit nicht entgegen. Denn diese Vorschrift legt ihrerseits klar und eindeutig sowie unbedingt die Ausnahmen fest.[1296]

Art. 1 Abs. 1 S. 3 TRIPs[1297] ist ebenfalls kein Hindernis für die unmittelbare Anwendbarkeit. In den traditionellen internationalen Abkommen zum geistigen

---

1293 Erwägungsgrund zwei der Verordnung (EG) Nr. 3288/94 des Rates vom 22.12.1994 zur Änderung der Verordnung (EG) Nr. 40/94 über die Gemeinschaftsmarke zur Umsetzung der im Rahmen der Uruguay-Runde geschlossenen Übereinkünfte, ABl. Nr. L 349/83 ff vom 31.12.1994.

1294 Man beachte die grundlegenden Unterschiede in der Ausgestaltung des Inländerbehandlungsgrundsatzes in den verschiedenen welthandelsrechtlichen Abkommen: Art. 3 TRIPs (unmittelbar anwendbar und subjektive Rechte bzw. Pflichten), Art. III GATT (unmittelbare Anwendbarkeit durch systematisch-teleologische Auslegung) und Art. XVII GATS (als spezifische Verpflichtung nicht unmittelbar anwendbar).

1295 So auch Ott, S. 241 f, und Spuhler, S. 80 f.

1296 Der Bestimmtheit und Unbedingtheit steht - wie bereits ausgeführt - nicht entgegen, daß eine Norm wie hier Art. 5 TRIPs in Zusammenschau mit mehrseitigen im Rahmen der WIPO geschlossenen Übereinkünften betreffend den Erwerb oder die Aufrechterhaltung von Rechten des geistigen Eigentums zu lesen ist.

Eigentum existieren nämlich Vorschriften, die Art. 1 Abs. 1 S. 3 TRIPs ähnlich sind. Da diesen Abkommen nicht wegen einer derartigen Vorschrift die unmittelbare Anwendbarkeit abgesprochen wird, kann auch beim TRIPs diesbezüglich nichts anderes gelten.[1298]

Daß Art. 3 Abs. 1 S. 1 TRIPs unmittelbar anwendbar ist, ergibt auch ein Vergleich dieser Bestimmung mit dem inhaltsgleichen Art. 2 PVÜ. Diese vergleichbare Vorschrift der PVÜ gilt als unmittelbar anwendbar, zumal sie die erforderliche inhaltliche Bestimmtheit hat, um als Rechtssatz angewandt zu werden.[1299] Da keine sachlichen Gründe gegeben sind, um hinsichtlich der Rechtsqualität zwischen Art. 3 TRIPs und Art. 2 PVÜ zu differenzieren, ist auch Art. 3 TRIPs als unmittelbar anwendbar anzusehen.[1300] Hierfür läßt sich auch die Denkschrift der Bundesregierung anführen, die ausdrücklich die unmittelbare Anwendbarkeit von Art. 3 TRIPs erwähnt.[1301]

Ergänzend wird darauf hingewiesen, daß Art. 3 Ab. 1 S. 1 TRIPs auch für die in Art. 66 TRIPs genannten Länder unmittelbar anwendbar ist, zumal Art. 3 TRIPs von der Rechtsfolge des Art. 66 TRIPs ausgenommen ist.

bb) Art. 3 Abs. 1 S. 2 TRIPs

Auch Art. 3 Abs. 1 S. 2 TRIPs ist klar, eindeutig und unbedingt, also unmittelbar anwendbar. Wie bereits dargelegt, stehen Art. 3 Abs. 2, Art. 1 Abs. 1 S. 3, Art. 5 und Art. 66 TRIPs der unmittelbaren Anwendbarkeit nicht entgegen.

cc) Art. 4 S. 1 TRIPs

Auch Art. 4 S. 1 TRIPs (Meistbegünstigung) kann als unmittelbar anwendbar betrachtet werden.[1302] Denn diese Vorschrift ist klar und eindeutig formuliert,

---

1297 Art. 1 Abs. 1 S. 3 TRIPs lautet: „Es steht den Mitgliedern frei, die für die Umsetzung dieses Übereinkommens in ihrem eigenen Rechtssystem und in ihrer Rechtspraxis geeignete Methode festzulegen."

1298 So auch Drexl, in: Beier/ Schricker, From GATT to TRIPs, S. 18[48].

1299 Vgl. Fezer, Int MarkenR, Vorbemerkung, R. 37 (S. 1564); Spuhler, S. 81.

1300 So auch Spuhler, S. 81 Fn. 360.

1301 Denkschrift der Bundesregierung, BT-Drucksache 12/7655 (neu), S. 345 Zf. 5.3 letzter Absatz: „Im übrigen soll den Verpflichtungen aus dem TRIPs-Abkommen insoweit Rechnung getragen werden, als solche Regelungen, die ihrem Wortlaut nach hierfür in Betracht kommen, unmittelbar anwendbar sind. Dies gilt zum Beispiel für die Verpflichtung zur Inländerbehandlung und zur Meistbegünstigung und auch für die als absolute Rechtssätze formulierten Rechte der Schutzrechtsinhaber." (Hervorhebung der Verfasserin).

1302 So auch Heinemann, in: Beier/ Schricker, From GATT to TRIPs, S. 401[403]; Ott, S. 241 f; Spuhler, S. 80 f.

also hinreichend bestimmt und unbedingt. Daß Satz 2 Ausnahmen vorsieht, steht der unmittelbaren Anwendbarkeit nicht entgegen, zumal als Ausnahmen nur die Buchstaben a) bis d) in Betracht kommen und diese Ausnahmen ihrerseits auch klar, eindeutig und unbedingt sind. Hierfür spricht ferner die Formulierung der Denkschrift der Bundesregierung: „Im übrigen soll den Verpflichtungen aus dem TRIPs-Abkommen insoweit Rechnung getragen werden, als solche Regelungen, die ihrem Wortlaut nach hierfür in Betracht kommen, unmittelbar anwendbar sind. Dies gilt zum Beispiel für die Verpflichtung zur Inländerbehandlung und zur Meistbegünstigung und auch für die als absolute Rechtssätze formulierten Rechte der Schutzrechtsinhaber."[1303] Die unmittelbare Anwendbarkeit von Art. 4 S. 1 TRIPs ergibt sich auch aus einem Vergleich mit Art. I GATT[1304], der ebenfalls die Meistbegünstigung regelt und der oben als unmittelbar anwendbar eingestuft wurde.

Wie bereits dargelegt, steht Art. 5 TRIPs der unmittelbaren Anwendbarkeit nicht entgegen.

Ferner sei daran erinnert, daß Art. 4 TRIPs auch für die in Art. 66 TRIPs genannten Länder unmittelbar anwendbar ist, zumal die Rechtsfolge des Art. 66 TRIPs nicht für Art. 4 TRIPs gilt.

dd) Art. 50 Abs. 6 TRIPs

Beispielhaft untersucht werden soll auch Art. 50 Abs. 6 TRIPs, weil diese Vorschrift Gegenstand des Vorlageverfahrens in der Rechtssache Hermès beim Gerichtshof ist und von ihm ausgelegt wird.

Angemerkt sei an dieser Stelle, daß die Tatsache, daß der EuGH eine Bestimmung eines Gemeinschaftsabkommens interpretiert, nicht bedeutet, daß diese Vorschrift auch unmittelbar anwendbar ist. Die Kompetenz des Gerichtshofs nach Art. 234 (ex-Art. 177) EGV beschränkt sich nämlich nicht auf die Interpretation von unmittelbar anwendbaren Normen, wie der Gerichtshof im Urteil Mazzalai selbst feststellt.[1305]

Zwar enthält Art. 50 Abs. 6 TRIPs ein unbestimmtes Element, zumal er vorsieht, daß seine Rechtsfolge nur „auf Antrag des Antragsgegners" eintritt. Aller-

---

1303 Denkschrift der Bundesregierung, BT-Drucksache 12/7655 (neu), S. 345 Zf. 5.3 letzter Absatz. (Hervorhebung der Verfasserin).

1304 So auch Spuhler, S. 81.

1305 EuGH, Urteil vom 20.05.1976, Rs. 111/75, Slg. 1976, 657[666] R. 7/11- Mazzalai: „Der Gerichtshof entscheidet nach Artikel 177 EWG-Vertrag im Wege der Vorabentscheidung über die Auslegung der Handlungen der Organe der Gemeinschaft, ohne daß es darauf ankäme, ob diese Handlungen unmittelbar anwendbar sind oder nicht." In diesem Sinne auch Bebr, EuR 1983, 128[134]; Bebr, CML Rev. 1983, 35[42 f].

dings handelt es sich hierbei nicht um eine juristische Unbestimmtheit, sondern nur ein ungewisses Moment auf der tatsächlichen Seite. Wenn ein Antrag vorliegt, was einfach festgestellt werden kann, dann tritt stets die Rechtsfolge ein. Insbesondere wird die unpräzise Formulierung „einer angemessenen Frist" selbst in der Norm noch genau präzisiert und bestimmt.

Gegen die unmittelbare Anwendbarkeit dieser Vorschrift könnte ihre Stellung sprechen. Denn sie befindet sich im Teil III des TRIPs, der die Durchsetzung der Rechte des geistigen Eigentums regelt. Im Teil III ist sie Abschnitt 4 über die besonderen Erfordernisse bei Grenzmaßnahmen zugeordnet.[1306] Einige Vorschriften des Teil III des TRIPs sind in der Tat sehr allgemein gefaßt und an die Vertragsparteien gerichtet, wie etwa Art. 41 Abs. 1 TRIPs[1307] oder Art. 41 Abs. 5 TRIPs[1308]. Hieraus könnte der Schluß abgeleitet werden - wie Kommission und französische Regierung es tun -, daß zumindest dieser Teil III des TRIPs nicht unmittelbar anwendbar ist.[1309] Beide berufen sich zusätzlich auf Art. 1 Abs. 1 TRIPs, den sie als Argument benutzen, um dem TRIPs generell die unmittelbare Anwendbarkeit abzusprechen.[1310] Jedoch ist bei Prüfung der unmittelbaren Anwendbarkeit nicht nur auf die Charakteristika des Abkommens abzustellen, sondern primär die einzelne Vorschrift zu untersuchen. Dabei sagt auch der Generalanwalt, daß darauf abzustellen ist, „ob die betreffende Bestimmung sich als solche zur Anwendung eignet, was jedesmal dann der Fall ist, wenn es keines weiteren Aktes bedarf, damit sie die ihr eigenen Wirkungen entfalten kann. Es läßt sich nicht leugnen, daß Artikel 50 Absatz 6, eine überaus

1306 Die deutsche Bundesregierung lehnt - wie schon erwähnt - eine unmittelbare Anwendbarkeit der in Teil III des TRIPs enthaltenen Bestimmungen mit folgender Begründung ab: „Alle Vorschriften in Teil III sind so gestaltet, daß sie nicht unmittelbar anwendbar sind, sondern lediglich Verpflichtungen für die Mitgliedstaaten enthalten, bestimmte Regelungen einzuführen oder vorzusehen.", Denkschrift des Deutschen Bundestages, BT-Drucksache 12/7655 (neu), S. 347 erster Absatz .
Spuhler schließt sich der Auffassung der Bundesregierung an, S. 80, wobei zum Zeitpunkt seines Manuskriptes die Entscheidung Hermès noch nicht veröffentlicht war.

1307 Art. 41 Abs. 1 S. 1 TRIPs lautet: „Die Mitglieder stellen sicher, daß die in diesem Teil aufgeführten Durchsetzungsverfahren in ihrem Recht vorgesehen werden, um ein wirksames Vorgehen gegen jede Verletzung von unter dieses Übereinkommen fallenden Rechten des geistigen Eigentums ... zu ermöglichen."

1308 Art. 41 Abs. 5 S. 1 TRIPs lautet: „Es besteht Einvernehmen darüber, daß dieser Teil weder eine Verpflichtung begründet, ein gerichtliches System für die Durchsetzung von Rechten des geistigen Eigentums getrennt von dem für die Durchsetzung des Rechts im allgemeinen zu errichten, noch die Fähigkeit der Mitglieder berührt, ihr Recht allgemein durchzusetzen."

1309 Schlußanträge des GA Tesauro vom 13.11.1997 zu EuGH, Urteil vom 26.06.1998, Rs. C-53/96, Slg. 1998, I-3603[3606, 3632] Zf. 36- Hermès.

1310 Vgl. obige Ausführungen unter K.III.19.

klare und detaillierte Vorschrift, einer weiteren Maßnahme nicht bedarf."[1311] Er hat daher an der unmittelbaren Anwendbarkeit keinen Zweifel, „da es sich um eine Bestimmung handelt, die sich bereits auf den ersten Blick als hinreichend klar, genau und nicht durch einen weiteren Akt bedingt erweist."[1312]

b) Subjektive Rechte und Pflichten im TRIPs

aa) Art. 3 Abs. 1 S. 1 TRIPs

Art. 3 Abs. 1 S. 1 TRIPs ist unmittelbar anwendbar. Darüber hinaus begünstigt diese Vorschrift als Inländerbehandlungsgrundsatz den einzelnen, der sich daher auf sie berufen kann. Diese Norm vermittelt infolgedessen subjektive Rechte bzw. Pflichten.

bb) Art. 3 Abs. 1 S. 2 TRIPs

Auch Art. 3 Abs. 1 S. 2 TRIPs enthält aus denselben Gründen wie Art. 3 Abs. 1 S. 1 TRIPs subjektive Rechte bzw. Pflichten.

cc) Art. 4 S. 1 TRIPs

Art. 4 S. 1 TRIPs gewährt subjektive Rechte bzw. Pflichten. Zum einen ist die Norm nämlich unmittelbar anwendbar, wie oben dargestellt. Zum anderen begünstigt sie den einzelnen, indem sie ihm das Recht einräumt, sich auf den Meistbegünstigungsgrundsatz zu berufen.

dd) Art. 50 Abs. 6 TRIPs

Art. 50 Abs. 6 TRIPs ist unmittelbar anwendbar. Es fragt sich, ob diese Vorschrift auch ein subjektives Recht vermittelt. Hierfür spricht, daß gemäß dieser Bestimmung „einstweilige Maßnahmen auf Antrag des Antragsgegners[[1313]] aufgehoben oder auf andere Weise außer Kraft gesetzt [werden], wenn ..." Diese

1311 Schlußanträge des GA Tesauro vom 13.11.1997 zu EuGH, Urteil vom 26.06.1998, Rs. C-53/96, Slg. 1998, I-3603[3606, 3632] Zf. 37- Hermès. Es sei allerdings an dieser Stelle auch darauf hingewiesen, daß der GA dem Gerichtshof vorschlägt, bei seiner Entscheidung hinsichtlich der unmittelbaren Anwendbarkeit auf die Gegenseitigkeit abzustellen, a.a.O., S. 3631 R. 35.

1312 Schlußanträge des GA Tesauro vom 13.11.1997 zu EuGH, Urteil vom 26.06.1998, Rs. C-53/96, Slg. 1998, I-3603[3606, 3631] Zf. 36- Hermès.

1313 Hervorhebung der Verfasserin.

Formulierung verdeutlicht, daß diese Norm den einzelnen begünstigt, der sich daher auf sie berufen kann.

c) Weder subjektive Rechte und Pflichten noch unmittelbar anwendbare Vorschriften im TRIPs

aa) Art. 16 Abs. 1 S. 1 TRIPs

Zwar ist Art. 16 Abs. 1 S. 1 TRIPs - da klar und eindeutig formuliert - inhaltlich hinreichend bestimmt und unbedingt. Damit könnte diese Bestimmung unmittelbar anwendbar sein[1314] und aufgrund der Begünstigung des einzelnen[1315] auch subjektive Rechte bzw. Pflichten verleihen. Allerdings steht Art. 17 TRIPs der unmittelbaren Anwendbarkeit des Art. 16 Abs. 1 S. 1 TRIPs entgegen. Denn bei Art. 17 TRIPs handelt es sich um einen Ausnahmetatbestand, der die Ausnahmen nicht nach präzisen materiellrechtlichen Regelungen und in vorgeschriebenen Verfahren festschreibt. Vielmehr sind sowohl die Voraussetzungen („Die Mitglieder können ... Ausnahmen ... vorsehen"; „wenn diese Ausnahmen die berechtigten Interessen des Inhabers der Marke und Dritte berücksichtigen"[1316]) als auch der Umfang der Ausnahmen („begrenzte Ausnahmen"[1317]) unklar und nicht eindeutig, also nicht hinreichend bestimmt.[1318]

bb) Art. 16 Abs. 1 S. 2 TRIPs

An denselben Gründen wie Art. 16 Abs. 1 S. 1 TRIPs scheitert auch die unmittelbare Anwendbarkeit von Art. 16 Abs. 1 S. 2 TRIPs.[1319]

1314 So Ott, S. 242, allerdings ohne Begründung; vgl. auch Reiterer, in: Köck, S. 159[164]: „Diese Bestimmung ist meines Erachtens so präzise und könnte sich direkt an den Rechtsunterworfenen richten, obwohl das TRIPs-Übereinkommen ein zwischenstaatliches Abkommen ist. Der Umweg über die Staaten (Mitglieder der WTO) wird bei zahlreichen Artikeln nicht gegangen, wie es beispielsweise noch im unmittelbar darauffolgenden Artikel 17 des TRIPs-Übereinkommens erfolgt ..."

1315 Vgl. Art. 16 Abs. 1 S. 1 TRIPs: „Dem Inhaber einer eingetragenen Marke steht das ausschließliche Recht zu, ..." (Hervorhebungen der Verfasserin).

1316 Hervorhebungen der Verfasserin.

1317 Hervorhebung der Verfasserin.

1318 Angemerkt sei, daß es sich bei dieser Vorschrift hinsichtlich der unmittelbaren Anwendbarkeit um einen Grenzfall handelt. Denkbar wäre auch die Argumentation, daß es sich bei der Ausnahme in Art. 17 TRIPs nur um eine tatsächliche Ungewißheit handelt, zumal sich feststellen läßt, ob die Mitglieder Ausnahmen nach dieser Vorschrift vorgesehen haben.

1319 Vgl. Fn. 1318.

cc) Art. 21 TRIPs

Auch Art. 21 TRIPs ist mangels Bestimmtheit und mangels Unbedingtheit nicht unmittelbar anwendbar. Denn zum einen heißt es nur: „Die Mitglieder können die Bedingungen festlegen ...“[1320] Das heißt, es ist ungewiß, ob die Rechtsfolge überhaupt eintritt. Ferner ist unklar, welche Bedingungen geregelt werden können.

dd) Art. 24 Abs. 1 S. 1 TRIPs

Art. 24 Abs. 1 S. 1 TRIPs ist nicht unmittelbar anwendbar. Bei dieser Vorschrift handelt es sich lediglich um eine Absichtserklärung. Unklar ist, wann und unter welchen Voraussetzungen die Mitglieder in Verhandlungen eintreten werden. Außerdem bleibt unpräzise, wie der stärkere Schutz von geographischen Angaben aussehen könnte.

ee) Art. 28 Abs. 1 TRIPs

Art. 28 Abs. 1 TRIPs ist zwar klar und eindeutig sowie unbedingt formuliert. Er könnte daher unmittelbar anwendbar sein[1321] und aufgrund der in ihm vorgesehenen Begünstigung des einzelnen[1322] subjektive Rechte bzw. Pflichten vermitteln. Jedoch steht Art. 30 TRIPs der unmittelbaren Anwendbarkeit entgegen. Denn dieser Ausnahmetatbestand ist selbst nicht inhaltlich bestimmt: „Die Mitglieder können begrenzte Ausnahmen von den ausschließlichen Rechten aus einem Patent vorsehen, sofern solche Ausnahmen nicht unangemessen im Widerspruch zur normalen Verwertung des Patents stehen und die berechtigten Interessen des Patents nicht unangemessen beeinträchtigen, wobei auch die berechtigten Interessen Dritter zu berücksichtigen[[1323]] sind.“[1324]

ff) Art. 28 Abs. 2 TRIPs

Aus denselben Gründen wie Art. 28 Abs. 1 TRIPs ist auch Art. 28 Abs. 2 TRIPs nicht unmittelbar anwendbar.[1325]

1320 Hervorhebung der Verfasserin.

1321 So wohl auch Ott, S. 242: „wirkt ... unmittelbar“.

1322 Vgl. Art. 28 Abs. 1 S. 1 TRIPs: „Ein Patent gewährt seinem Inhaber die folgenden ausschließlichen Rechte: ...“ (Hervorhebungen der Verfasserin).

1323 Hervorhebungen der Verfasserin.

1324 Auch hier handelt es sich - wie bei Art. 16 TRIPs - um einen Grenzfall. Diesbezüglich wird auf die Anmerkungen in Fn. 1318 verwiesen.

1325 Vgl. Fn. 1324.

gg) Art. 32 TRIPs

Art. 32 TRIPs lautet: „Es ist eine Möglichkeit zur gerichtlichen Überprüfung von Entscheidungen, mit denen Patente widerrufen oder für verfallen erklärt werden, vorzusehen.“ Das heißt, diese Vorschrift erfordert weitere Maßnahmen seitens der Legislative bzw. der Exekutive. Daher ist sie weder hinreichend bestimmt noch unbedingt, also nicht unmittelbar anwendbar, kann somit auch keine subjektiven Rechte bzw. Pflichten vermitteln.[1326]

hh) Art. 41 Abs. 1 S. 1 TRIPs

Art. 41 Abs. 1 S. 1 TRIPs ist nicht unmittelbar anwendbar. Die Formulierungen sind nämlich nicht hinreichend bestimmt („Die Mitglieder stellen sicher“, „in ihrem Recht vorgesehen werden“, „wirksames Vorgehen“). Außerdem ist die Norm nicht unbedingt, weil weitere Akte erforderlich sind, um ihre Wirkungen hervortreten zu lassen.

ii) Art. 41 Abs. 2 S. 1 TRIPs

Art. 41 Abs. 2 S. 1 TRIPs ist nicht klar und eindeutig formuliert („fair und gerecht“). Außerdem bedarf es weiterer Akte, damit seine Rechtsfolgen eintreten. Daher ist diese Bestimmung nicht unmittelbar anwendbar.

jj) Art. 42 Abs. 1 S.1 TRIPs

Nach Art. 42 Abs. 1 TRIPs „stellen“ die Mitglieder den Rechtsinhabern „zivilprozessuale Verfahren für die Durchsetzung aller unter dieses Übereinkommen

---

1326 Zu diesem Ergebnis kommt auch ein Urteil des englischen High Court aus dem Jahre 1996, Urteil des englischen High Court- Queen´s Bench Division and Chancery Division/ Patents Court- vom 20.12.1996, EuZW 1997, 1010[1011] (Übersetzung aus dem Original), wobei hier allerdings der Begriff „unmittelbare Wirkung“ verwendet wird. Jedoch ist der Begründung des entscheidenden Gerichts nicht zu folgen. Wie bereits oben dargelegt, stehen weder die Äußerung des Rates in seinem Beschluß noch die der Mitgliedstaaten einer unmittelbaren Anwendbarkeit der welthandelsrechtlichen Abkommen entgegen. Dasselbe gilt für die vorangegangenen Entscheidungen des EuGH zur fehlenden unmittelbaren Anwendbarkeit des GATT´47. Die Bejahung der unmittelbaren Anwendbarkeit bzw. der subjektiven Rechte und Pflichten scheitert bei Art. 32 TRIPs an der Voraussetzung „unbedingt und hinreichend genau formuliert“, wovon wohl auch das entscheidende Gericht ausgeht, das die „Verpflichtung des Art. 32 [für] zu generell“ hält, Urteil des englischen High Court- Queen´s Bench Division and Chancery Division/ Patents Court- vom 20.12.1996, EuZW 1997, 1010[1011] (Übersetzung aus dem Original).

fallenden Rechte des geistigen Eigentums zur Verfügung“. Weder bestimmt diese Norm ein Zeitspanne, innerhalb derer die Verfahren zur Verfügung gestellt werden müssen, noch, wie diese Verfahren ausgestaltet sein sollen. Das heißt, diese Norm ist inhaltlich nicht hinreichend bestimmt. Außerdem kann sie als solche nicht angewandt werden, ist also auch nicht unbedingt. Art. 42 Abs. 1 S. 1 TRIPs ist daher nicht unmittelbar anwendbar.

kk) Art. 61 TRIPs

Auch Art. 61 TRIPs ist mangels Bestimmtheit und Unbedingtheit nicht unmittelbar anwendbar. Denn weder sind die Strafmaße noch die Verfahren näher präzisiert. Die Vorschrift kann daher nicht als solche angewandt werden.

Soweit die welthandelsrechtlichen Vorschriften subjektive Rechte und Pflichten begründen, kann man eine „doppelte Geltungsebene“ feststellen.[1327] Auf der völkerrechtlichen Ebene verpflichten diese Vorschriften die einzelnen Mitgliedstaaten zur Einhaltung eines bestimmten Mindestschutzes. Auf der gemeinschaftlichen bzw. nationalen Ebene gewähren sie einzelnen unmittelbar Rechte und Pflichten, die vor nationalen oder gemeinschaftlichen Gerichten durchsetzbar sind.[1328]

1327 Drexl, Entwicklungsmöglichkeiten, S. 31, verwendet diesen Begriff im Zusammenhang mit den urheberrechtlichen Konventionen.

1328 Drexl, Entwicklungsmöglichkeiten, S. 31: „Auf der ersten Ebene, der völkerrechtlichen, verpflichten die Konventionen die einzelnen Konventionsstaaten zur Einhaltung eines bestimmten Schutzes. Auf einer zweiten Ebene, der nationalen, gewähren diese Konventionen den Bürgern unmittelbar Rechte und Pflichten und machen sie vor den nationalen Gerichten durchsetzbar. Eine Ausnahme gilt freilich, sofern Staaten auf Grund der verfassungsmäßigen Rechtslage eine unmittelbare Anwendbarkeit nicht zulassen.“

N. Zusammenfassung und Ausblick

Im folgenden werden die in dieser Arbeit entwickelten Lösungen zu den wesentlichen Streitfragen zusammengefaßt:

Zunächst ist festzuhalten, daß die Gemeinschaft und die Mitgliedstaaten sowohl aus völkerrechtlicher[1329] als auch aus gemeinschaftsrechtlicher[1330] Perspektive an die Gesamtheit der welthandelsrechtlichen Vorschriften gebunden sind, unabhängig davon, in wessen Kompetenzbereich die jeweilige Bestimmung fällt. Von dem Aspekt der Bindung sind die Fragen des Ranges sowie der Berechtigungen und Verpflichtungen aus völkerrechtlichen Verträgen zu unterscheiden.

I. Rang des Welthandelsrechts

Nach hier vertretener Auffassung ist sowohl aus völkerrechtlicher[1331] als auch aus gemeinschaftsrechtlicher[1332] Sicht das Welthandelsrecht in allen seinen Erscheinungsformen gegenüber Gemeinschaftsrecht in jeder Gestalt vorrangig, wobei es sich um einen Anwendungsvorrang[1333] handelt.

Da die welthandelsrechtlichen Abkommen als gemischte Abkommen abgeschlossen wurden, ist hinsichtlich des Ranges von Welthandelsrecht in den nationalen Rechtsordnungen zu differenzieren:

Diejenigen Bestimmungen des Welthandelsrechts, die der Kompetenz der Gemeinschaften zuzuordnen sind, genießen wie das Gemeinschaftsrecht den Anwendungsvorrang vor jeglichem nationalem Recht, auch gegenüber späterem nationalen Recht und gegenüber dem Grundgesetz.[1334]

Diejenigen welthandelsrechtlichen Vorschriften dagegen, die dem nationalen Zuständigkeitsbereich angehören, haben in der Bundesrepublik Deutschland den Rang von einfachem Bundesrecht, sind also dem Grundgesetz rangmäßig untergeordnet. Sie unterliegen dem Prinzip „lex posterior derogat legi priori“, so daß

1329 Vgl. Ausführungen unter D.I.
1330 Vgl. Ausführungen unter D.II.
1331 Vgl. Ausführungen unter H.
1332 Vgl. Ausführungen unter I.
1333 Vgl. Ausführungen unter I.III.5.
1334 Vgl. Ausführungen unter J.

spätere deutsche Bundesgesetze dem Welthandelsrecht, soweit es in den nationalen Kompetenzbereich fällt, vorgehen.[1335]

II. Berechtigungen und Verpflichtungen aus den welthandelsrechtlichen Abkommen

1. Begriffsdefinition und Kriterien

Unmittelbar anwendbar[1336] ist eine Bestimmung, „wenn sie unter Berücksichtigung ihres Wortlautes und im Hinblick auf den Sinn und Zweck des Abkommens eine klare und eindeutige Verpflichtung enthält, deren Erfüllung oder deren Wirkungen nicht vom Erlaß eines weiteren Aktes abhängen".[1337] Da Sinn, Zweck und Rechtsnatur der unter dem Dach der WTO geschlossenen Abkommen (wie gezeigt[1338]) einer unmittelbaren Anwendbarkeit nicht entgegenstehen, ist für die Frage der unmittelbaren Anwendbarkeit entscheidend auf die einzelne welthandelsrechtliche Vorschrift abzustellen[1339]. Unmittelbar anwendbar ist eine Vorschrift, wenn sie - da klar und eindeutig - hinreichend bestimmt und außerdem unbedingt ist. Unbedingt ist sie, wenn sie als solche angewandt werden kann, ihre Wirkung also nicht vom Erlaß weiterer Akte abhängt. Wie oben exemplarisch belegt[1340], existiert eine Vielzahl welthandelsrechtlicher Vorschriften, die unmittelbar anwendbar sind.

Streitbeilegungsentscheidungen, sowohl von Panels als auch vom SAB, sind, sofern sie die Kriterien für die unmittelbare Anwendbarkeit erfüllen, - wovon regelmäßig auszugehen ist -, unmittelbar anwendbar.[1341]

1335 Vgl. Ausführungen unter J.

1336 Abzugrenzen von der unmittelbaren Anwendbarkeit ist die Geltung der welthandelsrechtlichen Abkommen, die Voraussetzung für die unmittelbare Anwendbarkeit ist, vgl. Ausführungen unter K.I.1.

1337 EuGH, Urteil vom 30.09.1987, Rs. 12/86, Slg. 1987, 3719[3747, 3752] R. 14- Demirel; vgl. auch EuGH, Urteil vom 05.02.1976, Rs. 87/75, Slg. 1976, 129[130, 140] R. 16- Bresciani; EuGH, Urteil vom 20.09.1990, Rs. C-192/89, Slg. 1990, I-3461[3497, 3502] R. 15- Sevince; EuGH, Urteil vom 31.01.1991, Rs. C-18/90, Slg. 1991, I-199[221, 225] R. 15- Kziber; EuGH, Urteil vom 29.04.1982, Rs. 17/81, Slg. 1982, 1331[1333, 1350] R. 27- Pabst; so auch: Röttinger, in: Lenz, 2. Aufl. 1999, Art. 300 R. 17; Art. 310 R. 4; Tomuschat, in: GTE, Art. 228 R. 70.

1338 Vgl. Ausführungen unter K.III.

1339 Vgl. Ausführungen unter K.III.20 und K.I.9.a).

1340 Vgl. Ausführungen unter M.

1341 Vgl. Ausführungen unter K.IV.5.

Selbst wenn eine Regelung im konkreten Fall nicht unmittelbar anwendbar ist, so ist sie zumindest im Wege der welthandelsrechtskonformen Auslegung heranzuziehen.[1342]

Von der Frage der unmittelbaren Anwendbarkeit des Welthandelsrechts zu unterscheiden ist die Frage nach subjektiven Rechten bzw. Pflichten[1343]. Eine Norm, die schon nicht unmittelbar anwendbar ist, kann auch keine subjektiven Rechte und Pflichten vermitteln, weil die unmittelbare Anwendbarkeit eine der Voraussetzungen für die subjektiven Rechte und Pflichten ist. Zusätzlich zur unmittelbaren Anwendbarkeit muß die Vorschrift den einzelnen begünstigen bzw. in die Pflicht nehmen. Der einzelne muß sich also auf die Vorschrift berufen können.

2. Ausblick

Zunächst wünschenswert, ja sogar unabdingbar, ist vor allem, daß sowohl in der Rechtsprechung als auch in der Literatur die begriffliche Konfusion in bezug auf Bindung, Geltung, unmittelbare Anwendbarkeit und subjektive Rechte bzw. Pflichten durch präzise, klare und konsequent befolgte Definitionen abgelöst wird. Ist dies einmal erreicht, wäre auch für den EuGH die Möglichkeit gegeben, seine Rechtsprechung zu überdenken und dementsprechend zu korrigieren. Für die wichtige Frage, wie der EuGH nach seinem Urteil Portugal/ Rat, in dem er die unmittelbare Anwendbarkeit[1344] unzutreffend an die Reziprozität koppelt[1345], weiterhin vorgehen wird[1346], läßt sich folgendes sagen: Es ist davon auszugehen, daß er sich - wenn auch bedauerlicherweise nicht kurzfristig, sondern erst mittel- bzw. langfristig - der hier vertretenen Auffassung anschließen wird, zumal seine in bezug auf die unmittelbare Anwendbarkeit politisch motivierten Entscheidungen juristisch nicht haltbar sind. Zu betonen ist dabei, daß die in dieser Arbeit aufgezeigte Diskrepanz zwischen Gemeinschaftsrecht und Welthandelsrecht gar nicht erforderlich ist, berücksichtigt man, daß EG-Vertrag und WTO-Recht „sehr ähnliche Ziele unter Einsatz ähnlicher Instrumentarien" verfol-

1342 Vgl. zur welthandelsrechtskonformen Auslegung die Ausführungen unter L.

1343 Vgl. Ausführungen unter K.I.6.

1344 im vom EuGH verstandenen Sinne.

1345 Vgl. Ausführungen unter K.II.2.b) und unter K.III.4.

1346 Damit der Gerichtshof nach seiner Definition, die - wie geschildert - äußerst konfus ist, bereits jetzt zugunsten der unmittelbaren Anwendbarkeit entscheidet, müßte entweder die unmittelbare Anwendbarkeit des Welthandelsrechts expressis verbis festgeschrieben werden oder die Reziprozität gegeben sein, wobei der EuGH - wie gezeigt - mit seiner neuen Reziprozitätsanforderung mehr Unklarheiten schafft als löst.

gen[1347]. Damit bieten beide Rechtsordnungen „die besten Voraussetzungen für ein harmonisches Zusammenwirken".[1348]

Zuletzt ist es von unermeßlicher Bedeutung, daß auch im Welthandelsrecht und damit im internationalen Wirtschaftsrecht die Vorstellung eines durchdringenden Geflechts an sog. Wirtschaftsgrundrechten eine ausdifferenzierte Konkretisierung erfährt.

1347 Vgl. Drexl, FS Fikentscher, S. 822[844].

1348 Vgl. Drexl, FS Fikentscher, S. 822[844]; ähnlich auch Eeckhout, CML Rev. 1997, 11[12].

Abkürzungsverzeichnis

a. F.	alte Fassung
a.A.	andere Ansicht
a.a.O.	am angegebenen Ort
A.G.	Advocate General (GA, Generalanwalt)
ABl., ABlEG	Amtsblatt der EG
Abs.	Absatz
AFDI	Annuaire Français de droit international
AJIL	American Journal of International Law
AJP, PJA	Pratique Juridique Actuelle
Anm.	Anmerkung
ArchVR	Archiv des Völkerrechts
Art.	Artikel
art. (engl./ franz.)	article
Aufl.	Auflage
AußenwirtschaftsR	Außenwirtschaftsrecht
AWD	Außenwirtschaftsdienst des Betriebs-Beraters, Recht der Internationalen Wirtschaft
BayVBl	Bayerische Verwaltungsblätter
Bd.	Band
Beschl.	Beschluß
BFH	Bundesfinanzhof
BFHE	Sammlung der Entscheidungen und Gutachten des Bundesfinanzhofs
BGBl.	Bundesgesetzblatt
BGH	Bundesgerichtshof
BGHZ	Entscheidungen des BGH in Zivilsachen
BISD	GATT, Basic Instruments and Selected Documents
BT	Bundestag
BV	Bayerische Verfassung
BVerfG	Bundesverfassungsgericht
BVerfGE	Entscheidungen des Bundesverfassungsgerichts
BVerwG	Bundesverwaltungsgericht
BVerwGE	Entscheidungen des Bundesverwaltungsgerichts
BYIL	Britisch Yearbook of International Law

bzgl.	bezüglich
bzw.	beziehungsweise
c.	contre (gegen; bei Zitaten von Urteilen)
CDE	Cahiers de droit européen
CML Rev.	Common Market Law Review
Col. J. Transnat'l L.	Columbia Journal of Transnational Law
Colum. J. Eur. L.	The Columbia Journal of European Law
d.h.	das heißt
Dok.	Dokument
Dok. KOM	Dokumente der Kommission der Europäischen Gemeinschaften
DÖV	Die Öffentliche Verwaltung
DSB	Dispute Settlement Body (Streitbeilegungsgremium)
DSU	Dispute Settlement Understanding, Understanding on rules and procedures governing the settlement of disputes (Vereinbarung über Regeln und Verfahren zur Beilegung von Streitigkeiten vom 15.04.1994)
DZWir	Deutsche Zeitschrift für Wirtschaftsrecht
e.g.	exempli gratia (z.B., zum Beispiel)
EA	Europa Archiv, entspricht: Internationale Politik (Zeitschrift)
EAG, Euratom	Europäische Atomgemeinschaft
EAGV, EAG-Vertrag	Vertrag zur Gründung der Europäischen Atomgemeinschaft
EC	European Community (EG, Europäische Gemeinschaft)
ECJ	European Court of Justice (EuGH, Gerichtshof der Europäischen Gemeinschaften)
ECR	European Community Review
EEC	European Economic Community (EWG, Europäische Wirtschaftsgemeinschaft)
EFG	Entscheidungen der Finanzgerichte (Zeitschrift)
EFTA	European Free Trade Association (Europäische Freihandelszone, -gemeinschaft)
EG	Europäische Gemeinschaft(en)
EGKS	Europäische Gemeinschaft für Kohle und Stahl
EGKSV	EGKS-Vertrag, Vertrag über die Gründung der Europäischen Gemeinschaft für Kohle und Stahl
EGV, EG-Vertrag	Vertrag zur Gründung der Europäischen Gemeinschaft (EG)
EJIL	European Journal of International Law

ELR	European Law Review
endg.	endgültig
etc.	et cetera
EU	Europäische Union
EuG	Europäisches Gericht erster Instanz
EuGH	Gerichtshof der Europäischen Gemeinschaften
EuGRZ	Europäische Grundrechte-Zeitschrift
EuR	Europarecht (Zeitschrift)
Euratom, EAG	Europäische Atomgemeinschaft
EUV, EU-Vertrag	Vertrag über die Europäische Union (EU)
EuZW	Europäische Zeitschrift für Wirtschaftsrecht
evtl.	eventuell(e, -er, -es)
EWG	Europäische Wirtschaftsgemeinschaft
EWGV	Vertrag zur Gründung der Europäischen Wirtschaftsgemeinschaft
EWS	Europäisches Wirtschafts- und Steuerrecht (Zeitschrift)
f, ff	(fort)folgende(n)
FG	Finanzgericht
Fn.	Fußnote
FS	Festschrift
GA	Generalanwalt
GATS	General Agreement on Trade in Services (Allgemeines Abkommen über den Handel mit Dienstleistungen)
GATT	General Agreement on Tariffs and Trade (Allgemeines Zoll- und Handelsabkommen)
GATT ´47	GATT vom 30.10.1947 in der vom 01.03.1969 an geltenden Fassung
GATT ´94	GATT vom 15.04.1994
GG	Grundgesetz
ggf.	gegebenenfalls
GH (in Zitaten)	Gerichtshof
GRUR Int.	Gewerblicher Rechtsschutz und Urheberrecht International
GTE	von der Groeben/ Thiesing/ Ehlermann (s. Literaturverzeichnis)
h.M.	herrschende Meinung
Halbs.	Halbsatz
Harv. Int'l L. J.	Harvard International Law Journal
hrsg.	herausgegeben
Hrsg.	Herausgeber

i. S.	im Sinne
i.e.S.	im engeren Sinne
i.w.S.	im weiteren Sinne
ILM	International Legal Materials
insbes.	insbesondere
Internat. Politik	Internationale Politik (Zeitschrift)
ITO	International Trade Organization (Internationale Handelsorganisation)
JA	Juristische Arbeitsblätter (Zeitschrift)
JIEL	Journal of International Economic Law
JIR	Jahrbuch für Internationales Recht
JuS	Juristische Schulung (Zeitschrift)
JWT	Journal of World Trade
JWTL	Journal of World and Trade Law
JZ	Juristische Zeitung
KOM	Kommission
LG	Landgericht
lit.	litera
LJIL	Leiden Journal of International Law
m.w.H.	mit weiteren Hinweisen
m.w.N.	mit weiteren Nachweisen
Mich. J. Int'l L.	Michigan Journal of International Law
n. F.	neue Fassung
NGO	Non-governmental organization
NJW	Neue Juristische Wochenschrift
No.	number (Nummer, Ziffer)
Nr.	Nummer
Nw. J. Int'l L. & Bus.	Northwestern Journal of International Law & Business
ÖJZ	Österreichische Juristen-Zeitung
ORDO	Jahrbuch für die Ordnung von Wirtschaft und Recht
Oxf. J. of Lg. Stud.	Oxford Journal of Legal Studies
PJA, AJP	Pratique Juridique Actuelle
PVÜ	Pariser Verbandsübereinkunft zum Schutz des gewerblichen Eigentums
R., Rz. (in Zitaten)	Randnummer
RBDI	Revue belge du droit international
RBÜ	Revidierte Berner Übereinkunft zum Schutz von Werken der Literatur und Kunst
RdC	Recueil des Cours (Collected Courses of the Hague Academy of International Law)

RG	Reichsgericht
RGDIP	Revue générale du droit international public
RGZ	Entscheidungen des Reichsgerichts in Zivilsachen
RIW	Recht der internationalen Wirtschaft (Zeitschrift)
RMC	Revue du Marché Commun
RMUE	Revue du Marché Unique Européen
Rs.	Rechtssache
RSDIE	Revue suisse de droit international et de droit européen (Schweizerische Zeitschrift für internationales und europäisches Recht)
RTDE	Revue Trimestrielle de Droit Européen
RzW	Rechtsprechung zum Wiedergutmachungsrecht
s.	Siehe
S.	im Zusammenhang mit Literatur: Seite im Zusammenhang mit Normen: Satz
SAB	Standing Appelate Body (Ständiges Berufungsgremium)
Sec.	Section
Slg.	Sammlung der Rechtsprechung des Europäischen Gerichtshofs und des Europäischen Gerichts erster Instanz
sog.	sogenannte(r,s)
StIGH	Ständiger Internationaler Gerichtshof
SZ	Süddeutsche Zeitung
SZIER, RSDIE	Schweizerische Zeitschrift für internationales und europäisches Recht (Revue suisse de droit international et de droit européen)
TRIPs	Agreement on Trade-related Aspects of Intellectuel Property Rights (Abkommen über handelsbezogene Aspekte der Rechte des geistigen Eigentums)
u.	und
u. a.	unter anderem/ unter anderen
U.S.	United States
u.U.	unter Umständen
UA	Unterabsatz
USA	United States of America (Vereinigte Staaten von Amerika)
v.	vom
v. (bei englischen Angaben von Urteilen)	versus (gegen)
verb. Rs.	Verbundene Rechtssachen
VG	Verwaltungsgericht

vgl.	vergleiche
VN	Vereinte Nationen (Zeitschrift)
VO	Verordnung
Vol.	Volume
WIPO	World Intellectual Property Organisation
WRP	Wettbewerb in Recht und Praxis
WTO	World Trade Organization (Welthandelsorganisation)
WTOÜ	Übereinkommen zur Errichtung der Welthandelsorganisation
WVRK	Wiener Übereinkommen über das Recht der Verträge vom 23. Mai 1969
WVRK II	Wiener Übereinkommen über das Recht der Verträge zwischen Staaten und Internationalen Organisationen oder zwischen Internationalen Organisationen vom 21. März 1986
Yale J. Int'l L.	The Yale Journal of International Law
YBILC	Yearbook of the International Law Commission
z.B.	zum Beispiel
ZaöRV	Zeitschrift für ausländisches und öffentliches Recht und Völkerrecht
ZEuS	Zeitschrift für Europarechtliche Studien
Zf., Ziff. (bei Zitaten bzw. Angaben)	Ziffer
zit.	zitiert
ZLR	Zeitschrift für das gesamte Lebensmittelrecht
ZSR	Zeitschrift für Schweizerisches Recht (Revue de droit suisse)

Literaturverzeichnis

Allott, Philip: Adherence To and Withdrawal From Mixed Agreements, in: O'Keeffe/ Schermers, S. 97-121

Andersen, Uwe/ Woyke, Wichard (Hrsg.): Handwörterbuch Internationale Organisationen, 2. Aufl., Opladen 1995

Anschütz, Gerhard: Die Verfassung des Deutschen Reiches vom 11. August 1919, Bad Homburg vor der Höhe 1960

Arnold, Rainer: Der Abschluß gemischter Verträge durch die Europäischen Gemeinschaften, ArchVR 1980/81, 419-456

Arnold, Rainer: Außenhandelsrecht, in: Dauses, Manfred A. (Hrsg.); Handbuch des EU-Wirtschaftsrechts, K I., Stand: 1998

Association Néerlandaise pour le Droit Européen: Deuxième colloque international de droit Européen, organisé par l'Association Néerlandaise pour le Droit Européen La Haye 24-26 octobre 1963, Zwolle 1966

Association Néerlandaise pour le Droit Européen: Avant Propos. Rapport néerlandais, in: Association Néerlandaise pour le Droit Européen, S. 49- 114

Bachmann, Hanno: Europäer, eßt europäische Bananen (zu Besse, JuS 1996, 396), JuS 1997, 191

Backes, Peter: Die neuen Streitbeilegungsregeln der Welthandelsorganisation (WTO), RIW 1995, 916-919

Barth, Dietrich: Die GATS 2000-Verhandlungen zur Liberalisierung des internationalen Dienstleistungshandels, ZEuS 2000, 273-292

Barth, Dietrich: Das Allgemeine Übereinkommen über den internationalen Dienstleistungshandel (GATS), EuZW 1994, 455-460

Bast, Joachim/ Schmidt, Andrea: Das GATT-Streitschlichtungsverfahren, RIW 1995, 929-934

Bauer, Jürgen F./ Belke, Rolf O.: Festschrift für Ernst Steindorff zum 70. [siebzigsten] Geburtstag am 13. März 1990, Berlin/ New York 1990

Bayer, Kurt: Die neuen Welthandelsregeln zum Schutz geistigen Eigentums (TRIPS), Wien 1995

Bebr, Gerhard: Agreements concluded by the Community and their possible direct effecct: From International Fruit Company to Kupferberg, CML Rev. 1983, 35-73

Bebr, Gerhard: Gemeinschaftsabkommen und ihre mögliche unmittelbare Wirksamkeit, EuR 1983, 128-160

Becker, Konrad: GATT/ TRIPs aus Sicht der chemisch-pharmazeutischen Industrie, in: GATT 94 und die Welthandelsorganisation (Hrsg.: Thürer/Lux), S. 205-208

Becker-Çelik, Astrid: EG-Marktordnungsrecht im Konflikt mit den GATT-Vorschriften und deutschem Verfassungsrecht, Frankfurt am Main usw. 1996

Becker-Çelik, Astrid: Ist die Ablehnung der unmittelbaren Anwendbarkeit der GATT-Vorschriften durch den EuGH heute noch gerechtfertigt?, EWS 1997, 12-16

Beier, Friedrich-Karl/ Schricker, Gerhard (Hrsg.): From GATT to TRIPs- The Agreement on Trade-Related Aspects of Intellectual Property Rights, IIC Studies, Studies in Industrial Property and Copyright Law, Weinheim/ New York/ Basel/ Cambridge/ Tokyo 1996 (zit: Beier/ Schricker, From GATT to TRIPs)

Beier, Friedrich-Karl/ Schricker, Gerhard (Hrsg.): GATT or WIPO?: New ways in the Frankfurt international protection of intellectual property symposium at Ringberg Castle, July 13-16,1988, Weinheim/ New York 1989 (zit.: Beier/ Schricker, GATT or WIPO?)

Benedek, Wolfgang: Die neue Welthandelsorganisation (WTO) und ihre internationale Stellung, VN 1/1995, 13-19

Benedek, Wolfgang: Die Rechtsordnung des GATT aus völkerrechtlicher Sicht, Berlin/ Heidelberg/ New York/ London/ Paris/ Tokyo/ Hong Kong 1990

Benedek, Wolfgang (Hrsg. und Einführung): Die Welthandelsorganisation: (WTO); Alle Texte Einschließlich GATT (1994), GATS und TRIPS; Textausgabe, München 1998 (zit.: Benedek, Textausgabe)

Beneyto, José Maria: The EU and the WTO: Direct Effect of the New Dispute Settlement System? EuZW 1996, 295-299

Berkey, Judson Osterhoudt: The European Court of Justice and direct effect for GATT: A question worth revisiting, EJIL 1996, 626-657

Bernhardt, Rudolf: Die Auslegung völkerrechtlicher Verträge, insbesondere in der neueren Rechtsprechung internationaler Gerichte, Beiträge zum ausländischen öffentlichen Recht und Völkerrecht, Bd. 40, Köln/ Berlin 1963 (zit.: Bernhardt, Auslegung)

Bernhardt, Rudolf/ Geck, Wilhelm Karl/ Jaenicke, Günther/ Steinberger, Helmut (Hrsg.): Völkerrecht als Rechtsordnung- Internationale Gerichtsbarkeit- Menschenrechte- Festschrift für Hermann Mosler, Berlin/ Heidelberg/ New York 1983

Berrisch, Georg Matthias: Der völkerrechtliche Status der Europäischen Wirtschaftsgemeinschaft im GATT: Eine Untersuchung der Sukzession der EWG in die Stellung ihrer Mitgliedstaaten als Vertragspartei einer internationalen Organisation am Beispiel des GATT, München 1992

Berrisch, Georg Matthias: Zum „Bananen"-Urteil des EuGH vom 5.10.1994- Rs. C-280/93, Deutschland./. Rat der Europäischen Union, EuR 1994, 461-469

Berrisch, Georg/ Kamann, Hans-Georg: WTO-Recht im Gemeinschaftsrecht- (k)eine Kehrtwende des EuGH. Anmerkungen zum EuGH-Urteil vom 23.11.1999- Rs. C-149/96, Portugal/ Rat, EWS 2000, 89-96

Besse, Dirk: Die Bananenmarktordnung im Lichte deutscher Grundrechte und das Kooperationsverhältinis zwischen BVerfG und EuGH, JuS 1996, 396-402

Beutler, Bengt/ Bieber, Roland/ Pipkorn, Jörn/ Streil, Jochen: Die Europäische Gemeinschaft- Rechtsordnung und Politik- 2. Auflage, 4. Aufl. Baden-Baden 1993

Blakeney, Michael: Trade Related Aspects of intellectual Property Rights: A concise guide to the TRIPs Agreement, London 1996

Bleckmann, Albert: The Mixed Agreements of the EEC in Public International Law, in: O'Keeffe/ Schermers, S. 155-165

Bleckmann, Albert: Begriff und Kriterien der innerstaatlichen Anwendbarkeit völkerrechtlicher Verträge, Berlin 1970 (zit.: Bleckmann, Begriff)

Bleckmann, Albert: Der gemischte Vertrag im Europarecht, EuR 1976, 301-312

Bleckmann, Albert: Der Grundsatz der Völkerrechtsfreundlichkeit in der deutschen Rechtsordnung, DÖV 1996, 137-145

Bleckmann, Albert: Die Rechtsnatur des Europäischen Gemeinschaftsrechts, DÖV 1978, 391-398

Bleckmann, Albert: Europarecht: Das Recht der Europäischen Union und der Europäischen Gemeinschaften, 6. Aufl., Köln/ Bonn/ Berlin/ München 1997 (zit.: Bleckmann, Europarecht)

Bleckmann, Albert: Die Position des Völkerrechts im inneren Rechtsraum der Europäischen Gemeinschaften. Monismus oder Dualismus der Rechtsordnungen?, JIR 1975, 300-319

Bleckmann, Albert: Grundgesetz und Völkerrecht, Berlin 1975 (zit.: Bleckmann, Grundgesetz und Völkerrecht)

Bogdandy, Armin von: Die Überlagerung der ZPO durch WTO-Recht. Zum Schutz des geistigen Eigentums nach dem Hermès-Urteil des EuGH, NJW 1999, 2088-2090

Bogdandy, Armin von: Anmerkung zu Case C-53/96, Hermès International v. FHT Marketing Choice BV, Judgement of the Court (Full Court) of 16 June 1998, CML Rev. 1999, 663-672

Bogdandy, Armin von/ Makatsch, Tilman: Kollision, Koexistenz oder Kooperation? Zum Verhältnis von WTO-Recht und europäischem Außenwirtschaftsrecht in neueren Entscheidungen, EuZW 2000, 261-268

Bourgeois, Jacques H.J.: Effects of international agreements in European Community Law: Are the dice cast?, Michigan Law Review 1984, 1250-1273

Bourgeois, Jacques H.J.: The Uruguay Round of GATT: Some General Comments from an EC Standpoint, Emiliou/ O'Keeffe, S. 81-90

Bourgeois, Jacques H.J./ Dewost, Jean-Louis/ Gaiffe, Marie-Ange (Hrsg.): La Communauté européenne et les accords mixtes. Quelles perspectives?, Bruxelles 1997

Breuss, Fritz (Hrsg.): The World Economy after the Uruguay Round, Wien 1995

Bruchhausen, Karl/ Hefermehl, Wolfgang/ Hommelhoff, Peter/ Messer, Herbert: Festschrift für Rudolf Nirk zum 70. Geburtstag, München 1992

Buchs, Gaby: Die unmittelbare Anwendbarkeit völkerrechtlicher Vertragsbestimmungen: Am Beispiel der Rechtsprechung der Gerichte Deutschlands, Österreichs, der Schweiz und der Vereinigten Staaten von Amerika, Baden-Baden 1993

Buergenthal, Thomas/ Doehring, Karl/ Kokott, Juliane/ Maier, Harold G.: Grundzüge des Völkerrechts, 2. Aufl., Heidelberg 2000

Buergenthal, Thomas/ Doehring, Karl/ Kokott, Juliane/ Maier, Harold G.: Grundzüge des Völkerrechts, Heidelberg 1988

Bülck, Hartwig: Völkerrecht und Europäisches Recht: ausgewählte Abhandlungen, Berlin 1984

Bungert, Hartwin: Einwirkung und Rang von Völkerrecht im innerstaatlichen Rechtsraum, DÖV 1994, 797-806

Calliess, Christian/ Ruffert, Matthias (Hrsg.): Kommentar des Vertrages über die Europäische Union und des Vertrages zur Gründung der Europäischen Gemeinschaft: EUV/ EGV, Neuwied/ Kriftel 1999

Capotorti, Francesco/ Ehlermann, C.-D./ Frowein, J./ Jacobs/ Joliet, R./ Koopmans, T./ Kovar, R. (Hrsg.): Du droit international au droit de l'intégration. Liber Americorum Pierre Pescatore, Festschrift für Pierre Pescatore , 1. Aufl. Baden-Baden 1987

Cascante, José Christian/ Sander, Gerald G.: Der Streit um die EG-Bananenmarktordnung= The EC banana organization dispute, Berlin 1999

Castillo de la Torre, Fernando: The Status of GATT in EC Law, Revisited, 29 JWT 1/1995, 53-68

Constantinesco, Léontin-Jean: Das Recht der Europäischen Gemeinschaften. Band 1: Das institutionelle Recht, 1. Aufl. Baden-Baden 1977

Conze, Albrecht: Die völkerrechtliche Haftung der Europäischen Gemeinschaft, 1. Auflage, Baden-Baden 1987

Cottier, Thomas: Das Streitbeilegungsverfahren in der Welthandelsorganisation: Wesenszüge und Herausforderungen, in: Müller-Graff (Hrsg.), S. 179-188

Cottier, Thomas: Dispute settlement in the world trade organization: Characteristics and structural implications for the European Union, CML Rev. 1998, 325-378

Cottier, Thomas: Das Abkommen über handelsbezogene Aspekte des geistigen Eigentums (TRIPS), in: Thürer, Daniel/ Lux, Stephan, GATT 94 und Welthandelsorganisation, S. 193-204

Cottier, Thomas: Die Durchsetzung der Prinzipien und Beschlüsse der WTO: Das Streitbeilegungsverfahren und seine Auswirkungen, in: Forschungsinstitut für Wirtschaftsverfassung und Wettbewerb, S. 121-137 (zit.: Cottier, in: Forschungsinstitut)

Cottier, Thomas: Die Bedeutung des GATT im Prozeß der europäischen Integration. Eine Untersuchung aus schweizerischer Sicht, in: Jacot-Guillarmod/ Schindler/ Cottier, S. 139-185

Cottier, Thomas/ Nadakavukaren Schefer, Krista: The Relationsip between world trade organization law, national and regional law, JIEL 1998, 83-122

Creifelds, Carl (Begründer), Kauffmann, Hans (Hrsg.): Rechtswörterbuch, 11. Aufl. München 1992

Cremona, Marise: The doctrine of exclusivity and the position of mixed agreements in the external relations of the European Community, Oxford J. of Lg. Stud. 1982, 393-428

Cronauer, Harald: Der internationale Vertrag im Spannungsverhältnis zwischen Verfassung und Völkerrecht, München 1986

Croome, John: Reshaping the World Trading System. A history of the Uruguay Round. Genf 1995

Dam, Kenneth W.: The GATT, Law and International Economic Organisation, Chicago/ London 1970

Dauses, Manfred A.: Die Beteiligung der Europäischen Gemeinschaften an multilateralen Völkerrechtsübereinkommen, EuR 1979, 138-170

Dauses, Manfred A. (Hrsg.): Handbuch des EU-Wirtschaftsrechts, Loseblatt, 2. Aufl., München 1998

Davey, William J.: The WTO dispute settlement system, JIEL 2000, 15-18

Delbrück, Jost/ Tietje, Christian: Die Frage der unmittelbaren Anwendbarkeit des Assoziationsratsbeschlusses EWG/ Türkei Nr. 3/80, ZAR 1995, 29-32

Desmedt, Axel: ECJ restricts effect of WTO agreements in the EC legal order, JIEL 2000, 191-192

Desmedt, Axel: European Court of Justice on the Effect of WTO Agreements in the EC Legal Order, Legal Issues of Economic Integration 2000, 93-101

Desmedt, Axel G.: European Court rules on TRIPs Agreement (Anmerkung zu Hermès), JIEL 1998, 679-682

Deutscher Bundestag: Denkschrift, 12. Wahlperiode, Drucksache 12/7655 (neu), insbes. S. 335-355

Dolmans, Maurits J. F. M.: Problems of mixed agreements: division of powers within the EEC and the rights of third states, The Hague 1985

Dreier, Horst (Hrsg.): Grundgesetz. Kommentar. Band II Artikel 20-82 Tübingen 1998
Dreier, Thomas: TRIPs und die Durchsetzung von Rechten des geistigen Eigentums, GRUR Int. 1996, 205-218
Drexl, Josef: Unmittelbare Anwendbarkeit des WTO-Rechts in der globalen Privatrechtsordnung, in: Großfeld (Hrsg.), Festschrift für Wolfgang Fikentscher zum 70. Geburtstag, S. 822-851 (zit: Drexl, FS Fikentscher)
Drexl, Josef: The TRIPs Agreement and the EC: What Comes Next After Joint Competence?, in: Beier/ Schricker (Hrsg.), From GATT to TRIPs, S. 18-58
Drexl, Josef: Entwicklungsmöglichkeiten des Urheberrechts im Rahmen des GATT: Inländerbehandlung, Meistbegünstigung, Maximalschutz; eine prinzipienorientierte Betrachtung im Lichte bestehender Konventionen, München 1990 (zit.: Drexl, Entwicklungsmöglichkeiten)
Drexl, Josef: Nach „GATT und WIPO“: Das TRIPs-Abkommen und seine Anwendung in der Europäischen Gemeinschaft, GRUR Int. 1994, 777-788
Due, Ole/ (Hrsg.): Festschrift für Ulrich Everling, 1. Aufl. Baden-Baden 1995
Eckert, Dieter: Die neue Welthandelsordnung und ihre Bedeutung für den internationalen Verkehr mit Lebensmitteln, ZLR 1995, 363-395
Eckert, M.G.: Die Liberaliserung internationaler Finanzdienstleistungen durch das General Agreement on Trade in Services, 1997
Eeckhout, Piet: The domestic legal status of the WTO agreement: Interconnecting legal systems, CML Rev. 1997,11-58
Eggers, Barbara: Die Entscheidung des WTO Appellate Body im Hormonfall, EuZW 1998, 147-151
Ehlermann, Claus-Dieter: The Second Wilberforce Lecture. The European Community, its law and lawyers, CML Rev. 1992, 213-227
Ehlermann, Claus-Dieter: Die innergemeinschaftliche Anwendung der Regeln des GATT in der Praxis der EG, in: Hilf/ Petersmann (Hrsg.), S. 203- 223
Ehlermann, Claus-Dieter: Mixed Agreements: A List of Problems, in: O´Keeffe/ Schermers, S. 3-21
Einhorn, Talia: The impact of the WTO Agreement on TRIPs (Trade-related aspects of intellectual property rights) on EC law: A challenge to regionalism, CML Rev. 1998, 1069-1099
Eiteljörge, Uwe: Das Abkommen über den internationalen Handel mit Dienstleistungen. Ein Schritt vorwärts, einer zurück?, in: Klein/ Meng/ Rode, S. 137-173
Emiliou, Nicholas/ O´Keeffe, David (Hrsg.): The European Union and World Trade Law, Chichester/ New York/ Brisbane/ Toronto/ Singapore 1996
Emmert, Frank: Europarecht, München 1996

Epiney, Astrid: Zur Stellung des Völkerrechts in der EU- Zugleich eine Besprechung von EuGH, EuZW 1998, 572- Hermès und EuGH, EuZW 1998, 694- Racke, EuZW 1999, 5-11

Etudes de droit des Communautés Européennes: Mélanges offerts à Pierre-Henri Teitgen, Paris 1984

Europäische Kommission: XXIV. Bericht über die Wettbewerbspolitik 1994, Brüssel/ Luxemburg 1995

Europäisches Parlament: Entschließung des Europäischen Parlaments zu den Beziehungen zwischen dem Völkerrecht, dem Gemeinschaftsrecht und dem Verfassungsrecht der Mitgliedstaaten, EuZW 1998, 165

Everling, Ulrich: Will Europe slip on bananas? The Bananas judgment of the Court of Justice and national Courts, CML Rev. 1996, 401-437

Everling, Ulrich: Die Neuregelung des Assoziationsverhältnisses zwischen der Europäischen Wirtschaftsgemeinschaft und den afrikanischen Staaten und Madagaskar sowie den überseeischen Ländern und Hoheitsgebieten, ZaöRV 1964, 472-574 (Band 24)

Everling, Ulrich: Das Recht in den internationalen Wirtschaftsbeziehungen der EG, in: Hilf/ Petersmann (Hrsg.), S. 175-202

Fastenrath, Ulrich: Lücken im Völkerrecht: zu Rechtscharakter, Quellen, Systemzusammenhang, Methodenlehre und Funktionen des Völkerrechts, Berlin 1991

Fezer, Karl-Heinz: Markenrecht: Kommentar zum Markengesetz, zur Pariser Verbandsübereinkunft und zum Madrider Markenabkommen; Dokumentation des nationalen, europäischen und internationalen Kennzeichenrechts, München 1997

Fikentscher, Wolfgang: GATT Principles and Intellecual Property Protection, in: Beier/ Schricker, GATT or WIPO?, S. 99-126

Fikentscher, Wolfgang: Was bedeutet „self-executing"? Überlegungen zur Rechtsnatur des GATT im Blick auf einen GATT-Immaterialgüterschutz, in: FS Steindorff zum 70. Geburtstag (Hrsg.: Bauer/ Belke), S. 1175-1191 (zit.: Fikentscher, FS Steindorff)

Fikentscher, Wolfgang: Wettbewerbsrecht im TRIPS-Agreement der Welthandelsorganisation, GRUR Int.1995, 529-534

Fischer, Hans-Georg: Europarecht. Eine Einführung in das Europäische Gemeinschaftsrecht und seine Verbindungen zum deutschen Staats- und Verwaltungsrecht. 2. Auflage, München 1997

Footer, Mary E.: The EU and the WTO Gobal Trading System, in: Lauren/ Maresceau, S. 317-336

Forschungsinstitut für Wirtschaftsverfassung und Wettbewerb (Köln): Referate des XXX. FIW-Symposiums. Die Bedeutung der WTO für die europäische Wirtschaft, Köln/ Berlin/ Bonn/ München 1997

Gabler, Thomas: Das Streitbeilegungssystem der WTO und seine Auswirkungen auf das Antidumping-Recht der Europäischen Gemeinschaft, Frankfurt am Main/ Berlin/ Bern/ New York/ Paris/ Wien 1997

Gagliardi, Andrea Filippo: The right of individuals to invoke the provisions of mixed agreements before the national courts: a new message from Luxembourg?, ELR 1999, 276-292

Gaja, Giorgio: The European Community´s Rights and Obligations under Mixed Agreements, in: O´Keeffe/ Schermers, S. 133-140

GATT Secretariat (Hrsg.): The Results of the Uruguay Round of Multilateral Trade Negotiations. The Legal Texts, Genf 1994 (zit.: GATT-Secretariat, The Legal Texts)

Geiger, Rudolf: EUV, EGV: Vertrag über die Europäische Union und Vertrag zur Gründung der Europäischen Gemeinschaft; Kommentar, 3. Aufl., München 2000 (zit.: Geiger, 3. Aufl. 2000)

Geiger, Rudolf: EG-Vertrag: Kommentar zu dem Vertrag zur Gründung der Europäischen Gemeinschaft, 2. Aufl., München 1995 (zit.: Geiger, 2. Aufl. 1995)

Geiger, Rudolf: Grundgesetz und Völkerrecht -Die Bezüge des Staatsrechts zum Völker- und Europarecht-, 1. Aufl., München 1985

Geiger, Rudolf: Grundgesetz und Völkerrecht -Die Bezüge des Staatsrechts zum Völker- und Europarecht-, 2. Aufl., München 1994

Geller, Paul Edward: Geistiges Eigentum auf dem Weltmarkt: Welche Bedeutung hat die Streitbeilegung nach TRIPs?, GRUR Int. 1995, 935-944

Gemperle, Reinhold: Zu neuen Ufern in der Handelspolitik, in: Gemperle/ Zeller/ Wartenweiler, S. 7-10

Gemperle, Reinhold/ Zeller, Willy/ Wartenweiler, Roland: Die Ergebnisse der Uruguay-Runde. Vom GATT zur WTO. Zürich 1994

Gervais, Daniel: The TRIPS Agreement- Drafting History and Analysis, London 1998

Giardina, Andrea: International Agreements of the Member States and their Construction by the Court of Justice, in: Capotorti/ Ehlermann/ Frowein/ Jacobs/ Joliet/ Koopmans/ Kovar (Hrsg.), S. 263-273

Gilsdorf, Peter: Die Rechtswirkungen der im Rahmen von Gemeinschaftsabkommen erlassenen Organbeschlüsse, EuZW 1991, 459-464

Gilsdorf, Peter: Die Außenkompetenzen der EG im Wandel- Eine kritische Auseinandersetzung mit Praxis und Rechtsprechung, EuR 1996, 145-166

Godt, Christine: Der Bericht des Appellate Body der WTO zum EG-Einfuhrverbot von Hormonfleisch, EWS 1998, 202-209

Grabitz, Eberhard/ Hilf, Meinhard (Hrsg.): Das Recht der Europäischen Union, Altband II, Art. 137- 248 (Maastrichter Fassung), EWGV (Römische Fassung), 14. Ergänzungslieferung, München Oktober 1999

Grabitz, Eberhard/ Hilf, Meinhard (Hrsg.): Kommentar zur Europäischen Union, Band II, Art. 85- 248, 10. Ergänzungslieferung, München Oktober 1996

Grabitz, Eberhard/ Hilf, Meinhard (Hrsg.): Kommentar zur Europäischen Union: Vertrag über die Europäische Union, Vertrag zur Gründung der Europäischen Gemeinschaft Band II: Art. 137-248 EGV; EWGV Stand: 12. Ergänzungslieferung, München, Mai 1998

Grabitz, Eberhard/ Hilf, Meinhard (Hrsg.): Das Recht der Europäischen Union. Sekundärrecht, 14. Ergänzungslieferung München Oktober 1999

Grabitz, Eberhard/ von Bogdandy, Armin/ Nettesheim, Martin: Europäisches Außenwirtschaftsrecht, München 1994

Graf Vitzthum, Wolfgang (Hrsg.), bearbeitet von: Bothe, Michael/ Hailbronner, Kai/ Klein, Eckart/ Kunig, Philip/ Schröder, Meinhard/ Graf Vizthum, Wolfgang: Völkerrecht, Berlin/ New York 1997

Griller, Stefan: The Common Commercial Policy Instruments after the Uruguay Round - with some Implications for Austria, in: Breuss (Hrsg.), S. 269 ff

Griller, Stefan: Judicial enforceability of WTO law in the European Union. Annotation to case C-149/96, Portugal v. Council, JIEL 2000, 441-273

Groeben, Hans von der/ Thiesing, Jochen/ Ehlermann, Claus Dieter (zit.: GTE): Kommentar zum EU-, EG-Vertrag, Band 5: Artikel 210-248 EGV, Artikel H-S EUV, 5. Aufl., Baden-Baden 1997

Großfeld, Bernhard/ Sack, R./ Möller, Th. M. J./ Heinemann, A. (Hrsg.): Festschrift für Wolfgang Fikentscher zum 70. Geburtstag, Tübingen 1998

Groux, Jean/ Manin, Philippe: Die Europäischen Gemeinschaften in der Völkerrechtsordnung, Luxemburg 1984

Hahn, Michael J.: Die einseitige Aussetzung von GATT-Verpflichtungen als Repressalie, Berlin/ Heidelberg/ New York/ Barcelona/ Budapest/ Hong Kong/ London/ Mailand/ Paris/ Santa Clara/ Singapur/ Tokio 1996

Hahn, Michael J./ Schuster, Gunnar: Zum Verstoß von gemeinschaftlichem Sekundärrecht gegen das GATT- Die gemeinsame Marktorganisation für Bananen vor dem EuGH-, EuR 1993, 261-281

Hahn, Michael J./ Schuster, Gunnar: Le droit des Etats membres de se prévaloir en justice d´un accord liant la Communauté. L´invocabilité du GATT dans l´affaire République fédérale d´Allemagne contre Conseil de l´Union européenne, RGDIP 1995, 367-384

Hailbronner, Kay/ Bierwagen, Rainer M.: Das GATT- Die Magna Charta des Welthandels, JA 1988, 318-329

Hailbronner, Kay/ Ress, Georg/ Stein, Torsten (Hrsg.): Staat und Völkerrechtsordnung: Festschrift für Karl Doehring, Berlin/ Heidelberg/ New York/ London/ Paris/ Tokyo/ Hong Kong 1989

Hauser, Heinz/ Schanz, Kai-Uwe: Das neue GATT: die Welthandelsordnung nach Abschluß der Uruguay-Runde, München/ Wien 1995

Heinemann, Andreas: Das Kartellrecht des geistigen Eigentums im TRIPS-Übereinkommen der Welthandelsorganisation, GRUR Int. 1995, 535-539

Heinemann, Andreas: Trade-Related Aspects of Intellectual Property Rights: Report on the 9th Ringberg Symposium from July 6 to 8, 1995, in: From GATT to TRIPs (Hrsg. Beier/ Schricker), S.401-424

Herdegen, Matthias: Europarecht, 2. Aufl. München 1999 (zit.: Herdegen, Europarecht, 2. Aufl. 1999)

Herdegen, Matthias: Europarecht, 1. Aufl. München 1997 (zit.: Herdegen, Europarecht)

Herdegen, Matthias: Internationales Wirtschaftsrecht, 2. Aufl., München 1995 (zit.: Herdegen, Internationales Wirtschaftsrecht, 2. Aufl. 1995)

Herzog, Roman: Die Bedeutung des geistigen Eigentums für die Gesellschaft, in: Internationales Urheberrechts-Symposion (Hrsg.: Börsenverein des Deutschen Buchhandels), S.62

Heselhaus, Sebastian: Die Welthandelsorganisation. Veränderungen des GATT und Grundprobleme der rechtlichen Geltung, JA 1999, 76-82

Hilf, Meinhard: The role of national courts in international trade relations, Mich. J. Internat'l L. 1997, 321-256

Hilf, Meinhard: Die Anwendung des GATT im deutschen Recht, in: GATT und die Europäische Gemeinschaft (Hrsg.: Hilf/ Petersmann), S.11-61 (zit.: Hilf, in: Hilf/ Petersmann (Hrsg.))

Hilf, Meinhard: Internationales Wirtschaftsrecht und nationale Gerichte, Bonn 1998 (zit.: Hilf)

Hilf, Meinhard: Die Anwendung des GATT im deutschen Recht, EuR 1985, 95-97

Hilf, Meinhard: Grundfragen der Beteiligung der EG an der WTO. Kommentar zu den Thesen von Professor Dr. Ernst-U. Petersmann, in: Müller-Graff (Hrsg.), S. 89-94

Hilf, Meinhard/ Eggers Barbara: Der WTO-Panelbericht im EG/USA-Hormonstreit, EuZW 1997, 559-566

Hilf, Meinhard/ Petersmann, Ernst-Ulrich (Hrsg. in Gemeinschaft mit dem Arbeitskreis Europ. Integration e.V.): GATT und Europäische Gemeinschaft:

Referate der Tagung des Arbeitskreises Europ. Integration e.V. in Bielefeld vom 6.-8. September 1984, 1.Aufl., Baden-Baden 1986
Hilf, Meinhard/ Schorkopf, Frank: WTO und EG: Rechtskonflikte vor den EuGH? Anmerkung zum Urteil des EuGH vom 23.11.1999- Rs. C-149/96, Portugal/ Rat, EuR 2000, 74-92
Hilf, Meinhard/ Tomuschat, Christian (Hrsg.): EG und Drittstaatsbeziehungen nach 1992: Referate der Jahrestagung des Arbeitskreises Europäische Integration e.V. in Bonn vom 15. bis 17.November 1990, Baden-Baden, 1991
Hilpert, Hanns Günther: TRIPs und das Interesse der Entwicklungsländer am Schutz von Immaterialgüterrechten in ökonomischer Sicht, GRUR Int. 1998, 91-99
Hilpold, Peter: Die EU im GATT/WTO-System. Aspekte einer Beziehung „sui generis", Frankfurt am Main/ Berlin/ Bern/ New York/ Paris/ Wien 1999
Hilpold, Peter: Das Transparenzprinzip im internationalen Wirtschaftsrecht unter besonderer Berücksichtigung des Beziehungsgeflechts zwischen EU und WTO, EuR 1999, 597-620
Hilpold, Peter: Die WTO nach Seattle: Illusionen und Lehren, RIW Heft 6/2000, Die erste Seite
Hippler Bello, Judith: Editorial Comment: The WTO Dispute Settlement Understanding: Less is More, AJIL 1996, 416-418
Hirsch, Günter: Die Rechtsprechung des Europäischen Gerichtshofs zu Assoziierungsabkommen, BayVBl. 1997, 449-454
Hirsch, Günter: Europäischer Gerichtshof und Bundesverfassungsgericht- Kooperation oder Konfrontation?, NJW 1996, 2457-2466
Hoffmeister, Frank: Die Bindung der Europäischen Gemeinschaften an das Völkergewohnheitsrecht der Verträge. Zugleich eine Besprechung des EuGH-Urteils vom 16.6.1998- Rs. C-162/96, EWS 1998, 365-371
Hohmann, Harald: Der Konflikt zwischen freiem Handel und Umweltschutz in WTO und EG, RIW 2000, 88-99
Hohmann, Harald: Die WTO-Streitbeilegung in den Jahren 1998-1999, EuZW 2000, 421-427
Huber, Peter M.: Das Kooperationsverhältnis zwischen BVerfG und EuGH in Grundrechtsfragen- Die Bananenmarktordnung und das Grundgesetz, EuZW 1997, 517-521
Hudec, Robert E.: Das GATT in der Rechtsordnung der Vereinigten Staaten von Amerika, in: Hilf/ Petersmann, S. 243- 311 (zit.: Hudec, in: Hilf/ Petersmann)
Hummer, Waldemar/ Weiss, Friedl (Hrsg.): Vom GATT ´47 zur WTO ´94. Dokumente zur alten und neuen Welthandelsordnung. Wien 1997
Ipsen, Knut: Völkerrecht, 4. Aufl., München 1999

Jackson, John H.: Editorial Comments: The WTO dispute settlement understanding- misunderstandings on the nature of legal obligation, AJIL 1997, 60-64

Jackson, John H.: Dispute Settlement and the WTO. Emerging Problems, JIEL 1998, 329-351

Jackson, John H.: Comments on Shrimp/Turtle and the Product/Process Distinction, EJIL 2000, 303-307

Jackson, John Howard: Status of treaties in domestic legal systems: A policy analysis, in: AJIL 1992, 310-340

Jackson, John Howard: The World Trade Organization: Constitution and Jurisprudence, London 1998 (zit.: Jackson (1998))

Jackson, John Howard: The world trading system: law and policy of international economic relations, Cambridge/ Massachusetts/ London 1989 (zit.: Jackson (1989))

Jackson, John Howard: World Trade and the Law of GATT, Indianapolis 1969 (zit.: Jackson (1969))

Jansen, Bernhard: Die Rolle der Privatwirtschaft in Streitschlichtungsverfahren der WTO, ZEuS 2000, 293-305

Jansen, Bernhard: Die Durchführung von Entscheidungen des Streitschlichtungsorgans der Welthandelsorganisation, EuZW 2000, Heft 19 vom 10.10.2000, Editorial

Jürgensen, Thomas: Das WTO- Schiedsverfahren zur Festlegung von Sanktionen nach Art. 22 DSU, RIW 2000, 577-583

Jürgensen, Thomas: WTO-Konformität der reformierten Gemeinsamen Marktorganisation für Bananen, RIW 1999, 241-249

Kaddous, Christine: L´arrêt France c. Commission de 1994 (accord concurrence) et le contrôle de la legalité des accords externes en vertu de l´art. 173 CE: La difficile réconciliation de l´orthodoxie communautaire avec l´orthodoxie internationale, CDE 1996, 613-633

Kapteyn, Paul J. G.: The „Domestic“ Law Effect of Rules of International Law Within the European Community System of Law and the Question Of the Self-Executing Character of GATT Rules, The International Lawyer 1974, 74-82

Katzenberger, Paul: TRIPS und das Urheberrecht, GRUR Int. 1995, 447-468

Keller, Helen: Rechtsvergleichende Aspekte zur Monismus-Dualismus-Diskussion, SZIER (=RSDIE) 3/1999, 225-249

Kempen, Bernhard: Deutschland als Vertragspartei des GATT und als Mitglied der Europäischen Gemeinschaften, in: Weber, Albrecht/ Gramlich, Ludwig/ Häde, Ulrich/ Zehetner, Franz (Hrsg.), S. 417- 439

Kilian, Wolfgang: Europäisches Wirtschaftsrecht. EG-Wirtschaftsrecht und Bezüge zum deutschen Recht, München 1996

Kim, Hyun Chong: The WTO dispute settlement process: A primer, JIEL 1999, 457-476

Klabbers, Jan: Anmerkung zu Case C-162/96, A. Racke & Co. v. Hauptzollamt Mainz, judgement of 16 june 1998, CML Rev. 1999, 179-189

Klein, Eckart: Unmittelbare Geltung und Wirkung von Europäischem Gemeinschaftsrecht, Saarbrücken 1988

Klein, Franz: Kommentierung von Art. 59 GG, in: Schmidt-Bleibtreu/ Klein

Klein, Martin/ Meng, Werner/ Rode, Reinhard (Hrsg.): Die Neue Welthandelsordnung der WTO, Amsterdam 1998

Köck, Heribert Franz: Vertragsinterpretation und Vertragskonvention: Zur Bedeutung der Art. 31 und 32 der Wiener Vertragsrechtskonvention 1969, 1. Aufl., Berlin 1976 (zit.: Köck, Vertragsinterpretation)

Köck, Heribert Franz (Hrsg.): Rechtsfragen an der Jahrtausendwende: Akten des 22. Österreichischen Völkerrechtstages, Traunkirchen am Traunsee, 5. bis 7. Juni 1997, Wien 1998

Koehler, Mathias: Das Allgemeine Übereinkommen über den Handel mit Dienstleistungen (GATS): Rahmenregelung zur Liberalisierung des internationalen Dienstleistungsverkehrs unter besonderer Berücksichtigung des grenzüberschreitenden Personalverkehrs von Dienstleistungsanbietern, Berlin 1999

Koenig, Christian/ Haratsch, Andreas, unter Mitarbeit von Kühling, Jürgen: Europarecht, 3. Aufl., Tübingen 2000

Koller, Arnold: Die unmittelbare Anwendbarkeit völkerrechtlicher Verträge und des EWG-Vertrages im innerstaatlichen Bereich, Bern 1971

Kopke, Alexander: Rechtsbeachtung und -durchsetzung in GATT und WTO: der Erklärungsbeitrag der Ökonomik zu internationalen Rechts- und Politikprozessen. Eine neue Synthese mit der Theorie des kommunikativen Handelns von Habermas, Berlin 1997

Kovar, Robert: Les accords liant les Communautés européennes et l´ordre juridique communautaire: A propos d´une jurisprudence récente de la Cour de Justice, RMC 1974, 345-360

Kovar, Robert: La participation des Communautés Européennes aux conventions multilatérales, AFDI 1975, 903-923

Krenzler, Horst Günter (Hrsg.): Außenwirtschaftsrecht, in: Grabitz/ Hilf, Das Recht der Europäischen Union, Band 2 Sekundärrecht, 14. Ergänzunglieferung München Oktober 1999

Kreuzer, Christine: Die unmittelbare Anwendbarkeit völkerrechtlicher Verträge, JA 1998, 731-735

Krück, Hans: Völkerrechtliche Verträge im Recht der Europäischen Gemeinschaften: Abschlußkompetenzen, Bindungswirkung, Kollisionen, Berlin/ Heidelberg/ New York 1977

Kuijper, Pieter J.: The New WTO Dispute Settlement System- The Impact on the European Community, 29 JWT 6/1995, 49-71

Kuijper, Pieter J.: The Conclusion and Implementation of the Uruguay Round Results by the European Community, EJIL 1995, 222-244

Kuilwijk, Kees Jan: The European Court of Justice and the GATT Dilemma: Public Interest versus Individual Rights?, Beuningen 1996

Kur, Annette: TRIPs und das Markenrecht, GRUR Int. 1994, 987-997

Kuschel, Hans-Dieter: Auch die revidierte Bananenmarktordnung ist nicht WTO-konform, EuZW 1999, 74-77

Kuschel, Hans-Dieter: Die Bananenmarktordnung der Europäischen Union. „Ein Muster für protektionistische Handelspolitik", RIW 1995, 218-222

Kuschel, Hans-Dieter: Bananenstreit- und kein Ende? Entscheidung des WTO-Streitbeilegungsgremiums zur Einfuhrregegelung der EG, RIW 1998, 122-127

Kuschel, Hans-Dieter: Die EG-Bananenmarktordnung vor deutschen Gerichten, EuZW 1995, 689-692

Kuschel, Hans-Dieter: Neuer Kommissionsvorschlag zur Einfuhrregelung bei Bananen ist wiederum nicht WTO-konform, EuZW 2000, 203-205

Kuschel, Hans-Dieter: Wie geht es weiter mit der Bananenmarktordnung?, EuZW 1996, 645-650

Langer, Stefan: Grundlagen einer internationalen Wirtschaftsverfassung: Strukturprinzipien, Typik und Perspektiven anhand von Europäischer Union und Welthandelsorganisation, München 1995

Laurent, Pierre-Henri/ Maresceau, Marc: The state of the European Union: Deepening and widening, London 1998

Lavorel, Warren A.: The World Trade Organization: The Way to the Future, in: Lavorel/ Ebenroth, The World Trade Organization, S. 21-25

Lavorel, Warren A./ Ebenroth, Carsten Thomas: The World Trade Organization: The Way to the Future: The final act to the Uruguay-Round- a look at the World Trade Organization and the new obligations for the next generation of international economic relations, Konstanz 1994

Lavranos, Nikolaus: Die Rechtswirkung von WTO panel reports im Europäischen Gemeinschaftsrecht sowie im deutschen Verfassungsrecht, EuR 1999, 289-308

Lecheler, Helmut, unter Mitarbeit von Gundel, Jörg: Einführung in das Europarecht, München 2000

Lee, Philipp/ Kennedy, Brian: The Potential Direct Effect of GATT 1994 in European Community Law, 30 JWT 1/1996, 67-89
Leier, Klaus-Peter: Fortentwicklung und weitere Bewährung: Zur derzeitigen Überprüfung des Streitbeilegunsverfahrens in der WTO, EuZW 1999, 204-211
Lenz, Carl-Otto (Hrsg.): EG-Vertrag. Kommentar zu dem Vertrag zur Gründung der Europäischen Gemeinschaften, 1. Aufl., Köln 1994 (zit.: Lenz, Art. ... EGV)
Lenz, Carl-Otto (Hrsg.): EG-Vertrag. Kommentar zu dem Vertrag zur Gründung der Europäischen Gemeinschaften, 2. Aufl., Köln/ Basel/ Genf/ München/ Wien 1999 (zit.: Lenz, 2. Aufl. 1999, Art. ... EGV)
Letzel, Hans-Joachim: Streitbeilegung im Rahmen der Welthandelsorganisation (WTO). Geschichte und völkerrechtliche Qualität, Münster 1999
Lorenz, Dirk: Die Europäische Gemeinschaft in der Welthandelsorganisation WTO, München 2000
Louis, Jean-Victor: Die Rechtsordnung der Europäischen Gemeinschaften, 2. Aufl. Brüssel 1990
Lüke, Gerhard u.a. (Hrsg.): Rechtsvergleichung, Europarecht und Staatenintegration: Gedächtnisschrift für Léontin-Jean Constantinesco, Köln/ Berlin/ Bonn/ München 1983
Manin, Philippe: A propos de l´accord instituant l´Organisation mondiale du commerce et de l´accord sur les marchés publics: la question de l´invocabilité des accords internationaux conclus par la Communauté européenne, 33 RTDE 1997, 399-428
Marceau, Gabrielle: Transition from GATT to WTO, A Most Pragmatic Operation, 29 JWT 4/1995, S. 147-163
Mastellone, Carlo: Kommentierung der Urteile SIOT und SPI/ SAMI des EuGH, Note on the GATT-Decisions of the Court of Justice of the EEC, CML Rev. 1983, 559-580
Maunz, Theodor: Kommentierung zu Art. 59 GG, in: Maunz/ Dürig u.a.
Maunz, Theodor/ Dürig, Günter/ Scholz, Rupert/ Lerche, Peter/ Papier, Hans-Jürgen/ Randelzhofer, Albrecht/ Schmidt-Assmann, Eberhard: Grundgesetz, Kommentar (Loseblatt-Sammlung), Band III (Art. 22-69), Lieferungen 1-35, München Stand: Februar 1999
Mavroidis, Petros C./ Zdouc, Werner: Legal means to protect private parties` interests in the WTO. The case of the EC new trade barriers regulation, JIEL 1998, 407-432
Max Planck Institute for comparative public law and international law (Hrsg.): Encyclopedia of Public International Law, Band 7, Amsterdam/ New York/ Oxford 1984

May, Bernhard: Der Fehlstart in Seattle, Internat. Politik 2000, 49-50
Mayer, Franz C.: Grundrechtsschutz gegen europäische Rechtsakte durch das BVerfG: Zur Verfassungsmäßigkeit der Bananenmarktordnung, EuZW 2000, 685-689
McMahon, Joseph A.: The EC Banana Regime, the WTO Rulings and the ACP. Fighting for Economic Survival?, 32 JWT 4/1998, 101-114
Meessen, Karl Matthias: The application of rules of public international law within community law, CML Rev. 1976, 485-501
Meessen, Karl Matthias: Das Abkommen von Lomé als gemischter Vertrag, EuR 1980, 36-50
Mégret, Jacques: Conclusion, formes et effets des accords internationaux passés par la C.E.E., RMC 1965, 19-27
Meier, G. (mitgeteilt von): FG Hamburg: Anwendbarkeit der EG-Bananenmarktordnung in Deutschland, EuZW 1995, 413-416
Meier, Gert: Bananas IV: der Bericht des WTO-Panels vom 12.04.1999, EuZW 1999, 428-431
Meier, Gert: Der Endbericht des WTO-Panels im Bananenrechtstreit, EuZW 1997, 566-568
Meier, Gert: WTO-Revisionsentscheidung zur EG-Bananenmarktordnung, EuZW 1997, 719-722
Meng, Werner: Hormonstreit zwischen der EG und den USA im Rahmen des GATT, RIW 1989, 544-551
Meng, Werner: The Hormone conflict between the EEC and the United States within the context of GATT, Mich. J. of Int.'l L. 1989, 818-838
Meng, Werner: Gedanken zur Frage der unmittelbaren Anwendung von WTO-Recht in der EG, in: FS für Rudolf Bernhardt (Hrsg.: Beyerlin, Ulrich), S. 1065-1086
Meng, Werner: Das Vertragssystem der Welthandelsorganisation, in: Müller-Graff (Hrsg.), S. 63-77
Mengozzi, Paolo: Les droits des citoyens de l'Union Européenne et l'applicabilité directe des accords de Marrakkech, Revue du Marché Unique Européen 1994, 165-174
Menzel, Eberhard/ Ipsen, Knut: Völkerrecht, 2. Aufl. München 1979
Mestmäcker, Ernst-Joachim: On the legitimacy of European Law, RabelsZ 1994, 615-635
Millarg, Eberhard: Anmerkung zu EuGH- International Fruit Company, EuR 1973, 148-155
Montañà I Mora, Miquel: Italian Ministry of Finance v. Chiquita Italia. Case C-469/93, AJIL 1997, 152-157

Montañà I Mora, Miquel: A GATT Law With Teeth: Law Wins over Politics in the Resolution of International Trade Disputes, Columbia J. Transnat'l L. 1993, 103-180

Montañà I Mora, Miquel: A Rediscovered Basis for the Court of Justice of the European Communities to Refuse Direct Effect to the Uruguay Round Agreements?, 30 JWT 5/1996, 43-59

Mosler, Hermann: Das Völkerrecht in der Praxis der deutschen Gerichte. Vortrag gehalten vor der Juristischen Studiengesellschaft in Karlsruhe am 8. März 1957, Karlsruhe 1957

Müller-Graff, Peter-Christian (Hrsg.): Die Europäische Gemeinschaft in der Welthandelsorganisation. Globalisierung und Weltmarktrecht als Herausforderung für Europa, 1. Aufl. Baden-Baden 1999/ 2000

Müller-Ibold, Till: Kommentierung zu Art. 133 EGV, in: Lenz, 2. Aufl. 1999

Münch, von Ingo (Begründer); Kunig, Philip (Hrsg.): Grundgesetz-Kommentar, Band 2 (Art. 21 bis Art. 69), 3. Auflage, München 1995

Nagel, Bernhard: Wirtschaftsrecht der Europäischen Union: Eine Einführung, 2. Aufl., Baden-Baden 1999

Neugärtner, Ilka/ Puth, Sebastian: Die Wirkung der WTO-Übereinkommen im Gemeinschaftsrecht- EuGH, EuZW 2000, 276, in: JuS 2000, 640-644

Neuwahl, Nanette A E M: Individuals and the GATT: Direct Effect and Indirect Effects of the General Agreement on Tariffs and Trade in Community Law, in: Emiliou/ O'Keeffe, S. 313-328

Nguyen, Quoc Dinh/ Daillier, Patrick/ Pellet, Alain: Droit international public, 3. Auflage, Paris 1987

Nicolaysen, Gert: Europarecht, Band 1, 1.Aufl., Baden-Baden 1991

Nicolaysen, Gert: Anmerkung zu EuGH Fa. Carl Schlueter/Hauptzollamt Lörrach, EuR 1974, 36-52

Nolte, Georg: Anmerkung zur Rechtssache 12/86, Urteil vom 30.09.1987, CML Rev. 1988, 403-415

O'Keeffe, David/ Schermers, Henry G., (Hrsg.): Mixed Agreemets, Deventer 1983

Odendahl, Kerstin: Das >>Kooperationsverhältnis<< zwischen BVerfG und EuGH in Grundrechtsfragen, JA 2000, 219-224

Oehmichen, Alexander: Die unmittelbare Anwendbarkeit der völkerrechtlichen Verträge der EG: die EG-Freihandels- und Assoziierungsverträge und andere Gemeinschaftsabkommen im Spannungsfeld von Völkerrecht, Gemeinschaftsrecht und nationalem Recht, Frankfurt am Main/ Berlin/ Bern/ New York/ Paris/ Wien 1992

Ohlhoff, Stefan: Beteiligung von Verbänden und Unternehmen in WTO-Streitbeilegungsverfahren- Das Shrimps-Turtle-Verfahren als Wendepunkt?, EuZW 1999, 139-144

Ohlhoff, Stefan/ Schloemann, Hannes: Durchsetzung internationaler Handelsregeln durch Unternehmen und Verbände, RIW 1999, 649-659

Öhlinger, Theo: Der völkerrechtliche Vertrag im staatlichen Recht: Eine theoretische, dogmatische und vergleichende Untersuchung am Beispiel Österreichs, Wien/ New York 1973

Öhlinger, Theo/ Potacs, Michael: Gemeinschaftsrecht und staatliches Recht. Die Anwendung des Europarechts im innerstaatlichen Bereich, Wien 1998

Ophüls, Carl Friedrich: Le problème des dispositions directement applicables (self-executing) des traités internationaux, et son application aux traités instituant les Communautés, Rapport allemand au Deuxième colloque international de droit Européen, in: Association Néerlandaise pour le Droit, S. 203-234

Oppermann, Thomas: Die Europäische Gemeinschaft und Union in der Welthandelsorganisation (WTO), Bonn 1995 (zit.: Oppermann, EG in der WTO)

Oppermann, Thomas: Die Europäische Gemeinschaft und Union in der Welthandelsorganisation (WTO), RIW 1995, 919-928

Oppermann, Thomas: Europarecht: ein Studienbuch, 2. Auflage, München 1999

Ott, Andrea: GATT/WTO-Panels- Büchse der Pandora für die EG? Berufungspanel der WTO- das Ende der EU-Bananenmarktordnung?, DZWir 1998, 84-86

Ott, Andrea: GATT und WTO im Gemeinschaftsrecht- Die Integration des Völkervertragsrechts in die Europäische Gemeinschaftrechtsordnung am Beispiel des GATT-Vertrags und der WTO- Übereinkünfte, Köln/ Berlin/ Bonn/ München 1997

Pache, Eckhard: Das Ende der Bananenmarktordnung?, EuR 1995, 95-103

Panebianco, Massimo: Die Anwendung des GATT im italienischen Recht, in: Hilf/ Petersmann (Hrsg.), S. 313-323

Panel Discussion, moderated by Mavroidis, Petros C.: Is the WTO Dispute Settlement Mechanism Responsive to the Needs of the Traders? Would a System of Direct Action by Private Parties Yield Better Results? 32 JWT 2/1998, 147-165

Partsch, Karl Josef: Die Anwendung des Völkerrechts im innerstaatlichen Recht, BerDGV (Berichte der Deutschen Gesellschaft für Völkerrecht), Heft 6, Karlsruhe 1964

Pauwelyn, Joost: Enforcement and countermeasures in the WTO: Rules are rules- Toward a more collective approach, AJIL 2000, 335-347

Pernice, Ingolf: Kommentierung von Art. 59 GG, in: Dreier (Hrsg.)

Pernice, Ingolf: Grundrechtsschutz im Bananenstreit: die Wende?, EuZW 1997, 545

Pescatore, Pierre: 2e colloque international de droit européen: Le problème des dispositions directement applicables (self-executing) des traités internationaux et son application aux traités instituant les communautés. Rapport de l'Association Luxembourgoise pour le Droit Européen, in: Association Néerlandaise pour le Droit Européen, S. 137-158 (zit: Pescatore, in: Association)

Pescatore, Pierre: L'application judiciaire des traités internationaux dans la Communauté Européenne et dans ses états membres, in: FS Teitgen (Hrsg.: Etudes de droit des Communautés Européennes), S. 355-406 (zit.: Pescatore, FS Teitgen)

Pescatore, Pierre: Drafting and Analyzing Decisions on Dispute Settlement, in: Pescatore/ Davey/ Löwenfeld, Handbook of WTO/GATT Dispute Settlement, Volume 1, S. 3-54

Pescatore, Pierre: Opinion 1/94 on „conclusion" of the WTO agreement: Is there an escape from a programmed disaster?, CML Rev. 1999, 387-405

Pescatore, Pierre: Die Rechtsprechung des Europäischen Gerichtshofs zur innergemeinschaftlichen Wirkung völkerrechtlicher Abkommen, in: Völkerrecht als Rechtsordnung (Hrsg.:Bernhardt u.a.), FS Mosler, S. 661-689 (zit: Pescatore, FS Mosler)

Pescatore, Pierre: External Relations in the case-law of the Court of Justice of the European Communities, CML Rev. 1979, 615-645

Pescatore, Pierre: L'ordre juridique des Communautés européennes, 1. Aufl. Liège 1971 (zit.: Pescatore, Ordre juridique, 1. Aufl. 1971)

Pescatore, Pierre: L'ordre juridique des Communautés européennes, 2. Aufl. Liège 1973 (zit.: Pescatore, Ordre juridique)

Pescatore, Pierre: Les relations extérieures des Communautés Européennes. Contribution à la doctrine de la personnalité des organisations internationales, RdC 1961 II (Band 103), 1-244

Pescatore, Pierre/ Davey, William J./ Löwenfeld, Andreas F.: Handbook of WTO/GATT Dispute Settlement, Band 1, Ardsley on Hudson/ Deventer 2000

Petersmann, Ernst-Ulrich: Grundfragen der Beteiligung der Europäischen Gemeinschaft an der Welthandelsorganisation, in: Müller-Graff (Hrsg.), S. 81-88

Petersmann, Ernst-Ulrich: Application of GATT by the Court of Justice of the European Communities, CML Rev. 1983, 397-437

Petersmann, Ernst-Ulrich: Auswärtige Gewalt, Völkerrechtspraxis und Völkerrechtsbindungen der Europäischen Wirtschaftsgemeinschaft, ZaöRV 1975, 213-280 (Band 35)

Petersmann, Ernst-Ulrich: The Uruguay Round of Multilateral Trade Negotiations and the Single European Market 1992, in: Hilf/ Tomuschat (Hrsg.), S. 195-212

Petersmann, Ernst-Ulrich: Darf die EG das Völkerrecht ignorieren? Zu den verfassungs- und völkerrechtlichen Grundlagen des europäischen Wirtschaftsrechts, in: Großfeld (Hrsg.), FS für Fikentscher, S. 966-984 (zit.: Petersmann, FS Fikentscher)

Petersmann, Ernst-Ulrich: Darf die EG das Völkerrecht ignorieren?, EuZW 1997, 325-331

Petersmann, Ernst-Ulrich: Die EWG als GATT-Mitglied - Rechtskonflikte zwischen GATT-Recht und Europäischem Gemeinschaftsrecht, in: Hilf/ Petersmann (Hrsg.), S. 119-174 (zit.: Petersmann, in: Hilf/ Petersmann (Hrsg.))

Petersmann, Ernst-Ulrich: GATT/WTO-Recht: Duplik, EuZW 1197, 651-653- Duplik auf Sack, EuZW 1997, 650 f

Petersmann, Ernst-Ulrich: Participation of the European Communities in the GATT: International Law and Community Law, in: O'Keeffe/ Schermers, S. 167-298

Petersmann, Ernst-Ulrich: The dispute settlement system of the world trade organization and the evolution of the GATT dispute settlement system since 1948, CML Rev. 1994, 1157-1244

Petersmann, Ernst-Ulrich: How to promote the international rule of law? Contributions by the World Trade Organization appellate review system, JIEL 1998, 25-48

Petersmann, Ernst-Ulrich: The GATT/WTO dispute settlement system: international law, international organizations and dispute settlement, London 1997 (zit.: GATT/WTO dispute settlement system)

Petersmann, Ernst-Ulrich: Symposium: The World Trade Organization and the European Union. The Transformation of the World Trading System through the 1994 Agreement Establishing the World Trade Organization, EJIL 1995, 161-221

Petersmann, Ernst-Ulrich (Hrsg.): Proposals for a new constitution for the European Union: Buildings-blocks for a constitutional theory and constitutional law of the EU, CML Rev. 1995, 1123- 1175

Petersmann, Ernst-Ulrich (Hrsg.): International Trade Law and the GATT/ WTO Dispute Settlement System, London/ The Hague/ Boston 1997 (zit.: Petersmann (Hrsg.), International Trade Law)

Petit Larousse en couleurs: Dictionnaire encyclopédique pour tous, Paris 1980

Preeg, Ernest H.: Traders in a brave new world: the Uruguay Round and the future of the international trading system, London/ Chicago 1995

Rabe, Hans-Jürgen: Auswirkungen der Welthandelsordnung auf das deutsche und das europäische Lebensmittelrecht, ZLR 1998, 129-143
Rabe, Hans-Jürgen: Ausgerechnet Bananen, NJW 1996, 1320-1324
Randelzhofer, Albrecht/ Scholz, Rupert/ Wilke, Dieter (Hrsg.): Gedächtnisschrift für Eberhard Grabitz, München 1995
Rat der Europäischen Gemeinschaften (Hrsg.): Assoziierungsabkommen und Protokolle EWG-Türkei sowie andere Basisdokumente, Brüssel, 1992
Rechts- und Staatswissenschaftlichen Fakultät an der Universität (Hrsg.): Menschenrechte im Staatsrecht und im Völkerrecht, Wien 1967
Reinbothe, Jörg: Der Schutz des Urheberrechts und der Leistungsschutzrechte im Abkommensentwurf GATT/ TRIPs, GRUR Int. 1992, 707-715
Reinisch, August: Entschädigung für die unbeteiligten „Opfer" des Hormon- und Bananenstreites nach Art. 288 II EG?, EuZW 2000, 42-51
Reiterer, Michael: Das multilaterale Wirtschaftssystem der WTO: Auf dem Weg zu einem Weltwirtschaftsrecht?, in: Köck, S. 159-176
Reports of the Commission to the General Assembly: Yearbook of the International Law Commission 1966 II, 217-223
Rideau, Joel: Les accords internationaux dans la jurisprudence de la Cour de Justice des Communautés Européennes: Réflexions sur les relations entre les ordres juridiques international, communautaire et nationaux, RGDIP 1990, 289-418
Riesenfeld, Stefan A.: The Doctrine of Self-Executing Treaties and GATT: A Notable German Judgement, AJIL 1971, 548-550
Riesenfeld, Stefan A.: The doctrine of self-executing-treaties and community law, AJIL 1973, 504-508
Rigaux, François: Rapport belge. Le problème des dispositions directement applicables (self-executing) des traités internationaux et son application aux traités instituant les communautés, in: Association Néerlandaise pour le Droit Européen, S. 159-202
Ritter, Markus: Das WTO-Übereinkommen und seine Auswirkungen auf das Deutsche und Europäische Lebensmittelrecht, EuZW 1997, 133-138
Ritter, Markus: Das WTO-Übereinkommen und seine Auswirkungen auf das Deutsche und Europäische Lebensmittelrecht- Hormonrückstände in Lebensmitteln als künftiger Standard?, in: Streinz/ Dannecker/ Sieber /Ritter, S. 311-336
Ritter, Wigand: Welthandel: geographische Strukturen und Umbrüche im internationalen Warenaustausch, Darmstadt 1994 (zit.: Ritter, Wigand)
Rojahn, Ondolf: Kommentierung von Art. 59 GG, in: von Münch/ Kunig
Rosas, Allan: Urteilsanmerkung zu Portugal/ Rat, CML Rev. 2000, 797-816

Roth, Wulf-Henning: Die Wettbewerbsregeln in den Freihandelsabkommen der EWG, WRP 1978, 409- 426

Röttinger, Moritz: Kommentierung zu Art. 300 EGV, in: Lenz, 2. Aufl. 1999

Röttinger, Moritz: Kommentierung zu Art. 310 EGV, in: Lenz, 2. Aufl. 1999

Röttinger, Moritz: Kommentierung zu Art. 228 EGV, in: Lenz

Rudolf, Walter: Völkerrecht und deutsches Recht. Theoretische und dogmatische Untersuchungen über die Anwendung völkerrechtlicher Normen in der Bundesrepublik Deutschland, Tübingen 1967

Ruggiero, Renato: Defining the Singapore message, in: WTO (Hrsg.), Focus Newsletter August/ September 1996, No. 12, S. 7-8

Ruiz Fabri, Hélène: Le règlement des différends dans le cadre de l'Organisation mondiale du commerce, Journal du droit international 1997, 709-755

SAB: Revisionsentscheidung des SAB im Meeresschildkröten-Fall, in: EuZW 1999, 150-153 (in Auszügen)

SAB: Endgültige WTO-Entscheidung im Hormonstreit (Auszüge), EuZW 1998, 157-164

SAB: EuZW 1998, 26 ff

SAB: WTO-Revisionsentscheidung im Bananenstreit (Auszüge), EuZW 1997, 722-725

SAB: Rechtsmittelentscheidung vom 16.01.1998 im Hormonstreit zwischen der EG und den USA/Kanada, Auszüge, in: EuZW 1998,157-164

SAB: Endbericht der WTO-Panels im Bananenkonflikt, EuZW 1997, 569-571

Sachs, Michael (Hrsg.): Grundgesetz. Kommentar, München 1999

Sack, Jörn: Noch einmal: GATT/WTO und europäisches Rechtsschutzsystem, EuZW 1997, 688

Sack, Jörn: Von der Geschlossenheit und den Spannungsfeldern in einer Weltordnung des Rechts, EuZW 1997,650-651- Replik auf Petersmann, EuZW 1997, 325 ff

Schäfers, Alfons: Harmonisierung des Patentrechts: Perspektiven, Chancen und Hindernisse, in: Bruchhausen u.a. (Hrsg.), FS für Nirk, S. 949-970

Schäfers, Alfons: Normsetzung zum geistigen Eigentum in internationalen Organisationen: WIPO und WTO- ein Vergleich, GRUR Int. 1996, 763-778

Schermers, Henry G.: Die völkerrechtlichen Beziehungen der Europäischen Gemeinschaften, in: Kommission der Europäischen Gemeinschaften (Hrsg.), Dreißig Jahre Gemeinschaftsrecht, Luxemburg 1981 (zit.: Schermers, Die völkerrechtlichen Beziehungen)

Schermers, Henry G.: International Institutional Law. Unity within diversity, 2. Aufl. Alphen aan den Rijn/ Rockville 1980

Schermers, Henry G.: International Organizations as Members of Other International Organizations, in: Bernhardt u.a. (Hrsg.), FS für Mosler, S. 823-837 (zit. Schermers, FS Mosler)
Schermers, Henry G.: Community Law and International Law, CML Rev. 1975, 77-90
Schermers, Henry G.: The direct application of treaties with third states: Note concerning the Polydor and Pabst Cases, CML Rev. 1982, 563-569
Schermers, Henry G.: The Internal Effect of Community Treaty Making, in: Essays in: O'Keeffe, David/ Schermers, Henry G. European Law and Integration, S. 167-178 (zit.: Schermers, in: O'Keeffe/ Schermers, Essays)
Schermers, Henry G./ Blokker, Niels M.: International Institutional Law. Unity within diversity, 3. Aufl. The Hague/ London/ Boston 1995
Schmalenbach, Kirsten: Kommentierung von Art. 300 EGV, in: Calliess/ Ruffert
Schmalenbach, Kirsten: Kommentierung von Art. 307 EGV, in: Calliess/ Ruffert
Schmalenbach, Kirsten: Kommentierung von Art. 310 EGV, in: Calliess/ Ruffert
Schmid, Christoph: Immer wieder Bananen: Der Status des GATT/WTO-Systems im Gemeinschaftsrecht- Zur Lage nach dem Beschluß über die EG-Bananenmarktordnung vom 25.09.1997, NJW 1998, 190-197
Schmidt-Bleibtreu, Bruno/ Klein, Franz: Kommentar zum Grundgesetz, 8. Auflage Neuwied/ Kriftel/ Berlin 1995
Schroeder, Werner/ Selmayr, Martin: Die EG, das GATT und die Vollzugslehre, JZ 1998, 344-349
Schwarze, Jürgen: Das allgemeine Völkerrecht in den innergemeinschaftlichen Rechtsbeziehungen, EuR 1983, 1-39
Schwarze, Jürgen: Die EWG in ihren völkerrechtlichen Beziehungen, NJW 1979, 456-462
Schweitzer, Michael: Staatsrecht III. Staatsrecht, Völkerrecht, Europarecht. 7. Aufl., Heidelberg 2000 (zit.: Schweitzer, 7. Aufl. 2000)
Schweitzer, Michael: Staatsrecht, Völkerrecht, Europarecht, 6. Aufl., Heidelberg 1997
Schweitzer, Michael/ Hummer, Waldemar: Europarecht: Recht der Europäischen Gemeinschaften (EGKS, EWG, EAG) , 3. Aufl., Frankfurt a.M. 1990
Seidl-Hohenveldern, Ignaz: Collected Essays on International Investments and on International Organizations, The Hague/ London/ Boston 1998 (zit.: Seidl-Hohenveldern, Collected Essays)
Seidl-Hohenveldern, Ignaz: Das Recht der Internationalen Organisationen einschließlich der supranationalen Gemeinschaften, 5. Aufl., Köln/ Berlin/ Bonn/ München 1992
Seidl-Hohenveldern, Ignaz/ Loibl, Gerhard: Völkerrecht, 9. Aufl., Köln/ Berlin/ Bonn/ München 1997

Seidl-Hohenveldern, Ignaz/ Stein, Torsten: Völkerrecht, 10. Aufl., Köln/ Berlin/ Bonn/ München 2000 (zit.: Seidl-Hohenveldern/ Stein)
Senti, Richard: GATT- System der Welthandelsordnung, Zürich 1986
Senti, Richard/ Conlan, Patricia: WTO. Regulation of World Trade after the Uruguay Round. Zürich 1998
Simma, Bruno: Das Reziprozitätselement im Zustandekommen völkerrechtlicher Verträge. Gedanken zu einem Bauprinzip der internationalen Rechtsbeziehungen, Berlin 1972
Sindelar, Martina: Das GATT- Handelsordnung für den Dienstleistungsverkehr? Eine handelspolitische Untersuchung am Beispiel des Seeverkehrs, Bayreuth 1987
Sittmann, Jörg W.: Das Streitbeilegungsverfahren der World Trade Organization (WTO): „Understanding on Rules and Procedures Governing the Settlement of Disputes", RIW 1997, 749-753
Smit, Hans/ Herzog, Peter Campbell, Dennis/ Cotter, Susan (Hrsg.): The Law of the European Community- A Commentary on the EC Treaty. Volume 6. May 1998
Sorensen, Max: Die Verpflichtungen des Staates im Bereich seiner nationalen Rechtsordnung auf Grund eines Staatsvertrages, in: Rechts- und Staatswissenschaftliche Fakultät an der Universität Wien (Hrsg.), Menschenrechte im Staatsrecht und im Völkerrecht, Wien 1967, S. 15 ff
Spuhler, Oliver: Das System des internationalen und supranationalen Schutzes von Marken und geographischen Herkunftsangaben, Manuskript zur Promotion, 1999
Staebe, Erik: Europarecht, 1. Aufl., Baden-Baden 1998
Staehelin, Alesch: Das TRIPs-Abkommen: Immaterialgüterrechte im Licht der globalisierten Handelspolitik, Bern 1997
Staehelin, Alesch: Zur Frage der unmittelbaren Anwendbarkeit der WTO/TRIPs-Normen, AJP/PJA 1996, 1488-1496
Stein, Klaus D.: Der gemischte Vertrag im Recht der Außenbeziehungen der Europäischen Wirtschaftsgemeinschaft, Berlin 1986
Stein, T.: „Bananen-Split"? Entzweien sich BVerfG und EuGH über den Bananenstreit?, EuZW 1998, 261-264
Steinmetzler, Ulrich Antonius: Das neue GATT 1994 im Rahmen der WTO- eine internationale Wirtschaftsverfassung? Fallstudie zur justiziellen Feststellung der GATT-Konformität handelspolitischer Maßnahmen am Beispiel der Europäischen Bananenmarktordnung, DZWir 1997, 494-504
Stoll, Peter-Tobias: Freihandel und Verfassung. Einzelstaatliche Gewährleistung und die konstitutionelle Funktion der Welthandelsordnung (GATT/WTO), ZaöRV 1997, 83-146

Stoll, Peter-Tobias: Die WTO: Neue Welthandelsorganisation, neue Welthandelsordnung, ZaöRV 1994, 241-339

Stoll, Peter-Tobias/ Ress, Hans-Konrad Die Bananenmarktordnung in der EG im Lichte des GATT, EWS 1996, 37-42

Straus, Joseph: Bedeutung des TRIPs für das Patentrecht, GRUR Int. 1996, 179-204

Streinz, Rudolf: WTO-Übereinkünfte als Prüfungsmaßstab für EG-Recht- Formelle Wirksamkeitsvoraussetzungen eines EG-Rechtsakts, JuS 2000, 909-912 (Anmerkung zu Portugal/ Rat)

Streinz, Rudolf: Kommentierung von Art. 59 GG, in: Sachs

Streinz, Rudolf: Kommentierung von Art. 25 GG, in: Sachs

Streinz, Rudolf: Der Stand der europäischen „Novel Food"- Diskussion, ZLR 1996, 123-146

Streinz, Rudolf: Anmerkung zu EuGH, Urteil vom 16.06.1998, Rs. C-162/96- A. Racke GmbH & Co./ Hauptzollamt Mainz, JuS 1999, 689-690.

Streinz, Rudolf: Kommentierung von Art. 24 GG, in: Sachs

Streinz, Rudolf: Die Bedeutung des WTO-Übereinkommens für den Lebensmittelverkehr, Jahrbuch des Umwelt- und Technikrechts 1996, 435-458

Streinz, Rudolf: Probleme des Zusammenwirkens von EG und Mitgliedstaaten beim Vollzug des Europäischen Wirtschaftsrechts, in: Streinz/ Dannecker/ Sieber /Ritter, S. 35-74 (zit.: Streinz, in: Streinz/ Dannecker/ Sieber/ Ritter)

Streinz, Rudolf: Die Novel Food-Verordnung - Handelshemmnis im internationalen Warenverkehr?, in: Streinz, Rudolf (Hrsg.), Neuartige Lebensmittel, S. 239-268 (zit.: Streinz (Hrsg.), Neuartige Lebensmittel)

Streinz, Rudolf: Das Maastricht-Urteil des Bundesverfassungsgerichts. Anmerkungen zu BVerfG, EuZW 1993, 667, EuZW 1994, 329-333

Streinz, Rudolf: Europarecht, 4. Auflage, Heidelberg 1999

Streinz, Rudolf (Hrsg.): Neuartige Lebensmittel: Problemaufriß und Lösungsansätze, Bayreuth 1999

Streinz, Rudolf/ Dannecker, Gerhard/ Sieber, Ulrich/ Ritter, Markus (Hrsg.): Die Kontrolle der Anwendung des Europäischen Wirtschaftsrechts in den Mitgliedstaaten, Bayreuth 1998

Sur, Serge: L´interprétation en droit international public, Paris 1974

Textausgabe: Welthandelsorganisation. Textausgabe mit Sachregister und einer Einführung, Mai 2000 (Beck-Texte im dtv)

Thun-Hohenstein, Christoph / Cede, Franz: Europarecht. Das Recht der Europäischen Union unter besonderer Berücksichtigung des EU-Beitritts Österreichs, 2. Aufl., Wien 1996

Thürer, Daniel: Völkerrecht und Landesrecht. Thesen zu einer theoretischen Problemumschreibung, SZIER (=RSDIE) 3/1999, 217-224

Thürer, Daniel: WTO- Teilordnung im System des Völker- und Europarechts, in: GATT 94 und die Welthandelsorganisation (Hrsg.: Thürer/Lux), S.41-72
Thürer, Daniel/ Lux, Stephan (Hrsg.): GATT 94 und die Welthandelsorganisation- Herausforderung für die Schweiz und Europa, Zürich, Baden-Baden, 1996
Tietje, Christian: Einführung, in: Textausgabe, Welthandelsorganisation, München 2000, S. IX-XXI
Tilmann, Winfried: Die Ausschließungsregeln der EG-VO 2081/92 und TRIPs, WRP 2000, 1039-1045
Timmermans, C.W.A.: L´Uruguay Round: sa mise en oeuvre par la Communauté européenne, RMUE 1994, 175-183
Tomuschat, Christian: Kommentierung von Art. 228 EGV, in: GTE, 5. Auflage Baden-Baden 1997 (zit.: Tomuschat, in: GTE, Art. 228)
Tomuschat, Christian: Zur Rechtswirkung der von der Europäischen Gemeinschaft abgeschlossenen Verträge in der Gemeinschaftsrechtsordnung, in: Rechtsvergleichung, Europarecht und Staatenintegration: Gedächtnisschrift für Léontin-Jean Constantinesco (Hrsg.: Lüke, Gerhard), S. 801-822 (zit.: Tomuschat, FS Constantinesco)
Tomuschat, Christian: Liability for Mixed Agreements, in: O´Keeffe/ Schermers, S. 125-132 (zit.: Tomuschat, in: O´Keeffe/ Schermers, S. ...)
Trachtman, Joel P.: Bananas, Direct Effect and Compliance, EJIL 1999, 655-678
Ullrich, Hanns: Technologieschutz nach TRIPs: Prinzipien und Probleme, GRUR Int. 1995, 632-641
Usher, J. A.: Anmerkung zum Gutachten 1/78 des EuGH, ELR 1979, 300-307
Vedder, Christoph: Rechtswirkungen von Assoziationsratsbeschlüssen- Die Kus-Entscheidung des EuGH, EuR 1994, 202-215
Vedder, Christoph: Kommentierung zu Art. 238 EGV, in: Grabitz, Eberhard/ Hilf, Meinhard (Hrsg.), Das Recht der Europäischen Union, Altband II, Art. 137- 248 (Maastrichter Fassung), EWGV (Römische Fassung), 14. Ergänzungslieferung, München Oktober 1999
Vedder, Christoph: Kommentierung zu Art. 113 EGV, in: Grabitz, Eberhard/ Hilf, Meinhard (Hrsg.), Kommentar zur Europäischen Union, Band II, Art. 85- 248, 10. Ergänzungslieferung, München Oktober 1996
Vedder, Christoph: Kommentierung zu Art. 228 EGV, in: Grabitz, Eberhard/ Hilf, Meinhard (Hrsg.), Kommentar zur Europäischen Union, Band II, Art. 85- 248, 10. Ergänzungslieferung, München Oktober 1996
Vedder, Christoph: Kommentierung zu Art. 234 EGV, in: Grabitz, Eberhard/ Hilf, Meinhard (Hrsg.), Kommentar zur Europäischen Union, Band II, Art. 85- 248, 10. Ergänzungslieferung, München Oktober 1996

Vedder, Christoph Wilhelm: Die auswärtige Gewalt des Europas der Neun, Göttingen 1980

Verdross, Alfred/ Simma, Bruno: Universelles Völkerrecht: Theorie und Praxis, 3. Auflage, Berlin 1984

Visscher, Paul de: Les tendances internationales des constitutions modernes, in: Académie de Droit International, Recueil des Cours, 1952 I, Bd. 80, S. 511-578

Weber, Albrecht: Kommentierung zu Art. 238 EGV, in: von der Groeben, Hans/ Thiesing, Jochen/ Ehlermann, Claus-Dieter, Kommentar zum EU-/EG-Vertrag, 5. Auflage, Baden-Baden 1997

Weber, Albrecht: Die Bananenmarktordnung unter Aufsicht des BVerfG?, EuZW 1997, 165-169

Weber, Albrecht/ Gramlich, Ludwig/ Häde, Ulrich/ Zehetner, Franz (Hrsg.): Währung und Wirtschaft: Das Geld im Recht, FS für Prof. Dr. Hugo J. Hahn zum 70. Geburtstag, 1. Aufl. Baden-Baden 1997

Weber, Albrecht/ Moos, Flemming: Rechtswirkungen von WTO-Streitbeilegungsentscheidungen im Gemeinschaftsrecht, EuZW 1999, 229-236

Weber, Claus: Der assoziationsrechtliche Status Drittstaatsangehöriger in der Europäischen Union, Frankfurt am Main/ Berlin/ Bern/ New York/ Paris/ Wien 1997

Weber, Claus: Wirtschaftsabkommen im System der Gemeinschaft- Die Rechtsprechung des Europäischen Gerichtshofs, ArchVR 1997, 295-315

Wegener, Bernhard: Kommentierung von Art. 220 EGV, in: Calliees/ Ruffert (Hrsg.)

Weis, Erich/ Mattutat, Heinrich/ Nugue, Christian (Hrsg.): Pons-Globalwörterbuch. Französisch-deutsch = Teil 1, 2. Aufl., Stuttgart 1990

Weiß, Wolfgang: Die Personenverkehrsfreiheiten von Staatsangehörigen assoziierter Staaten in der EU: eine vergleichende Analyse der Assoziationsabkommen, Frankfurt am Main/ Berlin/ New York/ Paris/ Wien 1998

Wetzig, Wolfram: Bedeutung der SPS-Übereinkommen der WTO für das europäische Lebensmittelrecht und umgekehrte Diskriminierung am Beispiel des Hormonverbots, ZLR 2000, 11-29

Wetzig, Wolfram: Einfluß der EG und der WTO auf das Lebensmittelrecht: Bindung an internationale und ausländische Standards, Frankfurt am Main/ Berlin/ Bern/ Bruxellses/ New York/ Wien 2000

Weustenfeld, Ingo: Die Bananenmarktordnung der EG und der Handel mit Drittstaaten: insbesondere zur Rechtmäßigkeit von Titel IV EG-VO 404/93 und zu den Auswirkungen von völkerrechtswidrigem und grundrechtswidrigem sekundären Gemeinschaftsrecht, Frankfurt am Main/ Berlin/ Bern/ New York/ Paris/ Wien 1997

Witt, Jörn-Ahrend: WTO: Die Reform des Streitbeilegungsmechanismus, RIW 2000, 691-699

WTO (Hrsg.): Focus, Newsletter August/ September 1996, No. 12

WTO-Panel: Endbericht des WTO-Panels im Bananenkonflikt, Summary of Findings, EuZW 1997, 569-571

WTO-Panel: Bericht des WTO-Panels zum Bananenstreit, in: EuZW 1999, 431-438 (in Auszügen)

WTO-Panel: Rechtsmittelentscheidung vom 16.01.1998 im Hormonstreit zwischen der EG und den USA/Kanada, Auszüge in: EuZW 1998, 157-164

Yüksel, Ali Sait: GATT/ WTO: Welthandelssystem unter besonderer Berücksichtigung der Außenwirtschaftsbeziehungen der Europäischen Union, Frankfurt am Main/ Berlin/ Bern/ New York/ Paris/ Wien 1996

Zonnekeyn, Geert A.: The status of WTO law in the Community legal order: some comments in the light of the *Portuguese Textiles* case, ELR 2000, 293-302

Zonnekeyn, Geert A.: The Status of Adopted Panel and Appellate Body Reports in the European Court of Justice and the European Court of First Instance. *The Banana Experience*, 34 JWT 2/2000, S. 93-108

Zonnekeyn, Geert A.: The Status of WTO Law in the EC Legal Order. *The Final Curtain?*, 34 JWT 3/2000, S. 111-125

Zonnekeyn, Geert A.: The legal status of WTO panel reports in the EC legal order. Some reflections on the opinion of advocate general Mischo in the Atlanta case, JIEL 1999, 713-722

Zuleeg, Manfred: Bananen und Grundrechte- Anlaß zum Konflikt zwischen europäischer und deutscher Gerichtsbarkeit, NJW 1997, 1201-1207

Zuleeg, Manfred: Abschluß und Rechtswirkung völkerrechtlicher Verträge in der Bundesrepublik Deutschland, JA 1983, 1-6

Zuleeg, Manfred: Die innerstaatliche Anwendbarkeit völkerrechtlicher Verträge am Beispiel des GATT und der Europäischen Sozialcharta, ZaöRV 1975, 341-363 (Bd. 35)

Zur Zitierweise:

Die aktuelle (Amsterdamer) Fassung des EG-Vertrags bzw. EU-Vertrags wird mit „Art. ... EGV", die vorherige (Maastrichter) Fassung mit „ex-Art. ... EGV" bezeichnet.

Um jedoch korrekt zu zitieren bzw. Literatur und Rechtsprechung korrekt inhaltlich wiederzugeben, wird zu diesem Zwecke die Maastrichter Fassung im Text als „Art. ... EGV" genannt wird, zum besseren Verständnis - entweder im Text oder in der Fußnote - in Klammern ergänzt „nun Art. ... EGV". Dieser Zusatz wird auch hinzugefügt, wenn frühere Versionen des EG- bzw. EWG-Vertrags genannt werden.

Für den Fall, daß Randziffer-Numerierungen in einem Werk durchgängig sind (z.B. Oppermann, Europarecht; Streinz, Europarecht), wird auf die Randziffer und ergänzend in Klammern auf die Seitenzahl verwiesen, nicht jedoch auf den Abschnitt oder auf das Kapitel. Für den Fall, daß die Randziffer-Numerierung nicht durchgängig ist (wie etwa bei den Lehrbüchern zum Europarecht von Emmert und Fischer), sondern abschnitts- oder kapitelweise erfolgt, wird zum besseren Verständnis nicht nur auf die Seitenzahl, sondern auch auf die Paragraphen-Unterteilung mit Randziffer verwiesen. Für den Fall, daß kein Randziffern-System verwendet wird (beispielsweise bei Geiger, Grundgesetz und Völkerrecht; Verdross/ Simma, Universelles Völkerrecht), wird sowohl auf den Paragraphen bzw. Abschnitt als auch auf die Seitenzahl verwiesen.

Bei Kommentaren wird stets der Artikel bzw. Paragraph in Verbindung mit der Randziffer genannt.

In den Fußnoten werden die Verfasser grundsätzlich in alphabetischer Reihenfolge genannt, es sei denn, Inhalt oder Logik gebieten eine andere Reihenfolge.

Übersicht über die Rechtsprechung des EuGH und des Gerichts erster Instanz[1], die in dieser Arbeit angeführt oder zitiert wird:[2]

Bezeichnung (Kurzform[3])	Urteil[4] vom	Rs.	Slg.
Affish	10.03.1998	Verb. Rs. C-364/95 und C-365/95	1998, I-1023
Atlanta	14.10.1999	C-104/97 P	1999, I-6983
Atlanta	09.11.1995	C-465/93 und C-466/93	1995, I-3761 und 1995, I-3799
Beschluß 1/78 (Objektschutz)	Beschluß vom 14.11.1978, erlassen nach Art. 103 III EAGV		1978, 2151
Bettati	14.07.1998	C-341/95	1998, I-4355
Bouhelier II	11.10.1979	225/78	1979, 3151
Bresciani	05.02.1976	87/75	1976, 129
Chiquita Italia	12.12.1995	C-469/93	1995, I-4533
Costa/ E.N.E.L.	15.07.1964	6/64	1964, 1251

1 Aufgrund der Bedeutung der Rechtsprechung der europäischen Gerichte für die vorliegende Arbeit wird diese Aufstellung zu Übersichtszwecken beigefügt.

2 Diese Übersicht ist in alphabetischer Reihenfolge nach der Bezeichnung der Urteile aufgebaut. Dabei werden die Urteile wegen der besseren Übersichtlichkeit in ihrer Kurzform genannt.

3 Die Urteile werden jeweils bei ihrer ersten Nennung im Text dieser Arbeit in ihrer umfassenden Form bezeichnet, bei weiteren Erwähnungen nur noch in ihrer Kurzform, stets jedoch unter Angabe des Datums, der Rechtssache und der Fundstelle in der Sammlung (soweit dort bereits veröffentlicht).

4 Soweit es sich bei den angegebenen Fundstellen nicht um Urteile handelt, wird dies angegeben.

Delhaize	09.06.1992	C-47/90	1992, I-3669
Demirel	30.09.1987	12/86	1987, 3719
Deutschland/ Rat	05.10.1994	280/93	1994, I-4973
Deutschland/ Rat	10.03.1998	C-122/95	1998, I-973
Dürbeck	05.05.1981	112/80	1981, 1095
Eroglu	05.10.1994	C-355/93	1994, I-5113
Ertanir	30.09.1997	C-98/96	1997, I-5179
Fediol III	22.06.1989	70/87	1989, 1781
Franz Grad	06.10.1970	9/70	1970, 825
Fritz Werner	17.10.1995	C-70/94	1996, I-3189
Fruchthandelsgesellschaft mbH Chemnitz	28.09.1999	T-254/97	voraussichtlich 1999, 2743 (noch nicht in der amtlichen Sammlung erschienen)
Goldstar	13.02.1992,	C-105/90	1992, I-677
Griechenland/ Kommission	14.11.1989	30/88	1989, 3711
Gutachten 1/75 (Lokale Kosten)	Gutachten des Gerichtshofes 11.11.1975		1975, 1355
Gutachten 1/91	Gutachten des Gerichtshofes vom 14.12.1991		1991, I-6079
Haegemann	30.04.1974	181/73	1974, 449
Harz	10.04.1984	79/83	1984, 1921
Hermès	26.06.1998	C-53/96	1998, I-3603

Huygen u.a.	07. 12.1993	C-12/92	1993, I-6381
International Fruit Company	12.12.1972	21-24/72	1972, 1219
Internationale Handelsgesellschaft mbH	17.12.1970	11/70	1970, 1125
Italien/ Rat	12.11.1998	C-352/96	1998, I-6937
Kommission/ BASF	15.06.1994	C-137/92	1994, I-2555
Kommission/ Deutschland	10.09.1996	C-61/94	1996, I-3989
Kommission/ Italien	27.02.1962	10/61	1962, 7
Kupferberg	26.10.1982	104/81	1982, 3641
Kus	16.12.1992	C-237/91	1992, I-6781
Kziber	31.01.1991	C-18/90	1991, I-199
Les Rapides Savoyards	12.07.1984	218/83	Slg. 1984, 3105
Lütticke	16.06.1966	57/65	1966, 257
Luxemburg/ Europäisches Parlament	10.02.1983	230/81	Slg. 1983, 255
Matsushita	10.03.1992	C-175/87	1992, 1409
Mazzalai	20.05.1976	111/75	1976, 657
Nakajima	07.05.1991	C-69/89	1991, I-2069
Nederlandse Spoorwegen	19.11.1975	38/75	1975, 1439
Ömer Nazli	10.02.2000	C-340/97	noch nicht in der amtlichen Sammlung veröffentlicht
Opel Austria	22.01.1997	T-155/94	1997, II-39
Pabst	29.04.1982	17/81	1982, 1331

Polydor	09.02.1982	270/80	1982, 329
Port	10.03.1998	Verb. Rs. C-64/95 und C-365/95	1998, I-1023
Portugal/ Rat	23.11.1999	C-149/96	1999, I-8395
Poulsen und Diva	24.11.1992	Rs. 286/90	1992, I-6019
Racke	16.06.1998	C-162/96	1998, I- 3655
SAMI	16.03.1983	267-269/81	1983, 801
Schlüter	24.10.1973	9/73	1973, 1135
Sevince	20.09.1990	C-192/89	1990, I- 3461
Simmenthal II	09.03.1978	106/77	1978, 629
SIOT	16.03.1983	266/81	1983, 731
Strafverfahren gegen Joseph Danis und andere	06.11.1979	verb. Rs. 16/79- 20/79	1979, 3327
Strafverfahren gegen Michèle Ferrer Laderer	25.06.1992	C-147/91	1992, I-4097
Strafverfahren gegen Peter Leifer u.a.	17.10.1995	C-83/94	1996, I-3231
Sürül	04.05.1999	C-262/96	1999, I-2685
Taflan-Met	10.09.1996	277/94	1996, I-4085
The Queen/ Minister of Agriculture, Fisheries and Food ex parte: S.P. Anastasiou (Pissouri) Ltd u.a.	05.07.1994	C-432/92	1994, I-3087
van Duyn	04.12.1974	41/ 74	1974, 1337
van Gend & Loos	05.02.1963	26/62	1963, 1